Die Apostolische Paenitentiarie

Adnotationes in Ius Canonicum

Herausgegeben von Elmar Güthoff und Karl-Heinz Selge

Band 59

PETER LANG

Andrea Michl

Die Apostolische Paenitentiarie

PETER LANG

Bibliografische Information der Deutschen Nationalbibliothek
Die Deutsche Nationalbibliothek verzeichnet diese Publikation in der Deutschen Nationalbibliografie; detaillierte bibliografische Daten sind im Internet über http://dnb.d-nb.de abrufbar.

Zugl.: München, Univ., Diss., 2020.

D 19

ISBN 978-3-631-83368-1 (Print)
E-ISBN 978-3-631-83896-9 (E-PDF)
E-ISBN 978-3-631-83897-6 (EPUB)
E-ISBN 978-3-631-83898-3 (MOBI)
DOI 10.3726/b17736

Peter Lang – Berlin · Bern · Bruxelles · New York · Oxford · Warszawa · Wien

Diese Publikation wurde begutachtet.

www.peterlang.com

Meinen Eltern und meiner Schwester
gewidmet

Vorwort

Die vorliegende Arbeit wurde im Sommersemester 2020 vom Klaus-Mörsdorf-Studium für Kanonistik der Ludwig-Maximilians-Universität München als Dissertation zur Erlangung des akademischen Grades eines Doktors des Kanonischen Rechts angenommen.

Mehrere Personen haben dazu beigetragen, dass diese Arbeit möglich wurde und ihnen möchte ich meinen herzlichen Dank aussprechen:

Mein aufrichtiger Dank gilt meinem Doktorvater Herrn Prof. Dr. Dr. Elmar Güthoff für die hervorragende Begleitung und Betreuung meiner Dissertation sowie für die Erstellung des Erstgutachtens. Seine konstruktiven Hinweise, sein vielfältiger Rat und sein Vertrauen in mich trugen viel zum Gelingen der Arbeit bei. Ich danke ihm, dass ich seine wissenschaftliche Assistentin sein kann und er meine kanonistische Ausbildung maßgeblich fördert.

Mein Dank gilt Herrn Prof. Dr. Dr. Burkhard Berkmann für die Erstellung des Zweitgutachtens.

Danken möchte ich ebenso meinen beiden weiteren Lehrern am Klaus-Mörsdorf-Studium für Kanonistik Herrn Prof. Dr. Stephan Haering OSB und Herrn Prof. Dr. Dr. Helmuth Pree, der mich vor einigen Jahren ermutigte, das Studium des Kirchenrechts in München aufzunehmen.

Herrn Prof. Dr. Gianfranco Ghirlanda SJ der Pontificia Università Gregoriana in Rom danke ich, da er durch seine Vorlesungen während des Studienfreijahres als Erster mein Interesse am Kirchenrecht weckte und mich dafür begeisterte.

Zu Dank bin ich der Apostolischen Paenitentiarie verpflichtet, namentlich Mauro Kardinal Piacenza, dem Großpaenitentiar, der es mir ermöglichte, das geltende nicht veröffentlichte „Regolamento proprio“ der Apostolischen Paenitentiarie für die Erstellung der Dissertation erhalten zu können.

Danken möchte ich nicht zuletzt meiner Familie für vielfältige und unterschiedlichste Unterstützung!

Herrn Prof. Dr. Dr. Elmar Güthoff und Herrn PD Dr. Karl-Heinz Selge danke ich herzlich für die Aufnahme der Dissertation in die Reihe *Adnotationes in Ius Canonicum* sowie dem Verlag Peter Lang für die Drucklegung.

München, im Juli 2020
Andrea Michl

Inhaltsverzeichnis

Abkürzungsverzeichnis

AAS	Acta Apostolicae Sedis
AfkKR	Archiv für katholisches Kirchenrecht
AK	Apostolische Konstitution
Anm.	Anmerkung
Art.	Artikel/Articolo
ASS	Acta Sanctae Sedis
c./cc.	Canon/Canones
Cap.	Caput
CCEO	Codex Canonum Ecclesiarum Orientalium
CDF	Congregatio pro doctrina fidei
CIC/1917	Codex Iuris Canonici aus dem Jahr 1917
CIC/1983	Codex Iuris Canonici aus dem Jahr 1983
Ders.	Derselbe
Ebd./ebd.	Ebenda
i. V. m.	In Verbindung mit
MKCIC	Münsterischer Kommentar zum Codex Iuris Canonici
MP	Motu Proprio
PB	Pastor Bonus von 1988
RGCR	Regolamento Generale della Curia Romana
REU	Regimini Ecclesiae Universae von 1967
Regolamento 2009	Regolamento proprio del Tribunale della Penitenzieria Apostolica von 2009
Rn.	Randnummer
S./s.	Siehe/Seite
Sp.	Spalte
Tit.	Titulus/Titolo
Vgl./vgl.	Vergleiche

Einleitung

„Alla Penitenzieria non si ricorre per rivendicare un *diritto*, per chiedere la *giustizia*, ma per implorare una grazia“[1]. Kürzer und treffender als es Kardinal Grocholewski umschreibt, ist der Dienst der Apostolischen Paenitentiarie kaum zu definieren. Sie ist das älteste Dikasterium der Römischen Kurie, deren Anfänge bis in die ersten Jahrhunderte der Kirchengeschichte zurückreichen. Und gleichzeitig ist sie jedoch vermutlich auch das unbekannteste Dikasterium. Der Hauptgrund dafür dürfte darin liegen, dass ihr Kompetenzbereich fast ausschließlich im *Forum internum* liegt, und zwar sowohl im *Forum internum sacramentale* als auch im *Forum internum non sacramentale*. Das *Forum internum* ist der Rechtsbereich, in dem gemäß c. 130 CIC/1983 neben dem *Forum externum* Leitungsgewalt ausgeübt wird. Gewöhnlich geschieht dies zwar im *Forum externum*, doch in bestimmten Angelegenheiten auch im *Forum internum*, das gekennzeichnet ist durch Geheimhaltung und zumeist fehlender Beweisbarkeit im äußeren Forum. Das *Forum internum sacramentale* unterliegt dabei zudem ausnahmslos dem Beichtgeheimnis.

Die aus dem *Forum internum* resultierende Verschwiegenheit kennzeichnet die Arbeit und die Zuständigkeit der Paenitentiarie, deren Dienst sich folglich auch im Verborgenen und Stillen vollzieht, der aber angesichts ihrer konkreten Aufgaben umso wertvoller ist. Diese umfassen den Strafnachlass von der dem Apostolischen Stuhl reservierten Zensuren und die Gewährung verschiedener Gnadenerweise in Form von Dispensen, Heilungen und Verzeihungen. Neben ihrer Kompetenz im *Forum internum* ist ihr im *Forum externum* die Zuständigkeit für das Ablasswesen übertragen. Nach dem früheren Großpaenitentiar Kardinal Stafford[2] ist die Paenitentiarie täglich befasst mit der „fragilità nella quotidianità“[3], was bedeutet mit der Anfälligkeit des Menschen zur Sünde, zu Verfehlungen und letztlich zur Entfernung von Gott. In diesem Dienst steht die Paenitentiarie, indem sie die Aufgabe des gerechten und barmherzigen Richters in dem ihr eigenen Bereich auf verschiedene Weise ausübt und allen, die sich an die Paenitentiarie wenden, die notwendigen Gnaden gewährt, um

---

1 Grocholewski, I tribunali apostolici, 458 (Hervorhebung im Original). „An die Paenitentiarie wendet man sich nicht, um ein Recht zu beanspruchen oder um Gerechtigkeit zu bitten, sondern um eine Gnade zu erflehen“ (Übersetzung d. Verf.).

2 Er war Großpaenitentiar von 2003–2009 (vgl. Saraco, Penitenzieria Apostolica, 57).

3 Stafford, Prefazione, 4.

zurückzukehren „all'abbraccio con il Padre Celeste, alla vita di grazia, alla possibilità di lasciarsi santificare, qualsiasi sia stata l'esperienza di peccato e di delitto"[4]. Man kann daher zu Recht sagen, dass die Paenitentiarie unmittelbarer als andere kuriale Dikasterien dem Heil der Seelen dient.

Bei allem ist sie ein Dikasterium im Gefüge der Römischen Kurie, das von den Kurienkonstitutionen den Päpstlichen Gerichten zugeordnet wird, und dem ebenso Normen, hierarchische Strukturen und unterschiedliche Verfahrensweisen zugrunde liegen. Genau darauf liegen auch der Schwerpunkt und die Themenstellung der vorliegenden Arbeit. Historisch ist die Paenitentiarie weitgehend gut erforscht,[5] weshalb dies hier nicht näher thematisiert werden wird. Diese Arbeit möchte vielmehr die derzeit geltenden rechtlichen Grundlagen, und zwar im Hinblick auf Kompetenzen, konkrete Aufgaben, personelle Zusammensetzung und spezifische Arbeitsweisen der Apostolischen Paenitentiarie darstellen. Dies geschieht unter vergleichendem Aspekt. Dazu erfolgt die Darlegung vor allem der vier großen Kurienreformen und den dazu jeweils ergangenen Kurienkonstitutionen sowie anderer Gesetzes- und Normenkomplexe in Bezug auf die Auswirkungen auf die Paenitentiarie. Geprüft werden anhand der für die Paenitentiarie relevanten Regelungen jeweils fortlaufend die Änderungen, Ergänzungen, Modifikationen und Neuerungen im Vergleich mit vorangegangenen Normen. Zur Übersichtlichkeit werden in kurzen Zusammenfassungen am Ende der Hauptteile die wichtigsten Inhalte und Veränderungen nochmals summarisch genannt. Der erste Hauptteil behandelt die Rechtsgrundlagen der Paenitentiarie anhand der Reformen und Regelungen von Sixtus V., Pius X., Pius XI., Paul VI. und Johannes Paul II. Die nächsten drei Hauptteile befassen sich jeweils mit den Kompetenzen, der Struktur und den Ämtern sowie den spezifischen Verfahrensweisen der Paenitentiarie. Dies erfolgt anhand der geltenden

---

4 Piacenza, Presentazione, 4.

5 Es sei hier nur exemplarisch hingewiesen auf das mehrbändige Werk von Göller, Die Päpstliche Pönitentiarie aus den Jahren 1907–1911, das die historische Entwicklung der Paenitentiarie von ihren Ursprüngen bis Pius V. detailliert darstellt. Und des Weiteren seien die von Sodi und Ickx herausgegebenen Beiträge von an der Paenitentiarie veranstalteten Symposien der letzten Jahre genannt, die sich mit der Geschichte der Paenitentiarie befassten und zwar Sodi/Ickx, Johan, Penitenza e Penitenzieria nel „secolo" del Concilio di Trento – prassi e dottrine in un mondo più largo (1517–1614) von 2016, Sodi/Ickx, La Penitenzieria Apostolica e il sacramento della penitenza. Percorsi storici, giuridici, teologici e prospettive pastorali von 2009 und Sodi/Ickx, Penitenza e Penitenzieria al tempo del Giansenismo (Secoli XVII-XVIII). Culture-Teologie-Prassi aus dem Jahr 2019.

Rechtsgrundlagen der Kurienkonstitution *Pastor Bonus* aus dem Jahr 1988, in Verbindung mit dem CIC/1983 und der aktuellen Geschäftsordnung der Paenitentiarie, dem *Regolamento proprio del Tribunale della Penitenzieria Apostolica* aus dem Jahr 2009. Letzteres ist nicht veröffentlicht, doch für eine adäquate Darstellung der personellen Struktur und der Verfahrensweisen unerlässlich.[6] Abgeschlossen wird die Arbeit mit einem Überblick zu den Zuständigkeiten der Paenitentiarie für die katholisch-orientalischen Kirchen anhand des CCEO und der Frage nach der Qualifikation der Paenitentiarie als ein Gericht. Die Zusammenfassung und das Ergebnis am Ende thematisieren nochmals summarisch die wichtigsten Aspekte der Untersuchung sowie der am Rande behandelten Fragestellungen.

Ziel der Arbeit ist demnach das Aufzeigen der Fortentwicklung der für die Paenitentiarie geltenden Normen von Sixtus V. bis zu den aktuell gültigen, was in der Weise bisher nicht vorliegt. Darüber hinaus möchte sie einen Beitrag dazu leisten, den verborgenen und wertvollen Dienst, der anhand der untersuchten Aufgaben und Zuständigkeiten dieses einzigartigen und auch einmaligen Dikasteriums ersichtlich wird, etwas bekannter zu machen.

---

6 Die Verfasserin ist bemüht, die teils allgemeinen Vorgaben des *Regolamento 2009* mit Hilfe von Ausführungen von Mitarbeitern der Paenitentiarie zu konkretisieren. Hierzu zählen Msgr. Nykiel, Regens der Paenitentiarie, Msgr. Commentz, Offizial an der Paenitentiarie und Msgr. Saraco, Offizial der Paenitentiarie (s. *Annuario Pontificio 2017*, 1200).

I. Rechtsgrundlagen der Paenitentiarie

1. Vorbemerkungen zur Römischen Kurie und ihren Reformen

„Inde quidem perspiciuntur atque intelleguntur sive natura illius instituti, quo Petri successor usus est in sua exercenda missione in universalis Ecclesiae bonum, sive agendi ratio, qua ipsum institutum commissa munera ad effectum deduceret oportuit: Romanam Curiam dicimus, quae in ministerii Petriani adiutorium ab antiquis temporibus adlaborat praestandum“[7]. Diese Worte der Apostolischen Konstitution *Pastor Bonus* enthalten wichtige Aspekte konstitutiver Merkmale der Römischen Kurie[8], die hier nur summarisch dargelegt werden mögen.

Die Römische Kurie ist kein Konstrukt der Neuzeit. „Ab antiquis temporibus“ gehört sie zum Bestandteil der Kirche[9]. Schon der Hl. Petrus und seine Nachfolger im Papstamt benötigten die Unterstützung geeigneter Helfer zur Leitung und Organisation der entstehenden Kirche, wenn auch darunter noch kein sehr großer Mitarbeiterstab verstanden werden darf.[10]

Damit verbunden ist die Römische Kurie in ihrem Dienst und ihrer Funktion „ipsa veluti instrumentum“[11] des Papstes in der Ausübung seines Jurisdiktionsprimats. Dieser Primat gehört von Beginn an zum Wesen der Kirche gemäß Mt 16, 17, als Jesus Christus ankündigte, die Kirche auf Petrus, den Felsen, zu bauen.[12] Der Papst ist es, der der Römischen Kurie die Aufgaben zuweist („ipsum institutum commissa munera deduceret“), um ihm in seiner Sendung zum Wohl

---

7 Johannes Paul II., *PB*, Einleitung, Nr. 3.

8 Der Begriff „Römische Kurie“ findet sich erstmals um das Jahr 1169 (Del Re, Curia Romana, 18). Genaueres zur Verwendung und Bedeutung des Begriffs der Römischen Kurie siehe: Rossano, Costituzione apostolica, 20; Hilling, Procedure 22f; Ferreres, La Curia Romana, 85.

9 Sciacca weist dennoch zutreffend darauf hin, dass die Römische Kurie nicht göttlichem Recht entspringt, „ma tuttavia di diritto positivo e quindi perfettibile perché fallibile“ (Sciacca, Prefazione, 11).

10 Vgl. Hilling, Procedure, 2. Für einige weitere Anmerkungen dazu vgl. ebd., 7–9.

11 Johannes Paul II., *PB*, Einleitung, Nr. 7.

12 Vgl. Hilling, Procedure, 2. „The fundamental institution of the Primacy was not established by written document, word for word setting forth its rights and duties, but promulgated as a living thought and faithfully perpetuated in the Church, its practical development remaining the sphere for the action of Divine Providence and for the influence of human progress“ (ebd., 2f).

der ganzen Kirche zu helfen („in sua exercenda missione in universalis Ecclesiae bonum").

Die Römische Kurie ist kein statisches, unveränderliches oder perfektes Konstrukt. Vielmehr erfuhr sie im Laufe der Geschichte zahlreiche Veränderungen und Modifikationen, die, analog zur gesamten Kirchengeschichte, nicht abgeschlossen sind. Auch „l'attuale organizzazione è il frutto di uno sviluppo storico fondato su provvedimenti legislativi rilevanti e sostanziali, che nel corso dei secoli si sono disposti per modificare in modo generale il profilo istituzionale di questa fondamentale struttura"[13]. Die differenzierte Darlegung der historischen Entwicklung der Römischen Kurie bildet nicht das Ziel oder den Schwerpunkt der vorliegenden Arbeit, sodass nachfolgend keine ausführliche Darlegung erfolgt.[14] Doch ist es für ein komplexeres Verständnis hilfreich – und hier ist Hilling zuzustimmen –, um die wichtigsten Eckpunkte zu wissen, die auch die Paenitentiarie als kuriales Dikasterium prägten und modifizierten und sich so der geltenden Rechtslage und Zuständigkeiten annähern zu können:

> „The origin and development of this body and of its various parts is an historical study of its own, but it is befitting that at least the principal data should be familiar to those wishing to be well informed, so that not only the plan and purpose of this supreme court of the Catholic Church, but also the meritorious efforts of the Popes for the perfection of its organization may receive due recognition"[15].

Ungeachtet der zahlreichen kleineren und größeren Veränderungen im Laufe der Zeit, gab es in der Geschichte der Römischen Kurie vier große Reformen, „riforme nel senso proprio della parola"[16], die der päpstlichen Administration für jeweils mehrere Jahrzehnte eine adäquate und passende Form verliehen: Im Jahr 1587 durch Sixtus V., 1908 durch Pius X., 1967 durch Paul VI. und 1988 durch Johannes Paul II.[17]

---

13 Rossano, Costituzione apostolica, 13.

14 Zur genaueren Darlegung der Entstehung und zur Geschichte der Römischen Kurie und der einzelnen Dikasterien sei beispielsweise hingewiesen auf: Simier, Curie Romaine; Hilling, Procedure, 1–23; Rossano, Costituzione apostolica, 19–43; Stickler, Riforma della Curia, 97–102; Jordan, Die Entstehung der Römischen Kurie.

15 Hilling, Procedure, 1. Das nötige Vorwissen hat auch Stickler einmal so formuliert: „La storia della Curia costituisce perciò l'oggetto della mia esposizione solo in quanto presenta lo sfondo su cui si collocano le riforme che ci interessano come presupposto dell'ultima" (Stickler, Riforme della Curia, 1).

16 Stickler, Riforme della Curia, 1.

17 Vgl. Rossano, Costituzione apostolica, 11.

Bei jeder Reform ist zu bedenken, dass sie etwas bereits Gegebenes voraussetzt und nur entsprechend darauf aufbauen kann.[18] Dies gilt für alle Dikasterien und daher auch für die Paenitentiarie. In den anschließenden Darlegungen wird auf die Römische Kurie als Ganzes nur jeweils in prägnanter und summarischer Weise eingegangen werden, um den Fokus auf die Paenitentiarie legen und die jeweils größeren oder geringeren Auswirkungen der Reformen in Bezug auf sie darstellen zu können.

18 Vgl. Stickler, Riforme della Curia, 1.

2. Die Paenitentiarie in der Kurienreform Sixtus' V.

Die erste große Reform der Römischen Kurie erfolgte durch Sixtus V.[19] mittels der Apostolischen Konstitution *Immensa Aeterni Dei* vom 22. Januar 1587, „uno dei documenti costituzionali più importanti della Chiesa"[20]. Von größerer Bedeutung für die sixtinische Reform war der Einfluss des vorangegangenen Konzils von Trient (1545–1563)[21], das bestrebt war, eine geistliche Erneuerung der Kirche sowie ihre Heiligkeit zu fördern. Wenn auch nicht vorrangig, so doch als eines seiner Anliegen, sollte in diesem Zusammenhang auch ihr Dienstcharakter und die Organisationsstruktur verbessert und angepasst werden.[22] Diese Aufgabe nahm Sixtus V. wahr, indem er 15 Kardinals-Kongregationen schuf: *Congregatio pro Sancta Inquisitione, Congregatio pro Signatura Gratiae, Congregatio pro erectione ecclesiarum et provisionibus consistorialibus, Congregatio pro sacris ritibus et caeremoniis, Congregatio pro Indice librorum prohibitorum, Congregatio pro executione et interpretatione Concilii Tridentini, Congregatio pro consulationibus regularium, Congregatio pro consultationibus episcoporum et aliorum praelatorum, Congregatio pro Universitate Studii Romani, Congregatio pro typographia Vaticana, Congregatio pro ubertate annonae Status Ecclesiastici, Congregatio pro classe paranda et servanda ad Status Ecclesiastici defensionem, Congregatio pro Status Ecclesiastici gravaminibus sublevandis, Congregatio pro viis, pontibus et aquis curandis, Congregatio pro consultationibus negociorum Status Ecclesiastici.*[23]

---

19 Zu Sixtus V. s. Rossano, Costituzione apostolica, 35f. und Fischer-Wollpert, Lexikon der Päpste, 115.

20 Rossano, Costituzione apostolica, 37.

21 Das Konzil von Trient versuchte auch, katholische Prinzipien gegenüber protestantischen Auffassungen zu verteidigen, Nachlässigkeiten des Klerus in seiner Hirtensorge sowie sein Anhäufen von Benefizien zu bekämpfen, dem allgemeinen geistlichen und moralischen Verfall der Gläubigen durch eine Erneuerung der Liturgie und Ermutigung zum Empfang der Sakramente entgegenzuwirken (vgl. Borromeo, Concilio di Trento, 111).

22 „At least indirectly, this council contributed also to the external reorganization of the highest ecclesiastical administration" (Hilling, Procedure, 19).

23 Neun der Kongregationen waren zuständig für die Leitung der Kirche, die anderen fünf waren zuständig für die Leitung des Staates der Vatikanstadt und waren daher auch für die zivilen Angelegenheiten verantwortlich (vgl. Stickler, Riforme della Curia, 8).

Nicht alle genannten Kongregationen wurden durch die Apostolische Konstitution erst gegründet. Manche bestanden bereits seit einiger Zeit.[24] Sixtus V. wollte jedoch einen Großteil neu ordnen, entsprechend anpassen, die jeweiligen Zuständigkeits- und Aufgabenbereiche klären, und so die Organe der Römischen Kurie systematisieren. „Egli avrebbe dato una figura d'insieme e una nuova architettura"[25].

Jede Kongregation bestand aus mindestens fünf Kardinälen. Einer von ihnen war der Präfekt. Mit *potestas ordinaria vicaria* unterstützten die Kongregationen den Papst bei den vielfältigen und zahlreichen Aufgaben und teilten so die Verantwortung für die Weltkirche. „Ut facilius celeriusque expediantur, distinctos cardinalium conventus et congregationes ad certas rerum negociorumque tractationes paratas habeant, cardinalesque ipsi distributi muneris partem levius ferant, diligentius administrent, commodius nos consulant, et denique viri primarii publicis in rebus exercitati nullo umquam tempore desint"[26]. Die Kardinäle waren zudem befugt, sich Sekretäre und Mitarbeiter frei zu wählen, die ihnen bei der Erledigung ihrer täglichen Arbeiten halfen.[27] Die normalen Aufgaben und Fragestellungen sowie Angelegenheiten von geringerer Bedeutung wurden von jeder Kongregation eigenständig erledigt oder entschieden. Dagegen bedurften Angelegenheiten von größerer Bedeutung und Wichtigkeit der Entscheidung des Papstes.[28]

Betrachtet man die Kurienreform Sixtus' V. im Ganzen, so lässt sich zusammenfassend feststellen, dass es keine generelle, sondern vielmehr eine partielle Reform war, da sie direkt nur die Kongregationen und somit nur einen Teil der Römischen Kurie betraf. Alle anderen von *Immensa Aeterni Dei* nicht genannten Dikasterien blieben in ihrer Struktur und ihren Aufgabenbereichen unverändert.[29]

Auch die Paenitentiarie erwähnt die Konstitution nicht, sodass davon auszugehen ist, dass sie nach den bisher geltenden Normen arbeitete. Diese sind

---

24 Vgl. hierzu die Übersicht von Stickler, Riforme della Curia, 7–9.

25 Rossano, Costituzione apostolica, 36.

26 Sixtus V., *Immensa Aeterni Dei*, Einleitung § 2.

27 Vgl. ebd., Schlussbemerkungen § 2: „Itidem cardinales dictarum congregationum proprios singillatim habeant secretarios, ab eisdem libere deputandos, et ad res, quae in dies geruntur, annotandas, et in publicam formam, si opus fuerit, redigendas".

28 Vgl. ebd., Schlussbemerkungen § 3: „Ut causis, quaestionibus et negociis quam optime discussis, quae Dei gloriae animarumque saluti et iustitiae atque aequitati consentanea maxime erunt, decernantur; graviora vero quaecumque ad nos vel successores nostros deferantur, ut quid secundum Deum expediat, cius gratia adiuvante, mature statuamus".

29 Vgl. Stickler, Riforme della Curia, 9.

enthalten in der Konstitution *In Sublimi* vom 4. Mai 1562 von Pius IV., die vor allem die Jurisdiktionsgewalt des Großpaenitentiars während der Sedisvakanz auf das *Forum internum* beschränkte und den Charakter der Paenitentiarie als ein Gnadengericht festigte.[30] Weitere Normen gab Pius V. der Paenitentiarie mittels zweier Konstitutionen: Mit *Ut bonus paterfamilias* vom 18. Mai 1569 reduzierte er weitere Vollmachten des Großpaenitentiars[31] und verstärkte die Beschränkung der Kompetenz allgemein auf das *Forum internum*.[32] Mit der Konstitution *In omnibus rebus* vom 18. Mai 1569 ordnete Pius V. die Struktur und Ämter der Paenitentiarie neu und verringerte die personelle Besetzung.[33] Einen Tag später, am 19. Mai 1569, komplettierte Pius V. die neuen Regelungen durch die Konstitution *In earum rerum*, mittels derer 22 Prokuratoren und 25 Skriptoren[34] der Paenitentiarie an die Apostolische Kanzlei übertragen wurden.[35]

Obwohl die Kurienreform Sixtus' V. keine umfassende war und nicht alle Dikasterien neu ordnete oder gründete, war sie dennoch von weitreichender Bedeutung, denn erstmals schuf sie „un'organizzazione unitaria, in corrispondenza a un sistema giuridico concorde per tutti gli organismi, che ora conosciamo come facente parte della Curia romana"[36]. Die genauere Umschreibung und Verteilung der Aufgaben sowie der Verantwortung ermöglichte ein effizienteres, einheitlicheres und schnelleres Bearbeiten der vielfältigen Angelegenheiten, die an den Apostolischen Stuhl herangetragen wurden.[37]

---

30 Vgl. Simier, Curie Romaine, 92.

31 Zum Großpaenitentiar s. besonders 4.1. und 14.

32 „Puis vint la réforme de Pie V qui enleva à la Pénitencerie toute juridiction au for externe" (Naz, Pénitencerie, 1329).

33 „Il suo organico viene drasticamente diminuito e ciò come evidente riflesso della riduzione delle sue competenze" (Borromeo, Concilio di Trento, 127). Vgl. hierzu genauer auch Saraco, Penitenzieria Apostolica 31f und Simier, Curie Romaine, 93.

34 Zu den Prokuratoren und Skriptoren s. unter 3.1.4.

35 Vgl. Saraco, Penitenzieria Apostolica, 30–32. Zur genaueren Darlegung der einzelnen Inhalte der Konstitutionen vgl. Borromeo, Concilio di Trento 124–131.

36 Rossano, Costituzione apostolica, 13. Hilling sieht in der Kurienreform Sixtus' V. sogar den Beginn einer neuen und wichtigen Ära, die wesentlich und entscheidend zur Erneuerung und Verbesserung der kirchlichen Disziplin beitrug (vgl. Hilling, Procedure, 19f).

37 Vgl. ebd., 41. Simier betont besonders die Vereinfachung der Bearbeitung und Schnelligkeit: „L'avantage d'une pareille organisation pour une plus attentive et prompte expédition des affaires de l'Eglise est manifeste ; les cardinaux répartis de la sorte avaient moins de questions à traiter, et celles-ci étant de même genre, ils y acquéraient bientôt une habileté pratique et professionnelle leur permettant de résoudre beaucoup plus facilement et vite les *dubia* proposés" (Simier, Curie Romaine, 7 [Hervorhebung im Original]).

3. Die Paenitentiarie im Reformwerk Pius' X.

3.1. Reform der Römischen Kurie

3.1.1. Gründe der Kurienreform

320 Jahre lang waren die Normen von *Immensa Aeterni Dei* maßgeblich bestimmend für die Struktur und Arbeitsweise der Römischen Kurie. Unter den Nachfolgern von Sixtus V. im Petrusamt blieben die Dikasterien zwar nicht gänzlich unverändert und „non solo non si fossilizzavano, ma si sviluppavano vitalmente"[38], sodass – „secondo le necessità del momento"[39] – mehrere kleinere Veränderungen und Anpassungen erfolgten.[40] Doch handelte es sich hierbei nie um eine Gesamtrevision der Kurie.

Im Laufe der Zeit und trotz der päpstlichen Modifikationen zeigte sich deutlich die Notwendigkeit einer umfassenden Reform der Römischen Kurie. „Die Kirche brauchte wieder einen effizienten und von Missständen gereinigten Regierungsapparat, der von weltlichen Verwaltungsaufgaben befreit die Ausübung des päpstlichen Hirtenamtes in gebotener Weise gewährleisten konnte"[41]. Mehrere Versuche von Päpsten, diesen Forderungen gerecht zu werden, konnten nicht realisiert werden.[42] Auch das Erste Vatikanische Konzil 1869/70 vermochte dies nicht wegen der politischen Entwicklungen, aufgrund derer das Konzil vorzeitig beendet und „auf einen günstigeren Zeitpunkt vertagt"[43] werden musste.[44]

---

38 Stickler, Riforme della Curia, 10.

39 Rossano, Costituzione apostolica, 41.

40 Zur ausführlicheren Darlegung siehe: Roberti, De Curia Romana, 22–26; Rossano, Costituzione apostolica, 41–43; Ferreres, La Curia Romana, 6–81; Simier, Curie Romaine.

41 Killermann, Die Rota Romana, 172.

42 Vgl. dazu Ferreres, La Curia Romana, 73–81. Zurecht bemerkt Killermann, dass die getroffenen päpstlichen Maßnahmen nur Versuche waren, aber keine Lösung des eigentlichen Problems: „Statt aber eine umfassende Neugliederung der Kurie vorzunehmen, vermehrten sie nur weiter die Zahl der Kongregationen und Ämter, was zu Kompetenzüberschneidungen führte und ein effizientes Arbeiten in zunehmendem Maße behinderte" (Killermann, Die Rota Romana, 170f).

43 Fischer-Wollpert, Lexikon der Päpste, 244.

44 Die Ursachen waren der Ausbruch des Deutsch-Französischen Krieges 1870 und durch den damit verbundenen Abzug der französischen Truppen, die Eroberung und Besetzung des Kirchenstaates durch Italien am 20. September 1870 (vgl. Gelmi, Risorgimento, 1199f).

Die Gründe dafür, dass die Kurie „incongrua ac hodiernis temporibus inadaequata esset illa officiorum sacrorum conditio“[45], liegen hauptsächlich in der über die Jahre angewachsenen hohen Zahl der Kurialbehörden[46], in Kompetenzüberschneidungen, sodass „mehrere Kongregationen und Ämter … die gleiche Materie unter gleichen oder verschiedenen Aspekten bearbeitet (hätten)“[47], in einer mangelhaften Trennung von *Forum internum* und *Forum externum*, in überholten Verfahrensweisen, die eine zügige Erledigung verhinderten. „Los principales inconvenientes que se tocaban en la antigua organización de la Curia Romana … eran … el estar los límites de las respectivas atribuciones de cada Congregación poco claros y definidos; el existir entre ellas jurisdicción ó competencia cumulativa; el hallarse mal distribuídos los asuntos entre las diversas Congregaciones, de donde se originaban el estar unas excesivamente cargadas de trabajo y otras casi sin asuntos en que ocuparse … etc.“[48]. Faktisch hatten einerseits manche Dikasterien ihre ursprünglichen Aufgaben verloren, während andererseits diejenigen zur Erledigung neuer Aufgaben fehlten.[49] Diese und weitere Gründe[50] erforderten eine umfassende Neuordnung, denn „non paucae erant incohaerentiae, inaequalitates, varietates, confusiones, duplicationes, deficientiae“[51].

---

45 Roberti, De Curia Romana, 29.

46 Rossano spricht sogar von „eccessivo numero“ (Rossano, Costituzione apostolica, 47).

47 Killermann, Die Rota Romana, 172. Roberti gibt für Kompetenzstreitigkeiten und Zweifel der Zuständigkeit ein Beispiel: „Res matrimoniales pro variis casibus agebant S. Congregatio Romanae et Universalis Inquisitionis, S. Congregatio Concilii, S. Congregatio pro negotiis ecclesiasticis extraordinariis, duae Congregationes de Propaganda Fide pro Ecclesia latina et orientali, Dataria Apostolica, Paenitentiaria Apostolica“ (Roberti, De Curia Romana, 32).

48 Ferreres, La Curia Romana, 87. Zu bedenken ist auch, dass durch die Besetzung Roms 1870 die Rota Romana und die Signatur ihre Arbeiten einstellen mussten, sodass kanonische Verfahren von Verwaltungsorganen wahrgenommen werden mussten (vgl. Rossano, Costituzione apostolica, 47; Roberti, De Curia Romana, 32).

49 „Pro auctis aut deminutis necessitatibus, nonnulla officia latius excreverant alia vero a qualibet fere activitate cessaverant. Nec deerant novae necessitates quibus nondum satis esset provisum“ (Roberti, De Curia Romana, 29).

50 Roberti benennt sogar elf Hauptgründe: „Defectus autem praecipui, qui eo tempore in Curiae Romanae ordinatione inveniebantur, videntur posse facilius intellegi, si officia considerentur ratione *constitutionis, potestatis, fori, ritus, iurisdictionis, competentiae sive quoad obiectum, sive quoad territorium, ambitus* seu *laboris, ordinis, taxarum* seu *expensarum* et *disciplinae*“ (Roberti, De Curia Romana, 29 [Hervorhebung im Original]). Zur genaueren Erläuterung der einzelnen Gründe vgl. ausführlicher Roberti, De Curia Romana, 29–34).

51 Ebd., 34.

3.1.2. Die Apostolische Konstitution *Sapienti Consilio*

Die notwendige Kurienreform konnte erst durch Pius X.[52] verwirklicht werden. Gemäß seinem Leitspruch und zugleich Programm des gesamten Pontifikats „Omnia instaurare in Christo“[53] begann er schon kurz nach seiner Wahl mit der Erneuerung der Kirche, gleichsam „una restaurazione cristiana generale“[54]. „Lo scopo di Pio X fu quello di riformare per restaurare“[55].

Durch seinen Werdegang – „egli è stato il primo papa-pastore che, nel corso della sua vocazione ecclesiastica, ha salito tutti i gradini dell'esperienza sacerdotale a contatto col proprio gregge: cappellano, parroco, vicario, vescovo, patriarca, papa“[56] – war er sowohl vertraut mit den Anliegen der Menschen als auch mit der Notwendigkeit einer Erneuerung der Kirche, dies auch in Bezug auf die Römische Kurie. Aufgrund der dort gegebenen Missstände[57] bestand das vorrangige Ziel darin, „die Leistungsfähigkeit und den Einfluss der Kurie (zu) stärken und gleichzeitig deren Ansehen (zu) erhöhen. Das aber war nur zu erreichen, wenn Organisation und Verfahren der päpstlichen Behörden geklärt, vereinfacht und möglichst zweckmäßig konzipiert wurden“[58].

---

52 Für eine ausführlichere Lebensbeschreibung von Pius X. s. Siccardi, San Pio X.

53 Seinen Leitspruch benannte er bereits in seiner ersten Enzyklika *E supremi apostolatus* vom 4. Oktober 1903 (vgl. Pius X., *E supremi apostolatus*, 131).

54 Siccardi, San Pio X., 266.

55 Ebd., 267. Burke betont den unermüdlichen Einsatz Pius' X. für die Kirche und ihre Reform: „Accettando l'ufficio di Supremo Pastore della Chiesa, fu instancabile nel mettere a disposizione le sue virtù e il suo ingegno di pastore per l'immane opera di Riforma nella Chiesa“ (Burke, Prefazione, 9).

56 Fantappiè, Un dicastero per il foro interno, 180. Ähnlich auch Siccardi: „Non voleva diventare Papa. Cappellano, parocco, canonico, direttore di Seminario, cancelliere, vicario, capitolare, Vescovo, Cardinale, Patriarca di Venezia, san Pio X, lontano da ogni ambizione terrena, ha raggiunto, nonostante tutto, i maggiori gradi ecclesiastici, fino a divenire vicario di Cristo“ (Siccardi, San Pio X., 31).

57 S. hierzu 3.1.1.

58 Killermann, Die Rota Romana, 178f. Konkret bedeutete dies: „Innanzi tutto l'esigenza di eliminare il cumulo e le sovrapposizioni delle competenze dei vari dicasteri. Inoltre la necessità di stabilire, in modo permanente e congruo, l'organico di ciascuno di essi, attribuendo alle varie figure che li formavano la qualifica giuridica di dipendenti stipendiati, e il numero degli aventi diritto a esercitare la professione di avvocato concistoriale nelle cause civili e in quelle ecclesiastiche. Poi la scelta di regolamentare, in modo giusto e omogeno, le tradizionali tasse di Curia previste per la spedizione dei vari tipi di documenti relativi a concessioni pontificie; la loro semplificazione materiale, in modo da sveltirne la redazione e soprattutto diminuire i costi a carico dei fedeli; il loro cumulo e confluenza in un unico ente finanziario, dal quale sarebbero stati tratti gli

Zur Erreichung dieses Ziels berief Pius X. 1907 eine Kardinalskommission ein, welcher er die Ausarbeitung des Plans für die Neuorganisation der Kurie auftrug.[59] Nach mehreren Entwürfen und Überarbeitungen konnte die Kommission nach nur wenigen Monaten ein Ergebnis vorlegen, das Pius X. am 29. Juni 1908 approbierte und am 6. Juli 1908 als Apostolische Konstitution *Sapienti Consilio* veröffentlichte. Am 3. November 1908 trat sie in Kraft.[60] Aus vormals 37 Dikasterien[61] erfolgte eine Reduktion auf insgesamt 19 kuriale Behörden: elf Kongregationen (*Congregatio Sancti Officii, Congregatio Consistorialis, Congregatio de disciplina Sacramentorum, Congregatio Concilii; Congregatio Negotiis religiosorum sodalium praeposita, Congregatio de Propaganda Fide, Congregatio Indicis, Congregatio sacrorum Rituum, Congregatio Caeremonialis, Congregatio pro Negotiis ecclesiasticis extraordinariis, Congregatio Studiorum*), drei Gerichte (*Sacra Poenitentiaria, Sacra Romana Rota, Signatura Apostolica*) und fünf Ämter (*Cancelleria Apostolica, Dataria Apostolica, Camera Apostolica, Secretaria Status, Secretaria Brevium ad Principes et Epistolarum latinarum*).[62]

Die Konstitution *Sapienti Consilio* gab den einzelnen Dikasterien ihr je eigenes Profil wieder, indem Aufgabenhäufungen und Kompetenzüberschneidungen vermieden und Zuständigkeitsbereiche genauer determiniert wurden. Ebenso sorgte sie für die nötige Trennung und Unterscheidung sowohl von *Forum internum* und *Forum externum*, was besonders für die Paenitentiarie von Bedeutung war, als auch von den kurialen Administrativ- und Gerichtsbehörden, nachdem die Gerichtsgewalt zuvor teils von Kongregationen wahrgenommen wurde.[63]

---

stipendi per tutti i dipendenti della Curia" (Fantappiè, Un dicastero per il foro interno, 183). Roberti ergänzt weitere notwendige Maßnahmen: „Oportebat ut officia Sanctae Sedis iterum disponerentur, ditinguerentur, coordinarentur; et resecatis obsoletis vel inutilibus elementis, ceterae roborarentur ac complerentur ut partia fierent gravibus novorum temporum necessitatibus. Praesertim oportebat ut distincta organa haberentur, a quibus penderent Episcopi clerici, religiosi, laici; a quibus regerentur ritus orientales, matrimonium cum ceteris sacramentis, catholica institutio; ut restituerentur tribunalia distincta ab organis administrativis; ut organa exsecutionis secernerentur, coarctarentur, ordinarentur; ut omnia officia nova eaque magis publica ratione regerentur" (Roberti, De Curia Romana, 34).

59 Vgl. Saraco, Penitenzieria Apostolica, 43.

60 Ebd., 8.

61 Vgl. die Auflistung in: Roberti, De Curia Romana, 16f.

62 Zur ausführlicheren Darlegung der einzelnen Dikasterien s. Rossano, Costituzione apostolica, 50–58. Zu den anderen Bestimmungen durch die AK *Sapienti Consilio* s. Hilling, Die Reformen des Papstes Pius' X., 59–62.

63 Zu beachten ist jedoch dieser Unterschied: „Mentre agli Uffici competono solo poteri esecutivi o tutt'al più la partecipazione alla potestà amministrativa, alle Congregazioni

Ähnlich der Reform von Sixtus V. änderte auch Pius X. zwar nicht alle Zuständigkeiten grundlegend neu, Änderungen und Anpassungen an den Aufgaben nahm er aber gleichwohl an allen Dikasterien vor,[64] was daran zu erkennen ist, dass die Konstitution jedes Einzelne erwähnt und ihre Zuständigkeiten definiert.

3.1.3. Die Paenitentiarie gemäß *Sapienti Consilio*

Nach dem kurzen allgemeinen Überblick über die von Pius X. normierte Struktur der Römischen Kurie ist es wichtig, die Auswirkungen der Konstitution auf die Paenitentiarie zu analysieren.

Nach den einzelnen Kongregationen folgen in der Reihenfolge von *Sapienti Consilio* die drei kurialen Gerichte *(Tribunalia)*. Die Einordnung der Gerichtsbehörden nach den Kongregationen und vor den Ämtern kann durch den Zeitraum ihrer Existenz begründet werden. „Sie sind älter als die Kongregationen, aber jünger als die Ämter (Officia), und stehen daher zeitlich in der Mitte zwischen beiden, während sie der Zahl nach die kleinste Gruppe unter den Dikasterien des römischen Hofes bilden“[65]. Die *Sacra Poenitentiaria*[66], wie sie in *Sapienti Consilio* bezeichnet wird, wurde dabei an erster Stelle vor der *Romana Rota* und der *Signatura Apostolica* genannt. Möglicherweise ist das – im Gegensatz zur *Romana Rota* und *Signatura Apostolica*[67] – in dem seit ihren Anfängen nahezu ununterbrochenen Bestehen der Paenitentiarie zu sehen.[68] Die Aufgaben der Paenitentiarie werden in einem kurzen Absatz in knapper Form benannt:

---

spetta una giurisdizione volontaria ed una giurisdizione contenziosa amministrativa da esercitare in prima o in seconda istanza in modo definitivo e inappellabile. Ai Tribunali della Rota Romana e della Segnatura è, invece, assegnata la giurisdizione contenziosa che si esercita in via giudiziaria in rapporto alle norme comuni e alle leggi proprie secondo un preciso ordine e grado“ (Fantappiè, Un dicastero per il foro interno, 186f).

64 Vgl. Fantappiè, Un dicastero per il foro interno, 184 und Pius X., *Sapienti Consilio*, Einleitung, 8f.

65 Hilling, Die Reformen des Papstes Pius' X., 77.

66 Zur Schreibweise der Paenitentiarie s. unter 7.

67 Zu dieser Thematik sei hingewiesen auf Killermann, Die Rota Romana, besonders 109–176.

68 Pius V. hob am 23. April 1569 die Paenitentiarie mittels der Konstitution *Tempus et necessitas* auf, sodass alle Ämter und Vollmachten erloschen. Anlass dieser Maßnahme waren die allgemeinen Missstände an der Römischen Kurie, aber ebenso der zur Gewohnheit gewordene Übergriff der Paenitentiarie in das *Forum externum* (vgl. Stutz, Zur Neuordnung der Sacra Paenitentiaria Apostolica, 302f). „Noch mehr trugen zu dem Niedergange sachliche Gründe bei, namentlich der Ämterverkauf an den Meistbietenden sowie der Umstand, dass der Großpaenitentiar und sein Amt weit

„Huius sacri iudicii seu tribunalis iurisdictio coarctatur ad ea dumtaxat quae forum internum, etiam non sacramentale, respiciunt. Itaque, externi fori dispensationibus circa matrimonium ad Congregationem de disciplina Sacramentorum remissis, hoc tribunal pro foro interno gratias largitur, absolutiones, dispensationes, commutationes, sanationes, condonationes; excutit praeterea quaestiones conscientiae, easque dirimit"[69].

Die wichtigste Regelung betrifft die Jurisdiktionsgewalt, die fortan wieder[70] ausschließlich *(dumtaxat)* auf das *Forum internum* begrenzt ist, und zwar sowohl auf das *Forum internum sacramentale* als auch auf das *Forum internum non sacramentale.* In der Vergangenheit erweiterte die Paenitentiarie nach und nach ihren Einflussbereich auch auf das *Forum externum*, was teils durch päpstliche Billigung[71] teils durch Eigeninitiative und Gewohnheitsrecht entstand.[72] Während *Romana Rota* und *Signatura Apostolica* ihren Zuständigkeitsbereich im *Forum externum* haben, ist die Paenitentiarie die einzige Einrichtung, die ausschließlich im *Forum internum* tätig ist.[73] In diesem gewährt die Paenitentiarie verschiedene Gnaden *(gratias largitur)* in folgenden Formen:

über das Gewissensgebiet hinaus in den Bereich des *Forum externum* übergriffen, und zwar je länger, desto mehr. Es war die allgemeine Verderbnis der Römischen Kurie von damals, in die auch die Paenitentiarie hineingezogen wurde" (ebd., 303). Knapp einen Monat später errichtete Pius V. am 18. Mai 1569 die Paenitentiarie wieder „auf neuer Grundlage und in gereinigter Gestalt" (ebd.) mittels der beiden bereits zuvor genannten Konstitutionen *In omnibus rebus* und *Ut bonus paterfamilias* (vgl. ebd.).

69 Pius X., *Sapienti Consilio*, II. 1.

70 Pius IV. versuchte bereits mittels seiner Apostolischen Konstitution *In Sublimi* vom 4. Mai 1562 den Aufgabenbereich der Paenitentiarie auf das *Forum internum* zu beschränken (vgl. Goyneche, De SS. Congregationum, 124, Anm. 9). „Until the Constitution *In Sublimi* of Pius V in 1562, the S. Penitentiary exercised jurisdiction also *pro foro externo*, which since then is exercised only in exceptional cases" (Hilling, Procedure, 129 [Hervorhebung im Original]).

71 Z. B. durch Benedikt XIV. *Pastor Bonus* vom 13. April 1744, der dem Großpaenitentiar die Absolutionsvollmacht auch im *Forum externum* für bestimmte Fälle gewährte (vgl. Saraco, Penitenzieria Apostolica, 36 und Goyneche, De SS. Congregationum, 124, Anm. 6). Im 13. Jahrhundert gab es noch keine klare Trennung von *Forum internum* und *Forum externum*, sodass bestimmte Fälle auch im *Forum externum* behandelt wurden. „I casi ivi contemplati (come simonia, incendi, omicidi, impedimenti matrimoniali, falsificazioni di documenti papali, rapporti e comunicazioni con gli infedeli, brigantaggio contro i pellegrini, irregolarità, apostasia ecc.) vengono trattati nel foro esterno" (Ickx, La nascita di un tribunale, 46). Manchmal wurden Vollmachten auch mittels päpstlichen Spezialmandats, „de speciali et expresso" oder „vivae vocis oraculo" zugestanden (vgl. ebd.).

72 Vgl. Ojetti, De Romana Curia, 165.

73 Vgl. Ferreres, La Curia Romana, 335.

1. Absolutionen von Sünden und Zensuren, die dem Heiligen Stuhl vorbehalten sind.
2. Dispensen von der Befolgung von Kirchengesetzen oder -geboten, z.B. vom Fasten, von einem Versprechen, von geheimen Ehehindernissen, „exceptis primo consanguinitatis vel affinitatis aut secundo in linea inaequali consanguinitatis gradu“[74], oder von Irregularitäten, die entweder den Empfang des Weihesakraments verhindern oder die Ausübung der Weihegewalt verbieten.
3. Umwandlungen, z.B. von einfachen Gelübden oder Privatversprechen.
4. Heilungen, z.B. ungültiger Ehen in der Wurzel oder durch einfache Gültigmachung.
5. Verzeihungen, wie Gunst- oder Gnadenerweise, die aus Verpflichtungen des *ius positivum* oder *ius naturale* resultieren, wie etwa unrechtmäßiger Erwerb von *bona ecclesiastica* oder *sui bona incerta*.[75]

„Hae omnes facultates sunt exclusive pro foro interno“[76]. Von diesen Vollmachten abgesehen, ist ihr die Untersuchung und Entscheidung in Bezug auf Gewissensfragen anvertraut. In Betracht kämen hierbei mögliche Probleme, Umstände oder Fragen den Gewissensbereich betreffend, die entweder nicht ausreichend beantwortet oder gelöst werden können, auch nicht von Fachleuten, oder die eine offizielle Erklärung im Sinne einer authentischen Stellungnahme beziehungsweise Entscheidung seitens der kirchlichen Autorität erfordern. Daher ist die Tätigkeit der Paenitentiarie nicht exklusiv auf die zuvor genannten Vollmachten beschränkt, sondern kann auch kasuistisch und in allen Belangen des *Forum internum* agieren.[77]

Aufgrund der strikten Trennung der beiden Fora fiel eine Kompetenz der Paenitentiarie durch *Sapienti Consilio* an die Kongregation der Sakramentendisziplin. Fortan gehören Dispensen von Ehehindernissen des *Forum externum* zu deren Zuständigkeitsbereich.[78]

Es sei an dieser Stelle auf die exklusive Stellung der Paenitentiarie im Gefüge der Römischen Kurie hingewiesen. Ihre ausschließliche und alleinige Zuständigkeit

---

74 Ojetti, De Romana Curia, 167.

75 Vgl. Pius X., *Sapienti Consilio*, II.1 i. V. m. Hilling, Die Reformen des Papstes Pius X., 77f. und Saraco, Penitenzieria Apostolica, 44–46. „La Sacreé Penitencerie connait également des cas non sacramentels *occultes*, et même des cas *publics*, lorsqu'à leur sujet on demande une décision pour un doute de conscience, *pro solo foro interno*“ (Simier, Curie Romaine, 96, Anm. 3 [Hervorhebung im Original]).

76 Ojetti, De Romana Curia, 167.

77 Vgl. Fantappiè, Un dicastero per il foro interno, 190.

78 Vgl. Pius X., *Sapienti Consilio*, II.1.

für das *Forum internum* unterscheidet sie von allen anderen Dikasterien. Während nämlich alle Angelegenheiten auf die verschiedenen Behörden aufgeteilt werden, *ratione materiae*, konzentrieren sich all diejenigen des *Forum internum* ausschließlich auf eine Behörde, die Paenitentiarie, *ratione fori*.[79]

3.1.4. Die komplementären Normen des *Ordo Servandus in Sacris Congregationibus Tribunalibus Officiis Romanae Curiae*

Sapienti Consilio gab den Kurialbehörden eine stabile und systematische Ordnung. Dennoch bildete die Konstitution an sich eher ein Fundament oder einen Rahmen. Es bedurfte Konkretisierungen und Präzisierungen im Hinblick auf die Struktur und Verfahrensweisen der jeweiligen Dikasterien, die nicht normiert wurden. Pius X. war sich der Notwendigkeit einer Geschäftsordnung oder eines Ausführungsgesetzes bewusst, denn bereits in den Schlussbestimmungen der Kurienkonstitution kündigte er zusätzliche Gesetze und Normen an, die *Sapienti Consilio* ergänzen werden:

> „Huic Constitutioni accedunt leges propriae, ac normae tum generales tum particulares, quibus disciplina et modus tractandi negotia in Congregationibus, Tribunalibus, Officiis praestituitur; quas leges et normas ad unguem ab omnibus observari mandamus“[80].

Dies geschah durch Veröffentlichung der *Lex propria Sacrae Romanae Rotae et Signaturae Apostolicae* vom 29. Juni 1908 und des *Ordo servandus in Sacris Congregationibus Tribunalibus Officiis Romanae Curiae*. Letzterer besteht aus einem zweiteiligen Normenkomplex, der der Ankündigung von *normae tum generales tum particulares* Rechnung trägt:

1. Die *Pars Prima* des *Ordo servandus in Sacris Congregationibus Tribunalibus Officiis Romanae Curiae* mit den *Normae communes* vom 29. Juni 1908 enthält allgemeine Regelungen alle Dikasterien betreffend, wie beispielsweise Amtsverleihungen, Eidesleistung, Öffnungszeiten[81] und Urlaubszeiten, Gebührenordnungen[82] und Angaben zum Geschäftsverkehr von Privatpersonen mit der Kurie.

---

79 Vgl. Fantappiè, Un dicastero per il foro interno, 187f.

80 Pius X., *Sapienti Consilio*, 18.

81 Die genaue Regelung der Öffnungszeiten war folgende: Täglich – außer sonn- und feiertags – von 9.30 bis 12.30 Uhr und die Verpflichtung zur Anwesenheit *(administri omnes tenentur in Officio esse, non remorari)*, sofern es keine Ausnahmegenehmigung gibt (vgl. *Ordo Servandus*, Normae communes, Cap. IV, 1°).

82 Zur Gebührenordnung s. Hilling, Die Reformen des Papstes Pius X., 61.

2. Die *Pars Altera* des *Ordo servandus in Sacris Congregationibus Tribunalibus Officiis Romanae Curiae* mit den *Normae peculiares*, die zwei Monate später, am 29. September 1908 veröffentlicht wurde, beinhaltet Angaben zu den Aufgaben der jeweiligen Ämter, zu den Versammlungsmodi der jeweiligen Dikasterien, die genaue Regelung der Kompetenzzuteilung der jeweiligen Behörden sowie ihre personelle Zusammensetzung. „Die innere Geschäftsverwaltung wird eingehend normiert“[83].

Sowohl die *Lex propria* als auch die Normen des *Ordo servandus* wurden *de speciali mandato SSmi D. N. Pii Papae X* erlassen und vom Kardinalstaatssekretär Merry del Val unterzeichnet.[84] Beide Gesetze können als die „direkte Ergänzung zu der Konstitution ‚Sapienti consilio‘ “[85] gesehen werden, „che hanno valore vincolante“[86].

Genauere Bestimmungen für die Paenitentiarie sind, wie für alle anderen Dikasterien, in den *Normae peculiares* enthalten. Neben der territorialen Uneingeschränktheit ihrer Jurisdiktionsgewalt[87], finden sich Regelungen in *Cap. VIII. - De Singulis Tribunalibus, Art. 1. Sacra Poenitentiaria* der Normae peculiares. Auch hier findet sich dieselbe Schreibweise wie in *Sapienti Consilio*.[88] Nach nochmaliger Nennung des exklusiven Kompetenzbereichs der Paenitentiarie für das *Forum internum*,[89] enthält die Ordnung Angaben zur personellen Besetzung, nach der sich die Paenitentiarie wie folgt gliedert: „Cardinalem Poenitentiarium, Regens, Praelati quinque Signaturae, Procurator, seu a secretis, Substitutus et aliquot inferiores officiales“[90]. Im Unterschied zur detaillierten Personalstruktur, enthält der *Ordo Servandus* keine genaueren Angaben zur Verfahrensweise, sondern bekräftigt lediglich die Gültigkeit der Kurienkonstitution *Sapienti Consilio* und des vorliegenden *Ordo Servandus*. Für Konkretisierungen wird stattdessen auf *In Apostolicae* verwiesen, eine Konstitution Benedikts

---

83 Hilling, Die Reformen des Papstes Pius X., 57.

84 Zur Wertschätzung Pius' X. bemerkt Hilling: „Papst Pius X. hat sich durch diese neuen Gesetze den Ehrennamen eines Reformator Curiae erworben“ (ebd., 62).

85 Ebd., 58.

86 Stickler, Riforme della Curia, 12.

87 „Itemque Tribunalibus tum interni tum externi fori, pro suae competentiae negotiis, nulli sunt constituti territorii limites“ (*Ordo servandus*, Normae peculiares, Cap. I., 1°, g).

88 Zur Schreibweise der Paenitentiarie s. unter 7.

89 „Tribunalis huius ambitu ad solum forum internum coarctata“ (*Ordo servandus*, Normae peculiares, Cap. VIII., Art. 1, 1°).

90 *Ordo servandus*, Normae peculiares, Cap. VIII., Art. 1, 1°.

XIV. vom 13. April 1744,[91] deren Normen weiterhin Gültigkeit besaßen, mit Ausnahme der seit damals durch rechtmäßigen Gebrauch eingeführten Änderungen. Diese mussten aufgeschrieben und dem Papst vom Großpaenitentiar zur Approbation vorgelegt werden.[92] Es ist interessant, dass nur diese eine Konstitution genannt wird und offenbar auch alleinig in Kraft blieb, da nämlich Benedikt XIV. „si occupò della Penitenzieria con una serie di costituzioni, emanate tra gli anni 1744 e 1748, con le quali ne riordinò ampiamente ancora una volta la struttura organizzativa, nonché le procedure amministrative"[93]. *In Apostolicae* schreibt ebenso wie *Sapienti Consilio* und der *Ordo Servandus* „Poenitentiaria"[94] und beinhaltet im Besonderen Regelungen zu den Ämtern der Paenitentiarie.[95] Gemeinsam ist allen, dass sie den Amtsinhabern auf Lebenszeit verliehen werden.[96]

---

91 Vgl. ebd., Cap. VIII., Art. 1, 2°. Zur ausführlicheren Darlegung der Neuordnung der Paenitentiarie durch Benedikt XIV. s. Bertone, Benedetto XIV e la riforma della Sacra Penitenzieria Apostolica, 149–162 und Luño, Benedetto XIV e la riforma della Penitenzieria Apostolica, 163–168.

92 „In officii parte quam retinet, hoc sacrum tribunal se geret ad normas praesertim Const. In Apostolicae, editae die xm mensis Aprilis a. MDCCXLIV a Benedicto XIV, salvis immutationibus legitimo usu posterius inductis, quae erunt scripto redigendae et a Cardinali Poenitentiario subiiciendae approbationi Pontificis; firmisque praescriptis a Const. Sapienti consilio et ab hac lege, in omnibus quae hoc sacrum tribunal spectent" (*Ordo servandus*, Normae peculiares, Cap. VIII., Art. 1, 2°).

93 Bertone, Benedetto XIV e la riforma della Sacra Penitenzieria Apostolica, 151. Neben *In Apostolicae* approbierte Benedikt XIV. am selben Tag die Konstitution *Pastor Bonus*. Beide Konstitutionen zusammen können als *Magna Charta* der Paenitentiarie bezeichnet werden, da sie eine grundlegende Neuordnung der Paenitentiarie ermöglichten. Während *Pastor Bonus* vor allem die Aufgaben und Vollmachten des Großpaenitentiars definierte – „cas réservés au S.-Siège, irrégularités, causes bénéficiales, condonations, serments et voeux, certains péchés des religieux, empêchements de mariage susceptibles de recevoir des dispenses in forma pauperum" (Naz, Pénitencerie, Sp. 1329) – regelte *In Apostolicae* vor allem die personelle Zusammensetzung und die jeweiligen Zuständigkeiten (vgl. Saraco, Penitenzieria Apostolica, 35). Weitere die Paenitentiarie betreffende Regelungen Benedikts XIV. sind die Konstitution *Gravissimum Ecclesiae* vom 26. November 1745, das MP *Quamvis jam* vom 13. Dezember 1747, die AK *Pastoralis Curae* vom 5. August 1748, die Enzyklika *Apostolica constitutio* vom 26. Juni 1749.

94 S. Benedikt XIV., *In Apostolicae*, Prooemium: „In Apostolicae Poenitentiariae Officio, per quod Romanus Pontifex concessam sibi divinitus in B. Petro Apostolorum Principe supremam ligandi". Zur Schreibweise s. unter 7.

95 Vgl. Saraco, Penitenzieria Apostolica, 35.

96 Vgl. Benedikt XIV., *In Apostolicae*, § 24.

Für den Großpaenitentiar[97] gelten folgende Voraussetzungen: Priesterweihe, Magister der Theologie oder Doktor des Rechts. Die Ernennung erfolgt durch den Papst. Bei längerer rechtmäßiger Abwesenheit oder legitimem Hinderungsgrund ist der Großpaenitentiar befugt, einen Pro-Paenitentiar zu bestimmen, der ebenfalls die Priesterweihe empfangen haben muss und der ihn mit denselben Vollmachten vertritt.[98] Eine alljährliche dem Großpaenitentiar vorbehaltene Amtshandlung besteht in der Gewährung von Ablässen während der Karwoche in den Patriarchalbasiliken Roms.[99] Ein wichtiges Charakteristikum des Großpaenitentiars ist des Weiteren, dass er bei Eintritt und während der Sedisvakanz des Heiligen Stuhls im Amt bleibt.[100]

Der Regens[101] gehört den Päpstlichen Ehrenkaplänen und den höheren Mitarbeitern *(Officiales Maiores)* an. Er unterstützt den Großpaenitentiar unmittelbar in seinen Aufgaben, vor allem durch Prüfung aller an die Paenitentiarie

97 Der *Ordo Servandus* bezeichnet den Großpaenitentiar als „Cardinalis Poenitentiarius" (s. *Ordo Servandus*, Normae peculiares, Cap. VIII., Art. 1, 1°), was wörtlich Kardinal-Paenitentiar bedeutet. *In Apostolicae* verwendet dagegen durchwegs die Schreibweise des „Major Poenitentiarius" (s. Benedikt XIV., *In Apostolicae*, z. B. §§ 2–7, 10, 11, 20–22) ohne Zusatz des Kardinalats, was mit Großpaenitentiar zu übersetzen ist. Zur Frage nach dem Kardinalat des Großpaenitentiars s. unter 14, zur Schreibweise s. die Ausführungen unter 7.

98 Vgl. Benedikt XIV., *In Apostolicae*, § 3. Der Zusatz „Pro" zeigt gemäß Mörsdorf eine nachgeordnete Stellvertretung an (vgl. Mörsdorf, Rechtssprache, 107).

99 Vgl. ebd., § 5. Für diese gibt es eine festgelegte Reihenfolge: am Palmsonntag in der Lateranbasilika, am Mittwoch in Santa Maria Maggiore, am Gründonnerstag und Karfreitag im Petersdom. Diese drei Basiliken sind es auch, die der Großpaenitentiar nach seiner Ernennung der Reihe nach besucht und dort von seinem Amt Besitz ergreift (vgl. Simier, Curie Romaine, 98f). Simier beschreibt den Ablauf folgendermaßen: „Assis à un trône spécial qu'on appelle trône pénitentiel, le cardinal entend la confession de quiconque veut s'adresser à lui, et il confère une indulgence de cent jours en frappant légèrement de sa baguette dorée le front de ceux qui s'agenouillent devant son trône" (ebd. 98).

100 Vgl. Benedikt XIV., *In Apostolicae*, § 4. Diese Regelung geht zurück auf den Beginn des 14. Jahrhunderts, in dem die Bedeutung der Paenitentiarie zusätzlich durch das Verbleiben des Großpaenitentiars im Amt auch während einer Sedisvakanz hervorgehoben wurde (vgl. Ickx, La nascita di un tribunale, 47).

101 Zum Regens s. 4.1. und im Besonderen 15.1.

herangetragenen Bitten sowie in der Sorge um einen geordneten und funktionierenden Geschäftsgang.[102]

Die Aufgabe des Theologen *(Theologus Consultor)*[103] „uni ex Presbyteris Societatis Jesu"[104] und des Kanonisten *(Canonista)*[105] besteht in der beratenden Funktion des Großpaenitentiars und des Regens in allen theologischen oder kanonistischen Fragen oder Zweifeln, je nach vorliegendem Fall.[106] Der Datar *(Datarius)* vermerkt am Ende der Bitten Datum und Ortsangaben und das Pontifikat des regierenden Papstes.[107] Der Korrektor *(Corrector)* ist zuständig für eine ordnungsgemäße und fehlerfreie Form des gesamten Schriftverkehrs und prüft auch die korrekte Verwendung gängiger Abkürzungen.[108] Dem Sigillator obliegt es, die Daten der Bittgesuche mit denjenigen der Reskripte der Paenitentiarie abzugleichen und mit dem Siegel zu versehen.[109] Theologe, Kanonist, Datar, Korrektor und Sigillator bilden zusammen die „Praelati quinque Signaturae".

Neben den *Officiales Maiores* bzw. den höheren Mitarbeitern arbeiten in der Paenitentiarie auch die *Officiales Minores.* Ein Prokurator bzw. Sekretär *(Procurator seu a secretis)* sichtet alle eingehenden Briefe „de tous les coins du monde"[110]

---

102 „Ut negotia universa, ea, qua decet puritate et diligentia, dirigi studeat et expediri, proindeque petitionis, casusque omnes ad Poenitentiariae Officium deductos in primis diligenter examinet" (Benedikt XIV., *In Apostolicae*, § 12).

103 Zum Theologen s. 15.2.

104 Benedikt XIV., *In Apostolicae*, § 15.

105 Zum Kanonisten s. 15.2.

106 Vgl. Benedikt XIV., *In Apostolicae,* §§ 15 und 16.

107 Vgl. ebd., § 14.

108 Vgl. ebd., § 13. Bei der Paenitentiarie war der Gebrauch von Abkürzungen in den Reskripten und sonstigen Antworten üblich: *abs* für absolutio; *alr* für aliter; *als* für alias; *ao* für anno; *aplica* für apostolica; *appbatis* für approbatis; *aucte* für auctoritate; *ben* für benedictionem; *cen* für censuris; *circumpeoni* für circumspectioni; *confeone* für confessione; *coini* für communioni; *consciae* für conscientiae; *constibus* für constitutionibus; *discreoni* für discretioni; *dudo* für dummodo; *eccle* für ecclesiae; *exit* für exsistit; *epus* für episcopus; *excoe* für excommunicatione; *gnali* für generali; humoi für huiusmodi; *infraptum* für infrascriptum; *igr* für igitur; *innoti* für innodati; *irregulte* für irregularitate; *ltima* für legitima; *lrae* für litterae; *matrium* für matrimonium; *mir* für misericorditer; *Ordio* für Ordinario; *ordibus* für ordinationibus; *Pp* für Papa; *poe* für posse; *poenia* für poenitentia; *ptur* für praefertur; *qtnus* für quatenus; *saluri* für salutari; *sartum* für sacramentum; *sen* für sententiis; *spealr* für specialiter; *ten* für tenore; *thia* oder *theolia* für theologia; *tm* für tantum, *tn* für tamen (vgl. Ojetti, De Curia Romana, 173).

109 Vgl. Benedikt XIV., *In Apostolicae*, § 17.

110 Simier, Curie Romaine, 100.

und erstellt bei längeren Schreiben eine Zusammenfassung, was den höheren Mitarbeitern nachfolgend eine zügigere Arbeit ermöglichen dürfte.[111] Der Substitut *(Substitutus)* wird in *In Apostolicae* nicht erwähnt. Bei Verhinderung vertritt er den Regens.[112] Neben genannten Personen beschäftigt die Paenitentiarie zusätzlich einen Archivar, einen Kopisten und einen Schatzmeister.[113] Alle *Officiales* der Paenitentiarie werden vom Großpaenitentiar ernannt und treten, „dopo la relativa presentazione e approvazione del papa“[114] ihren Dienst an.

Außerhalb der Paenitentiarie haben *Paenitentiarii Minores* die Aufgabe, an den drei päpstlichen Basiliken, S. Pietro, S. Giovanni in Laterano und S. Maria Maggiore, Absolutionen in den dem Apostolischen Stuhl reservierten Fällen oder auch Dispensen im *Forum internum* zu erteilen. In Heiligen Jahren wurden aufgrund der größeren Zahl an Pilgern *Paenitentiarii Minores* auch für S. Paolo fuori le Mura und ebenso für andere Basiliken angewiesen.[115] Bis zu Pius V. stellten diese den Pilgern auch Bescheinigungen über eine erfolgte Wallfahrt nach Rom mit damit verbundenem Ablass aus. Aufgrund der Beschränkung auf das *Forum internum* wurde diese Vollmacht entzogen.[116] Die *Paenitentiarii Minores* gehören im engen Sinn nicht zur Paenitentiarie, obwohl sie ebenfalls dem Großpaenitentiar unterstehen und von ihm auch die Vollmachten für ihren Dienst erhalten.[117]

Von den strukturellen Bestimmungen abgesehen, behält auch die Bestimmung von *In Apostolicae* weiterhin Gültigkeit, nach welcher alle Reskripte und sonstigen Antworten der Paenitentiarie geheim und kostenfrei versandt werden.[118]

---

111 Vgl. Benedikt XIV., *In Apostolicae*, § 18.

112 Vgl. Simier, Curie Romaine, 100. Im direkten Vergleich von *In Apostolicae* und *Ordo Servandus* lässt sich feststellen, dass die Ämter des Pro-Sigillators (§§ 17 und 30), der Skriptoren (§ 19) und des Depositars (§ 31) weggefallen sind.

113 Vgl. Hilling, Procedure, 128.

114 Fantappiè, Un dicastero per il foro interno, 191.

115 Vgl. Benedikt XIV., *In Apostolicae*, § 6.

116 Vgl. Naz, Pénitencerie, Sp. 1329.

117 Vgl. Stutz, Neuordnung der Sacra Paenitentiaria, 299.

118 „Iuxta memoratae Constitutionis Benedicti XIV praescripta, omnia secreto et gratis in hoc sacro tribunali expedientur“ (*Ordo servandus*, Normae peculiares, Cap. VIII, Art. 1, 3°). *In Apostolicae* betonte die Wichtigkeit der Geheimhaltung sogar noch besonders: „Secreto potissimum et gratis, quae laus est maxime propria hujus Officii, negotia quaecumque in eo expedienda esse, omnes et singuli praedicti Officiales intellegiant“ (Benedikt XIV., *In Apostolicae*, § 22).

Jegliche Fälle werden entweder im *Congressus* oder in der sogenannten *Signatura Poenitentiariae* bearbeitet.[119] Die *Signatura* findet gewöhnlich „alternis fere Hebdomadis die per Majorem Poenitentiarium designanda"[120] statt. Das Recht, sie einzuberufen und den Vorsitz zu führen, ist dem Großpaenitentiar vorbehalten. Außer ihm nehmen daran teil der Regens, die fünf genannten *Officiales Maiores* und der *Prokurator* bzw. Sekretär. Jede Anfrage wird vom Sekretär dargelegt und anschließend in der Versammlung besprochen. Der Regens und die anderen höheren Mitarbeiter haben dabei nur beratendes Stimmrecht als Hilfe für den Großpaenitentiar. Dieser entscheidet allein die vorgelegten Fälle.[121] Bei möglichen Zweifeln oder schwierigen Angelegenheiten erfolgt die Beurteilung des jeweiligen Falles nach Konsultation des Theologen oder Kanonisten. Nach der Entscheidung verfasst der Regens eine kurze entsprechende Antwort.[122] Die Erstellung eines Protokolls der *Signatura* obliegt dem *Prokurator* bzw. Sekretär, der auch für dessen Aufbewahrung sorgt.[123]

Der *Congressus* findet wöchentlich statt und tritt unter der Leitung des Regens zusammen. Daran nehmen teil der Prokurator bzw. Sekretär, sowie der Substitut und mindestens drei der *Officiales*. Die Aufgabe des *Congressus* ist die Bearbeitung der weniger schwierigen Fälle.[124] Hilling beschreibt beide Verfahrensarten – *Congressus* und *Signatura Paenitentiariae* – als „simple and unceremonious in due deference to its importance for the salvation of souls"[125].

3.1.5. Zusammenfassung

Das Anliegen Pius' X. war es, den im Laufe der Zeit entstandenen Missständen an der Römischen Kurie entgegenzutreten und sie zu ihrer ursprünglichen Bestimmung zurückzuführen, nämlich dem Papst bei der Leitung der Kirche zu helfen. Im Unterschied zur Reform von Pius V. bedurfte es dafür nicht nur einer partiellen, sondern einer umfassenden Neuordnung und -organisation, die alle Dikasterien betraf. Vorrangiges Ziel war eine klare Verteilung der Kompetenzen und Zuständigkeiten sowie eine strikte Trennung von administrativer

119 Zur detaillierten Darstellung s. Ferreres, La Curia Romana, 358–381.

120 Benedikt XIV., *In Apostolicae*, § 21. Anders hier die Zeitangabe bei Ojetti: „Quae alternis hebdomadis die martis ordinarie habetur" (Ojetti, De Curia Romana, 169).

121 „La décision est reservée au grand pénitencier seul" (Naz, Pénitencerie, Sp. 1332).

122 Vgl. Benedikt XIV., *In Apostolicae*, § 21.

123 Vgl. ebd., § 18.

124 Vgl. ebd., § 12. Naz weist auf die Sommerpause hin, während der nur die dringenden Fälle bearbeitet und Antworten versandt werden (vgl. Naz, Pénitencerie, Sp. 1332).

125 Hilling, Procedure, 131.

und jurisdiktioneller Gewalt. Die Reform erfolgte dabei durch die Apostolische Konstitution *Sapienti Consilio*, ergänzt durch die zusätzlichen Normen des *Ordo Servandus*.

Pius X. führte die Paenitentiarie zu dem ihr exklusiv vorbehaltenen Jurisdiktionsbereich zurück und beschränkte ihre Tätigkeit ausschließlich auf das *Forum internum*, was Kompetenzstreitigkeiten oder -unsicherheiten mit anderen Dikasterien von vornherein ausschloss. Die Aufgaben wurden von *Sapienti Consilio* genau umschrieben und festgelegt, die Verfahrensweise wird dagegen nicht genannt, sondern stattdessen nur auf die im *Ordo Servandus* nach wie vor in Kraft gebliebenen Normen der Konstitution *In Apostolicae* von Benedikt XIV. aus dem Jahr 1744 verwiesen, was einen Vergleich bzw. Abgleich der beiden Konstitutionen erforderlich macht, sowie die Prüfung auf möglicherweise nach *In Apostolicae* entstandenes Gewohnheitsrecht. Entgegen mancher Vermutung[126] erfolgte eine nur eher geringe Reduktion des Personals, sodass im Hinblick auf *In Apostolicae* und zustimmend mit Fantappiè von höchstens vier oder fünf Mitarbeitern weniger gesprochen werden kann[127].

3.2. Reform des Kirchenrechts - der CIC/1917

Das Reformprogramm Pius' X. umfasste nicht nur die Neuordnung und Systematisierung der Römischen Kurialbehörden, sondern zugleich eine damit verbundene grundlegende Revision des Kirchenrechts, dessen Absicht er bereits wenige Tage nach seiner Wahl zum Papst äußerte[128] und am 19. März 1904 im Motu Proprio *Arduum sane munus* offiziell verkündete: „Ut universae Ecclesiae leges, ad haec usque tempora editae, lucido ordine digestae, in unum colligerentur"[129].

---

126 Aufgrund des Wegfalls der Aufgaben im *Forum externum* und damit verbunden auch der Übertragung der Zuständigkeit über die Erteilung von Ehedispensen im *Forum externum* an die Kongregation der Sakramentendisziplin.

127 Vgl. Fantappiè, Un dicastero per il foro interno, 191.

128 S. die Aussage seines Privatsekretärs Merry del Val: „Zwei oder drei Tage nach seiner Wahl zum Papst äußerte er seinen festen Entschluss, Hand an dieses großartige Werk zu legen, das er als Freund praktischer und wirksamer Maßnahmen, immer vollendet zu sehen wünschte. Darüber braucht man sich nicht wundern. Denn als Priester und Seelsorger hatte er stets die Unmöglichkeit betont, mit komplizierten und veralteten Gesetzen und einem Berg von Dekreten und Verfügungen gut zu regieren, die oft bei weitem nicht miteinander in Einklang standen oder für die neuen Zeitverhältnisse nicht passten" (Del Val, Pius X. Erinnerungen und Eindrücke, 70).

129 Pius X., *Arduum sane munus*, 550.

Seinen Entschluss dazu begründete Pius X. nur wenige Sätze zuvor mit demselben Schreiben: „Ipsa namque Collectionum congeries non levem difficultatem parit; saeculorum decursu leges prodiere quamplurimae, in multa congestae volumina; non paucae, suis olim aptae temporibus, aut abrogatae sunt aut obsoleverunt; denique nonnullae, ob immutata temporum adiuncta, aut difficiles ad exequendum evaserunt, aut communi animorum bono minus utiles"[130].

Hilling sieht in diesen Worten „des obersten kirchlichen Gesetzgebers eine scharfe Kritik des gegenwärtigen Zustandes der kanonischen Gesetzgebung"[131]. Diese ist berechtigt, denn nach dem bisherigen und über mehr als sechs Jahrhunderte geltenden Gesetzeswerk des *Corpus Iuris Canonici*[132] gab es demnach eine Vielzahl an kirchlichen Gesetzen, Normen und Vorschriften, die im Laufe der Zeit zu einer unübersichtlichen Fülle angewachsen waren. Dies führte nicht nur zu Unsicherheit und Unklarheit, sondern vor allem zu Schwierigkeiten in der Rechtsanwendung. Modifikationen, Korrekturen, Ergänzungen, Abrogationen, widersprüchliche Regelungen und eine mangelnde Gesamtsystematik einerseits sowie fehlende Normen zur Beantwortung und Bearbeitung neuer kirchenrechtlicher Fragen, welche die geänderten Zeitverhältnisse mit sich brachten, andererseits, verhinderten nahezu eine einheitliche kirchliche Rechtsprechung und Rechtspraxis.[133] Abgesehen davon bestand die Gefahr von Willkür auf teilkirchlicher Ebene.[134]

Der Wunsch nach einer Reform des Kirchenrechts bestand schon länger[135] und wurde auch auf dem Ersten Vatikanischen Konzil (1869–1870) thematisiert, jedoch nicht weiterverfolgt.[136] Noch im selben Motu proprio setzte Pius X. eine

130 Ebd.

131 Hilling, Die Reformen des Papstes Pius' X., 14.

132 Zur Entstehung des *Corpus Iuris Canonici* sei hingewiesen auf Fantappiè, Storia del diritto canonico, hier besonders 89–184.

133 Vgl. Rossano, Costituzione apostolica, 45f. „Nur wenigen Geistlichen wird es möglich sein, aus der Unmasse von teils noch gültigen, teils aufgehobenen und erloschenen Rechtsbestimmungen, die in unzähligen Sammlungen zerstreut sind, in vielen Fällen die geltende Norm herauszufinden, und daher ist der Einfluss des Corpus iuris canonici, der päpstlichen Bullarien und zahlreichen Sammlungen der Kongregationsentscheidungen vielfach äußerst gering. Das dort angehäufte gewaltige und an sich wertvolle Rechtsmaterial kann mit einem toten Kapitale verglichen werden, dem der fruchttragende Weg zum Publikum versperrt ist" (Hilling, Die Reformen des Papstes Pius' X., 10).

134 Vgl. Hilling, Die Reformen des Papstes Pius' X., 11.

135 „Bereits im 16. Jahrhundert wurde daher der Ruf laut, das geltende Recht der Kirche in einem einzigen Codex zusammenzufassen" (Killermann, Die Rota Romana, 222).

136 Vgl. Rossano, Costituzione apostolica, 46.

Kardinalskommission ein, der er die Aufgabe der Kodifizierung des kanonischen Rechts[137] unter Leitung von Pietro Gasparri[138] übertrug.[139] Nach dreizehn Jahren Arbeit – „condotti con rigore e in tempi, vista la vastità dell'opera, abbastanza brevi“[140] – konnte der Nachfolger Pius' X.,[141] Benedikt XV., am 27. Mai 1917 den Codex Iuris Canonici mit der Apostolischen Konstitution *Providentissima Mater Ecclesiae* promulgieren und am 19. Mai 1918 in Kraft setzen.[142] Die Schaffung des CIC/1917 bedeutete eine entscheidende Wende im Kirchenrecht, denn „erstmals verfügte damit die lateinische Kirche über ein klares, nach einheitlichen Kriterien aufgebautes Rechtssystem, dessen Gesetze allen Gläubigen gleichermaßen zugänglich waren und so die Einheit zwischen Haupt und Gliedern stärkten“[143].

Die Reform der Römischen Kurie und die Reform des Kirchenrechts waren von Pius X. von Beginn seines Pontifikats an als ein großes Werk konzipiert.[144]

---

137 Gegenüber einer möglichen Überarbeitung des *Corpus Iuris Canonici* oder der Erstellung neuer *Collectiones*, sah Pius X. in der Form einer Kodifizierung den geeignetsten Garanten für Authentizität, Vollständigkeit, Systematik und Einheitlichkeit der kirchlichen Gesetzgebung (vgl. Fantappiè, Pio X e il „Codex iuris canonici“, 160).

138 Gasparri wurde 1907 zum Kardinal kreiert und war von 1914 bis 1918 Staatssekretär (Rossano, Costituzione apostolica, 58).

139 Pius X. gab ein aus sechs Punkten bestehendes Programm für die Kommission vor: „I. Consilium, sive, ut aiunt, Commissionem Pontificiam constituimus, quam penes erit totius negotii moderatio et cura, eaque constabit ex nonnullis S. R. E. Cardinalibus, a Pontifice nominatim designandis. II. Huic Consilio ipse Pontifex praeerit, et Pontifice absente, Cardinalis decanus inter adstantes. III. Erunt praeterea iusto numero Consultores, quos Patres Cardinales e viris canonici iuris ac theologiae peritissimis eligenti Pontifice probante. IV. Volumus autem universum episcopatum, iuxta normas opportune tradendas, in gravissimum hoc opus conspirare atque concurrere. V. Ubi fuerit constituta ratio in huiusmodi studio sectanda, Consultores materiam parabunt suamque de ipsa sententiam in conventibus edent, praeside illo, cui Pontifex mandaverit Consilii Cardinalium esse ab actis. In eorum deinde studia et sententias PP. Cardinales matura deliberatione inquirent. Omnia denique ad Pontificem deferantur, legitima approbatione munienda“ (Pius X., *Arduum sane munus,* 551).

140 Rossano, Costituzione apostolica, 58.

141 Pius X. starb am 20. August 1914 und konnte die Arbeit am Codex Iuris Canonici nicht mehr vollenden. Gleichwohl waren die Vorarbeiten daran „nach elf Jahren unausgesetzter Arbeit, die er auf Schritt und Tritt selber überwachte und leitete“ (Del Val, Pius X., 70) weit fortgeschritten (Rossano, Costituzione Apostolica, 58).

142 Zu den Reformarbeiten ausführlicher Fantappiè, Pio X e il „Codex iuris canonici“, 154–155; Astorri, La canonistica di fronte al CIC 17, 173–183; Grossi, Valore e limiti; 141–154; Trazzi, Il magistero giuridico;

143 Killermann, Die Rota Romana, 223.

144 Vgl. Fantappiè, Un dicastero per il foro interno, 181.

Aufgrund dieser Zusammengehörigkeit kann zurecht von einer „duplice riforma"[145] gesprochen werden. Denn die neugeordneten Kurialbehörden sollten zunächst als Hilfsmittel zur Ausarbeitung, und danach als Hauptinstrument der Kontrolle über die Umsetzung der kodikarischen Normen dienen.[146]

3.3. Die Paenitentiarie und ihre Zuständigkeiten gemäß des CIC/1917

In fünf Büchern regeln 2414 Canones des Codex Iuris Canonici das Recht der lateinischen Kirche.[147] Die Römische Kurie wird dabei in einem eigenen Kapitel[148], und hier in den cc. 242–264 CIC/1917 behandelt.[149] Im Unterschied zu *Sapienti Consilio*[150] werden in vier Canones (cc. 242–245 CIC/1917) zunächst allgemeine Bestimmungen gegeben,[151] die für die Kongregationen, Gerichtshöfe und Ämter gelten, aus denen sich die Kurie zusammensetzt.[152]

In Artikel II werden die drei kurialen Gerichtshöfe genannt. In gleicher Weise wie in *Sapienti Consilio* steht auch hier die Paenitentiarie an erster Stelle vor der *Sacra Romana Rota* und der *Signatura Apostolica* (c. 259 CIC/1917) und enthält in c. 258 CIC/1917 prägnant ihren Zuständigkeitsbereich:

„§ 1. Sacrae Poenitentiariae praeficitur Cardinalis Poenitentiarius Maior. Huius tribunalis iurisdictio coarctatur ad ea quae forum internum, etiam non sacramentale, respiciunt; quare hoc tribunal pro solo foro interno gratias largitur, absolutiones, dispensationes, commutationes, sanationes, condonationes; excutit praeterea quaestiones conscientiae easque dirimit.

§ 2. Eiusdem insuper est de iis omnibus iudicare quae spectant ad usum et concessionem indulgentiarum, salvo iure S. Officii videndi ea quae doctrinam dogmaticam circa easdem indulgentias vel circa novas orationes et devotiones respiciunt".

145 Ebd., 178.

146 Vgl. ebd., 181.

147 Zur Aufteilung s. Rossano, Costituzione apostolica, 59f.

148 Und zwar im Liber II *De personis*, Pars prima *De clericis*, Sectio II *De clericis in specie*, Titulus VII *De suprema potestate deque iis qui eiusdem sunt ecclesiastico iure participes*, Caput IV *De Curia Romana*.

149 Bis auf weiteres und sofern nicht anders angegeben, beziehen sich alle Angaben der Canones auf den CIC/1917.

150 S. unter 3.1.3.

151 Vgl. Killermann, Die Rota Romana, 224, Anm. 14.

152 „Curia Romana constat Sacris Congregationibus, Tribunalibus et Officiis, prout inferius enumerantur et describuntur" (c. 242 CIC/1917).

Der Wortlaut des § 1 ist fast identisch mit den Aussagen zur Paenitentiarie in *Sapienti Consilio*. Und auch der CIC/1917 verwendet wie *In Apostolicae*, *Sapienti Consilio* und der *Ordo Servandus* die Schreibweise „Poenitentiaria".[153]

Der CIC/1917 betont jedoch den Jurisdiktionsbereich nochmals besonders („pro solo foro interno")[154] und hebt die Leitung der Paenitentiarie durch den Kardinal-Großpaenitentiar[155] hervor. Die bisherigen Aufgaben der Paenitentiarie blieben unverändert. Hinzu kam jedoch die Zuständigkeit für das Ablasswesen (§ 2), was Benedikt XV. wenige Wochen vor Promulgation des Codex mittels des Motu Proprio *Alloquentes proxime* vom 25. März 1917[156] verfügte.[157] Zuvor war das Ablasswesen bei der *Congregatio Sancti Officii* angesiedelt[158]. Diese ist nun diesbezüglich nur noch zuständig für alles, was die dogmatische Seite des Ablasswesens und die Prüfung neuer Gebete oder Andachtsübungen betrifft, um Missbräuchen vorzubeugen (vgl. c. 258 § 2 CIC/1917). Daher wurde die bisherige dem Sant' Uffizio zugehörige Sektion der Ablässe einschließlich ihrer

---

153 Zur Schreibweise sei verwiesen auf die Ausführungen unter 7.

154 Vgl. dazu den Wortlaut von *Sapienti Consilio*: „Huius sacri iudicii seu tribunalis iurisdictio coarctatur ad ea dumtaxat quae forum internum, etiam non sacramentale, respiciunt" (Pius X., *Sapienti Consilio*, II, 1).

155 Der CIC/1917 gebraucht die Bezeichnung „Cardinalis Poenitentiarius Maior", was mit Kardinal-Großpaenitentiar zu übersetzen ist und von den Bezeichnungen des *Ordo Servandus* und *In Apostolicae* abweicht (s. unter 3.1.4., hier Anm. 97). Zur Frage nach dem Kardinalat des Großpaenitentiars s. unter 15 und zur Schreibweise des Großpaenitentiars s. die Ausführungen unter 6.4. und im Besondern unter 14.

156 Benedikt XV., Motu Proprio *Alloquentes proxime*, 167. Der Wortlaut des c. 258 § 2 CIC/1917 entspricht wörtlich *Alloquentes proxime* IV.

157 „IV. Ne autem Sancti Officii negotiorum moles nimis hac accessione crescat, quidquid ad Indulgentias pertinet, omne iam esto Poenitentiariae Apostolicae: quae quidem pro suo instituto iudicabit de omnibus quae spectant ad usum et concessiones Indulgentiarum, salvo iure S. Officii videndi ea quae doctrinam dogmaticam circa novas orationes et devotiones respiciunt. V. Sectio de Indulgentiis, quae est apud S. Officium, cum suis officialibus, ad Poenitentiariam Apostolicam transferatur: quam ipsam Sectionem Cardinalis Poenitentiarius Maior, Nobis consultis, ordinandam curabit" (Benedikt XV., *Alloquentes proxime*, 167).

158 „Ad ipsam quoque devoluta est universa res de indulgentiis, sive quae doctrinam spectet, sive quae usum respiciat" (Pius X., *Sapienti Consilio*, I, 1, 1°). Das Sant' Uffizio war mit den Ablässen deshalb betraut, weil Pius X. mit *Sapienti Consilio* zuvor die bisher dafür zuständige Ablass- und Reliquienkongregation aufhob (vgl. Stutz, Zur Neuordnung der Sacra Paenitentiaria Apostolica, 294).

Mitarbeiter der Paenitentiarie übertragen. Dem Großpaenitentiar oblag die Ordnung der Sektion, in Rücksprache mit dem Papst.[159]

3.3.1. Zuständigkeit der Absolution bei vorbehaltenen Zensuren

3.3.1.1. Reservationssystem des CIC/1917

Das Kirchenrecht kennt innerhalb der Kirchenstrafen reservierte und nicht reservierte Zensuren[160] (c. 2245 § 1 CIC/1917).[161] Die Reservation[162] von Kirchenstrafen an sich ist kein Novum des CIC/1917, sondern sie entwickelte sich über einen längeren Zeitraum hinweg.[163] Allgemein ist darunter zu verstehen, „dass dem niederen Oberen oder Richter eine Sache entzogen und dem höheren zur Beurteilung und Behandlung vorbehalten ist. … Durch die Reservation zieht der Obere eine Sache als wichtige Angelegenheit vor sein Forum"[164]. Im

159 „Sectio de Indulgentiis, quae est apud S. Officium, cum suis officialibus, ad Poenitentiariam Apostolicam transferatur: quam ipsam Sectionem Cardinalis Poenitentiarius Maior, Nobis consultis, ordinandam curabit" (Benedikt XV., *Alloquentes proxime*, 167).

160 Zu den Zensuren allgemein sei hingewiesen auf Mörsdorf, Lehrbuch III, 369–389.

161 Zum gesamten Themenkomplex der Reservation, auch im Hinblick auf Reservationen außerhalb des Strafrechts, sei vor allem hingewiesen auf Stadalnikas, Reservation of Censures und auf Herghelegiu, Reservatio Papalis.

162 Reservation bedeutet nach Mörsdorf, dass sie „gewisse Rechtshandlungen einem höheren Gewaltträger (Ordinarius oder Papst) zur selbständigen Erledigung vorbehält, mit der besonderen Wirkung, dass die Gewalt des an sich zuständigen Oberen für diese Fälle aufgehoben wird" (Mörsdorf, Rechtssprache, 113). Für mögliche Reservationsfälle nennt er exemplarisch die Lossprechung von Sünden und Besserungsstrafen, was im Kontext der Paenitentiarie Wichtigkeit besitzt (vgl. ebd.).

163 Vgl. Herghelegiu, Reservatio Papalis, 19. Die erste Päpstliche Reservation ist für das Jahr 1130 durch das Konzil von Clermont belegt (vgl. Ickx, La nascita di un tribunale, 37). Reservationen könnte es jedoch auch bereits früher, seit Gregor dem Großen (590–604) gegeben haben (vgl. ebd., 45).

164 Schauf, Einführung in das kirchliche Strafrecht, 78. Stadalnikas gibt eine kurze Definition darüber, was Reservation nicht bedeutet: „One can consider the purpose or end of reservation itself without considering the purpose intended by the legislator, and one must logically conclude that the imposition of a reservation acts neither as a punishment for the priest whose jurisdiction is limited nor as a punishment for the penitent. Reservation does not act as a punishment for the priest, for there is no transgression of any law on the part of the priest, inasmuch as the restriction of jurisdiction affects every single priest and all priests alike without distinction. Reservation does not act as a punishment for the penitent, for the reservation of the sin or of the censure does not primarily affect the penitent or the sinner, but rather attends to the sin for

vorliegenden Kontext bedeutet dies, dass die Lossprechung von reservierten Zensuren, denen genau determinierte Straftaten vorausgingen, einem kirchlichen Oberen vorbehalten sind, der über besondere Vollmachten und Befugnisse verfügt. Somit kann kein anderer die Strafe erlassen. Und noch einen anderen Grund nennt Stadalnikas: „The immediate and primary purpose of reservation is to bring the more serious or difficult cases to the judgement of a higher court or a more competent judge“[165]. Der Vorbehalt der Lossprechung ist keine Strafverschärfung,[166] doch wird und sollte er nur für die schwerwiegendsten Delikte und sofern notwendig angewandt werden (c. 2246 § 1 CIC/1917). Nach Mörsdorf „will der Vorbehalt die Erlangung der Lossprechung erschweren und den Ernst der Strafe betonen“[167].

Der CIC/1917 regelte die Reservationen im *Liber V – De delictis et poenis* in einem komplexen und ausgefeilten System. Reservierte Zensuren sind entweder *ab homine* reserviert, dann sind sie „als wichtige Angelegenheit dem Zensurierenden, seinem Vorgesetzten, seinem Nachfolger oder Delegierten hinsichtlich der Lossprechung vorbehalten“[168], oder sie sind *a iure* dem Ordinarius oder dem Apostolischen Stuhl reserviert (c. 2245 § 2 CIC/1917). Die dem Apostolischen Stuhl vorbehaltenen Zensuren waren wiederum entweder in einfacher *(simpliciter)*, in besonderer *(speciali modo)* oder in ganz besonderer Weise *(specialissimo modo)* reserviert (c. 2245 § 3 CIC/1917). Handelte es sich um Tatstrafen, musste die Reservation im Gesetz oder Verwaltungsbefehl ausdrücklich *(expresse)* genannt werden. Andernfalls war die Strafe nicht reserviert. Dasselbe galt für Rechts- und Tatsachenzweifel (c. 2245 § 4 CIC/1917).[169] „Neque sufficit ergo reservatio tacita, neque intentio censuram reservandi ex parte Superioris censuram statuentis ex argumentis aut indiciis legi aut praecepto extraneis forsitan deducta“[170]. Alle Vorbehalte unterlagen der engen Auslegung (c. 2246 § 2, i. V. m. c. 19 CIC/1917). Eigens erwähnt der Codex zudem das Verbot einer doppelten

censure considered in itself, or the gravity of the sinful act“ (Stadalnikas, Reservation of Censures, 24).

165 Stadalnikas, Reservation of Censures, 20.

166 Anders Michiels, der die Reservation auch als zusätzliche Strafwirkung versteht (vgl. Michiels, De delictis et poenis, 59). Die Diskussion, ob die Reservation Straf- oder Disziplinarcharakter hat, ist gut dargelegt bei Stadalnikas, Reservation of Censures, 20–30.

167 Mörsdorf, Lehrbuch III, 378.

168 Schauf, Einführung in das kirchliche Strafrecht, 78.

169 „Et in dubio sive iuris sive facti reservatio non urget“ (c. 2245 § 4 CIC/1917).

170 Michiels, De delictis et poenis, 66.

reservierten Zensur durch den Apostolischen Stuhl und den Ordinarius gleichzeitig (c. 2247 § 1 CIC/1917).

Verbietet eine Beugestrafe aufgrund ihrer Strafwirkungen den Empfang der Sakramente, betrifft der Vorbehalt der Lossprechung nicht nur die Zensur, sondern auch den Vorbehalt der Lossprechung von der Sünde, die mit der Zensur verbunden ist (c. 2246 § 3 CIC/1917).[171] Dies wäre der Fall bei der Exkommunikation (c. 2260 § 1 CIC/1917) und dem Personalinterdikt (c. 2275 n. 2 CIC/1917). Für die Suspension (cc. 2278–2285 CIC/1917), die nicht am Sakramentenempfang hindert, ist folglich auch die Lossprechung der Sünde nicht reserviert, selbst wenn die Zensur selbst vorbehalten wäre.[172]

Zensuren enden nur durch ihre Absolution, nicht durch Verjährung oder auch nicht nach anderer festgesetzter Zeit.[173] Die dem Apostolischen Stuhl vorbehaltenen Zensuren sind nach c. 2245 § 3 CIC/1917 einfach, besonders oder ganz besonders reserviert. Diese Abstufung bezeichnet einerseits den Schweregrad des Vorbehalts und andererseits die zur Absolution erforderliche Vollmacht der zuständigen Autorität, welche dann korrespondierend auch einfach, besonders oder ganz besonders war. Diese Vollmachten verlieh der Apostolische Stuhl. Zur Absolution einfach reservierter Zensuren genügte eine allgemeine Vollmacht *(potestas generalis)*, welche die Ordinarien per Gesetz für geheime Straftaten besaßen (c. 2237 § 2 CIC/1917)[174]. Die Kardinäle besaßen die Vollmacht – „personali, non delegabili et ad forum internum sacramentale restricta“[175] – von allen Zensuren zu absolvieren, mit Ausnahme der *specialissimo modo* vorbehaltenen (c. 2253 n. 3 i. V. m. c. 239 §1 n.1 CIC/1917).

---

171 Eine Ausnahme von diesem Zusammenhang gibt es: Wenn jemand von der Zuziehung der Zensur entschuldigt oder von ihr bereits absolviert wurde, entfällt die Reservation der Lossprechung von der Sünde (c. 2246 § 3 CIC/1917).

172 Vgl. Schauf, Einführung in das kirchliche Strafrecht, 79. Zur Reservation von Sünden im Allgemeinen vgl. cc. 893–900 CIC/1917.

173 „Eine Zensur wird naturgemäß nie auf bestimmte Zeit oder für immer angedroht bzw. verhängt, sondern stets auf unbestimmte Zeit. … Das bedeutet zugleich, dass die Zensur nicht von selbst wegfällt, sondern nur durch hoheitlichen Nachlass“ (Aymans-Mörsdorf-Müller, KanR IV, 174). Im Unterschied zu den Sühnestrafen, die durch Dispens, Verbüßung oder Ablauf der verhängten Zeitdauer enden (cc. 2236 § 1; 2289 CIC/1917).

174 Vgl. Rees, Die Strafgewalt der Kirche, 204, Anm. 95.

175 Michiels, De delictis et poenis, 143.

3.3.1.2. Vollmachten der Paenitentiarie

Die Absolution der ganz besonders reservierten Zensuren oblag allein dem Apostolischen Stuhl und war somit jeder anderen kirchlichen Autorität entzogen. Die notwendige Vollmacht besitzt die Paenitentiarie als zuständiges kuriales Dikasterium für das *Forum internum*. Die in *Sapienti Consilio* und im CIC/1917 genannten „Absolutiones" meinen die Lossprechung der dem Apostolischen Stuhl *specialissimo modo* reservierten Beugestrafen. Das kirchliche Gesetzbuch von 1917 kennt insgesamt 36 Zensuren, die dem Apostolischen Stuhl vorbehalten sind, wovon nur fünf ganz besonders reserviert sind. Nachfolgende Übersicht möge die Verteilung der Reservationsgrade auf die drei Zensuren veranschaulichen:[176]

1. **Exkommunikation**

In fünf Fällen ist die Exkommunikation *specialissimo modo* reserviert:

- Species consecrates, abiicientes vel abducentes aut retinentes (c. 2320 CIC/1917).
- Violantas manus inicientes in personam Romani Pontificis (c. 2343 § 1 CIC/1917).
- Absolventes vel fingentes absolvere complicem in peccato turpi (c. 2367 CIC/1917).
- Sigillum sacramentale directe violantes (c. 2369 § 1 CIC/1917).
- Censurae ex violatione legum pro electione Romani Pontificis (c. 2330 CIC/1917).

In elf Fällen ist die Exkommunikation *speciali modo* reserviert:

- Apostatae, haeretici, schismatici (c. 2314 §§ 1–2 CIC/1917).
- Horum libros edentes, defendentes, legentes, detinentes (c. 2318 § 1 CIC/1917).
- Non sacerdos missae celebrationem simulans aut sacramentales confessiones excipiens (c. 2322 § 1 CIC/1917).
- Appelantes ad Concilium oecumenicum (c. 2332 CIC/1917).
- Recurrentes ad laicam potestatem ad impediendas litteras apostolicas; ex eadem causa quosdam laedentes et perterrefacientes (c. 2333 CIC/1917).

176 Die Übersicht orientiert sich an der Auflistung bei Rees, Die Strafgewalt der Kirche, 320–323 und bei Michiels, De delictis et poenis, 72–76. Beide geben zusätzlich eine Übersicht über die Zensuren, die dem Ordinarius oder niemandem reserviert sind.

- Edentes leges, mandata contra libertatem et jura Ecclesiae; impedientes exercitium jurisdictionis ecclesiasticae (c. 2334 CIC/1917).
- Trahentes ad forum saeculare Cardinalem, Legatum, Officialem maiorem Curiae Romanae, Ordinarium proprium (c. 2341 CIC/1917).
- Violentas manus inicientes in personam Cardinalis, Legati, Patriarchae, Archiepiscopi, Episcopi (c. 2343 § 2 CIC/1917).
- Usurpantes et detinentes bona aut iura Ecclesiae Romanae (c. 2345 CIC/1917).
- Fabricatores, falsarii actorum Sedis Apostolicae ; iisdem utentes (c. 2360 CIC/1917).
- Falso denuntiantes confessarium de crimine sollicitationis (c. 2363 CIC/1917).

In dreizehn Fällen ist die Exkommunikation *simpliciter* reserviert:

- Quaestum facientes ex indulgentiis (c. 2327 CIC/1917).
- Nomen dantes sectae massonicae vel aequivalenti (c. 2335 CIC/1917).
- Absolventes ab excommunicatione specialissimo vel speciali modo Sedi Apostolicae reservata (c. 2338 § 1 CIC/1917).
- Impendentes auxilium vel favorem excommunicatio vitando; clerici cum eodem communicantes aut eundem in divinis recipientes (c. 2338 § 2 CIC/1917).
- Trahentes ad judicem laicum Episcopum, abbatem, praelatum (c. 2341 CIC/1917).
- Clausuram monialium violantes (c. 2342 n. 1 CIC/1917).
- Clausuram regularium virorum violantes (c. 2342 n. 2 CIC/1917).
- Moniales illegitime e clausura exeuntes (c. 2342 n. 3 CIC/1917).
- Usurpantes bona ecclesiastica (c. 2346 CIC/1917).
- Duellum perpetrantes, complices et fautores (c. 2351 CIC/1917).
- Clerici in sacris et regulares matrimonium contrahere praesumentes eorumque compartes (c. 2388 § 1 CIC/1917).
- Simoniam perpetrantes in officiis, beneficiis, dignitatibus (c. 2392 CIC/1917).
- Documentum Curiae episcopalis, sede vacante, subtrahentes, destruentes, celantes, corrumpentes (c. 2405 CIC/1917).

2. **Interdikt**

Das Interdikt ist dem Apostolischen Stuhl nur einmal vorbehalten, *speciali modo*:

- Personae morales ad Concilium Universale appellantes (c. 2332 CIC/1917).

3. **Suspension**

In sechs Fällen ist die Suspension dem Apostolischen Stuhl reserviert:

- Consecrantes Episcopum sine apostolico mandato (c. 2370 CIC/1917).
- Clerici simoniace ad ordines promoti aut alia Sacramenta ministrantes vel recipientes (c. 2371 CIC/1917).
- Ordines recipere praesumentes ab excommunicato, suspenso, interdicto aut a notorio apostata, haeretico, schismatico (c. 2372 CIC/1917): suspensio a divinis.
- Ordinantes alienum subditum sine litteris dimissoriis proprii Ordinarii, aut subditum proprium sine testimonialibus ex dioecesi aliena requisitis vel sine titulo canonico, aut religiosum dioeceseos alienae (c. 2373 CIC/1917): suspensio ab ordinum collatione per annum.
- Religiosus in sacris, cuius professio ob admissum ab ipso dolum nulla fuerit declarata (c. 2387 CIC/1917).
- Capitula, conventus aliique omnes electum, praesentatum, nominatum ante litterarum exhibitionem admittentes (c. 2394 n. 3 CIC/1917): suspensio a jure eligendi, nominandi vel praesentandi.

An die Straftaten des Sakrilegs (c. 2320 CIC/1917) und des tätlichen Angriffs gegen die Person des Papstes (c. 2343 CIC/1917) sind neben der Exkommunikation zusätzliche Strafen gebunden, die jedoch nicht reserviert sind, da es sich um Sühnestrafen handelt.[177] Diese *specialissimo modo* reservierten Straftaten, die an die Paenitentiarie herangetragen werden, werden je nach Schweregrad und besonderer Umstände in den beiden Versammlungsarten der Paenitentiarie, dem *Congressus* und der *Signatura*,[178] behandelt und die Absolution erteilt.

3.3.1.3. Ausnahmevollmacht der Beichtväter

In Todesgefahr und anderen dringenden Fällen sah das Kirchenrecht Ausnahmeregelungen vor. Nach c. 2252 CIC/1917 war jeder Priester bevollmächtigt,

---

177 Zum Sakrileg kamen hinzu der Ehrverlust und, bei Klerikern, die Absetzung: „Qui species consecratas abiecerit vel ad malum finem abduxerit aut retinuerit, est suspectus de haeresi; incurrit in excommunicationem latae sententiae specialissimo modo Sedi Apostolicae reservatam; est ipso facto infamis, et clericus praeterea est deponendus" (c. 2320). Zum tätlichen Angriff auf den Papst kamen hinzu der Ehrverlust und, bei Klerikern, die Entlassung aus dem Klerikerstand: „§ 1. Qui violentas manus in personam Romani Pontificis iniecerit: 1° Excommunicationem contrahit latae sententiae Sedi Apostolicae specialissimo modo reservatam; et est ipso facto vitandus; 2° Est ipso iure infamis; 3° Clericus est degradandus" (c. 2343).

178 S. unter 3.1.4.

von allen Zensuren, auch den *specialissimo modo* reservierten, gültig und erlaubt loszusprechen. Sobald die Todesgefahr vorüber war, musste sich der losgesprochene Paenitent[179] innerhalb eines Monats an diejenige kirchliche Autorität wenden, die für den Straferlass außerhalb der Todesgefahr zuständig gewesen wäre. Ein Unterlassen dieses Rekurses hatte das Wiederaufleben der Zensur *(sub poena reincidentiae)* zur Folge (c. 2252 CIC/1917) und die Absolution war somit ungültig.

Dasselbe galt für andere dringende Fälle, für die der CIC/1917 in c. 2254 § 1 zwei Gründe nannte: Zum einen, wenn eine Zensur *latae sententiae* nach außen hin nicht ohne die Gefahr großen Ärgernisses oder Ehrverlustes beobachtet werden konnte oder zum anderen, wenn es für den Paenitenten zu schwer war, im Stand schwerer Sünde zu bleiben, bis die Strafe durch die zuständige kirchliche Autorität erlassen wurde.[180] Auch hier war die Rekurspflicht innerhalb eines Monats *sub poena reincidentiae* verpflichtend. Bei den dem Apostolischen Stuhl reservierten Zensuren war der Rekurs an die Paenitentiarie zu richten. Sollte jedoch dieser Rekurs für den Paenitenten moralisch nicht möglich sein, sah der Codex eine weitere Ausnahmeregelung vor, nach welcher er unterbleiben und der Beichtvater von der Zensur, ob vorbehalten oder nicht vorbehalten, lossprechen konnte „sine onere de quo supra" (c. 2254 § 3 CIC/1917).[181]

Es sei noch darauf hinzuweisen, dass eine Absolution von reservierten Zensuren und Sünden auch dann grundsätzlich Gültigkeit besitzt[182], wenn der Beichtvater in Unkenntnis der Reservation war. In diesem Fall ergänzt die Kirche die fehlende Vollmacht. Da die Unkenntnis nicht näher eingegrenzt wird, „intelligendum est de *qualibet* ignorantia, non tantum inculpabili sed et culpabili, quinimo crassa et supina"[183]. Vor diesem Hintergrund und im Bewusstsein um den Vorrang des Seelenheils ist Michiels zuzustimmen, „nec mirum, quia

---

179 Die Schreibweise „Paenitent" wird analog der Schreibweisen der „Paenitentiarie" und des „Großpaenitentiars" verwendet.

180 „In casibus urgentioribus, si nempe censurae latae sententiae exterius servari nequeant sine periculo gravis scandali vel infamiae, aut si durum sit poenitenti in statu gravis peccati permanere per tempus necessarium ut Superior competens provideat" (c. 2254 § 1 CIC/1917).

181 Davon ausgenommen war jedoch die Absolution von der Zensur, die aufgrund der versuchten Lossprechung eines Mitschuldigen „in peccato turpi" eintrat (c. 2254 § 3 i. V. m. c. 2367 CIC/1917).

182 „Si confessarius, ignorans reservationem, poenitentem a censura ac peccato absolvat, absolutio censurae valet" (c. 2247 § 3 CIC/1917).

183 Michiels, De delictis et poenis, 87 (Hervorhebung im Original).

validitas decernitur in favorem poenitentis, qui non debet pati nocumentum ex culpa absolventis“[184]. Diese Regelung galt jedoch nicht für verhängte oder dem Apostolischen Stuhl *specialissimo modo* vorbehaltene Zensuren. Hiervon gab es bei Unkenntnis keine Ausnahmen (c. 2247 § 3 CIC/1917). Bei den Beugestrafen *ferendae sententiae* ergab es sich aufgrund der Tatsache, dass sie verhängt bzw. im äußeren Forum festgestellt wurden, bei den *specialissimo modo* reservierten aufgrund ihres Schweregrades.

3.3.2. Weitere Zuständigkeiten nach c. 258 CIC/1917

Außer der Vollmacht zur Absolution der dem Apostolischen Stuhl *specialissimo modo* reservierten Zensuren gehört zu den weiteren Aufgaben der Paenitentiarie gemäß c. 258 § 1 CIC/1917, der mit der Aufzählung in *Sapienti Consilio* übereinstimmt, die Gewährung von Dispensen, Umwandlungen, Heilungen und Verzeihungen. Von der Zuständigkeit für die Ablässe abgesehen, gab es keine weiteren Änderungen oder Ergänzungen.[185] „Il lui appartient de valider les titres bénéficiels obtenus malgré un vice caché, autre que celui de simonie consciente ; de réduire les restitutions pour ceux qui ne peuvent restituer intégralement ; de commuer les vœux simples et personnels (c. 1309) et tous les engagements privés sans préjudice aux tiers ; de dispenser au for interne de tel empêchement canonique, pourvu qu'il s'agisse de cas occulte, et que ce ne soit pas pour être promu à une église cathédrale ou métropolitaine ; d'absoudre et de réconcilier les religieux apostats ; enfin de donner les dispenses pour les empêchements occultes de mariage, et de faire des *sanationes in radice*“[186].

3.3.3. Zusammenfassung

Das Reformwerk Pius' X. umfasste nicht nur eine grundlegende Reform der Römischen Kurie, sondern auch eine Neuordnung des gesamten Kirchenrechts, welches im Laufe der Zeit zu einer unübersichtlichen Fülle aus unterschiedlichen Normen und Gesetzen angewachsen war und somit eine einheitliche Rechtspraxis weitgehend verhinderte. Mit der Promulgation des Codex Iuris Canonici von 1917 erhielt die katholische Kirche erstmals ein systematisiertes Gesetzbuch, das die Rechtsanwendung vereinfachte und vereinheitlichte.

Die Regelungen zur Römischen Kurie finden sich in einem eigenen Kapitel des CIC/1917. Wie bereits in *Sapienti Consilio* wird die *Sacra Poenitentiaria*

---

184 Ebd.

185 S. hierzu unter 3.1.3.

186 Simier, Curie Romaine, 97 (Hervorhebung im Original).

zu den kurialen Gerichtshöfen gezählt, vor der *Romana Rota* und der *Signatura Apostolica*. Der Wortlaut des c. 258, der die Regelungen zur Paenitentiarie beinhaltet, stimmt größtenteils mit *Sapienti Consilio* (II. 1.) überein. Die Aufgaben der Paenitentiarie blieben unverändert: „Hoc tribunal pro solo foro interno gratias largitur, absolutiones, dispensationes, commutationes, sanationes, condonationes; excutit praeterea quaestiones conscientiae easque dirimit“ (c. 258 § 1 CIC/1917). Hinzu kam lediglich die Zuständigkeit für das gesamte Ablasswesen, unter Berücksichtigung der dogmatischen Prüfung durch das Heilige Officium (c. 258 § 2 CIC/1917). Diese Kompetenzverschiebung, von der *Congregatio Sancti Officii* zur Paenitentiarie, verfügte Benedikt XV. mittels des Motu proprio *Alloquentes proxime* kurz vor Promulgation des CIC/1917, welcher zudem erneut die Begrenzung des Jurisdiktionsbereichs der Paenitentiarie auf das *Forum internum* betonte (c. 258 § 1 CIC/1917).

Der CIC/1917 verfügt über ein komplexes System von reservierten Kirchenstrafen. Die dem Apostolischen Stuhl reservierten Zensuren sind *simpliciter*, *speciali modo* oder *specialissimo modo* vorbehalten und zeigen sowohl den Grad der Schwere des Delikts als auch die jeweils erforderliche Absolutionsbefugnis an. Für fünf Delikte sieht der Gesetzgeber die Reservation der Lossprechung von der Exkommunikation *specialissimo modo* vor und zwar für: die Entehrung der eucharistischen Gestalten (c. 2320 CIC/1917), die Straftaten bei der Papstwahl (c. 2330 CIC/1917), den Angriff auf den Papst (c. 2343 CIC/1917), die Lossprechung eines Mitschuldigen *in peccato turpis* (c. 2367 CIC/1917) und für die direkte Verletzung des Beichtgeheimnisses (c. 2369 § 1 CIC/1917). Handelt es sich bei diesen Delikten um Tatstrafen, ist die Paenitentiarie für den Bereich des *Forum internum* das für die Gewährung der Absolutionsbefugnis zuständige kuriale Dikasterium.

Kann der Rekurs an die Paenitentiarie bei Todesgefahr oder anderen Dringlichkeitsfällen, in denen sich der Paenitent befindet, nicht erfolgen, absolviert jeder Priester auch von allen reservierten Zensuren gültig und erlaubt – dies gilt daher auch für die *specialissimo modo* reservierten. In diesem Fall ist der Paenitent jedoch verpflichtet, sich innerhalb eines Monats, wenn Todesgefahr oder Dringlichkeitsfälle nicht mehr bestehen, an die Paenitentiarie zu wenden. Andernfalls lebt die Strafe wieder auf und die Zensur tritt erneut ein.

Es lässt sich festhalten, dass die Ausarbeitung des CIC/1917 als eine enorme Leistung anzusehen ist, die dem katholischen Kirchenrecht ein stabiles Fundament von Gesetzen gab. Auch die Paenitentiarie arbeitete nach den darin gegebenen Normen, in Kontinuität und gleichzeitiger Rückkoppelung an *Sapienti Consilio*, wie dargelegt wurde. Signifikant ist die Limitation der Zuständigkeit der Paenitentiarie auf das *Forum internum*. Dieser Anspruch kann jedoch durch die Kompetenzübertragung des Ablasswesens nicht ganz beibehalten werden und stellt somit gegenüber der Kurienkonstitution und dem kirchlichen Gesetzbuch eine kleine Inkonsequenz dar, da die Ablassabteilung gleichwohl im *Forum externum* agiert.

4. Regelungen zur Paenitentiarie von Pius XI.

Achtzehn Jahre nach der Promulgation des CIC/1917 durch Benedikt XV. approbierte Pius XI. am 25. März 1935 die Apostolische Konstitution *Quae divinitus Nobis*, die die Paenitentiarie[187], einschließlich ihrer Ämter, Kompetenzen und Verfahrensweisen erneut reformierte.[188] Dabei handelte es sich jedoch um keine umfassende Neuordnung, sondern eher um eine Vereinfachung und Aktualisierung der wenige Jahre zuvor gegebenen Normen[189]. Dies wird bereits daran ersichtlich, dass die Konstitution – in ähnlicher Weise wie bereits *Sapienti Consilio*[190] und der dazu ergangene *Ordo Servandus* – vielfach Bezug nimmt auf *In Apostolicae* Benedikts XIV. von 1744[191]. Sofern durch *Quae divinitus Nobis* nichts Gegenteiliges verfügt wurde, blieben diese Normen weiterhin in Kraft. Pius XI. beabsichtigte, die Regelungen seiner Vorgänger[192] „in der Hauptsache, in den Grundzügen und in manchen Einzelheiten beizubehalten und nur in einigen Punkten zu ergänzen und abzuändern"[193]:

> „Nos quoque ad hoc sollemne documentum mentem convertimus; ab eoque solo principes harum litterarum lineas mutuamur, tam in notis propriis obligationibusque designandis Officialium, quibus Sacra Paenitentiaria constat, quam in negotiorum tractatione definienda"[194].

---

187 *Quae divinitus Nobis* verwendet die Bezeichnung „Paenitentiaria". Zu den unterschiedlichen Schreibweisen s. unter 7.

188 Vgl. Saraco, Penitenzieria Apostolica, 46f. Stutz sieht den Grund für eine erneute Reform der Paenitentiarie in der Zunahme der Arbeiten und des Anstiegs der Geschäftslast, vor allem seit dem Hinzukommen der Zuständigkeit für das Ablasswesen, was eine Tätigkeit im *Forum externum* bedeutet (vgl. Stutz, Neuordnung der Sacra Paenitentiaria, 297).

189 Und zwar durch den CIC/1917, durch *Sapienti Consilio* und durch den *Ordo Servandus.*

190 S. unter 3.1.3.

191 S. zu den Ausführungen des *Ordo Servandus* und von *In Apostolicae* unter 3.1.4.

192 Explizit werden Benedikt XIV., Pius X. und Benedikt XV. genannt (s. Pius XI., *Quae divinitus Nobis*, S. 98f.).

193 Stutz, Neuordnung der Sacra Paenitentiaria, 304.

194 Pius XI., *Quae divinitus Nobis*, S. 99. Die enge Rückbindung an Benedikts XIV. Konstitutionen zur Paenitentiarie wird bereits deutlich in der Einleitung von *Quae divinitus Nobis*, in der Pius XI. zur Umschreibung der geistlichen Aufgabe, die der Paenitentiarie anvertraut ist, ein Zitat Benedikts XIV. aufgreift: „Apostolicae Paenitentiariae Officium, ad quod universi fideles ex omni christiani orbis regione pro suis quisque spiritualibus morbis quamlibet occultis, sive per se sive per arcanas litteras, propriis

Aufgrund der engen Rückbindung an *In Apostolicae* enthalten die nachfolgenden Ausführungen eine nur prägnante Darlegung der Übereinstimmungen mit den bisher geltenden Regelungen sowie erfolgten Änderungen und Modifikationen.

4.1. Personelle Struktur

Die personelle Struktur der Paenitentiarie wurde beibehalten. An der Spitze steht der Großpaenitentiar,[195] der vom Papst aus den Reihen der Kardinäle auf Lebenszeit frei ernannt wird und auch während einer Sedisvakanz nicht aus dem Amt scheidet.[196] Stirbt der Großpaenitentiar in dieser Zeit, ist das Kardinalskollegium berechtigt, einen Kardinal zu wählen, der die Amtsgewalt des Großpaenitentiars erhält. Deutlicher als *In Apostolicae* wird in *Quae divinitus Nobis* die besondere Stellung des Großpaenitentiars betont, der die Fülle der Vollmachten in seiner Person vereinigt.[197] Weiterhin verfügte der Großpaenitentiar über die Möglichkeit – „de consensu Summi Pontificis“[198] – einen Pro-Paenitentiar[199] zu ernennen, der ebenfalls den Kardinalstitel erlangt haben musste[200] und über dieselben Vollmachten verfügte sowie sein Amt „proprio nomine“[201] ausübte.

---

etiam suppressis nominibus, tuto confugere possent et convenientem vulneribus medicinam secreta et gratuita curatione (qualis ab omnibus optanda foret) protinus consequerentur“ (Benedikt XIV., *Pastor Bonus*, § 1).

195 Zur Frage nach dem Kardinalat des Großpaenitentiars s. unter 14, zur Schreibweise des Großpaenitentiars s. unter 7.

196 Vgl. Pius XI., *Quae divinitus Nobis*, Cap. 12. Während der Sedisvakanz bleibt der Großpaenitentiar nicht nur im Amt, sondern behält auch alle Vollmachten bei, die er außerhalb der Sedisvakanz besitzt (vgl. ebd.).

197 „Electus a Pontifice e Cardinalibus S. R. E. et per Apostolicas Litteras in forma brevi renuntiatus, Paenitentiarius Maior, postquam in Basilica Vaticana peculiaribus peractis caerimoniis summum munus suscepit, amplissimarum facultatum Sacri huius Officii supremus moderator constituitur, et hoc nomine omnes et singulas facultates Sacro huic Tribunali datas ipse in se complectitur“ (Pius XI. *Quae divinitus Nobis*, Cap. 1). Aufgrund dieser besonderen Stellung folgert Stutz: „Die Paenitentiarie ist demnach keine Kongregation, keine ständige Kardinalskommission. Denn sie besteht aus einem einzigen Kardinal. Der Großpaenitentiar selbst ist das Bußgericht, das Amt, er verkörpert es in seiner Person. … Die Paenitentiarie ist keine Kollegialbehörde“ (Stutz, Neuordnung der Sacra Paenitentiaria, 307).

198 Pius XI., *Quae divinitus Nobis*, Cap. 1.

199 S. dazu unter 3.1.4.

200 Vgl. Pius XI., *Quae divinitus Nobis*, Cap. 1 i. V. m. Benedikt XIV., *In Apostolicae*, § 3.

201 Pius XI., *Quae divinitus Nobis*, Cap. 1. Auch *In Apostolicae* sah die Möglichkeit eines Pro-Paenitentiars vor, „qui interim hoc munus pariter per seipsum prosequatur, …,

Großpaenitentiar und Pro-Paenitentiar leiten die Paenitentiarie nicht *in solidum*, sondern Letzterer vertritt den Großpaenitentiar nur bei dessen Abwesenheit oder anderen Hinderungsgründen.[202] Keine Entsprechung in *In Apostolicae* hat die Präferenz der Wahl des Pro-Paenitentiars aus den dem Heiligen Offizium zugehörigen Kardinälen.[203]

Außer dem Großpaenitentiar gehören die *Officiales Maiores* und die *Officales Minores* zum Mitarbeiterstab der Paenitentiarie. Ihre jeweilige Zusammensetzung blieb im Vergleich mit den bisherigen Regelungen beinahe unverändert. Zu den sechs höheren Mitarbeitern, den *Officiales Maiores*, gehören weiterhin der „Regens, Theologus (quod quidem Officium ex privilegio reservatur Societati Iesu), Datarius, Corrector, Sigillator, Canonista; qui omnes sunt vere Sacrae Paenitentiariae Apostolicae Praelati“[204]. Diese Mitarbeiter werden durch Billet des Staatssekretariats vom Papst ernannt, die *Officiales Minores* vom Großpaenitentiar.[205] Zu diesen gehören wesentlich ein Sekretär und zwei Substituten.[206] Dazu kommen Protokollare, Schreiber und Tabularier[207], worunter Registratur- und Archivvorsteher zu verstehen sind.[208] Nicht mehr erwähnt werden in *Quae divinitus Nobis* Registrator, Depositar, Pro-Sigillator und Archivar.[209] Es ist anzunehmen, dass deren Aufgaben teils von den Tabulariern übernommen wurden, teils durch die Ordnung der Zuständigkeiten mittels *Sapienti Consilio* und des CIC/1917 auch weggefallen sind. Gemeinsam für alle Ämter blieb gemäß *Quae divinitus Nobis* und übereinstimmend mit *In Apostolicae* auch die Ernennung auf

---

non Poenitentiarius subrogantis, sed suo proprio nomina jubeat expediri“ (Benedikt XIV., *In Apostolicae*, § 3).

202 Vgl. Pius XI., *Quae divinitus Nobis*, Cap. 1 i. V. m. Benedikt XIV., *In Apostoliciae*, § 3.

203 Vgl. Pius XI., *Quae divinitus Nobis*, Cap. 1. Die Bevorzugung wird mit der Nähe der beiden Dikasterien zueinander begründet: „Ob rerum autem affinitatem curandum erit“ (ebd.).

204 Ebd., Cap. 2. Vgl. auch die Nennung der höheren Mitarbeiter in *In Apostolicae* §§ 12–17, die den Ämtern nach *Quae divinitus Nobis* entspricht.

205 Vgl. ebd. Bei der Ernennung der höheren Beamten bezieht sich *Quae divinitus Nobis* auf *Sapienti Consilio* (vgl. ebd.). In *Sapienti Consilio* findet sich jedoch keine entsprechende Regelung.

206 Vgl. ebd., Cap. 4.

207 Vgl. ebd., Cap. 2.

208 Vgl. Stutz, Neuordnung der Sacra Paenitentiaria, 308. Stutz sieht in den *Officiales Minores* „bloße Gehilfen“ (ebd.), die jedoch „participant à l'expédition des affaires“ (Naz, Pénitencerie, Sp. 1332) durchaus wichtig für das Funktionieren des Geschäftsgangs und die Erledigung des Briefverkehrs waren.

209 Dies im Unterschied zu *In Apostolicae* §§ 30–32; 36–38.

Lebenszeit[210], sowie die vorgeschriebene Eidesleistung vor Amtsantritt.[211] Hinzu kam jetzt die Ablegung des Glaubensbekenntnisses und des von Pius X. eingeführten Antimodernisteneides, den Pius XI. beibehielt.[212] Die höheren Beamten legten Glaubensbekenntnis und Eide vor dem Großpaenitentiar und den übrigen Beamten ab, die Unterbeamten dagegen in der *Signatura Sacrae Paenitentiariae Apostolicae*.[213]

Eine Änderung im Unterschied zu *In Apostolicae* betrifft die Forderung einer höheren Qualifikation der *Officiales Maiores*, sodass sie nach *Quae divinitus Nobis* nicht mehr nur „vita moribusque integris ornatos", wie es auch für die Unterbeamten gilt, sondern „praeterea ut eximia doctrina praestantes, casuum que conscientiae peritos designabat, quosque Nos etiam virtute et doctrina omni exceptione maiores esse"[214].

4.2. Kompetenzen

Änderungen im Kompetenzbereich der Paenitentiarie nahm Pius XI. nicht vor, sondern verwies auf die in c. 258 des CIC/1917 genannten Aufgaben.[215] Zur Erfüllung derselben gliedert sich die Paenitentiarie in zwei Sektionen, eine für alle Angelegenheiten des *Forum internum*, die andere für die Belange den Ablass betreffend. Diese Aufteilung hatte aufgrund der späteren Übertragung

---

210 S. Pius XI., *Quae divinitus Nobis*, Cap. 2 i. V. m. Benedikt XIV., *In Apostolicae*, § 24.

211 S. ebd., i. V. m. Benedikt XIV., *In Apostoliciae*, § 22.

212 S. ebd., Cap. 2. Den Antimodernisteneid führte Pius X. am 1. September 1910 durch das Motu Proprio *Sacrorum antistitum* ein. Benedikt XIV. sah für die Verletzung des Amtseides schwere Strafen und den sofortigen Amtsentzug vor. Von diesen Strafen konnte nur der Papst absolvieren (Benedikt XIV., *In Apostolicae*, § 22).

213 Vgl. Pius XI., *Quae divinitus Nobis*, Cap. 2 i. V. m. Benedikt XIV., *In Apostolicae*, § 22. Die Eidesleistung erfolgte nach folgender Formel: „Ego N. Regens (bzw. Theologe, Kanonist etc.; Anm. d. Verf.) ab hac hora in antea ero fidelis et obediens Beato Petro et domino Nostro Papae eiusque Successoribus canonice intrantibus, Officium meum fideliter exercebo et gratis, eiusque ratione nihil ab aliquibus etiam sponte oblatum vel donatum accipiam praeter quam salarium mihi constitutum, Secreta Sacrae Poenitentiariae et occultos casus ac personas, de quibus in ea tractabitur, numquam cuiquam extra Officium revelabo, et ita iuro ad Sacrosancta Dei Evangelia" (Benedikt XIV., *In Apostolicae*, § 22). Sofern nicht anders angegeben wird im Nachfolgenden kurz von *Signatura* gesprochen.

214 Pius XI., *Quae divinitus Nobis*, Cap. 3.

215 „Is omnes facultates obtinet, quae ad fines assequandos, propter quos Sacra Paenitentiaria instituta est, requiruntur, secundum can. 258 Codicis Iuris Canonici" (Pius XI., *Quae divinitus Nobis*, Cap. 5). Zu den Aufgaben s. dazu 3.3.

des Ablasswesens keine Entsprechung in *In Apostolicae*. Pius XI. bestätigte dafür die Ausdehnung der Amtsgewalt der Paenitentiarie dadurch auch auf das *Forum externum*.[216] Eine Präzisierung nahm Pius XI. im Hinblick auf die Aufgaben des Großpaenitentiars vor, indem er genau die Zuständigkeiten benannte, die diesem zur Erledigung vorbehalten und dem Regens entzogen waren.[217] Dieser konnte nur unter besonderen Umständen dafür Sorge tragen, dass der Beichtvater die Vollmacht erhält, von diesen reservierten Strafen oder Irregularitäten zu absolvieren bzw. zu dispensieren. Die anschließende Rechenschaft gegenüber dem Großpaenitentiar war verpflichtend.[218]

4.3. Arbeitsweisen

Alle Aufgaben werden weiterhin entweder im *Congressus*, in der *Signatura Paenitentiariae* oder durch Audienz beim Papst erledigt.[219] Der *Congressus* tritt gewohnt unter dem Vorsitz des Regens, der der Erste unter den höheren Beamten ist,[220] zusammen, jedoch fortan nicht mehr nur wöchentlich,[221] sondern zweimal täglich, je einmal pro Sektion. Die *Signatura* tritt wie bisher nach ihrer Einberufung durch den Großpaenitentiar zusammen, in der Regel jedoch alle zwei Wochen an einem Dienstag.[222] Die zeitliche Änderung des *Congressus* ist dem Bemühen um zügigere und zeitnahe Erledigung geschuldet: „Res secretae et urgentes, quae ad Paenitentiariam perveniunt pro foro conscientiae, postulant ut singulis diebus considerentur, examinentur, et si fieri potest perficiantur; quam quidem maxima laude dignam consuetudinem S. Tribunalis semper fuisse novimus. Ex quo necessitas cotidiani Congressus orta est."[223]. Wenn möglich

216 Vgl. Pius XI., *Quae divinitus Nobis*, S. 98.

217 „In utraque sectione Cardinalis Paenitentiarius Maior sibi reservare duxerit, nominatim: ***in materia Indulgentiarum*** eas, quae iam in elencho facultatum Cardinali Paenitentiario Maiori concessarum indicavimus, quem elenchum religiose et inviolabiliter servari volumus; ***in materia fori interni***, recursus qui pertinent ad can. 132, iunct. can. 214; 827; 828 i. c. 1527; 840; 985, 4°; 1060"**ss.;** 1070; 1075, 2°, 3°; 1138 ss., etiam pro foro tantum interno; 2314; 2320; 2342; 2360; 2363; 2367; 2369; 2371; 2388; 2392" (Pius XI., *Quae divinitus Nobis*, Cap. 5 [Hervorhebung im Original]).

218 Vgl. Pius XI., *Quae divinitus Nobis*, Cap. 5.

219 Vgl. ebd., Cap. 6. Zum *Congressus* und zur *Signatura* s. 3.1.4.

220 Vgl. ebd., Cap. 5.

221 Wie es *In Apostolicae* noch vorsah (vgl. Bendikt XIV., *In Apostolicae*, § 12).

222 So bereits bei Benedikt XIV., *In Apostolicae*, § 21.

223 Pius XI., *Quae divinitus Nobis*, Cap. 6. Mit anderen Worten: „Die geheimen und dringlichen Gewissenssachen, die an die Paenitentiarie gelangen, erheischen sofortige Bearbeitung, Prüfung und, wenn es geht, Erledigung, eine Promptheit des Verfahrens,

sollten am *Congressus* drei der *Officiales* teilnehmen,[224] an der *Signatura* nehmen die sechs höheren Beamten teil.[225] Bei Abwesenheit des Regens wird er in wechselndem Turnus von einem der fünf anderen *Officiales Maiores* vertreten.[226] Bei Abwesenheit des Großpaenitentiars übernimmt der Regens die Leitung der *Signatura*.[227]

Die Audienz beim Papst findet zweimal pro Monat statt. Der Großpaenitentiar legt dem Papst von beiden Abteilungen der Paenitentiarie all das vor, was seine Vollmachten übersteigt, womit sich der Papst in einer früheren Audienz beschäftigt hatte, was er für angebracht hält, dem Papst zur Entscheidung vorzulegen und von ihm Normen und Regelungen zu erhalten für den Gebrauch seiner weitreichenden Vollmachten.[228] Die Vorträge des Großpaenitentiars werden vom jeweiligen Sekretär bzw. Substituten vorbereitet und vom Regens geprüft.[229]

Da die personelle Zusammensetzung und der Geschäftsgang in allen Arbeitsweisen beibehalten wurde, unterbleibt an dieser Stelle eine detaillierte Darlegung, unter Verweis auf die entsprechenden Normen.[230]

---

die seit alters den Ruhm der Paenitentiarie ausmacht und einen täglichen Zusammentritt erfordert" (Stutz, Neuordnung der Sacra Paenitentiaria, 309).

224 „Opportet enim Congressus, quoad fieri possit, ex tribus Officialibus constet" (Pius XI., *Quae divinitus Nobis*, Cap. 6 a). Es sollten immer Sekretär und Substitut der jeweiligen Abteilung dabei sein. Auch für den Fall, dass beide zur selben Zeit abwesend sein sollten, verfügte Pius XI., dass sie dann durch den dienstältesten Beamten der entsprechenden Abteilung vertreten werden (vgl. ebd.).

225 Vgl. ebd., Cap. 6.

226 Vgl. ebd., Cap. 3.

227 Vgl. ebd., Cap. 6 b.

228 „Omnia negotia, quae in una alterave Sectione facultatem Paenitentiarii Maioris excedunt; omnia quae iam in priore Audientia a Pontifice praeoccupata sunt; quaecumque denique Paenitentiarius Maior (qui semper certior fieri debet de omnibus causarum positionibus, quae ad Officium perveniunt) opportunum iudicaverit, ut Summo Pontifici significentur idque tam ut Pontifex ea cognoscat quae magis conducere possunt ad Universalis Ecclesiae hac in re gubernationem, quam ut idem Paenitentiarius Maior in adhibendis amplissimis sanctissimisque Sacrae Paenitentiariae facultatibus, normas et regulas ab Eo accipiat, qui utpote Supremus conscientiarum Moderator, pro Apostolico quo fungitur Officio peculiari divina ope absque dubio donatur" (ebd.).

229 Vgl. ebd.

230 Vgl. dazu Pius XI., *Quae divinitus Nobis*, Cap. 6. Eine summarische Darlegung gibt Naz, Pénitencerie, Sp. 1332 und ausführlicher Stutz, Neuordnung der Sacra Paenitentiaria, 309–315.

4.4. Weitere Übereinstimmungen und Änderungen

Über die Paenitentiare *(Paenitentiarii Minores)* an den Patriarchalbasiliken Roms sowie an anderen bestimmten Basiliken Italiens[231], die nicht zu den Mitarbeitern im engen Sinne der Paenitentiarie zählen, obwohl sie ebenso dem Großpaenitentiar unterstehen, finden sich im Unterschied zu *In Apostolicae*[232] keine Regelungen mehr, sondern lediglich eine kurze Erwähnung in Cap. 1.[233] Eine Änderung in diesem Zusammenhang ergab sich nur in der fortan dauerhaften Bestellung von Paenitentiaren auch für die römische Basilika St. Paul vor den Mauern, was jedoch Pius XI. bereits 1933 verfügte[234] und folglich in *Quae divinitus Nobis* nicht mehr explizit thematisiert wurde.[235]

Zwei weitere von Pius XI. beibehaltene Punkte betreffen die formale Einheitlichkeit der von der Paenitentiarie verfassten Reskripte[236] und deren Gebührenfreiheit.[237] Kleine Unterschiede dagegen betreffen noch die Verdreifachung der in der Karwoche durch Berührung mit der Rute des Großpaenitentiars zu gewinnenden Ablasstage auf 300,[238] der Wegfall des Verbots der Ämtersimonie[239] und das Unterlassen der Veröffentlichung einer Tarifliste für die Mitarbeiter der Paenitentiarie.[240]

---

231 Hierzu zählen zum Beispiel die Basilika des Hl. Antonius in Padua oder die Basilika in Loreto, wie es Pius XI. mittels der Apostolischen Konstitution *Iam annus* vom 13. Juni 1933 verfügte.

232 Vgl. hier die ausführlichen Darlegungen in § 6.

233 „Quemadmodum officia etiam confirmamus, quae ad eundem pertinent, sive in delegandis Paenitentiariis Minoribus tam Romae pro Basilicis Patriarchalibus quam pro aliis Italiae Basilicis Nostrae iurisdictioni immediate subiectis" (Pius XI., *Quae divinitus Nobis*, Cap. 1).

234 S. dazu die Apostolische Konstitution *Quod divina* von Pius XI. vom 3. Mai 1933.

235 Zuvor wurden nämlich Paenitentiare für St. Paul vor den Mauern gemäß *In Apostolicae* § 6 nur aus Anlass eines Heiligen Jahres bestellt: „Atque insuper pro recurrentis Anni Sancti tempore suos quoque pro Basilica Sancti Pauli extra muros Poenitentiarios designare" (Benedikt XIV., In Apostolicae § 6).

236 Vgl. Pius XI., *Quae divinitus Nobis*, Cap. 7.

237 Vgl. ebd., Cap. 10 i. V. m. Benedikt XIV., *In Apostolicae*, § 39.

238 Vgl. ebd., Cap. 1. *In Apostolicae* selbst enthält nicht die Anzahl der damit verbundenen Ablasstage, doch verweist sie in § 5 auf die Konstitution *Pastor Bonus* Benedikts XIV., die zeitgleich mit *In Apostolicae* erlassen wurde, und die Zahl der Ablasstage auf 100 festsetzte (vgl. Benedikt XIV., *Pastor Bonus*, § 50).

239 Vgl. Benedikt XIV., *In Apostolicae*, § 24.

240 Vgl. ebd., § 25, in welchem sich genaue Angaben über die Gehälter finden.

4.5. Zusammenfassung

Die Apostolische Konstitution *Quae divinitus Nobis* von Pius XI. orientiert sich stark an der Apostolischen Konstitution *In Apostolicae* von Benedikt XIV., was sowohl explizit durch den Wunsch Pius' XI. in den Einleitungsworten, als auch implizit durch Verweise auf die Konstitution Benedikts XIV. ersichtlich wird.

Im direkten Vergleich der beiden Konstitutionen wird diese große Kontinuität deutlich, was darauf schließen lässt, dass Pius XI. keine grundlegende Neuordnung der Kompetenzen, der Struktur oder der Arbeitsweisen der Paenitentiarie beabsichtigte. Alle drei dieser genannten Bereiche sind im Wesentlichen unverändert geblieben. Aufgrund der von Benedikt XV. vorgenommenen Kompetenzverschiebung im Jahr 1917 wurde die Zuständigkeit für das Ablasswesen auch in *Quae divinitus Nobis* als eigenständiger Aufgabenbereich bzw. als eigene Sektion behandelt. Insgesamt fällt auf, dass *Quae divinitus Nobis* deutlich kürzer ist als *In Apostolicae* und die Themenbereiche prägnanter und auch übersichtlicher fasst, was als eine Konsequenz der Kontinuität betrachtet werden kann. Stutz ist zuzustimmen, wenn er schreibt, dass „man sich auch deshalb kürzer fassen konnte, weil man ja nicht von Grund auf neu bauen wollte"[241]. In diesem Kontext ist auch die größere Verbreitung der Texte zu beachten. Während früher päpstliche und kuriale Schreiben nur einem kleinen Kreis zur Kenntnis kamen, der unmittelbar von Amts wegen damit zu tun hatte, sind sie nun durch Veröffentlichung in den Acta Apostolicae Sedis leichter zugänglich und einsehbar.[242] Vielleicht wurde deshalb manches, wie beispielsweise die Gehaltslisten der Mitarbeiter, nicht mehr in diesem Rahmen veröffentlicht.[243]

Noch auf einen Unterschied sei abschließend hinzuweisen. Anders als zu *In Apostolicae*, erließ Pius XI. keine eigene zusätzliche Konstitution.[244] Der Verzicht auf einen „besonderen Fakultätenerlass"[245], wie es *Pastor Bonus* von Benedikt XIV. ist, war deshalb möglich, da *Quae divinitus Nobis* unter Rückgriff auf *In*

241 Stutz, Neuordnung der Sacra Paenitentiaria, 304.

242 Vgl. ebd.

243 Vgl. ebd. „So etwas hängt man nicht an die große Glocke, bringt es nicht in Verfassungsgesetzen und Haupterlassen unter, sondern verweist es in Nebengesetze oder Verordnungen" (ebd., 305). Damals mag das nachvollziehbar und vielleicht auch berechtigt gewesen sein, doch in der heutigen Zeit ist Transparenz wichtig.

244 Benedikt XIV. erließ zeitgleich zu *In Apostolicae*, die vor allem die Aufgaben, die personelle Struktur und den Geschäftsgang enthält, eine eigene Konstitution *Pastor Bonus*, die ausführlicher die Vollmachten des Großpaenitentiars regelte. In *Quae divinitus Nobis* wird sie nicht mehr erwähnt.

245 Stutz, Neuordnung der Sacra Paenitentiaria, 303.

Apostolicae alle relevanten Regelungen zur Paenitentiarie enthält. Obwohl ähnlich wie bereits im Rückgriff des *Ordo Servandus* auf *In Apostolicae* eine parallele und vergleichende Lektüre der beiden Konstitutionen zwar unumgänglich ist, ist die Konstitution Pius' XI. dennoch als Fortschritt zu sehen, da sich *Quae divinitus Nobis* auf die wesentlichen Regelungen und Inhalte beschränken konnte und deshalb von der Übersichtlichkeit profitiert.

5. Kurienreform Pauls VI. und Bedeutung für die Paenitentiarie

60 Jahre nach *Sapienti Consilio* erfolgte die dritte große Reform der Römischen Kurie durch Paul VI.[246] Am 15. August 1967 promulgierte er die Apostolische Konstitution *Regimini Ecclesiae Universae*, mit der er die Neuordnung der kurialen Dikasterien bestimmte und abschloss.[247] Die Reform der Römischen Kurie war ihm ein großes Anliegen[248] und er kündigte sie bereits 1963 an. Ähnlich wie Pius X., strebte auch Paul VI. eine Gesamtrevision an.[249] „Nach seinem Willen sollte die Kurie komplett neu aufgestellt und im Geist des Konzils, nicht bloß in einigen einzelnen Punkten, reformiert werden“[250].

Für die Neuordnung der Kurie können im Besonderen zwei Hauptgründe genannt werden: zum einen die Geschwindigkeit, mit der sich das Weltgeschehen und die Gesellschaft weiterentwickeln und zugleich verändern. „I cambiamenti nel mondo acquistano, a causa delle enormi velocità di comunicazione di ogni genere, una tale generalità che le differenze si cancellano e tutto il mondo diventa realmente uno, ciò si riflette immancabilmente sulla Chiesa che deve essere presente dappertutto mentre tutti possono essere presenti a Roma“[251].

---

246 Eine kurze Übersicht über die wichtigsten Eckpunkte gibt Ernesti, Paul VI., 143–156. Eine ausführlichere Darlegung bietet Manzanares, La reforma de la Curia Romana por Pablo VI., 49–69.

247 Vgl. Ernesti, Paul VI., 155. Das gesamte Reformwerk Pauls VI. nahm einen Zeitraum von etwa 12 Jahren in Anspruch. Denn bereits vor der Promulgation der AK *Regimini Ecclesiae Universae* nahm Paul VI. Änderungen an einzelnen Dikasterien vor. Beispielsweise änderte er bereits 1965 die Kongregation des Hl. Offiziums um in die Kongregation für die Glaubenslehre (s. das Motu Proprio *Integrae servandae* vom 7. Dezember 1965). 1967 errichtete er den Päpstlichen Rat für die Laien und die Kommission *Iustitia et Pax* (s. Motu Proprio *Catholicam Christi Ecclesiam* vom 6. Januar 1967).

248 Vgl. Chenaux, Paul VI. Le souverain éclairé, 203. Hilfreich dürfte ihm seine langjährige Kenntnis der Kurie gewesen sein, denn „en tant qu'ancien substitut à la secrétaire d'État, en connaissait bien tous les rouages mais aussi les défauts et les insuffisances“ (ebd., 203f).

249 Bereits der Titel der Konstitution, *Regimini Ecclesiae Universae*, gibt einen Hinweis darauf, dass die Reform die *Leitung der Gesamtkirche* meint.

250 Ernesti, Paul VI., 144.

251 Stickler, Riforme della Curia, 13. Diesen Grund nennt Paul VI. selbst in den Einleitungsworten der Konstitution: „Attamen ob celerrimum vitae hodiernae cursum

Zum anderen hatte das Zweite Vatikanische Konzil bedeutenden Einfluss auf die Kurienreform sowie auf die katholische Kirche im Gesamten. Paul VI. entsprach dem Wunsch der Konzilsväter, die Kurie an die geänderten Verhältnisse der Zeit, der verschiedenen Länder und Riten anzupassen und zwar im Hinblick auf die Anzahl, den jeweiligen Namen, die Zuständigkeit und die Vollmachten, den Geschäftsgang und die Koordination der einzelnen Dikasterien.[252]

In allem sollte die Reform es ermöglichen, das in der kirchlichen Tradition Gewachsene und Bewährte zu erhalten und fortzuführen – „non nascondendo una volontà di continuità“[253] – und zugleich die durch das Zweite Vatikanische Konzil angestoßenen und den Erfordernissen der Zeit angemessenen Neuerungen einzuführen.[254] „Ziel des Vorhabens sollte sein, dem Geist des Konzils entsprechend die in erster Linie pastorale Funktion der Kurie in den Vordergrund zu stellen sowie die Kollegialität zwischen dem Nachfolger Petri und den Bischöfen der Weltkirche zu vertiefen“[255].

Gemäß den Bestimmungen von *REU* besteht die Römische Kurie nun aus neun Kongregationen, drei Gerichten, sechs Ämtern und drei Sekretariaten.[256]

---

et mutatas temporum nostrorum et ipsius Ecclesiae condiciones, visum est Romanam Curiam, egregia laude dignam propter eius studiosam observantiam, navitatem, industriam, probitatem, apta ratione accommodare, ita ut plane congruens et efficacissimum evadat veluti instrumentum eius, cui supremum magisterii et regiminis munus est creditum“ (Paul VI., *REU*, S. 886).

252 „In exercenda suprema, plena et immediata potestate in universam Ecclesiam, Romanus Pontifex utitur Romanae Curiae Dicasteriis, quae proinde nomine et auctoritate illius munus suum explent in bonum Ecclesiarum et in servitium Sacrorum Pastorum. Exoptant autem Sacrosancti Concilii Patres ut haec Dicasteria, quae quidem Romano Pontifici atque Ecclesiae Pastoribus eximium praebuerunt auxilium, novae ordinationi, necessitatibus temporum, regionum ac Rituum magis aptatae, subiciantur, praesertim quod spectat eorundem numerum, nomen, competentiam propriamque procedendi rationem, atque inter se laborum coordinationem. Exoptant pariter ut, ratione habita muneris pastoralis Episcoporum proprii, Legatorum Romani Pontificis officium pressius determinetur“ (Dekret *Christus Dominus* des Zweiten Vatikanischen Konzils, Nr. 9).

253 Rossano, Costituzione apostolica, 67.

254 Vgl. ebd.

255 Killermann, Die Rota Romana, 288.

256 Vgl. Paul VI., *REU*, Art. 1 § 1. Die Sekretariate wurden von Paul VI. neu geschaffen, da sie sich in keiner vorhergehenden Konstitution finden. Es sind dies das Sekretariat für die Einheit der Christen (Paul VI., *REU*, Art. 92–495), das Sekretariat für die Nicht-Christen (Paul VI., *REU*, Art. 96–100) und das Sekretariat für die Nicht-Glaubenden (Paul VI., *REU*, Art. 101f). Bei den Sekretariaten handelte es sich um Kurialbehörden,

Auch der Rat für die Laien und die Päpstliche Kommission *Iustitia et Pax* gehören zur Kurie. Diese erwähnt *REU* nur unter Verweis auf ihre bereits erfolgte Gründung am 6. Januar 1967.[257]

Die drei Gerichte finden sich in *REU* nach den Kongregationen und vor den Ämtern. Diese Einordnung entspricht derjenigen sowohl von *Sapienti Consilio* als auch vom CIC/1917. Geändert wurde allerdings die Reihenfolge, nach welcher die Paenitentiarie nicht mehr vor, sondern nach der *Signatura Apostolica* und der *Romana Rota* genannt wird.[258] Anders als die zuvor genannten Quellen verwendet *REU* die Schreibweise der „Paenitentiaria", wie aus Art. 111 hervorgeht.[259] Die Leitung der Paenitentiarie obliegt nach *REU* weiter dem Großpaenitentiar. Neu hinzugefügt wurde die Nennung des Regens und die summarische Nennung der anderen höheren Mitarbeiter, die den sogenannten Rat des Großpaenitentiars bilden.[260] Wohl um der Knappheit der Konstitution willen, enthält *REU* bezüglich der kollektiven Nennung der höheren Mitarbeiter allerdings einen Verweis auf die Kapitel 2 und 3 von *Quae divinitus Nobis*, in denen die einzelnen *Officiales Maiores* genannt werden.[261] Daher ist von der Beibehaltung der personellen Struktur auszugehen.

In der nächsten Nummer befasst sich *REU* mit den Aufgaben und dem Kompetenzbereich der Paenitentiarie, die im Vergleich mit *Sapienti Consilio*, dem CIC/1917 und *Quae divinitus Nobis* unverändert blieben. Sie agiert im *Forum internum* und gewährt die verschiedenen und mehrfach genannten Gnaden.[262]

---

die vor allem den Dialog mit den jeweiligen Adressaten suchen und pflegen sollten. Es waren weniger Administrativbehörden (vgl. Rossano, Costituzione apostolica, 78).

257 S. *REU*, Art. 103. Vgl. dazu Anm. 247.

258 Gründe für die geänderte Reihenfolge konnten nicht gefunden werden. Doch möglicherweise wurde die *Signatura Apostolica* als höchstes kirchliches Gericht an die erste Stelle gesetzt.

259 S. zur Schreibweise unter 7.

260 Vgl. Paul VI, *REU*, Art. 111: „Sacrae Paenitentiariae Apostolicae praeficitur Cardinalis Paenitentiarius Maior, qui adiuvatur a Regente aliisque Praelatis, qui eiusdem Paenitentiarii Maioris Consilium efficiunt". Im Unterschied dazu waren in *Sapienti Consilio* noch keinerlei Angaben zu Ämtern enthalten. Diese sind nur im dazugehörigen *Ordo Servandus* aufgeführt. Auffallend ist auch hier die Verwendung zweier unterschiedlicher Benennungen des Großpaenitentiars, nämlich „Cardinalis Paenitentiarius Maior" und „Paenitentiarius Maior" im selben Satz. Dasselbe findet sich auch in *Quae divinitus Nobis*, Cap. 1 und 5. Zu den verschiedenen Schreibweisen s. unter 7. Zur Frage nach dem Kardinalat des Großpaenitentiars s. die Ausführungen unter 14.

261 Vgl. Paul VI., *REU*, Art. 111, Anm. 51.

262 „Huius tribunalis iurisdictio complectitur ea quae forum internum etiam non sacramentale respiciunt; quare hoc tribunal pro foro interno largitur gratias, absolutiones,

Eine kleine Änderung ist nur in sprachlicher Hinsicht festzustellen. Während nämlich sowohl *Sapienti Consilio* als auch der CIC/1917 zur Umschreibung des Jurisdiktionsbereichs das Verb *coarctare* verwenden, was mit „einengen", „zusammendrängen" oder „beschränken"[263] zu übersetzen ist, ersetzte Paul VI. dies durch *complectari*, was den deutlich weiteren Begriff von „umfassen" oder „in sich fassen" meint[264] und vor dem Hintergrund konziliarer Einflüsse zu sehen ist. *Coarctare* beizubehalten wäre jedoch passender gewesen, um die gewollte und exklusive Zuständigkeit der Paenitentiarie für das *Forum internum* und die gleichzeitige Unzuständigkeit für den äußeren Rechtsbereich zu verdeutlichen.

Als Drittes enthält *REU* die Normen zur Zuständigkeit für alles, was den Erwerb und den Gebrauch von Ablässen betrifft. Der Kongregation für die Glaubenslehre bleibt hierfür das Recht der Prüfung und Untersuchung aller Fragen die Ablässe betreffend aus dogmatischer Sicht vorbehalten. Nicht explizit erwähnt wird das in c. 258 § 2 CIC/1917 genannte Recht der Kongregation zur Prüfung neuer Gebete und Andachtsformen.[265]

Neben den ausschließlich die Paenitentiarie betreffenden Normen in den Artikeln 111–113 *REU*, gelten für sie, wie für alle Dikasterien, die allgemeinen Normen der Kurienkonstitution, sofern sie nicht ihrem Charakteristikum, der Begrenzung auf das *Forum internum*, entgegenstehen.[266] Durch *REU* neu eingeführt und auch für die Paenitentiarie geltend ist die Möglichkeit, neben der bisher ausschließlich lateinischen Amtssprache andere Sprachen gebrauchen zu dürfen.[267] Diese Neuerung geht konform mit der Aufforderung zu einer

dispensationes, commutationes, sanationes, condonationes" (Paul VI., *REU*, Art. 112; Pius X., *Sapienti Consilio*, Cap. II, 1; c. 258 § 1 CIC/1917).

263 Vgl. dazu „coarcto", in: Sleumer, Wörterbuch, 217.

264 Vgl. dazu „complector", in: ebd., 226.

265 „Eidem dumtaxat Paenitentiariae insuper demandantur ea quae spectant ad concessionem et usum indulgentiarum, salvo tamen iure Congregationis pro Doctrina Fidei videndi ea quae doctrinam dogmaticam circa easdem indulgentias attingunt" (Paul VI., *REU*, Art. 113).

266 Ausgenommen derjenigen, die beispielsweise nur die Kongregationen (Art. 2, §§ 1–4) oder aufgrund ihrer Beschränkung auf das *Forum internum* nicht die Paenitentiarie betreffen (Art. 6, 8). Auch die Regelungen aus den Art. 13–18, die Regelungen zu Materien, die interdikasteriell zu behandeln sind, beinhalten, gelten nicht für die Paenitentiarie, da sie als einziges Dikasterium im *Forum internum* agiert. Einzig die Kompetenz über das Ablasswesen kann eine Prüfung und Zusammenarbeit mit der Kongregation für die Glaubenslehre erfordern, wie in Art. 113 *REU* vorgesehen.

267 Vgl. Paul VI., *REU*, Art. 10.

Internationalisierung sämtlicher Amtsinhaber und Mitarbeiter der Dikasterien.[268] Des Weiteren setzte Paul VI. die Verleihung der kurialen Ämter für die Dauer eines Quinquenniums fest. Durch Bestätigung des Papstes konnte die Amtszeit jedoch für weitere fünf Jahre verlängert werden.[269] Bei Sedisvakanz blieben der Großpaenitentiar, der Generalvikar der Diözese Rom und der Camerlengo im Amt.[270]

Insgesamt ist festzustellen, dass die Kurienreform Pauls VI. nur geringe Auswirkungen auf die Paenitentiarie hatte. Ihre Struktur und Aufgaben blieben unverändert und es finden sich auch keinerlei gegenteilige Regelungen zu bisher geltendem Recht.[271]

---

268 Vgl. ebd., Art. 3.

269 Vgl. ebd., Art. 2 und 5. Ernesti gibt eine gute Begründung für die Begrenzung der Amtsdauer: „Dadurch, dass die Amtszeiten nun nach fünf Jahren endeten, sollten Erstarrungen vermieden und ein effektiveres Arbeiten erreicht werden" (Ernesti, Paul VI., 152).

270 Vgl. ebd., S. 889.

271 Weitere Änderungen der Kurialbehörden nahm Paul VI. in den Jahren nach *REU* noch vor. Hierzu sei verwiesen auf Rossano, Costituzione apostolica, 81, Anm. 133. Die Paenitentiarie war davon nicht betroffen.

6. Geltende Rechtsgrundlagen der Paenitentiarie

Nach dem rechtshistorischen und vergleichenden Überblick über die von Sixtus V., Pius X. und Paul VI. vorgenommenen Reformen der Römischen Kurie, sowie der Konstitution *Quae divinitus Nobis* Pius' XI., und ihre jeweilige Bedeutung für die Paenitentiarie, erfolgt im nächsten Hauptteil die präzisere Darlegung ihrer personellen, jurisdiktionellen und kanonistischen Charakteristika nach der geltenden Rechtslage. Diese wird vor allem geregelt durch die Normen des CIC/1983, der Apostolischen Konstitution *Pastor Bonus* aus dem Jahr 1988 und des *Regolamento proprio del Tribunale della Penitenzieria Apostolica* vom 8. Dezember 2009[272]. Hinzu kommen einzelne Normen des CCEO und des *Regolamento Generale della Curia Romana* von 1992. Auf Unterschiede zum Recht des CIC/1917 und der dazugehörigen Konstitutionen wird dabei hingewiesen.

6.1. Der CIC/1983

6.1.1. Vorbemerkungen zur Codex-Reform

Wie zuvor dargelegt gehören zum Grund- und Ausgangspunkt für die Tätigkeit der Apostolischen Paenitentiarie vor allem der CIC/1983, die Kurienkonstitution *Pastor Bonus* aus dem Jahr 1988,[273] das *Regolamento proprio del Tribunale della Penitenzieria Apostolica* von 2009[274], und teilweise entsprechend auch der CCEO aus dem Jahr 1990. Von ihnen wurden drei während des Pontifikats Johannes Pauls II. promulgiert und „sind nicht nur zeitlich, sondern auch inhaltlich untereinander verbunden und aufeinander abgestimmt"[275].

Auffallend ist zunächst die Parallelität zwischen dem Reformwerk Pius' X. durch die AK *Sapienti Consilio* (1907)[276] und den CIC/1917[277] und dem Reformwerk Johannes Pauls II., wenn auch in umgekehrter Reihenfolge.[278] Die

---

272 Nachfolgend *Regolamento 2009*.

273 S. hierzu ausführlicher unter 6.2.

274 Hierzu ausführlicher unter 6.3.

275 Killermann, Die Rota Romana, 328.

276 S. hierzu 3.1.2. und 3.1.3.

277 S. hierzu 3.2.

278 Johannes Paul II. reformierte zuerst den Codex und anschließend die Römische Kurie. Bei Pius X. war es umgekehrt.

Reform des Kirchenrechts und der kurialen Dikasterien war Teil der durch das Zweite Vatikanische Konzil angestrebten und forcierten Gesamterneuerung der katholischen Kirche, die bereits Johannes XXIII. im Sinn hatte.[279] 1963 wurde eine Kommission zur Revision des Codex eingesetzt,[280] welche ihre Arbeiten jedoch erst zwei Jahre später, nach Beendigung des Konzils, aufnahm, um die konziliaren Prinzipien bei der Überarbeitung umsetzen und integrieren zu können.[281] Zwischen 1972 und 1977 erarbeitete die *Pontificia Commissio Codici Iuris Canonici recognoscendo* zu den verschiedenen Rechtsgebieten zehn einzelne Schemata.[282] Nach mehreren Konsultationsphasen[283] und nachfolgenden Überarbeitungen konnte das *Schema novissimum* am 22. April 1982 dem Papst vorgelegt werden.

---

279 Johannes XXIII. kündigte schon am 25. Januar 1959 das Vorhaben einer Codex-Reform an. In derselben Ansprache verkündete er die Einberufung des Konzils und erwähnte ebenso ein Gesetzbuch für die katholisch-orientalischen Kirchen: „Pronunciamo innanzi a voi, certo tremando un poco di commozione, ma insieme con umile risolutezza di proposito, il nome e la proposta della duplice celebrazione: di un Sinodo Diocesano per l'Urbe, e di un Concilio Ecumenico per la Chiesa universale. Per voi, Venerabili Fratelli e Diletti Figli Nostri, non occorrono illustrazioni copiose circa la significazione storica e giuridica di queste due proposte. Esse condurranno felicemente all'auspicato e atteso aggiornamento del Codice di Diritto Canonico, che dovrebbe accompagnare e coronare questi due saggi di pratica applicazione dei provvedimenti di ecclesiastica disciplina, che lo Spirito del Signore Ci verrà suggerendo lungo la via. La prossima promulgazione del Codice di Diritto Orientale ci dà il preannunzio di questi avvenimenti (Johannes XXIII., *Allocutio ad Emos Patres Cardinales in Urbe praesentes habita*, 68f).

280 Vgl. Rossano, Costituzione apostolica, 84.

281 „La revisione del Codice rappresentava un compito inderogabile della Chiesa, considerato come un momento di attuazione ed esecuzione del Concilio appena celebrato, un lavoro di adattamento alle mentalità propria del Vaticano II, dove la cura pastorale e le nuove necessità del popolo di Dio ne rappresentano il cardine" (Ebd.). Zu den Prinzipien vgl. Schmitz, Codex Iuris Canonici, 79f.

282 Vgl. Rossano, Costituzione apostolica, 86. Die Einzelschemata wurden zusammengefasst im Schema CIC 1980. Dieses wurde dann der CIC-Reformkommission zur Prüfung vorgelegt und beraten. Entsprechende Änderungen wurden nochmals eingearbeitet, woraus das *Schema novissimum* entstand (vgl. Geringer, Codex Iuris Canonici, 1243f).

283 Konsultiert wurden die Bischöfe der Weltkirche, die Dikasterien der Römischen Kurie, die Universitäten und Fakultäten des Kirchenrechts, die Vereinigung der Generaloberen (vgl. Rossano, Costituzione apostolica, 86).

Am 25. Januar 1983 promulgierte Johannes Paul II. durch die Apostolische Konstitution *Sacrae disciplinae leges* den Codex Iuris Canonici.[284] Der CIC/1983 unterscheidet sich zwar in einigen Aspekten deutlich von seinem Vorgänger, dem CIC/1917,[285] dennoch wurde die Systematik der Kodifizierung und der Zusammenstellung des kanonischen Rechts in einem Gesetzbuch beibehalten.[286]

6.1.2. Die Paenitentiarie im CIC/1983

In Bezug auf die Dikasterien der Römischen Kurie ist eine wesentliche Veränderung festzustellen. Während der CIC/1917 die Römische Kurie in 23 Canones behandelte (cc. 242–264), beschränkt sich der CIC/1983 auf nur zwei Canones, nämlich cc. 360–361. Darin wird unter anderem ihr genereller Dienstcharakter und ihre Zusammensetzung genannt,[287] eine Auflistung der einzelnen Dikasterien und dazugehöriger Regelungen erfolgte jedoch nicht mehr.[288] Auch die

284 Zur Entstehungsgeschichte sei hingewiesen auf: die Praefatio des Codex Iuris Canonici; Metz, La nouvelle codification du droit de l'Église (1959–1983), 123–131; Geringer, Codex Iuris Canonici, 1243–1245. Einen guten Überblick auf die chronologische Entstehung, sowie die ekklesiologischen Aspekte des CIC/1938 bietet Schmitz, Codex Iuris Canonici, 70–100.

285 Der CIC/1983 weist nicht mehr die Struktur gemäß des römischen Rechts auf, nach dem sich die Rechtsmaterien in drei Bereiche - personae - res - actiones - gliederten, und an denen sich auch der CIC/1917 in seiner Einteilung orientierte, sondern gliedert sich nun in sieben Bücher und koppelte das Verkündigungs- und das Vermögensrecht als eigenständige Bücher aus. Insgesamt erfolgte eine deutliche Reduktion der Canones, von 2414 auf 1752. Zur veränderten theologischen Ausrichtung durch das Zweite Vatikanische Konzil vgl. Müller, Die Grundlagen des kirchlichen Rechts nach der Lehre Papst Johannes Pauls II., 27–38 und Arrieta, Die Communio-Ekklesiologie in der kirchlichen Gesetzgebung Johannes Pauls II., 49–70.

286 „Der CIC von 1983 kann seine Herkunft vom CIC von 1917 nicht verleugnen und er will es auch nicht. Er ist weder materiell noch formell ein Bruch mit dem Rechtserbe der Kirche, sondern dessen zeitgemäße und ekklesiologisch legitimierte Fortentwicklung und damit eine weitere Stufe in der Rechtsentwicklung der Kirche" (Schmitz, Codex Iuris Canonici, 86).

287 Diese besteht aus: „Secretaria Status seu Papali, Consilio pro publicis Ecclesiae negotiis, Congregationibus, Tribunalibus, aliisque Institutis" (c. 360 CIC/1983). C. 361 CIC/1983 ist fast identisch zu c. 7 CIC/1917 und beschreibt, was mit Apostolischem Stuhl oder Heiligem Stuhl gemeint ist: „Nomine Sedis Apostolicae vel Sanctae Sedis in hoc Codice veniunt non solum Romanus Pontifex, sed etiam, nisi ex rei natura vel sermonis contextu aliud appareat, Secretaria Status, Consilium pro publicis Ecclesiae negotiis, aliaque Romanae Curiae Instituta" (c. 361 CIC/1983).

288 Anders der CIC/1917 in den cc. 246–264.

Paenitentiarie wird in den beiden Canones nicht erwähnt. Im gesamten Codex wird die *Paenitentiaria*[289] explizit nur viermal genannt: einmal in c. 64, zweimal in c. 1048, einmal in c. 1082. Diese nur wenigen Erwähnungen schmälern jedoch nicht ihre Aufgaben, wie im nachfolgenden Kapitel[290] dargelegt werden wird. Zu den päpstlichen Gerichtshöfen wird die Paenitentiarie im CIC/1983 nicht gezählt.[291]

In Anbetracht der Knappheit zweier Canones ist daher anzunehmen, dass der kirchliche Gesetzgeber mit dem Codex keine Kurienreform beabsichtigte, sondern dies zu späterer Zeit erfolgen sollte.[292] Hierzu enthält der Codex selbst einen Hinweis, indem er in c. 360 bezüglich der Konstitution und Kompetenz aller Dikasterien auf ein besonderes Gesetz *(lex peculiaris)* verweist.[293]

6.2. Die Apostolische Konstitution *Pastor Bonus* von 1988

Wie zuvor dargelegt verzichtete der CIC/1983 auf genauere Regelungen für die einzelnen Dikasterien der Römischen Kurie,[294] sodass diese zunächst weiterhin ihre Verfassung und Zuständigkeiten beibehielten, wie sie die Normen der Apostolischen Konstitution *Regimini Ecclesiae Universae* aus dem Jahr 1967 festsetzten. Vielleicht in dem Bewusstsein einer gewissen Vorläufigkeit der dadurch geschaffenen kurialen Verfassung ordnete noch Paul VI. die Überprüfung von *REU* nach Ablauf einer fünfjährigen Frist dahingehend an, ob „innovatus rerum ordo altius utrum Concilii Vaticani II postulatis reapse congrueret et christiani populi civilisque societatis necessitatibus responderet, atque quantum res postularet, in aptiorem reduceretur formam“[295]. Verwirklicht bzw. zu Ende geführt wurde dieses Anliegen durch Johannes Paul II., der die Vorsteher aller Dikasterien sowie das gesamte Kardinalskollegium um Stellungnahmen in dieser Thematik bat. Nach zwei Konsistorien, der Einholung der Ansicht der Vorsteher und

---

289 Die Schreibweise „Paenitentiaria“ stimmt überein mit *REU*. S. hierzu die Anmerkungen unter 7.

290 S. unter II. Kompetenzen der Paenitentiarie.

291 Im Unterschied zur Rota Romana und Signatura Apostolica (vgl. cc. 1442–1445) und zum CIC/1917, der die Paenitentiarie in c. 258 zu den päpstlichen Gerichten rechnete.

292 Vgl. Killermann, Die Rota Romana, 331.

293 „Quorum omnium (dicasteriorum) constitutio et competentia lege peculiari definiuntur“ (c. 360 CIC/1983).

294 Ausnahmen bilden die Rota Romana und die Signatura Apostolica, die im Liber VII des CIC/1983 in den cc. 1443–1445 genannt und ihre Aufgaben aufgelistet werden (vgl. Killermann, Die Rota Romana, 331).

295 Johannes Paul II., *PB*, Nr. 5.

der zweijährigen Arbeit einer eigens dafür eingesetzten Kommission wurde im Jahr 1985 das *Schema Legis peculiaris de Curia Romana* vorgelegt, „das teilweise umfassende Veränderungen im Behördenapparat des Heiligen Stuhls vorsah"[296]. Daran schloss sich eine Konsultationsphase an. Die daraus resultierenden Einwände und Änderungswünsche wurden von einer Kardinalskommission aufgegriffen, beraten und in einem neuen Schema eingearbeitet. Dieses konnte dann von Johannes Paul II. am 28. Juni 1988 als Apostolische Konstitution[297] *Pastor Bonus* promulgiert werden und am 1. März 1989 in Kraft treten.[298]

Durch die neue Kurienkonstitution wollte Johannes Paul II. die Reformbemühungen Pauls VI. angesichts der Ergebnisse des Zweiten Vatikanischen Konzils abschließen und so den Erfordernissen der Zeit entsprechen.[299] Zudem stellte die Kurienkonstitution in Verbindung mit dem CIC/1983 und dem CCEO, der bald darauf im Jahr 1990 promulgiert wurde,[300] die Vollendung des nachkonziliaren gesamtkirchlichen Gesetzeswerkes dar.[301] Eine Ergänzung erfolgte noch durch das *Regolamento Generale della Curia Romana* im Jahr 1992, das als Geschäftsordnung in Form eines Reskriptes erlassen wurde und somit der Anforderung von Art. 37 *PB*[302] entsprach.[303] Auf das *RGCR* verweist auch das *Regolamento 2009* der Paenitentiarie.[304]

Gemäß *PB* bestand die Römische Kurie fortan aus den folgenden Dikasterien: neun Kongregationen, drei Gerichtshöfen, zwölf Räten, drei Ämtern, dem

296 Killermann, Die Rota Romana, 347. Killermann führt als Beispiele an die vorgesehene Schaffung einer Kongregation für die Verbindungen mit den Staaten und einer Kongregation für das Laienapostolat (vgl. ebd., 347, Anm. 82).

297 Winfried Schulz spricht ohne Angabe einer Begründung nicht von Apostolischer Konstitution, sondern von Motu Proprio (vgl. seinen Beitrag „Die Zuständigkeitsordnung des Motu Proprio ‚Pastor Bonus' vom 28. Juni 1988. Anmerkungen zur Kurienreform Johannes Paul II.").

298 Zur Konstitution *Pastor Bonus* und zur Römischen Kurie allgemein siehe: Schulz, Die Zuständigkeitsordnung, 62–72; Arrieta, Principios informadores, 59–81; Schmitz, Römische Kurie, 494–528.

299 „Die neuen Erkenntnisse des Zweiten Vatikanums über Struktur und Dienst der Kirche forderten eine entsprechende Kurienreform" (Schmitz, Römische Kurie, 494).

300 Zur Entstehungsgeschichte des CCEO s. Potz, Codex Canonum, 101–116.

301 Vgl. Killermann, Die Rota Romana, 346.

302 „Huic Constitutioni Apostolicae accedit Ordo servandus seu normae communes, quibus disciplina et modus tractandi negotia in Curia ipsa praestituitur, firmis manentibus normis generalibus huius Constitutionis" (Johannes Paul II., *PB*, Art. 37).

303 Vgl. Aymans-Mörsdorf, KanR II, 243.

304 Und zwar in Art. 13, §§ 1 und 5 sowie in Art. 14, § 3.

Staatssekretariat und anderen Einrichtungen.[305] Die Gerichte werden nach den Kongregationen und vor den Räten aufgeführt. Auch *PB* schreibt *Paenitentiaria*[306] und zählt diese wieder zu den drei kurialen Gerichtshöfen – „una volta respinta l'idea di considerarla congregazione"[307] – und rückte sie, im Unterschied zu *REU*, wieder an die erste Stelle der Tribunalia vor der Apostolischen Signatur und der Römischen Rota.[308] In vier Artikeln (117–120) behandelt *PB* die Normen zur Apostolischen Paenitentiarie, sodass dies die ausführlichsten Regelungen sind.[309]

6.3. Das *Regolamento proprio del Tribunale della Penitenzieria Apostolica* von 2009

Das *Regolamento proprio del Tribunale della Penitenzieria Apostolica* wurde am 18. November 2009 von Papst Benedikt XVI. „de mandato Summi Pontificis" approbiert und am 8. Dezember 2009 in Kraft gesetzt, zunächst *ad quinquennium* und nach Ablauf dieser Frist bestätigt und verlängert.[310] Das *Regolamento 2009* ist die aktuelle und derzeit gültige Geschäftsordnung, nach welcher sich die Paenitentiarie hierarchisch-strukturell und organisatorisch gliedert. Es ist nicht veröffentlicht.[311]

Das *Regolamento 2009* besteht aus zwei Hauptteilen, die *Parte Prima*, die sich in sechs Titoli und die *Parte Seconda*, die sich in fünf Titoli gliedert. Die Titoli der *Parte Prima* sind zusätzlich unterteilt in 14 Artikel, von denen einige nochmals in vier Kapitel untergeordnet werden. Die *Parte Seconda* enthält keine

---

305 Diese Auflistung folgt der ursprünglichen Fassung von *Pastor Bonus* aus dem Jahr 1988 und berücksichtigt nicht die von Benedikt XVI. und Franziskus nachfolgend vorgenommenen Änderungen, da diese nicht die Paenitentiarie betreffen.

306 Zur Schreibweise s. unter 7.

307 Arrieta, Johannes Paulus II., 286.

308 Die Nennung der Paenitentiarie als erstes der drei Gerichte entspricht *Sapienti Consilio*, dem *Ordo Servandus* und dem CIC/1917.

309 Nochmals zum Vergleich: der CIC/1917 widmete der Paenitentiarie einen Canon (c. 258), der *Ordo Servandus* drei Nummern, *Sapienti Consilio* ein kurzes Kapitel (II. 1), *REU* drei Artikel, der CIC/1983 keinen Canon, der die Aufgaben beschreibt.

310 Dies geht aus einem Schreiben des damaligen Staatssekretärs, Tarcisio Kardinal Bertone, an den Großpaenitentiar Fortunato Baldelli, vom 21. November 2009, hervor, das dem *Regolamento 2009* vorangestellt ist.

311 Für das Erstellen der Dissertation wurde der Verfasserin von der Paenitentiarie das *Regolamento 2009* zur Verfügung gestellt. Weil es nicht publiziert ist, wird es im Anhang abgedruckt.

Kapitel, sondern fünf Artikel. Insgesamt besteht das *Regolamento* aus 76 Paragrafen und mehreren Nummern.

Nur drei Artikel thematisieren pauschal die doppelte Zuständigkeit der Paenitentiarie: „Il Dicastero è articolato secondo le materie di competenza per il Foro interno e per la disciplina e la concessione delle Indulgenze" unter Verweis auf die Art. 117–120 der Apostolischen Konstitution *Pastor Bonus* sowie die Kompetenz im *Forum internum* und die für die dortige Ausübung erforderlichen Befugnisse.[312] Neben diesen knappen Angaben enthält der erste Hauptteil dagegen ausführlichere Regelungen zur personellen Struktur und für alle Mitarbeiter geltende Verpflichtungen. Der zweite und deutlich kürzere Hauptteil beinhaltet die Normen zu den spezifischen Verfahrensweisen der Paenitentiarie.

6.4. Zusammenfassung

Die Zuständigkeiten, Arbeitsweisen sowie die personelle Struktur der Apostolischen Paenitentiarie richten sich nach der geltenden Rechtslage nach den Normen des CIC/1983, der Kurienkonstitution *Pastor Bonus* und dem *Regolamento proprio del Tribunale della Penitenzieria Apostolica* aus dem Jahr 2009, welches die Geschäftsordnung der Paenitentiarie ist. Das Reformwerk Johannes Pauls II. durch den CIC/1983 und die Konstitution *Pastor Bonus* ähneln der doppelten Reform Pius' X. durch den CIC/1917 und die Konstitution *Sapienti Consilio*, sodass die Römische Kurie nach mehr als 80 Jahren und der CIC nach 68 Jahren reformiert wurden. Anders als der CIC/1917, der der Römischen Kurie 23 Canones (cc. 242–264) widmete, sind es im CIC/1983 nur noch zwei (cc. 360–361). Wie alle anderen Dikasterien, wird auch die Paenitentiarie darin nicht genannt. Im Unterschied zu *REU* setzte *PB* die Paenitentiarie wieder an die erste Stelle der Päpstlichen Gerichte und normierte ihre Zuständigkeiten und Aufgaben in den Art. 117–120. Ihre personelle Zusammensetzung und die Verfahrensweise der Paenitentiarie werden nicht in *PB* geregelt, sondern durch das *Regolamento proprio del Tribunale della Penitenzieria Apostolica* aus dem Jahr 2009, das sich in zwei Teile gliedert und von denen der längere erste Teil Angaben

---

312 Vgl. *Regolamento 2009*, Art. 1–2: „La competenza della Penitenzieria Apostolica, primo dei Tribunali della Curia Romana, è stabilita dagli articoli 117–120 della Costituzione Apostolica *Pastor Bonus*" (Art. 1). La Penitenzieria Apostolica per svolgere le funzioni di sua competenza nel Foro interno ha tutte le facoltà necessarie, ad eccezione di quelle che il Sommo Pontefice abbia dichiarato al Cardinale Penitenziere di voler riservare a sé stesso. L'eventuale efficacia di questi atti nel Foro esterno è regolata dal can. 130 del CIC" (Art. 2).

zur hierarchisch-strukturellen Organisation sowie für alle Mitarbeiter geltende Regelungen beinhaltet, und der deutlich kürzere zweite Teil die unterschiedlichen Verfahrensweisen beschreibt.

7. Zur Schreibweise der Paenitentiarie in den Rechtsquellen

Nach Darstellung der Paenitentiarie in den historischen sowie aktuell gültigen Quellen soll hier abschließend zum ersten Hauptteil noch kurz die Frage nach den unterschiedlichen Schreibweisen der Paenitentiarie in den lateinischen Quellen thematisiert werden, die jeweils kurz erwähnt wurden. Anhand der Quellen fielen zwei Schreibweisen auf, nämlich zum einen „Poenitentiaria", wie es *In Apostolicae*, *Sapienti Consilio*, der *Ordo Servandus* und der CIC/1917 verwenden, zum anderen „Paenitentiaria", wie es *Quae divinitus Nobis*, *REU*, der CIC/1983 und *PB* gebrauchen. Das *Regolamento 2009* ist aufgrund seiner italienischen Abfassung für diese Problematik nicht relevant. Der Unterschied liegt im Gebrauch der lateinischen Diphthonge „ae" und „oe". Stutz, auf den auch Mörsdorf verweist[313], gibt einen Hinweis auf eine mögliche zeitlich bedingte Veränderung im Sprachgebrauch, nach der vor *Quae divinitus Nobis* „Poenitentiaria" geschrieben wurde und seitdem „Paenitentiaria".[314] Dies würde mit der Schreibweise der genannten Quellen übereinstimmen, gibt jedoch noch nicht die eigentliche Begründung für den sprachlichen Wechsel. Hierzu ist nicht nur die lateinische Schreibweise an sich, sondern sowohl ihre Herleitung als auch ihre Aussprache wichtig. Das klassische Latein kennt die Schreibweise „ae", das als „ai" gesprochen wird. Es liegt nahe – auch etymologisch – den Begriff „Paenitentiaria" von „paenitentia" herzuleiten, was „Reue" heißt[315]. Wie Paenitentiaria wird aber auch „paenitentia" teilweise als „poenitentia" geschrieben,[316] was dadurch zu begründen wäre, dass „poenitentia" wiederum von „poena" hergeleitet wird, das den Ursprung im Griechischen Wort ποινή hat und entsprechend mit „oi" gesprochen wird.[317]

---

313 Vgl. Mörsdorf, Rechtssprache, 149, Anm. 31.

314 „Bei der Reorganisation der Römischen Kurie, die Papst Pius X. am 29. Juni 1908 durch die Konstitution: Sapienti consilio vornahm, wurde unter den tribunalia, den Gerichtshöfen, an erster Stelle des Bußgerichts, der Paenitentiaria oder, wie man damals und bis in die neueste Zeit noch sagte und schrieb, der Poenitentiaria gedacht" (Stutz, Neuordnung der Sacra Paenitentiaria, 291).

315 Vgl. Georges, Handwörterbuch, 1434.

316 So Sleumer, Wörterbuch, 615 und Köstler, Wörterbuch, 266.

317 Vgl. Eichenseer, Collectanea usui linguae Latinae dicata, 494f. Auch Sleumer setzt hinter „Poena" in Klammern das griechische Wort ποινή, um auf den Ursprung des Wortes hinzuweisen (vgl. Sleumer, Wörterbuch, 615).

Allerdings ist die hauptsächliche Bedeutung von ποινή „Strafe“ oder „Rache“ und erst nachgeordnet „Buße“.[318] Dieselben Überlegungen der Aussprache und Herleitung können auf die verschiedenen Schreibweisen des Großpaenitentiars mit „Paenitentiarius“ und Poenitentiarius“ angewandt werden.[319] Im Ergebnis ist daher festzustellen, dass die Schreibweise mit „ae“ eher dem klassischen Latein entspricht und die Unterschiede vor allem die Aussprache und die Herleitung betreffen.[320] Das Kriterium der Aussprache ist für die vorliegende schriftliche Arbeit nicht relevant, dagegen eher die Herleitung. Daher könnte grundsätzlich sowohl „Paenitentiarie“ als auch „Poenitentiarie“ geschrieben werden. Ob und inwieweit die Kriterien bei der Abfassung der jeweiligen Quelle eine Rolle spielten, kann nicht abschließend geklärt werden und ist zudem nicht Schwerpunkt der vorliegenden Untersuchung, doch können die beiden genannten Überlegungen der zeitlich bedingten Änderung sowie der Herleitung von „paenitentia“ oder im weiteren Sinne von „poena“ eine Erklärung sein. Im Kontext der Zuständigkeiten und Kompetenzen der Paenitentiarie ist die Abstammung von „paenitentia“ naheliegender und auch angemessener als von „poena“. Ähnliches gilt für den Großpaenitentiar, der in *In Apostolicae*, im *Ordo Servandus* und im CIC/1917 „Poenitentiarius“ mit „oe“ und in *Quae divinitus Nobis*, *REU*, im CIC/1983 und in *PB* „*Paenitentiarius*“ mit „ae“ geschrieben wird, analog zur Schreibweise der Paenitentiarie. Daher können auch hier sowohl „Poenitentiarius“ als auch „Paenitentiarius“ unterschiedslos verwendet werden. Aufgrund der in den jüngeren Quellen vorherrschenden Schreibweise und der begrifflichen Nähe zu „paenitentia“, wird in der vorliegenden Arbeit durchwegs die Form der Paenitentiarie und des Großpaenitentiars verwendet, sofern nicht die Quellen im

---

318 Vgl. Sleumer, Wörterbuch, 615. Köstler übersetzt „poena“ ausschließlich mit „Strafe“ (vgl. Köstler, Wörterbuch, 265f).

319 Zur ausführlicheren Behandlung dieser gesamten Thematik sei hingewiesen auf Eichenseer, Collectanea usui linguae Latinae dicata, hier besonders 493–505. Neben den allgemeinen Erklärungen zur Schreibweise und Aussprache zeigt er die sprachlichen Entwicklungen anhand des Wortes „caelum“ bzw. „coelum“, was der Fragestellung im Kontext der Schreibweise der Paenitentiarie entspricht (vgl. ebd.).

320 Eichenseer bevorzugt die Schreibweise mit „ae“, da sie dem klassischen Latein entspricht: „Itaque exempli gratia **falso** scribitur et enuntiatur: coecus, coelum, coelebs, coelibatus, coena … poenitere, poenitentia“ (ebd., 495 [Hervorhebung im Originial]). „Recte autem scribendum est et efferendum: caecus, caelum, caelebs, caelibatus, caena … paenitere, paenitentia“ (ebd., 496).

Wortlaut zitiert werden.[321] Die Schreibweise „Pönitentiar“[322] oder „Pänitentiar“[323] sowie „Pönitentiarie“ und „Pänitentiarie“ erscheint teilweise in der deutschen Sekundärliteratur, ist allerdings nicht durch die Quellen gedeckt und sind deshalb keine adäquaten Entsprechungen für deren Wiedergabe.

321 Diese Vorgehensweise hat auch Mörsdorf angewandt, indem er die Quellen mit „oe“ nannte, aber außerhalb „Paenitentiarie“ und „Paenitentiar“ schrieb (vgl. Mörsdorf, Rechtssprache, 149).

322 Vgl. z.B. Commentz, Apostolische Pönitentiarie, 10f.

323 Vgl. z.B. Aymans-Mörsdorf, KanR II., 254f.

II. Kompetenzen der Paenitentiarie

Die oben dargelegte Apostolische Konstitution *Pastor Bonus* bildet mit den Artikeln 117–120 das rechtliche Fundament für die Kompetenz und Aufgaben der Apostolischen Paenitentiarie.[324] Das *Regolamento proprio del Tribunale della Penitenzieria Apostolica* thematisiert in nur drei Artikeln pauschal die doppelte Zuständigkeit der Paenitentiarie und verweist für die konkreten Aufgaben auf die Art. 117–120 der Apostolischen Konstitution *Pastor Bonus* und die zu deren Anwendung erforderlichen Befugnisse.[325] Nur eine Zuständigkeit, die sich nicht in *Pastor Bonus* findet, jedoch exklusiv der Paenitentiarie vorbehalten ist, bezieht sich auf die Verantwortung für ihr Archiv bzw. für die Aufbewahrung und Ordnung der Akten und Dokumente. Darüber hinaus obliegt ihr die Aufsicht über den Zugang für die Öffentlichkeit für wissenschaftliche Zwecke.[326] Aufgrund des Fehlens der Nennung der anderen konkreten Aufgaben wird das *Regolamento* in den nachfolgenden Ausführungen über die Zuständigkeiten der Paenitentiarie nur partiell berücksichtigt.

Summarisch nennt der Gesetzgeber in Art. 117 *PB* zunächst die beiden Zuständigkeitsbereiche der Paenitentiarie, nämlich die Kompetenz für alle Angelegenheiten des *Forum internum* und für das Ablasswesen: „Paenitentiariae

---

324 Vgl. Saraco, Penitenzieria Apostolica, 49. Saraco verweist in seinem Büchlein auf das *Regolamento proprio del Tribunale della Penitenzieria Apostolica* von 2009 (vgl. ebd., Anm. 44).

325 Vgl. *Regolamento 2009*, Art. 1; 2.

326 „La Penitenzieria Apostolica, per la custodia dei suoi documenti, dispone dell'Archivio corrente, dell'Archivio di deposito e dell'Archivio Storico. Per consuetudine immemorabile, tuttora vigente, la custodia dell'Archivio Storico è di propria ed esclusiva competenza, fermo restando il prescritto dell'Art. 4 §7. La Penitenzieria non è tenuta a versare i documenti, alla scadenza di un determinato numero di anni, all'Archivio Segreto Vaticano, in conformità agli Art. 11, 1 e 14, 1 del Motu Proprio *La cura vigilantissima*, del 21 marzo 2005" (*Regolamento 2009*, Art. 3, § 5 [Hervorhebung im Original]).

Apostolicae competentia ad ea se refert, quae forum internum necnon indulgentias respiciunt". Beide Aufgabenbereiche entsprechen daher den bisherigen. Vor allem die ausschließliche Zuständigkeit für das *Forum internum* bleibt das Charakteristikum der Paenitentiarie.[327] Präzisiert werden die zwei Aufgabenbereiche in den Artikeln 118–120, die nachfolgend genauer dargelegt und analysiert werden.

Den Kompetenzen im Bereich des *Forum internum* widmen sich die beiden Artikel 118 und 119 *PB*. Darin wird als Erstes betont und gleichsam wiederholt, dass das *Forum internum* sowohl den sakramentalen als auch den nichtsakramentalen Bereich umfasst.[328] Von Wiederholung kann deshalb gesprochen werden, da dies *Sapienti Consilio*,[329] dem CIC/1917[330] und *REU*[331] entspricht. Nur der *Ordo Servandus* spezifizierte das *Forum internum* nicht näher.[332] Eine Präzisierung von *PB* besteht dagegen in der expliziten Nennung beider Bereiche, und zwar in *Forum internum sacramentale* und *Forum internum non sacramentale*, während *Sapienti Consilio*, der CIC/1917 und *REU* nur von *Forum internum, etiam non sacramentale* sprechen. Interessanterweise enthält die ausführliche Konstitution zur Paenitentiarie *Quae divinitus Nobis* weder den Begriff des *Forum internum sacramentale* noch denjenigen des *Forum internum non sacramentale*. Stattdessen findet sich der Begriff des *Forum conscientiae*[333].

Derselbe Artikel 118 konkretisiert die Aufgaben innerhalb des *Forum internum*. Demnach gewährt *(largitur)* die Paenitentiarie „absolutiones

327 Denn wie dargelegt war das Ablasswesen erst durch Benedikt XV. im Jahr 1915 der Paenitentiarie übertragen worden und erweitert insofern die angeführte allein auf das Forum internum ausgerichtete Zuständigkeit auf das *Forum externum*.

328 „Pro foro interno, tum sacramentali tum non sacramentali" (Johannes Paul II., *PB*, Art. 118).

329 „Forum internum, etiam non sacramentale" (Pius X., *Sapienti Consilio*, II. 1.). Der CIC/1983 verwendet die Formulierung des Bereichs des *Forum internum sacramentale* und *Forum internum non sacramentale* in den cc. 1079 § 3 und 1082. Miragoli gibt eine kurze Unterscheidung: „Si intende che tutto quanto è conosciuto e risolto nell'atto dell'amministrazione del sacramento della penitenza cade nel foro interno sacramentale; nel secondo ambito ricade invece ciò che è conosciuto e risolto fuori dal sacramento, ma sempre con le caratteristiche della segretezza sia dei contenuti che degli effetti" (Miragoli, Il Sacramento della Penitenza, 267).

330 „Forum internum, etiam non sacramentale" (c. 258 CIC/1917).

331 „Forum internum etiam non sacramentale" (Paul VI., *REU*, Art. 112).

332 „Tribunalis huius ambitu ad solum forum internum coarctata" (*Ordo Servandus*, Normae peculiares, Cap. VIII., Art. 1, 1°).

333 Und zwar in *Quae divinitus Nobis* in den Artikeln 10 und 12.

dispensationes, commutationes, sanationes, condonationes", eine Auflistung, die eine unveränderte Aufgabenumschreibung zeigt und darin konsequent dem Wortlaut des CIC/1917, *Sapienti Consilio* und *REU* folgt. In *Pastor Bonus* neu hinzugefügt wurde die Gewährung anderer Gnadenerweise.[334] Beibehalten wird die Zuständigkeit für die Paenitentiarie an den Patriarchalbasiliken Roms in Art. 119 *PB*. Dagegen findet sich keine Angabe mehr über die Aufgabe, Fragen des Gewissensbereichs zu klären.[335] Obwohl als Aufgaben genannt, sind auch die hier in *PB* angeführten Zuständigkeiten nur als Oberbegriffe zu verstehen. Für deren jeweilige Präzisierungen, die sich nicht in der Kurienkonstitution finden, ist dafür der CIC/1983 zu konsultieren, ähnlich wie es für *Sapienti Consilio* und den CIC/1917 galt, anhand dessen anschließend die Aufgaben aufgezeigt werden.

334 „Aliasque gratias eadem largitur" (Johannes Paul II., *PB*, Art. 118).

335 Wie es nämlich explizit in *Sapienti Consilio* und dem CIC/1917 genannt war: „Excutit praeterea quaestiones conscientiae easque dirimit". Hierzu mehr unter 11.

8. Strafnachlass im Bereich des *Forum internum*

8.1. Strafnachlass von der dem Apostolischen Stuhl reservierten Exkommunikation *latae sententiae*

Der CIC/1917 verfügte über ein komplexes und kompliziertes Reservationssystem an Kirchenstrafen.[336] Der CIC/1983 behielt die Reservation der Lossprechung von bestimmten Strafen ebenso bei, jedoch in deutlich vereinfachter und übersichtlicherer Form. Anders als der CIC/1917 sieht er nämlich keine dreigestufte Reservation in *simpliciter, speciali modo et specialissimo modo* (vgl. c. 2245 CIC/1917) mehr vor, was schon aus sich heraus eine Erleichterung der Rechtspraxis bedeuten dürfte. Zudem sind es nur noch wenige Fälle, die mit einem Vorbehalt versehen sind. Eine Reservation impliziert immer, dass sich eine Autorität die Vollmacht über eine bestimmte Sache vorbehält und diese gleichzeitig jeder anderen untergeordneten Autorität zur Entscheidung entzieht. Zudem betont ein Vorbehalt die Ernsthaftigkeit und die Wichtigkeit der zu behandelnden Materie,[337] wie es auch Commentz zutreffend begründet: „Die Tatsache, dass ein ‚Vorbehalt' für bestimmte Straftaten festgelegt wird, hat nichts mit einer bürokratischen Mentalität zu tun, sondern bedeutet, dass bestimmte Fälle, aufgrund der Schwere der Straftat, ein besonderes Vorgehen erfordern. Gleichzeitig soll der Vorbehalt auch der Abschreckung dienen"[338]. Im Laufe der Codex-Reform gab es Tendenzen Vorbehaltsfälle aufzugeben. Dennoch hielt die Mehrheit der Konsultoren daran fest, was zu begrüßen ist, um die Schwere bestimmter Straftaten zu betonen.[339]

Der CIC/1983 kennt nur noch den möglichen Vorbehalt des Straferlasses für bestimmte Strafen durch den Apostolischen Stuhl selbst oder durch andere von ihm dazu Delegierte (vgl. c. 1354 § 3). Der Vorbehalt zugunsten des Apostolischen Stuhls entspräche den *specialissimo modo* Reservierten des CIC/1917. Dafür zuständiges kuriales Dikasterium ist daher weiterhin die Apostolische Paenitentiarie, die diese Vollmachten zur Absolution von dem Apostolischen Stuhl reservierten Strafen ausübt. Alle im CIC/1983 genannten Reservationsfälle unterliegen der *interpretatio stricta* (c. 1354 § 3 i. V. m. c. 18)[340], „ciò significa

336 S. unter 3.3.1.1.
337 Vgl. Urru, Punire per salvare, 165.
338 Commentz, Apostolische Pönitentiarie, 19.
339 Vgl. Urru, Punire per salvare, 199.
340 Parallel dazu im CIC/1917 c. 2246 § 2, i. V. m. c. 19.

che vale soltanto per i casi tassativamente elencati, e viene esclusa la possibilità di includervi altri per analogia o per altro principio estensivo“[341]. Die taxative Begrenzung ist wichtig, um jeglicher Willkür bei der Bestrafung vorzubeugen.

Aufgrund des durch eine Reservation angezeigten Schweregrads der Strafe sollen nach Calabrese nur die gravierendsten und schlimmsten Straftaten, die zudem das kirchliche und soziale Leben in besonderem Maß beeinträchtigen, damit versehen werden.[342] Dies ist im Grunde zutreffend, doch ist zu hinterfragen, ob von den reservierten Straftaten alle schwerwiegendsten erfasst sind bzw. welche Kriterien es sind, die den Vorbehalt ausschließlich dieser Straftaten rechtfertigen oder begründen. Die reservierten Tatbestände sind alle gegen die Sakramente, und zwar der Buße, der Eucharistie und der Weihe gerichtet, was aus den nachfolgenden Ausführungen hervorgeht und diese Straftaten sind zurecht mit einem Vorbehalt versehen. Doch es gibt auch andere Straftaten, die nicht minder schwer sind, wie beispielsweise Abtreibung, Häresie, Apostasie, Missbrauchsdelikte von Klerikern an Minderjährigen, schwere Körperverletzung etc. und die der Kirche ebenso erheblichen Schaden zufügen.

Der CIC/1917 kannte 36 reservierte Zensuren[343] in abgestuftem System. Fünf davon waren dem Apostolischen Stuhl *specialissimo modo* vorbehalten.[344] Im CIC/1983 finden sich insgesamt nur noch fünf Reservationsfälle, die alle dem Apostolischen Stuhl zur Absolution vorbehalten, ausschließlich mit der Exkommunikation *latae sententiae* belegt sind und im *Forum internum* durch die Apostolische Paenitentiarie bearbeitet werden.[345] Teilweise können zur Tatstrafe der Exkommunikation auch zusätzliche Strafen hinzutreten, wie an entsprechender Stelle erwähnt werden wird. Da die Lossprechung der dem Apostolischen Stuhl reservierten Tatstrafe der Exkommunikation diejenige Zuständigkeit ist, in

341 Calabrese, Diritto penale canonico, 223.

342 Vgl. ebd.

343 Vgl. die Auflistung unter 3.3.1.2. Reserviert sein konnten alle drei möglichen Zensuren der Exkommunikation, des Interdikts und der Suspension.

344 Und zwar: Species consecrates, abiicientes vel abducentes aut retinentes (c. 2320); violantas manus inicientes in personam Romani Pontificis (c. 2343 § 1); absolventes vel fingentes absolvere complicem in peccato turpi (c. 2367); sigillum sacramentale directe violantes (c. 2369 § 1); censurae ex violatione legum pro electione Romani Pontificis (c. 2330).

345 Die Vereinfachung des Reservationssystems im CIC/1983 ist zu begrüßen. Calabrese ist zuzustimmen: „Ora vi sono soltanto pene riservate o no. Stimiamo che la legge particolare non possa fare più uso delle forme del vecchio Codice, ma debba adattarsi al nuovo“ (Calabrese, Diritto penale canonico, 224).

welcher die Paenitentiarie ihre Jurisdiktionsgewalt am häufigsten ausübt, erfolgt die nachfolgende Darlegung der damit belegten Straftaten sowie ihre Lossprechung ausführlicher. Dies auch deshalb, um daraus präzisere Abgrenzungen zum tatsächlichen Vorliegen bzw. Nicht-Vorliegen des Straftatbestands und der daraus resultierenden Exkommunikation *latae sententiae* zu erhalten.

8.1.1. Sakrilegische Verunehrung der eucharistischen Gestalten (c. 1367 CIC/1983)

Als erste dem Apostolischen Stuhl reservierte Straftat nennt der CIC/1983 in c. 1367[346] die Verunehrung der eucharistischen Gestalten in sakrilegischer Absicht:[347] „Qui species consecratas abicit aut in sacrilegum finem abducit vel retinet, in excommunicationem latae sententiae Sedi Apostolicae reservatam incurrit". Zweifellos handelt es sich hierbei um die schwerwiegendste Straftat überhaupt, die das Kirchenrecht kennt, da sie die direkte und höchste Beleidigung Gottes bedeutet.[348]

---

346 Pighin beginnt seine Ausführungen zu c. 1367 CIC/1983 folgendermaßen: Die Einordnung des Straftatbestands unter die Straftaten gegen die Religion und die Einheit der Kirche (Pars II, Tit. 1, Lib. VI. CIC/1983) mag zunächst verwundern. Der mögliche und durchaus denkbare Grund dafür kann im Kontext der Bedeutung der Eucharistie als Sakrament der kirchlichen Einheit gesehen werden, wie sie auch Johannes Paul II. in seiner Enzyklika *Ecclesia de Eucharistia* bezeichnet hat: „Contentio ad unitatis metam impellit Nos ut oculos ad Eucharistiam convertamus, quae supremum est Populi Dei unitatis Sacramentum, quoniam eius est apta declaratio et insuperabilis origo. Precationem suam in eucharistici Sacrificii celebratione tollit Ecclesia ad Deum Patrem misericordiae, ut filiis suis Spiritus Sancti largiatur plenitudinem ita ut in Christo unum corpus unusque evadant spiritus" (Johannes Paul II. Enzyklika *Ecclesia de Eucharistia*, Nr. 43) (vgl. Pighin, Diritto penale canonico, 345).

347 Auf eine ausführliche Untersuchung dieser Thematik sei im Besonderen hingewiesen auf Dal Corso, I delicta graviora contro l'Augustissimo Sacrificio, Venedig 2013. Einen knappen geschichtlichen Überblick gibt Cito, Il delitto di asportazione, 28–34.

348 Vgl. Nykiel, Sacramento della misericordia, 40. Der CIC/1983 umschreibt die Bedeutung und Erhabenheit des Sakramentes der Heiligsten Eucharistie: „Augustissimum Sacramentum est sanctissima Eucharistia, in qua ipsemet Christus Dominus continetur, offertur et sumitur, et qua continuo vivit et crescit Ecclesia. Sacrificium eucharisticum, memoriale mortis et resurrectionis Domini, in quo Sacrificium crucis in saecula perpetuatur, totius cultus et vitae christianae est culmen et fons, quo significatur et efficitur unitas populi Dei et corporis Christi aedificatio perficitur. Cetera enim sacramenta et omnia ecclesiastica apostolatus opera cum sanctissima Eucharistia cohaerent et ad eam ordinantur" (c. 897).

Für den Tatbestand unerheblich ist dabei, ob sich die Verunehrung nur gegen eine der beiden konsekrierten Gestalten oder gegen beide gleichzeitig richtet.[349] „Si ha il delitto anche quando si profani una sola Specie“[350]. Es ist anzunehmen, dass es sich meist um die Profanierung konsekrierter Hostien und weitaus seltener um die Profanierung des konsekrierten Weines handeln dürfte. Zum einen, da nur die konsekrierten Hostien, nicht der Wein, im Tabernakel aufbewahrt werden, um die Verehrung und Anbetung über die Messfeier hinaus zu ermöglichen. Zum anderen wird bei der Kommunionspendung im Regelfall nur die konsekrierte Hostie gereicht (vgl. c. 925).[351]

Das Delikt kann gemäß c. 1367 und übereinstimmend mit der Tatbestandsumschreibung des CIC/1917[352] auf dreifache Weise erfüllt werden[353], die sich aufgrund der Verwendung dreier Verben des Canon ergeben:

a) **Das Wegwerfen *(abicere)* der eucharistischen Gestalten**
Die erste Möglichkeit, die heilige Eucharistie zu verunehren, besteht darin, sie wegzuwerfen, sei es auf den Boden, ins Feuer, ins Wasser, in den Mülleimer, in die Toilette oder sei es an irgendeinem anderen profanen Ort. Auch kann jedoch gemeint sein, die Eucharistie nach dem Kommunionempfang wieder auszuspucken, sie zu zertreten,[354] oder sie zu verarbeiten oder an Tiere zu verfüttern.[355] Als Antwort auf vorgelegten Zweifel, ob „abicere“ nur im engen Sinn von „Wegwerfen“ zu verstehen sei, antwortete der Päpstliche Rat für die Gesetzestexte mit einer authentischen Interpretation vom 4. Juli 1999, dass es in einem weiteren Sinne zu verstehen sei und jegliche Verachtung gegen die konsekrierten Gestalten beinhalte.[356]

---

349 Vgl. Pighin, Diritto penale canonico, 345.

350 Cito, Il delitto di asportazione, 35.

351 Ausnahmen sind im Gesetz vorgesehen, wie z.B. die alleinige Spendung des Blutes Christi bei der Spendung des Viaticums, wenn es dem erkrankten oder sterbendem Menschen nicht möglich ist, die konsekrierte Hostie zu kommunizieren. In diesem Fall darf jedoch auch der Wein nicht allein konsekriert werden (vgl. c. 927), sondern ist aus der Messfeier aufzubewahren.

352 „Qui species consecratas abiecerit vel ad malum finem abduxerit aut retinuerit“ (c. 2320 CIC/1917).

353 „Der Versuch der Tat des 1367 ist nicht strafbar“ (Lüdicke, in: MKCIC c. 1367, Rn. 4).

354 Vgl. Calabrese, Diritto penale canonico, 257.

355 Vgl. Lüdicke, in: MKCIC, c. 1367, Rn. 3.

356 „Patres Pontificii Consilii de Legum Textibus Interpretandis, in plenario coetu diei 4 Iunii 1999, dubio, quod sequitur, respondendum esse censuerunt ut infra: D. Utrum in can. 1367 CIC et 1442 CCEO verbum ‘abicere’ intellegatur tantum ut actus proiciendi necne. R. *Negative et ad mentem.* Mens est quamlibet actionem Sacras Species

b) Die Entwendung *(abducere)* der eucharistischen Gestalten in sakrilegischer Absicht

Bei der zweiten Möglichkeit der Tatbestandserfüllung geht es um die Entwendung der konsekrierten Gestalten, die darin besteht diese aus dem Tabernakel oder der Monstranz bzw. dem Ort, wo sie normalerweise aufzubewahren sind, fortzunehmen, mit dem Ziel sie zu sakrilegischen Zwecken, wie schwarze Messen, satanische oder freimaurerische Rituale, für Magie und Zauberei, obszöne Praktiken und verschiedene andere Formen des Aberglaubens zu missbrauchen.[357] Nach Nykiel werden viele Verunehrungen durch satanische Rituale begangen: „Molte profanazioni vengono commesse durante riti satanici"[358]. Die Häufigkeit wird jedoch nicht präzisiert. Schärfer als der CIC/1917 betont der CIC/1983 die sakrilegische Absicht der Straftat, indem er die Intention nicht mehr nur mit „ad malum finem" (c. 2320 CIC/1917) beschreibt, sondern deutlicher mit „in sacrilegum finem" (c. 1367 CIC/1983).[359] Laut Cito mag darin kein substanzieller Unterschied liegen,[360] dennoch scheint der Gesetzgeber durch die geänderte Formulierung des CIC/1983 die Schwere des Delikts und dessen Intention der Begehung zu unterstreichen und zu verstärken. Pighin und Botta ist auf jeden Fall zuzustimmen, wenn sie feststellen, dass „il sacrilegio, anche se non direttamente

---

voluntarie et graviter despicientem censendam esse inclusam in verbo ‚abicere'" (Päpstlicher Rat für die Gesetzestexte, Authentische Interpretation vom 4. Juli 1999). Ergänzend zur authentischen Interpretation äußerte sich der Präsident des Päpstlichen Rates für die Gesetzestexte, indem er bekräftigte: "Il verbo *abicit* va inteso non solo nel senso stretto di *gettare via e* nemmeno genericamente nel senso di profanare, ma nel significato più ampio di *disprezzare, spregiare, umiliare.* Pertanto commette grave delitto di sacrilegio contro il Corpo e il Sangue di Cristo chi asporta e/o conserva le sacre Specie con fine sacrilego (osceno, superstizioso, empio) e chi, anche senza sottrarle dal tabernacolo, dall'ostensorio o dall'altare, ne fa oggetto di un qualsiasi atto esterno, volontario e grave di disprezzo" (Päpstlicher Rat für die Gesetzestexte, Nota *Tutela della Sanctissima Eucaristia* vom 9. Juli 1999).

357 Vgl. Calabrese, Diritto penale canonico, 258. Calabrese erwähnt zwar die obszönen Praktiken und andere Formen des Aberglaubens, umschreibt diese jedoch nicht näher.

358 Nykiel, Sacramento della misericordia, 40.

359 „Dieser grenzt den Zweck auf die religiöse Dimension ein: Die eucharistischen Gestalten müssen zu einem Zweck entwendet oder zurückbehalten werden, der die Verunehrung Gottes meint. Es reicht also nicht aus, konsekrierten Wein zu entwenden, um sich zu betrinken; er muss entwendet werden, um damit Gott zu verunehren" (Lüdicke, in: MKCIC, c. 1367, Rn. 2).

360 Vgl. Cito, Il delitto di asportazione, 36.

inteso, è in ogni caso intrinseco nella profanazione delle specie eucaristiche (…), poiché il sacrilegio altro non è che il disprezzo blasfemo per qualcosa di consacrato in virtù dell'istituzione divina, come è un sacramento"[361].

c) **Die Zurückbehaltung *(retinere)* der eucharistischen Gestalten in sakrilegischer Absicht**
Die dritte Möglichkeit der Verunehrung unterscheidet sich von der zweiten dahingehend, dass die eucharistischen Gestalten nicht entwendet, sondern zunächst erlaubt und rechtmäßig empfangen werden, gewöhnlich während der Hl. Messe.[362] Die Begehung der Tat erfolgt erst, wenn die Eucharistie nicht konsumiert, sondern unerlaubt (zurück)behalten, eingesteckt und mitgenommen wird, „per esempio in tasca o nel borsello, oppure a casa o altrove"[363]. Zugleich müssen auch hier sakrilegische und unerlaubte Absichten der Grund der Zurückbehaltung sein.[364] Dieselben möglichen Formen der Verunehrung wie bei der Entwendung der eucharistischen Gestalten, können auch für die Folgen der Zurückbehaltung in Betracht kommen, die alle sakrilegische Intentionen verfolgen.[365] Die Tat begeht auch, wer die Eucharistie z.B. im Internet verkauft.[366]

Aymans-Mörsdorf-Müller[367], Lüdicke[368] und Rees[369] unterscheiden nicht drei, sondern lediglich zwei mögliche Tatvarianten, indem sie die Entwendung und das Zurückbehalten der eucharistischen Gestalten in sakrilegischer Absicht als ein und dasselbe Delikt verstehen. Diese Ansicht kann vertreten werden, da einerseits das Entwenden und Zurückbehalten jeweils ausdrücklich mit dem Ziel des sakrilegischen Handelns verbunden sind, was für das Wegwerfen durch den Codex nicht explizit geschehen ist. Andererseits aber auch, weil es möglich ist,

361 Pighin, Diritto penale canonico, Anm. 69, 346 und Botta, auf den Pighin zurückgreift in: La norma penale, 178.
362 Vgl. Urru, Punire per salvare, 198.
363 Calabrese, Diritto penale canonico, 259. Die Gefahr, dass die Kommunion mitgenommen wird, ist zweifellos höher, wenn sie auf die Hand gespendet und nicht sofort mit dem Mund empfangen wird und auch, wenn der Kommunionspender nicht darauf achtet, ob die Hostie wirklich konsumiert wird oder nicht.
364 „Lo scopo illecito, trattandosi di specie consacrate, diventa per sua natura sacrilegio" (ebd.).
365 Vgl. Pighin, Diritto penale canonico, 348.
366 Vgl. Urru, Punire per salvare, 198.
367 Vgl. Aymans-Mörsdorf-Müller, KanR IV, 213.
368 Vgl. Lüdicke, in: MKCIC, c. 1367, Rn. 2.
369 Vgl. Rees, Strafgewalt der Kirche, 436.

beide Tatbestände hintereinander oder durch Beteiligung mehrerer Personen zu begehen: „Uno può rubarle o portarle via, commettendo così un delitto; un altro può conservarle, e anch'esso commette un delitto“[370]. Doch trotz einer gewissen Ähnlichkeit können die drei Modi gerechtfertigt werden, sowohl aufgrund der Verwendung dreier verschiedener Verben des CIC/1983 als auch aufgrund der Unterschiede in der Tatbegehung.

Unabhängig von der Art und Weise der Deliktserfüllung, ist immer Vorsatz bzw., im vorliegenden Fall, die sakrilegische Absicht zwingend erforderlich.[371] „Per commettere il delitto di profanazione delle Sacre Specie bisogna avere un *animus profanandi*, cioè una vera intenzione sacrilega“[372]. Fehlt diese, liegt keine Straftat vor. Daher handelte es sich um keine Straftat, wenn beispielsweise aus dem Tabernakel ein kostbares Ziborium oder eine Custodia gestohlen werden, die darin aufbewahrten konsekrierten Hostien dabei aber nicht weggeworfen oder nicht für sakrilegische Zwecke geraubt, sondern diese auf den Altar oder im Tabernakel liegengelassen werden. Hier steht der Wert der liturgischen Gefäße im Fokus des Diebstahls, nicht die Verachtung der konsekrierten Hostien.[373] Das Delikt ist auch nicht gegeben, wenn ein Kleriker oder sogar ein dazu nicht bevollmächtigter Laie die Hostien aus dem Tabernakel mitnimmt, um sie vor möglichem oder vor sicherem Schaden zu schützen, z.B. bei Naturkatastrophen, wie Überschwemmungen, Ausbruch eines Feuers in der Kirche bzw. Kapelle nach Blitzeinschlag, Einsturz des Kirchengebäudes nach einem Erdbeben. Denkbar wären auch Situationen, in denen die Profanierung und Zerstörung eines sakralen Gebäudes, das die eucharistischen Gestalten verwahrt, das direkte Ziel sind, z.B. im Falle einer militärischen Invasion oder durch Brandstiftung.[374] Im Falle des Zurückbehaltens der empfangenen Kommunion mit dem

370 Urru, Punire per salvare, 198.

371 Vgl. c. 1321 CIC/1983.

372 Nykiel, Sacramento della misericordia, 40 (Hervorhebung im Original).

373 Vgl. Calabrese, Diritto penale canonico, 258 und Pighin, Diritto penale canonico, 346. Würde der Dieb die Hostien des Tabernakels jedoch verächtlich auf den Boden werfen, läge der Tatbestand der Verunehrung der eucharistischen Gestalten vor (vgl. ebd.). Eher hypothetisch wäre die Verschüttung des Blutes Christi, da dieses während des eucharistischen Opfers konsumiert und nicht aufbewahrt wird. Daher ist es sakrilegischen Absichten besser entzogen. „Ma potrebbe anche accadere, per esempio ad opera di qualche sacerdote concelebrante durante una concelebrazione, o di un laico nelle celebrazioni in cui si dà da bere il calice anche ai laici: sorseggia un po' di vino e poi lo sprizza a terra“ (ebd.).

374 Vgl. Pighin, Diritto penale canonico, 348.

Ziel diese zur privaten Anbetung nach Hause mitzunehmen, fehlt ebenso die sakrilegische Absicht, „sebbene ciò sia per sua natura peccato grave, salve sempre la buona fede“[375]. Auch ein Mesner handelt ohne Vorsatz, wenn er glaubt, nicht konsekrierte Hostien wegzuwerfen, obwohl sie es in Wahrheit sind.[376] Die Tat kann von jedem Christgläubigen begangen werden.[377] Unwichtig dabei ist die subjektive Glaubenspraxis des Delinquenten. Sekundär ist, ob der Glaube an die Realpräsenz Christi in den eucharistischen Gestalten gegeben ist und diese mit Hass, Zorn oder Missbilligung verachtet werden oder ob die Realpräsenz Christi in den eucharistischen Gestalten ausdrücklich geleugnet wird. Entscheidend ist dagegen das Wissen des Täters, „benché agnostico o miscredente“[378], um die Wahrhaftigkeit der konsekrierten Hostien als Leib und Blut Christi.[379]

Zusammenfassend zur Taterfüllung lässt sich festhalten, dass das Delikt in jeder der drei Formen grundsätzlich nur begangen werden kann, wenn Vorsatz vorliegt und es sich bei den Hostien und dem Wein um wirklich konsekrierte Gestalten handelt.[380] Das Wegwerfen, Entwenden oder Zurückbehalten von Hostien und Wein an sich könnte Diebstahl sein, doch nicht das Delikt gemäß

---

375 Calabrese, Diritto penale canonico, 258f. Kein Sakrileg wird begangen, wenn von einem Priester oder Diakon oder einem dazu beauftragten Laien zum Zwecke der Spendung der Krankenkommunion Hostien aus dem Tabernakel entnommen werden (vgl. ebd., 259). „Un sacerdote per esempio, che porta con sé la teca con particole consacrate, anche andando per strada o in automobile o in genere in viaggio, per essere pronto a dare il Viatico in caso urgente, certamente non conserva l'Eucaristia a scopo sacrilego, e quindi non commette delitto, sebbene nei casi pastorali non urgenti ciò sia vietato dal can. 935“ (ebd.).

376 Vgl. Lüdicke, in: MKCIC, c. 1367, Rn. 5. Lüdicke bringt ein Beispiel, mit welchem er den Unterschied zwischen Vorsatz und Fahrlässigkeit verdeutlicht. „Der Küster, der dem Pfarrer das Ziborium mit den konsekrierten Hostien in das Pfarrhaus bringt, unterwegs aber unvorsichtigerweise einige verliert, erfüllt nunmehr nicht den (subjektiven) Tatbestand. Eine fahrlässige Begehung … kommt wegen der schon im Gesetz geforderten Absicht sakrilegischen Gebrauchs nicht in Frage“ (Lüdicke, in: MKCIC, c. 1367, Rn. 6). Unerheblich ist hier, warum der Mesner das Ziborium in das Pfarrhaus tragen möchte. Und so fahrlässig und verwerflich sein Verhalten ist, es besteht kein Vorsatz und daher keine Straftat.

377 Zwar könnte die Tat grundsätzlich von jedem Menschen begangen werden, doch können gemäß c. 11 CIC/1983 die Strafwirkungen nur bei Katholiken eintreten.

378 Pighin, Diritto penale canonico, 346.

379 Vgl. ebd.

380 Dass es sich um konsekrierte Gestalten handelt, lässt sich daran festmachen bzw. kann angenommen werden, wenn die Hostie in der Monstranz zur Anbetung ausgesetzt oder im Tabernakel aufbewahrt oder während der Hl. Messe an die Gläubigen gespendet

c. 1367. Gleichwohl bewirkt allein der Wille, ein Sakrileg begehen zu wollen, eine schwere Sünde, „tuttavia non rappresenta delitto ai sensi di questo canone“[381].

Aufgrund der Schwere der Straftat sieht c. 1367 die Bestrafung mit der Exkommunikation *latae sententiae* vor, deren Absolution dem Apostolischen Stuhl vorbehalten ist.[382] Wie für alle Strafen gilt, dass sie nur eintreten kann, wenn keine Strafausschluss- und Strafmilderungsgründe (cc. 1323 und 1324 CIC/1983) sie verhindern.[383] Im Fall, dass es sich beim Täter um einen Kleriker handelt, können außerdem weitere Strafen hinzutreten, die Entlassung aus dem Klerikerstand nicht ausgeschlossen: „Clericus praeterea alia poena, non exclusa dimissione e statu clericali, puniri potest“ (c. 1367). Die zusätzlichen Strafen sind fakultativ *(puniri potest)* und *ferendae sententiae* (vgl. c. 1314) zu verhängen. Es kämen daher möglicherweise die Suspension (c. 1333) und Sühnestrafen (cc. 1336–1338) in Betracht,[384] „per superare il freno posto dal can. 1349“[385]. Pighin ist zuzustimmen, dass die Härte der Bestrafung mit der Exkommunikation als Tatstrafe und die mögliche Verhängung zusätzlicher anderer Strafen bei Klerikern „è pienamente giustificata in ambedue le condizioni, laico o chierico che sia il reo; ma tanto più se è ministro sacro, poiché si pone in contraddizione stridente con la sua missione e con l'idoneità ad esercitarla“[386].

Noch härter als der CIC/1983 ahndete der CIC/1917 die Verunehrung der eucharistischen Gestalten außer der Exkommunikation *latae sententiae* und möglichen Zusatzstrafen für Kleriker mit der Sühnestrafe des Ehrverlusts als Tatstrafe: „Qui species consecratas abiecerit vel ad malum finem abduxerit aut

---

wird. Dasselbe gilt für den Wein, wenn er während der Hl. Messe konsumiert wird (vgl. Cito, Il delitto di asportazione, 35).

381 Cito, Il delitto di asportazione, 35.

382 Im Laufe der Codex-Reform sollte der Vorbehalt unter Beibehaltung des gestuften Systems des CIC/1917 zunächst als *specialissimo modo* reservierte Strafe beibehalten werden. Zwischenzeitlich kam dagegen der Wunsch auf, den Vorbehalt für die Verunehrung der eucharistischen Gestalten aufzugeben. Doch der Vorbehalt zugunsten des Apostolischen Stuhls setzte sich durch, in Anbetracht der Schwere des Delikts (vgl. Lüdicke, in: MKCIC, c. 1367, Rn. 1).

383 Vgl. Lüdicke, in: MKCIC, c. 1367, Rn. 8.

384 Vgl. ebd.

385 Pighin, Diritto penale canonico, 349.

386 Ebd. Noch deutlicher stellt Calabrese die besondere Schwere des Delikts hervor, wenn es sich um einen Kleriker handelt, da die Tatbegehung in höchstem Maße konträr zu seinem Dienst steht: „Il sacerdote è ministro dell'Eucharistia: la fa, la distribuisce, la porta agli ammalati, la conserva, la custodisce da pericoli e da profanazioni, in una parola è il suo artefice e custode“ (Calabrese, Diritto penale canonico, 260).

retinuerit, est suspectus de haeresi; incurrit in excommunicationem latae sententiae specialissimo modo Sedi Apostolicae reservatam; est ipso facto infamis, et clericus praeterea est deponendus“ (c. 2320 CIC/1917). Bei dieser Form des Ehrverlusts handelte es sich um die *infamia iuris* (c. 2293 § 2 CIC/1917), die für einige bestimmte Delikte vorgesehen war[387] und eine schwere Strafe darstellte. Der Ehrverlust entfiel neben weiteren Sühnestrafen im Rahmen der Codex-Reform, mit der Begründung, dass die Strafe zu hart und zu unwirksam sei.[388] Der Zusatz des c. 2320 CIC/1917, dass der Delinquent „est suspectus de haeresi“ entfiel aufgrund der zuvor genannten Nachordnung der subjektiven Glaubensüberzeugung zur Begehung des Delikts.[389]

8.1.2. Anwendung physischer Gewalt gegen den Papst (c. 1370 § 1 CIC/1983)

Eine weitere dem Apostolischen Stuhl zur Absolution vorbehaltene Straftat sieht der Gesetzgeber in der Pars II., Tit. II des Liber VI. im Bereich der Straftaten gegen die kirchlichen Autoritäten und die Freiheit der Kirche vor: „Qui vim physicam in Romanum Pontificem adhibet, in excommunicationem latae sententiae Sedi Apostolicae reservatam incurrit“ (c. 1370 § 1). Die Straftat wurde vom CIC/1917 mit nur geringer literarischer, aber nicht substanzieller Veränderung übernommen.[390]

C. 1370 kennt drei verschiedene Straftatbestände mit jeweils gestuften Sanktionen.[391] Die Anwendung physischer Gewalt gegen den Papst (§ 1), gegen einen

---

387 S. cc. 2314 § 1, 2° und 3°; 2320; 2328; 2343 § 1, 2°; § 2, 2°; 2351 § 2; 2356; 2357 § 1; 2359 § 2 CIC/1917. Die Aufstellung ist entnommen aus Rees, Strafgewalt der Kirche, 221.

388 Vgl. Rees, Strafgewalt der Kirche, 397.

389 Vgl. Pighin, Diritto penale canonico, 346.

390 Der CIC/1917 umschrieb das Delikt mit „Qui violentas manus in personam Romani Pontificis iniecerit: Excommunicationem contrahit latae sententiae Sedi Apostolicae specialissimo modo reservatam; et est ipso facto vitandus“ (c. 2343 § 1, 1°). Nach Urru liegt darin kein wesentlicher Unterschied (vgl. Urru, Punire per salvare, 203). Der Wortlaut des CIC/1983 scheint sogar deutlicher in der Formulierung zu sein.

391 Der CIC/1917 dagegen kannte vier Abstufungen, indem außerdem die Kardinäle und Päpstlichen Legaten eigens berücksichtigt wurden. Gewaltanwendungen ihnen gegenüber waren auch mit der Exkommunikation *latae sententiae* belegt, allerdings nur *speciali modo* reserviert; hinzu kamen die Sühnestrafen des Ehrverlusts, der Entzug von Benefizien, Ämtern, Würden, Vergütungen, und anderer Dienste (vgl. c. 2343 § 2).

Bischof (§ 2)[392] und gegen Kleriker oder gegen Ordensleute (§ 3).[393] Reserviert ist nur der Tatbestand des § 1, da der Papst als Stellvertreter Christi auf Erden das Amt der höchsten kirchlichen Autorität ausübt und eine gegen ihn gerichtete Gewaltanwendung einen sehr großen Skandal und einen unermesslichen Schaden für die Kirche bedeutet.[394] Aus diesem Grund wurden auch zurecht Überlegungen der CIC-Reformkommission abgelehnt, die für die Gewaltanwendung auf den Papst und auf einen Bischof dieselben Strafen forderten. Denn „il bene pubblico della Chiesa esige una maggiore gravità in colui che percuote il Romano Pontefice di quanto non sia quella di percuotere un altro vescovo. Lo scandalo che si produce quando si percuote il Capo della Chiesa è molto più grave di quello che viene prodotto quando viene percosso un altro vescovo“[395]. Die Absolution ist jedoch auch deshalb dem Apostolischen Stuhl vorbehalten, um zu verhindern, dass eine andere Autorität außer dem Papst die Strafe, die aus einem Delikt, das direkt gegen ihn verübt wurde, nachlassen kann.[396]

Zur Erfüllung des Tatbestandes ist zwingend erforderlich, dass es sich bei der Gewaltanwendung gegenüber der Person des Papstes um physische Gewalt handelt, „non verbale, né morale“[397]. Verbale Angriffe, wie Beleidigungen, Verspottung oder Verleumdungen erfüllten nicht die Straftat.[398] Diese sind normiert in c. 1369, der dafür eine gerechte Strafe androht.[399] Physische Gewalt besteht in einem aggressiven äußeren und gewaltsamen Verhalten, das jede Handlung

392 Für die Gewaltanwendung auf einen Bischof sieht der CIC/1983 die Zensur des Interdikts *latae sententiae* vor; handelt es sich beim Täter um einen Kleriker, zieht er sich zusätzlich zum Interdikt die Suspension *latae sententiae* zu (c. 1370 § 2).

393 Für die Gewaltanwendung auf einen Kleriker oder Ordensangehörigen aus Gründen der Missachtung der Kirche, der kirchlichen Gewalt oder eines kirchlichen Amtes, sieht der CIC/1983 eine gerechte Strafe vor (c. 1370 § 3).

394 Vgl. Pighin, Diritto penale canonico, 359.

395 Urru, Punire per salvare, 204f.

396 Vgl. Lüdicke, in: MKCIC, c. 1370, Rn. 10.

397 Calabrese, Diritto penale canonico, 262.

398 „Rimane escluso il comportamento ingiurioso, espresso anche con manifestazioni esterne di disprezzo, il quale, per quanto estremamente deprecabile e ingiusto, non si configura come ricorso alla forza ‘fisica’ con incidenza corporea a detrimento di un’altra persona“ (Pighin, Diritto penale canonico, 359).

399 Vgl. Urru, Punire per salvare, Anm. 3, 204. „Qui in publico spectaculo vel concione, vel in scripto publice evulgato, vel aliter instrumentis communicationis socialis utens, blasphemiam profert, aut bonos mores graviter laedit, aut in religionem vel Ecclesiam iniurias exprimit vel odium contemptumve excitat, iusta poena puniatur“ (c. 1369 CIC/1983).

einschließt, welche gegen die physische Unversehrtheit, gegen die Freiheit und gegen die Würde der angegriffenen Person gerichtet ist.[400] Die Straftat kann nur von einer oder mehreren physischen Personen, nicht jedoch von juristischen begangen werden. Während Lüdicke zunächst nur summarisch den Tatbestand in körperlichem Angriff, Freiheitsberaubung und Entführung definiert,[401] gibt Pighin einen Überblick über die wichtigsten und denkbar möglichen Formen, in denen sich die physische Gewaltanwendung am Opfer realisieren lässt und den Straftatbestand erfüllen würde: Hinzufügung tödlicher Verletzungen bzw. Ermordung des Opfers, Verwundungen und Verletzungen, Schlagen, Ohrfeigen, Schädigung der physischen Integrität, Entzug der Willensausübung mittels Entführung oder Inhaftierung, Deportation, gewaltsames und unfreiwilliges Entfernen von einem Ort, Beraubung der Ehre durch brutales Eingreifen in die Intimsphäre, durch den Gebrauch von Folterinstrumenten oder biochemischen, giftigen Substanzen, die auf die Willenskraft und das Bewusstsein einwirken.[402] Nicht ausgeschlossen sind zudem neue und immer höher entwickelte technische Geräte, die weit über den Gebrauch herkömmlicher Waffen hinausgehen.[403]

Auch hier ist der Vorsatz zur physischen Gewaltanwendung auf die Person des Papstes wesentlich zur Erfüllung des Tatbestandes und zum Eintritt der Strafe, „da für die fahrlässige Tat eine Strafdrohung fehlt"[404]. Außerdem muss sich die Tat auf das konkrete Amt der Person beziehen, d.h. über die Person mit ihrem Charakter und Wesen hinausgehen. Im Fokus steht die institutionelle Rolle des Papstes oder, wie in den §§ 2 und 3 von c. 1370, des Klerikers oder des Ordensmitglieds, welche der Grund für den Angriff ist.[405] Analog sind hier Gewaltanwendungen auf Staatsoberhäupter, Diplomaten, Soldaten oder Polizisten zu sehen, die aufgrund ihres Amtes bzw. ihrer Tätigkeit Ziele terroristischer Angriffe sind.[406] Nur persönliche Gründe, die unabhängig vom jeweiligen Amt

---

400 Vgl. Calabrese, Diritto penale canonico, 263.

401 Vgl. Lüdicke, in: MKCIC, c. 1370, Rn. 4.

402 Pighin präzisiert diese Substanzen nicht näher, doch neben Gift oder bewusstseinstrübenden Substanzen oder auch Medikamenten, die vorsätzlich verabreicht werden, könnte auch das absichtliche Infizieren des Papstes mit Viren den Tatbestand des c. 1370 § 1 erfüllen, da damit die Gesundheit des Papstes in Gefahr gebracht wird und sogar letale Folgen verursachen könnte.

403 Vgl. Pighin, Diritto penale canonico, 359.

404 Lüdicke, in: MKCIC, c. 1370, Rn. 5.

405 „Ein Angriff auf den Papst, der inkognito in den Bergen wandert und nicht als Papst erkannt wird, ist nicht vorsätzlich iSd § 1" (Lüdicke, in: MKCIC, c. 1370, Rn. 5).

406 Vgl. Pighin, Diritto penale canonico, 358.

bzw. Lebensstand zu physischer Gewalt führen, erfüllen nicht den Tatbestand des c. 1370.[407]

Die Vollendung der Straftat bewirkt den Eintritt der dem Apostolischen Stuhl vorbehaltenen Exkommunikation *latae sententiae*. Handelt es sich beim Täter um einen Kleriker, können weitere Strafen – *ferendae sententiae* – je nach Schwere der Straftat, hinzukommen, die Entlassung aus dem Klerikerstand nicht ausgeschlossen: „Si clericus sit, alia poena, non exclusa dimissione e statu clericali, pro delicti gravitate addi potest" (c. 1370 § 1). Diese Strafen sind jedoch fakultativ und unbestimmt und ihre Verhängung ist dem Ermessen des Richters überlassen. Ähnlich wie bei der Straftat gemäß c. 1367 ist eine härtere Bestrafung für Kleriker angemessen: „La dimissione dallo stato clericale sembra pena giusta e proporzionata per il caso"[408]. Noch strenger wurde die Straftat im CIC/1917 geahndet, der neben der Tatstrafe der Exkommunikation, den automatischen Ehrverlust und für einen Kleriker die Entlassung aus dem Klerikerstand obligatorisch vorsah (c. 2343 § 1 CIC/1917).

Die Anwendung physischer Gewalt auf die Person des Papstes ist eine Straftat, die im Mittelalter häufiger begangen wurde,[409] der man jedoch heutzutage nach Commentz, „in der Praxis nur schwer begegnen kann"[410].

---

407 Vgl. Lüdicke, in: MKCIC, c. 1370, Rn. 5.

408 Calabrese, Diritto penale canonico, 265.

409 „Sul piano storico pare utile ricordare che, purtroppo, si ripetono molto spesso uccisioni di ecclesiastici per l'esercizio del loro ministero" (Pighin, Diritto penale canonico, 362).

410 Commentz, Apostolische Pönitentiarie, 16. Das Attentat auf Johannes Paul II. am 13. Mai 1981 ist das vermutlich bekannteste und aktuelle Beispiel eines Angriffes physischer Gewalt auf den Papst, die nicht auf Johannes Paul II. als Mensch zielte, sondern auf das Amt des Petrus. Ali Agca, der das Attentat beging, war zum Zeitpunkt des Angriffs ungetauft, sodass ihn die Strafe der Exkommunikation *latae sententiae* nicht treffen konnte (vgl. Pighin, Diritto penale canonico, 360). Etwas unklar bleibt die Äußerung von Commentz, dass man „dieser Straftat in der Praxis nur schwer begegnen" (Commentz, Apostolische Pönitentiarie, 16) kann, dahingehend, ob die Straftat als solche selten begangen wird, unabhängig davon, welcher Konfession oder Religion der Täter angehört, oder ob die Straftat aufgrund äußerer Umstände kaum begangen werden kann. Denkbar wären hier entsprechende Sicherheitsmaßnahmen, die den Papst vor den verschiedenen Arten physischer Gewaltanwendung schützen. In diese Richtung könnte seine Äußerung in der italienischen Ausgabe tendieren, in der er anmerkt: „Questo è un delitto che, in pratica, difficilmente puó accadere" (Commentz, Penitenzieria Apostolica, 19).

8.1.3. Bischofsweihe ohne päpstlichen Auftrag (c. 1382 CIC/1983)

Jede Weihe eines Bischofs erfordert einen dazu vorausgegangenen päpstlichen Auftrag, ohne den es keinem Bischof gestattet ist, die Weihe durchzuführen (vgl. c. 1013 CIC/1983).[411] Erfolgt die Weihe dennoch im Wissen um das Fehlen des päpstlichen Auftrags, wird ein Delikt begangen, das aufgrund der Schwere seiner Folgen dem Apostolischen Stuhl vorbehalten ist und mit der Exkommunikation *latae sententiae* bestraft wird: „Episcopus qui sine pontificio mandato aliquem consecrat in Episcopum, itemque qui ab eo consecrationem recipit, in excommunicationem latae sententiae Sedi Apostolicae reservatam incurrunt" (c. 1382).[412] Weitere mögliche fakultative Strafen sind dafür nicht vorgesehen. Der CIC/1983 ahndet diese Straftat härter als der CIC/1917, der zwar dafür die Suspension *ipso iure* vorsah, diese jedoch dem Apostolischen Stuhl nicht *specialissimo modo*, sondern nur *simpliciter modo* vorbehielt, sodass sie auch nicht in den Zuständigkeitsbereich der Paenitentiarie fiel.[413] Dass der CIC/1983 eine Straftat strenger bestraft als der CIC/1917 kommt selten vor. Die Verschärfung der Reservation im vorliegenden Delikt in den Bereich der dem Apostolischen Stuhl reservierten Straftaten,[414] mag einerseits in einem erhöhten Vorkommen an Verstößen gegen die Vorschrift des c. 1013 CIC/1983 in den vergangenen Jahrzehnten begründet sein[415] und andererseits in einem tieferen, durch das Zweite Vatikanische Konzil[416] angeregte Bewusstsein von der Kirche als Communio, deren Einheit durch die Begehung der Straftat gefährdet wird, da es ein großes Ärgernis darstellt und als Zeichen des Ungehorsams gegenüber dem Papst zu werten ist, wenn ohne seine Beauftragung durch die Weihe Bischöfe in das Bischofskollegium aufgenommen werden, die der Papst als Haupt der Bischöfe nicht zugelassen hätte.[417] „È

411 Der Ursprung des benötigten Auftrags liegt in der Reservation der Bischofsweihe zugunsten des Papstes seit dem Jahr 1363. Indem er die Weihe eines neuen Bischofs den Bischöfen anvertraut, benötigen diese zur erlaubten und gültigen Weihespendung das päpstliche Mandat (vgl. Rees, Strafgewalt der Kirche, 457).

412 Zur Thematik der Bischofsweihe ohne päpstlichen Auftrag sei hingewiesen auf einen Aufsatz von Pighin, Le ordinazioni episcopali senza mandato pontificio, 401–420, der einen sehr guten und fundierten Überblick über den Tatbestand nach c. 1382 gibt.

413 Zum Vergleich: „Episcopus aliquem consecrans in Episcopum, Episcopi vel, loco Episcoporum, presbyteri assistentes, et qui consecrationem recipit sine apostolico mandato contra praescriptum can. 953, ipso iure suspensi sunt, donec Sedes Apostolica eos dispensaverit" (c. 2370 CIC/1917).

414 Vgl. dazu im Überblick Rees, Strafgewalt der Kirche, 458.

415 Vgl. Pighin, Diritto penale canonico, 424.

416 Vgl. Dogmatische Konstitution *Lumen Gentium*, Nr. 22.

417 Vgl. Urru, Punire per salvare, 230.

un delitto gravissimo non soltanto per l'usurpazione di un ufficio ecclesiastico, ma anche perché si attenta in maniera gravissima alla comunione gerarchica col Sommo Pontefice e all'unità della Chiesa, compiendo un gesto che di suo è segno di scisma"[418]. Die Begehung der Straftat gemäß c. 1382 birgt folglich tatsächlich die Gefahr eines Schismas in sich, da das Bischofskollegium durch unrechtmäßig geweihte Bischöfe die Einheit verlieren kann.[419]

Nach c. 1382 erfüllen das Delikt sowohl der Bischof, der die Weihe spendet, als auch der Weiheempfänger: „Episcopus qui sine pontificio mandato aliquem consecrat in Episcopum, itemque qui ab eo consecrationem recipit". „Die beiden Tatbestände sind wie die Seiten einer Medaille untrennbar verbunden, wenn sie auch verschiedene Täter betreffen"[420]. Die Tat kann nur von Beiden mit Vorsatz begangen werden, außer der Weiheempfänger wusste schuldlos nicht um das Fehlen des päpstlichen Auftrags oder der konsekrierende Bischof nahm irrtümlich dessen Vorliegen an. In beiden Fällen fehlte der Vorsatz.[421] Dass beide Beteiligten mit der Exkommunikation *latae sententiae* bestraft werden, ist konsequent, da ohne die Mittäterschaft des jeweils anderen das Delikt nicht begangen werden könnte.[422]

Anlass zu Diskussion und Uneinigkeit in der Kanonistik und in der Rechtspraxis gibt die Frage nach der möglichen Mittäterschaft und einer daraus resultierenden Bestrafung der Mitkonsekratoren bei einer Weihe ohne päpstlichen Auftrag auf Grundlage derselben Rechtsvorschrift des c. 1382. Für die erlaubte Weihe eines Bischofs (vgl. c. 1013) verlangt der Gesetzgeber vom Hauptkonsekrator *(consecrator principalis)* die Hinzuziehung von mindestens zwei weiteren Bischöfen als Mitkonsekratoren, sofern keine Dispens vom Apostolischen Stuhl gegeben wurde (vgl. c. 1014). „La cui associazione, in numero di almeno due Presuli, è un requisito di liceità posto dal can. 1014. La disposizione canonica, che rispetta una tradizione antichissima e che, soprattutto, esprime la dimensione collegiale dell'ordine episcopale"[423]. Die Mehrheit der Autoren, darunter u.a.

418 Ebd.

419 Vgl. Rees, Strafgewalt der Kirche, 458. Ein Beispiel dafür sind die unerlaubten, ohne päpstlichen Auftrag vorgenommenen Weihen von vier Bischöfen durch Erzbischof Marcel Lefebvre am 30. Juni 1988, der daraufhin aufgrund des c. 1382 mit der Exkommunikation *latae sententiae* bestraft wurde. Er erfüllte zudem den Tatbestand des Schismas nach c. 1364 § 1 (vgl. ebd., Anm. 321).

420 Lüdicke, in: MKCIC, c. 1382, Rn. 2.

421 Vgl. ebd., Rn. 4.

422 Vgl. Pighin, Diritto penale canonico, 428.

423 Ebd.

Calabrese, Lüdicke, Urru, Borras[424] und Perlasca[425] sprechen sich gegen die Erfüllung des Tatbestandes und folglich gegen eine Bestrafung der Mitkonsekratoren im Sinne des c. 1382 aus. Calabrese begründet seine Position einerseits rechtlich durch das Fehlen der direkten Erwähnung in c. 1382 und die Nicht-Einordnung der Mitkonsekratoren als Komplizen der Straftat, andererseits sakramententheologisch durch das alleinige und ausreichende Erfordernis nur eines Konsekrators zur Spendung und zum Empfang der Bischofsweihe.[426]

Nach Lüdicke kann die Frage nicht abschließend geklärt werden, entscheidet sich jedoch aufgrund der Unsicherheit vor dem Hintergrund der erforderlichen engen Auslegung bei Strafgesetzen (vgl. c. 18) gegen die Mittäterschaft der Mitkonsekratoren.[427] Zudem „tragen sie auch nicht selbst Verantwortung dafür, dass das päpstliche Mandat eingeholt worden ist"[428]. Urru, ähnlich Borras und Perlasca,[429] stützt sich auf die notwendige enge Auslegung von Strafgesetzen im Sinne des c. 18 und sieht die in c. 1382 vorgesehene Tatstrafe der Exkommunikation begrenzt auf den Hauptkonsekrator und ausgeschlossen für die Mitkonsekratoren.[430] Sebott vertritt keine Position, sondern sieht den Sachverhalt lediglich als „eine noch nicht ausdiskutierte Frage, ob die mitweihenden Bischöfe ebenfalls von can. 1382 erfasst werden"[431].

Dagegen sehen nur wenige Autoren, wie Aymans-Mörsdorf-Müller[432], Rees[433], Cito[434] und Pighin[435] die Bestrafung der Mitkonsekratoren mit der

424 Vgl. Borras, Sanctions dans l'Eglise, 182f.

425 Vgl. Perlasca, Commento al can. 1013, 820.

426 Vgl. Calabrese, Diritto penale canonico, 295. Selbst wenn die Mitkonsekratoren als Mittäter zu qualifizieren wären, könnten sie nicht bestraft werden, da c. 1329 § 1 nur Spruchstrafen für den Haupttäter vorsieht, die ebenso in gleicher oder ähnlicher Weise für den bzw. die Mittäter vorgesehen wären (vgl. Calabrese, Diritto penale canonico, 295). C. 1382 sieht jedoch die Tatstrafe der Exkommunikation vor und kann daher nicht auf Mittäter angewandt werden.

427 Vgl. Lüdicke, in: MKCIC, c. 1382, Rn. 5.

428 Ebd.

429 S. dazu Anm. 424 und 425.

430 Vgl. Urru, Punire per salvare, 230.

431 Sebott, Das kirchliche Strafrecht, 199, Anm. 49.

432 Vgl. Aymans-Mörsdorf-Müller, KanR IV, 210: „Betroffen von dieser Norm [= c. 1382] sind alle Weihespender, also der Konsekrator ebenso wie die Konkonsekratoren (vgl. c. 104), und zudem der Empfänger der illegitimen Bischofsweihe" (ebd.).

433 „Die Erteilung der Bischofsweihe ohne päpstlichen Auftrag zieht sowohl für den Spender als auch für den Empfänger die dem Apostolischen Stuhl vorbehaltene Tatstrafe der Exkommunikation nach sich (c. 1382). Von dieser Exkommunikation betroffen sind auch die Mitkonsekratoren" (Rees, Strafgewalt der Kirche, 457f).

434 Vgl. De Paolis/Cito, Sanzioni nella Chiesa, 335f.

435 Vgl. Pighin, Diritto penale canonico, 428–430.

Exkommunikation *latae sententiae* unzweifelhaft als gerechtfertigt an. Diese Minderheitenposition entspricht einer offiziellen und verbindlichen Antwort des Päpstlichen Rates für die Gesetzestexte „in forma soddisfacente"[436], der in einer *Declaratio* vom 6. Juni 2011, die dem Apostolischen Stuhl vorbehaltene Tatstrafe der Exkommunikation aufgrund des c. 1382 nicht nur für den Hauptkonsekrator, sondern gleichermaßen für die Mitkonsekratoren vorsieht:

> „Il delitto sancito dal can. 1382 CIC è commesso sia dal Vescovo che consacra sia dal chierico che è consacrato. Inoltre, essendo quello della consacrazione episcopale un rito in cui è solita la partecipazione di più ministri, coloro che assumono detto compito di co-consacranti, e cioè impongono le mani e recitano la preghiera consacratoria nell'ordinazione (cfr. *Caeremoniale Episcoporum* nn. 582 e 584), risultano coautori del reato e quindi ugualmente sottoposti alla sanzione penale. Tale interpretazione risulta anche confermata dalla tradizione della Chiesa e dalla sua recente prassi"[437].

Die Position des Päpstlichen Rates für die Gesetzestexte bezüglich der vorliegenden Fragestellung und ungeachtet der in c. 18 CIC/1983 geforderten engen Auslegung von Strafgesetzen, ist nicht nur als verbindlich, sondern zusammen mit der Minderheitenmeinung der Kanonisten als schlüssig anzusehen. Der CIC spricht von einem Bischof, der jemanden ohne päpstlichen Auftrag zum Bischof weiht. Die zwei anderen hinzuzuziehenden Bischöfe können gleichermaßen gemeint sein, da c. 1382 nicht unterscheidet zwischen Haupt- und Nebenkonsekratoren. Daher sind Letztere „ministri della consacrazione a tutti gli effetti, in quanto coautori di essa, similmente ai presbiteri della concelebrazione eucaristica che esercitano la loro finzione sacerdotale al pari, dal punto di vista sacramentale, di quella del celebrante principale, cui è riservato il posto preminente sotto il profilo cerimoniale"[438].

Pighin schätzt die Zahl der ohne päpstlichen Auftrag und daher unerlaubt geweihten Bischöfe in heutiger Zeit auf etwa 100.[439] Die Begehung des Delikts scheint, vielleicht durch die höhere Bestrafung, rückläufig zu sein, sodass nach

436 Ebd., 430.

437 Päpstlicher Rat für die Gesetzestexte, *Declaratio de recte applicando can. 1382 CIC*, Nr. 3.

438 Pighin, Diritto penale canonico, 429.

439 Vgl. ebd., 424. Die Schätzung der Zahl entstammt dem Jahr 2014, sodass nicht auszuschließen ist, dass sich diese Zahl bereits etwas verändert hat. Doch es geht hier um einen ungefähren Richtwert.

Commentz die Straftat mittlerweile selten vorkommt oder zumindest selten an die Paenitentiarie herangetragen wird.[440]

8.1.4. *Absolutio complicis* (c. 1378 CIC/1983)

Neben dem Delikt gemäß c. 1382, hat der Gesetzgeber im strafrechtlichen Bereich der Pars II Titulus III über Amtsanmaßung und Amtspflichtverletzung eine weitere sehr schwere Straftat dem Apostolischen Stuhl zur Absolution vorbehalten: „Sacerdos qui contra praescriptum can. 977 agit, in excommunicationem latae sententiae Sedi Apostolicae reservatam incurrit" (c. 1378 § 1).[441] Der Codex verweist auf c. 977, ohne den dort umschriebenen Tatbestand explizit zu wiederholen. Dieser gehört dem kirchlichen Heiligungsdienst zu und normiert die Ungültigkeit der Absolution eines Mitschuldigen an einer Sünde gegen das sechste Gebot des Dekalogs, außer in Todesgefahr.[442]

Ähnlich der Reservation für die Verunehrung der eucharistischen Gestalten in sakrilegischer Absicht (c. 1367) gehört auch die Lossprechung eines Mitschuldigen gegen das sechste Gebot des Dekalogs zu den Straftaten, die die Sakramentenspendung unmittelbar betreffen und somit zu den gravierendsten zählen. Der Grund dafür liegt einerseits im Wesen und im unermesslichen Wert der Sakramente selbst, die der Kirche von Jesus Christus anvertraut und zu ihrem Aufbau geschenkt werden,[443] andererseits in dem großen Schaden, den die Kirche durch konträre und missbräuchliche Amtsausübung von Klerikern bei der Spendung der Sakramente erleidet. Neben dem Sakrament der Eucharistie ist das Sakrament der Buße am meisten zu schützen,[444] und es ist eine Pflicht des Gesetzgebers, dies durch entsprechende Regelungen, auch strafrechtlicher Art, zu gewährleisten.[445] Prägnant und unmissverständlich bringt Pighin den Grund für den notwendigen Schutz des Beichtsakramentes zum Ausdruck: „L'abbondante protezione penale fornita è dovuta alla delicatezza dell'esercizio della confessione, che fa scaturire per il ministro obblighi del tutto speciali a garanzia dell'altissima responsabilità del suo ministero". Theologisch sowie spirituell-geistlich bedeutet dies

440 Vgl. Commentz, Apostolische Pönitentiarie, 16.

441 Für einen kurzen Überblick zur rechtshistorischen Entwicklung des Delikts sei hingewiesen auf Dhas, Delitto di assoluzione, 104–109.

442 „Absolutio complicis in peccato contra sextum Decalogi praeceptum invalida est, praeterquam in periculo mortis" (c. 977).

443 Vgl. Dhas, Delitto di assoluzione, 103.

444 „La tutela della dignità di questo sacramento è una responsabilità affidata alla Chiesa dal suo Fondatore divino" (ebd.).

445 Vgl. Pighin, Diritto penale canonico, 397.

zudem: „Solo a lui è permesso entrare nelle pieghe più profonde della coscienza del penitente e creare con esso un intimo rapporto di valenza soprannaturale, che va rigorosamente improntato al rispetto dell'evento salvifico e dell'integrità morale delle due persone implicate“[446]. Jeder Verstoß und missbräuchliche Eingriff in diesen durch das Bußsakrament gegebenen intimen Bereich der Aussprache und Versöhnung mit Gott durch den Beichtvater, bewirkt nicht nur einen subjektiven Vertrauensverlust auf Seiten des Paenitenten, sondern „costituisce causa di ferite devastanti per il popolo di Dio“[447].

Der vorliegende c. 1378 § 1 erfordert die Unterscheidung von gemeinsam begangener Sünde gegen das sechste Gebot des Dekalogs und der Straftat der Lossprechung eines Mitschuldigen von eben dieser Sünde.[448] Letztere wird begangen, wenn ein Priester gegen die Vorschrift des c. 977 handelt, indem er wissentlich und vorsätzlich einen Mitschuldigen *in peccato contra sextum Decalogi* ungültig absolviert. Der CIC nennt diesen Tatbestand aufgrund des Mitwirkens einer anderen Person *absolutio complicis* (c. 977) und greift zur Umschreibung des Tatgegenstandes auf eine Formulierung der Heiligen Schrift zurück, und zwar auf Ex 20, 14 bzw. Dtn 5, 18, wo das sechste der zehn Gebote definiert ist: „Du sollst nicht die Ehe brechen“. Während es sich aus bibel-exegetischer Sicht um eine klare Normierung handelt, mag sie dagegen für die strafrechtliche Auslegung etwas ungeeignet sein und zu kurz greifen, um den gesamten Tatbestand zu erfassen.[449] Dieser wäre nämlich dann nur erfüllt, wenn ein Priester mit einer verheirateten Frau Geschlechtsverkehr hat, und somit Ehebruch im eigentlichen Sinne begehen würde, und er diese Frau anschließend von dieser Sünde losspricht. Folglich wäre ein Priester, der geschlechtlich mit einer unverheirateten Frau verkehrt und sie losspricht nicht von c. 1378 i. V. m. c. 977 strafrechtlich erfasst. Diese Interpretation wäre aber zu eng[450] und nach Lüdicke ist es „offenkundig, dass der Gesetzgeber mit der Sünde gegen das Sechste Gebot des Dekalogs nicht nur den Geschlechtsverkehr des hier betreffenden Priesters mit einer verheirateten Frau meint“[451]. Eine Präzisierung des Tatbestandes nach

446 Ebd.

447 Ebd., 398.

448 Vgl. Dhas, Delitto di assoluzione, 103f.

449 Vgl. ebd., 110, sowie Pighin, Diritto penale canonico, 398. Für eine inhaltliche Auslegung der Sünde gegen das sechste Gebot des Dekalogs sei hingewiesen auf Tuohey, The Correct Interpretation of Canon 1395, 592–631 und auf De Paolis, Delitti contro il sesto comandamento, 293–316.

450 Vgl. Aymans-Mörsdorf-Müller, KanR IV, 215.

451 Lüdicke, in: MKCIC, c. 1378, Rn. 3.

c. 977 wäre von Seiten des Gesetzgebers wünschenswert gewesen[452], da mit der Umschreibung *contra sextum* kanonistisch im Grunde jede Form von unzulässiger Sexualität gemeint ist. Insofern ist Lüdickes Kritik an der „Allgemeinklausel" berechtigt, da jene die Gefahr von Rechtsunsicherheit in sich bergen könnte.[453]

Die Umschreibung der Sünde gegen das sechste Gebot beinhaltet folglich nicht nur Ehebruch im eigentlichen Sinne, sondern umfasst „alle äußeren Sünden gegen die Keuschheit, die mit einem Mitschuldigen begangen wurden"[454]. Unzureichend für die Sünde nach c. 977 wären demnach bloß unkeusche Gedanken oder begehrliches Verlangen. Die Sünde muss schwer sein und durch entsprechende Handlungen und Berührungen begangen werden. „Non è però necessario che rientri nella categoria dei peccati che in dottrina si dicono consumati, come sono la copula"[455]. Täter und Mittäter müssen sich bewusst sein, eine schwere Sünde zu begehen und es ist unerheblich, ob die Beteiligung in aktivem Handeln oder in passivem Geschehen-Lassen besteht, solange beide Seiten die Begehung der Sünde beabsichtigen bzw. inneres Wollen und äußeres Tun übereinstimmen.[456] Im Zweifelsfall, ob eine schwere oder lässliche Sünde gegen das sechste Gebot vorliegt, ist nach Dhas folgendes zu beachten: „Quanto alla gravità del peccato *contra sextum*, si deve considerare che la dottrina tradizionale

---

452 Dieselbe Frage bzgl. der Bedeutung der Sünde gegen das sechste Gebot des Dekalogs stellt sich auch in c. 1395 § 1, der die gleiche Formulierung gebraucht: „Clericus concubinarius, praeter casum de quo in can. 1394, et clericus in alio peccato externo contra sextum Decalogi praeceptum cum scandalo permanens, suspensione puniantur, cui persistente post monitionem delicto, aliae poenae gradatim addi possunt usque ad dimissionem e statu clericali".

453 „Der Gesetzgeber will in den formulierten Tatbestand offenbar moralische Konzeptionen und Auffassungen des Sechsten Gebots hineingelesen wissen. Das ist eine unzulässige Art der Gesetzesredaktion, weil sie dem gerade im Strafrecht unerlässlichen Prinzip der Rechtssicherheit nicht genügt. Schon in 977, erst recht aber bei der Einbeziehung dieser Norm in 1378 § 1 zur Beschreibung eines Straftatbestandes, wäre es unerlässlich gewesen, eine klare Definition vorzunehmen. Anders als etwa in 1395 § 2 … lässt sich in 977/1378 keinerlei Abgrenzung für die inhaltliche Füllung der Allgemeinklausel finden" (Lüdicke, in: MKCIC, c. 1378, Rn. 3). Fraglich bleibt die Auslegung von c. 977 angesichts der *interpretatio stricta* nach c. 18 des CIC.

454 Commentz, Apostolische Pönitentiarie, 14.

455 Calabrese, Diritto penale canonico, 284f.

456 Vgl. ebd., 284. Stimmen innerer Wille und geäußertes Tun nicht überein, liegt nach Calabrese keine Mittäterschaft vor (vgl. ebd.).

insegna che tutti i piaceri sessuali voluti direttamente sono materialmente gravi, poiché non si ammette *parvitatem materiae* in questo campo“[457].

Das Delikt gemäß c. 1378 § 1 kann nur von einem Priester oder Bischof begangen werden *(sacerdos),* der die Beichtfacultas gegenüber dem Mitschuldigen besitzt. Für den Fall, dass der Priester oder Bischof nicht über die Beichtvollmacht verfügt, beginge er das Delikt der versuchten sakramentalen Lossprechung, die die Suspension *latae sententiae* zur Folge hätte (c. 1378 § 2, n. 2).[458] Beim Mitschuldigen kann es sich um jeden beliebigen Gläubigen handeln: Mann, Frau, Erwachsener, Verheirateter, Unverheirateter, Jugendlicher, Kind.[459] Es könnte sich auch um einen anderen Priester oder Bischof oder auch um mehrere Personen handeln, „anche più di uno contemporaneamente“[460]. Zudem ist es juridisch und strafrechtlich irrelevant, ob die schwere Sünde zwischen Priester bzw. Bischof und Mitschuldigem bereits vor oder nach dessen Priesterweihe begangen wurde.[461] Konstitutiv für die Mittäterschaft an der Sünde ist der Konsens aller Beteiligten, sodass der Einfluss von Psychopharmaka, Drogen oder sonstiger toxischer oder bewusstseinstrübender Substanzen die moralische Verantwortung erheblich einschränken oder ganz eliminieren würde und somit eine Mitschuld nicht gegeben wäre.[462]

Da wie bei allen vorbehaltenen Strafen auch die vorliegende Materie des c. 1378 § 1 i. V. m. c. 977 sehr schwerwiegend ist, ist eine genaue Unterscheidung in Bezug auf die Erfüllung des Delikts notwendig. Es gibt daher Fälle, in denen das Delikt der *Absolutio complicis* nicht begangen wird und daher auch die Strafe nicht eintritt. Manche wurden bereits angedeutet, wie beispielsweise der Einfluss von bewusstseinstrübenden Substanzen, die die freiwillige Einwilligung in Akte *contra sextum* einschränken oder ganz aufheben. Die Ausnahmeregelung, dass

---

457 Dhas, Delitto di assoluzione, 111 (Hervorhebung im Original). Dhas beruft sich hierbei auf den Hl. Alfons Maria von Liguori, der in seiner Theologia moralis darauf zu sprechen kommt (vgl. ebd., 111, Anm. 24).

458 Vgl. Dhas, Delitto di assoluzione, 113.

459 Vgl. Calabrese, Diritto penale canonico, 284. Ist ein Kind in die sündhafte Handlung involviert, ist dies für die Mitschuld entscheidend. Sofern es noch nicht den Vernunftgebrauch erlangt hat, der zur Begehung einer Sünde notwendig ist, kann es kein Mitschuldiger sein (vgl. ebd.). „Senza consenso l'atto compiuto sarebbe, infatti, una violenza sessuale e non peccato di complicità (Dhas, Delitto di assoluzione, 113).

460 Pighin, Diritto penale canonico, 399. Der Einfachheit halber wird nachfolgend dennoch vom Mitschuldigen im Singular gesprochen, was jedoch die Möglichkeit der Mittäterschaft mehrerer Personen nicht ausschließen soll.

461 Vgl. Calabrese, Diritto penale canonico, 284.

462 Vgl. Pighin, Diritto penale canonico, 399.

bei Todesgefahr die Absolution eines Mitschuldigen von einer äußeren Sünde gegen das sechste Gebot gültig ist, wird vom CIC/1983 in c. 977 explizit hinzugefügt.[463]

Kein Delikt liegt des Weiteren vor, wenn der Beichtvater die Person des Mitschuldigen im Rahmen der Beichte nicht erkennt,[464] sei es aus Unachtsamkeit oder gutem Glauben oder wenn er einen berechtigten Zweifel daran hat, ob es sich beim Paenitenten um den Mitschuldigen handelt. Obwohl der Beichtvater generell bei erforderlichen Fragen „cum prudentia et discretione" (c. 979) vorzugehen hat, ist er verpflichtet, sofern ein gerechter Grund vorliegt, behutsam und vorsichtig nachzufragen, um Klarheit zu erhalten.[465] Wurde die Sünde bereits zuvor bei einem anderen Beichtvater bekannt und losgesprochen, „handelt es sich auch nicht um die hier besprochene Straftat"[466]. Dies ist deshalb der Fall, „poiché il peccato in parola è già stato oggetto di previa assoluzione, non sussiste alcuna limitazione"[467]. Nykiel rät dennoch dazu, die Beichte einer Person, mit der gegen die Keuschheit nach c. 977 gesündigt wurde, nicht zu hören.[468] Rechtlich wäre das jedoch möglich. Ausgehend von der engen Auslegung von Strafgesetzen ist das bloße Hören der Beichte eines Mitschuldigen an einer Sünde gegen das sechste Gebot erlaubt und nicht strafbar, solange die Absolution nicht erteilt wird.[469] Dhas nennt noch eine weitere denkbare Situation, in der der Tatbestand nicht gegeben wäre, und zwar wenn der Beichtvater während der Beichte eines Mitschuldigen einen psychisch bedingten Verlust der Erinnerung oder des Gedächtnisses erleidet, oder sich aufgrund von Stress, Depression, Schlafmangel oder ähnlichen Faktoren nicht erinnern kann.[470]

Die Straftat der Lossprechung eines Mitschuldigen an einer Sünde gegen das sechste Gebot zieht die Tatstrafe der Exkommunikation nach sich. Weitere Strafen sieht der Gesetzgeber nicht vor. Der CIC/1917 ahndete diese Straftat etwas schwerer, da er nicht nur die Absolution selbst, sondern auch deren Vortäuschung *(fingens absolvere complicem)* mit der vorbehaltenen Exkommunikation

---

463 Vgl. Dhas, Delitto di assoluzione, 115.

464 Vgl. Commentz, Apostolische Pönitentiarie, 15.

465 Vgl. Dhas, Delitto di assoluzione, 115f.

466 Commentz, Apostolische Pönitentiarie, 15.

467 Dhas, Delitto di assoluzione, 115.

468 Vgl. Nykiel, Sacramento della misericordia, 43.

469 Vgl. Dhas, Delitto di assoluzione, 116. „Il dettato del can. 977 CIC tratta solo dell''assoluzione' e non dell'ascolto della confessione" (ebd.).

470 Vgl. ebd., 115. Diese Variante dürfte vermutlich eher selten geschehen, doch wäre sie nicht ausgeschlossen und deshalb sei sie hier genannt.

latae sententiae specialissimo modo strafte.[471] Die Vortäuschung der Absolution wird zwar auch vom CIC/1983 geahndet, jedoch sieht c. 1379 nur eine gerechte Strafe dafür vor.[472] Neben der explizit genannten Strafe der Exkommunikation impliziert c. 1378 CIC/1983 die Beschränkung bzw. den Verlust der Beichtvollmacht, wenn der Priester bzw. Bischof einen Mitschuldigen absolviert. „È da ritenere che tale limitazione sia una vera punizione. … Tale perdita nasce dal fatto generale che tutti i sacerdoti hanno potestà di ordine, ma non potestà di giurisdizione e quest'ultima si ottiene con una concessione da parte della Chiesa“[473]. Im vorliegenden Tatbestand ist der Entzug der Beichtvollmacht jedoch nicht nur unter strafrechtlichem Aspekt zu betrachten, indem diese beispielsweise als Sühnestrafe entzogen wird oder durch Zeitablauf erlischt. Im c. 1378 i. V. m. c. 977 ist die Beichtfacultas in diesem konkreten Fall *ipso iure* von vornherein nicht gegeben. Der Gebrauch der für den genau definierten Tatbestand nicht vorhandenen Beichtvollmacht verursacht die Sanktion. Nykiel betont zudem die Signifikanz der Bestrafung eines Priesters bzw. Bischofs im vorliegenden Tatbestand, da, wäre die Absolution eines Mitschuldigen von einer Sünde gegen das sechste Gebot nicht ungültig, die nicht geringe Gefahr bestünde, dass die Sünde *contra sextum* mit einem Priester bzw. Bischof und die anschließende Beichte bei diesem zur Routine werden würde.[474] Ob diese Gefahr wirklich in dem Maß gegeben wäre, bleibt aber fragwürdig.

Abschließend sei noch auf zwei Aspekte hingewiesen. Nach Commentz handelt es sich bei der Straftat der Lossprechung eines Mitschuldigen an einer Sünde gegen das sechste Gebot um eine „unentschuldbare Unwissenheit. Alle Priester, die die Beichtbefugnis haben, müssen die kanonischen Vorschriften bezüglich dieses Sakramentes kennen“[475]. Demnach wären strafmildernde oder strafausschließende Gründe ausgeschlossen. Mit Lüdicke kann dem jedoch

471 „Absolvens vel fingens absolvere complicem in peccato turpi incurrit ipso facto in excommunicationem specialissimo modo Sedi Apostolicae reservatam“ (c. 2367 § 1 CIC/1917). Nach Lüdicke geschah die Vortäuschung der Absolution, um den Paenitenten beispielsweise zu beruhigen und sich vermeintlich nicht die Strafe der Exkommunikation zuzuziehen (vgl. Lüdicke, in: MKCIC, c. 1378, Rn. 3). Zur genaueren Darlegung des c. 2367 CIC/1917 sei hingewiesen auf Rees, Strafgewalt der Kirche, 267f und auf Dhas, Delitto di assoluzione, 107–109.

472 Vgl. Lüdicke, in: MKCIC, c. 1378, Rn. 3.

473 Dhas, Delitto di assoluzione, 114.

474 Vgl. Nykiel, Sacramento della misericordia, 43.

475 Commentz, Apostolische Pönitentiarie, 16.

widersprochen werden,[476] wenn auch ein entsprechendes Wissen auf Seiten der Beichtväter zweifellos wünschenswert wäre. Grundsätzlich kann festgehalten werden, dass ein Priester im Rahmen des Theologiestudiums die Normen zum Bußsakrament kennenlernte und sie durch die spezielle Ausbildung im Priesterseminar vertiefte. Sollte ein Beichtvater dieses Wissen dennoch nicht haben, wäre auch in diesem Fall die Beichte weder ungültig noch unerlaubt. Daher ist Commentz' Anspruch etwas zu relativieren.[477]

Die generelle Ungültigkeit der Absolution nach c. 977 resultiert aus der Tatsache, dass hierbei der Beichtvater mitschuldig ist an einer Sünde gegen das sechste Gebot. Wäre die Absolution gültig, handelte er als „iudex in causa propria".[478] Generell könnte ein Priester bzw. Bischof auch an anderen Sünden eines Paenitenten mitwirken und die gültige und erlaubte Absolution erteilen, sofern im Gesetz nichts Gegenteiliges geregelt ist. Die Mitwirkung an einer Sünde gegen das sechste Gebot ist deshalb als einzige mit dem Verbot der Absolution belegt, da sie – im Unterschied zu anderen Sünden – „tiene conto del particolare coinvolgimento interpersonale di due o più soggetti correi in un peccato di natura sessuale, il cui rapporto è talmente forte e profondo da non trovare elementi di confronto in altri peccati di complicità"[479].

Um sich nicht die Exkommunikation zuzuziehen und um den Paenitenten vor einer ungültigen Absolution zu bewahren, muss ein Beichtvater dem Mitschuldigen, der in der Beichte um Absolution von der gemeinsam begangenen Sünde gegen das sechste Gebot bittet, die fehlende Vollmacht dazu bekannt

---

476 Lüdicke vertritt die entgegengesetzte Auffassung, nach der durchaus Strafmilderungs- oder Strafausschlussgründe aufgrund von schuldloser Unwissenheit auf Seiten des Beichtvaters möglich wären. „Im Fall des § 1 ist besonders zu beachten, dass der Priester u.U. die Ungültigkeit der *absolutio complicis* schuldlos nicht kannte und damit auch nicht das Verbot, das allein aus der Ungültigkeit folgt (1323, 1°). Auch wenn er nur die Strafbarkeit einer solchen Lossprechung schuldlos nicht kannte, tritt keine Tatstrafe ein (1324 §1, 9° i. V. m. 1324 § 3)" (Lüdicke, in: MKCIC, c. 1378, Rn. 9).

477 Ein in der Kanonistik kontrovers diskutiertes Thema betrifft die Frage der Gültigkeit bzw. der Ungültigkeit der Absolution von vom Mitschuldigen *contra Sextum* möglicherweise anderen in der Beichte bekannten Sünden, für die der Beichtvater die Vollmacht besitzt. Zur Vertiefung dieser Thematik und der unterschiedlichen Auffassungen sei hingewiesen auf Dhas, Delitto di assoluzione, 114, Woestman, Sacraments, 269, Cito, Commento al Titolo III, 324 und Pighin, Diritto penale canonico, 399.

478 Vgl. Dhas, Delitto di assoluzione, 118.

479 Ebd., 118f.

machen und ihn an einen anderen Beichtvater verweisen, der ihn gültig und erlaubt absolvieren kann.[480]

8.1.5. Direkte Verletzung des Beichtgeheimnisses (c. 1388 § 1 CIC/1983)

Die Sakramente der Eucharistie und der Buße sind aufgrund ihres sakramentalen Charakters sowohl von den kirchlichen Amtsträgern als auch vom kirchlichen Gesetzgeber in besonderer Weise vor Missbrauch zu schützen, dies auch, wenn erforderlich, durch strafrechtliche Mittel.[481] Außer der Lossprechung eines Mitschuldigen gegen das sechste Gebot des Dekalogs (vgl. c. 1378 § 1) betrifft eine weitere Straftat unmittelbar das Sakrament der Buße.[482] Gemäß c. 1388 § 1 zieht sich ein Beichtvater die dem Apostolischen Stuhl vorbehaltene Exkommunikation *latae sententiae* zu, wenn er das Beichtgeheimnis direkt verletzt.[483] Die direkte Verletzung ist konstitutiv für den Eintritt der Tatstrafe. Denn erfolgt der Bruch des Beichtsiegels nur indirekt „pro delicti gravitate puniatur“ (c. 1388 § 1).[484] Die für den direkten Bruch des Beichtgeheimnisses vorgesehene Bestrafung der Exkommunikation als Tatstrafe entspricht unverändert der des CIC/1917, der die Straftat dem Apostolischen Stuhl *specialissimo modo* reservierte.[485] Die Verletzung des Beichtgeheimnisses ist im Zusammenhang mit der Norm des c. 983 § 1 zu sehen, der die Unverletzlichkeit des Beichtsiegels beinhaltet, sowie das Verbot für den Beichtvater, den Paenitenten zu verraten: „Sacramentale sigillum inviolabile est; quare nefas est confessario verbis vel alio quovis et quavis modo de causa aliquatenus prodere paenitentem“. Der CIC/1983 verwendet an dieser Stelle zur Nennung des Verbots nicht nur die sonst übliche Formulierung mit „prohiberi“, wie es im nachfolgenden Canon geschieht,[486]

480 Vgl. Commentz, Apostolische Pönitentiarie, 15.

481 Vgl. hierzu die obigen Ausführungen und Begründungen unter 8.1.4.

482 „I due paragrafi del can. 1388 contengono altrettante configurazioni delittuose che si riferiscono alla violazione del sacrario intimo della coscienza del penitente“ (Pighin, Diritto penale canonico, 450).

483 „Confessarius, qui sacramentale sigillum directe violat, in excommunicationem latae sententiae Sedi Apostolicae reservatam incurrit“ (c. 1388 § 1).

484 Da diese Straftat nicht im Fokus der vorliegenden Arbeit steht, sei hierzu hingewiesen auf Oliver, Competence of the CDF, 19–32, und hier besonders 26–30.

485 „Confessarium, qui sigillum sacramentale directe violare praesumpserit, manet excommunicatio specialissimo modo Sedi Apostolicae reservata“ (c. 2369 § 1 CIC/1917).

486 „Omnino confessario prohibetur scientiae ex confessione acquisitae usus cum paenitentis gravamine, etiam quovis revelationis periculo excluso“ (c. 984 § 1).

sondern bezeichnet den Beichtsiegelbruch als Frevel *(nefas est)*. „The 1983 code uses strong phrases, affirming that ‚nefas est' for a confessor to betray a penitent, 'in any way', and 'in words or in any manner and for any reason'"[487]. Die Wahl dieser Formulierung verdeutlicht die Schwere des Bruches des Beichtsiegels.

Die Unverletzlichkeit dieses Siegels[488] fordert vom Beichtvater absolute Geheimhaltung und Verschwiegenheit von allem, was ihm in der Beichte anvertraut wird. Denn das *sigillum* ist dazu bestimmt „a rimanere per sempre in foro Dei e ad avere per custode Dio stesso"[489]. Sehr treffend bezeichnet Oliver dieses Vertrauen, mit dem sich der Paenitent in der Beichte dem Beichtvater öffnet und im Bekenntnis der Sünden und möglicher Begleitumstände die innersten und persönlichsten Dinge benennt[490] als „sacred trust"[491]. Der Beichtvater muss sich dessen eingedenk sein, dass er bei der Spendung des Bußsakramentes als Arzt und Richter handelt (vgl. c. 978 § 1) und durch seine Bevollmächtigung den Paenitenten mit der Kirche und mit Gott versöhnt. Verschwiegenheit und Diskretion müssen dabei garantiert sein, andernfalls werden sich die Gläubigen vom Bußsakrament entfernen.[492]

Die Straftat des direkten Bruches des Beichtsiegels kann nur von einem Priester bzw. Bischof begangen werden, da er zur Wahrung des Beichtgeheimnisses verpflichtet ist[493], und der die Beichte des Paenitenten hörte. Für die Erfüllung des Tatbestandes unerheblich ist es, ob der Beichtvater am Ende der Beichte die Absolution tatsächlich spendete oder sie verweigerte oder ob er im Moment der Beichte die notwendige *facultas* nur aufgrund der Suppletion gemäß c. 144 besaß[494] oder ob er bereits zum Zeitpunkt der Beichte aufgrund eines vorausgehenden Delikts exkommuniziert war.[495] In allen möglichen Fällen unterliegt er der Wahrung des Beichtgeheimnisses und wäre zum Bruch desselbigen fähig.

487 Oliver, Competence of the CDF, 23.

488 Zu Bedeutung und Herkunft des Begriffes ‚sigillum' sei hingewiesen auf Pighin, Diritto penale canonico, 451.

489 Pighin, Diritto penale canonico, 451.

490 Vgl. Aymans-Mörsdorf-Müller, KanR IV., 221.

491 Oliver, Competence of the CDF, 19.

492 Vgl. Nykiel, Sacramento della misericordia, 41f.

493 Für die untergeordneten Personen, die in c. 1388 § 2 i. V. m. c. 983 § 2 genannt werden, gilt zwar auch die Geheimhaltung des aus einer Beichte erlangten Wissens, doch handelt es sich hierbei nicht um ein sakramentales Siegel *(sigillum)*, sondern um ein Geheimnis *(secretum)*, das eine andere Qualität hat als das Beichtsiegel (vgl. Calabrese, Diritto penale canonico, 307).

494 Vgl. Pighin, Diritto penale canonico, 451.

495 Vgl. Calabrese, Diritto penale canonico, 307.

Eine Person dagegen, die weder Priester noch Bischof ist, und die Beichte eines Paenitenten, der glaubte eine gültige Beichte abzulegen,[496] hörte „è tenuto al segreto per giustizia, ma non per il sigillo“[497]. Strafrechtlich gesehen handelte es sich dabei um die Vortäuschung einer Sakramentenspendung, die das Interdikt *latae sententiae* zur Folge hätte (c. 1378 § 2, n. 2).

Der Tatbestand des c. 1388 § 1 liegt vor, wenn der Beichtvater das Beichtsiegel direkt verletzt. Der CIC/1983 unterscheidet jedoch nicht hinsichtlich des Inhalts bzw. des Umfangs des aus der Beichte gewonnenen und im *forum externum* preisgegebenen Wissens und determiniert folglich nicht weiter, wann ein Beichtsiegelbruch vorliegt. Es gibt keine Differenzierung beispielsweise bezüglich der Art der bekannten Sünden, ob schwere oder lässliche Sünde, oder der Umstände, die zur Begehung der Sünde führten, oder der Akte der Buße und Wiedergutmachung oder eines vom Beichtvater gegebenen Rates oder Zuspruches etc. Demnach ist davon auszugehen, dass das Beichtgeheimnis alles umfasst, was im Rahmen der Beichte zwischen Beichtvater und Paenitent gesprochen wird.[498] Pighin weist zudem darauf hin, dass das Siegel von dem Moment an bindet, in welchem die Beichte gemäß der liturgischen Riten begonnen und ein Paenitent seine Sünden bekennt, mit dem Ziel die Vergebung seiner Sünden zu erlangen.[499]

Das Beichtgeheimnis wird direkt verletzt, wenn der Beichtvater im *Forum externum* mit Absicht Wissen aus der Beichte offenbart und zwar gilt dies sowohl für den Inhalt, „ossia tutti i peccati, mortali o veniali, occulti o pubblici, propri o altrui, rivelati dal penitente e, pertanto, conosciuti dal confessore in forza della scienza sacramentale, comprendendo circostanze e accidenti e altri temi del dialogo, e anche senza che sia seguita assoluzione“[500], „l'occasione, il fine, il luogo, il tempo e evidentemente anche il nome e il peccato del complice“[501] als auch für die Nennung des Namens des Paenitenten.[502] Diese beiden Elemente, die Bekanntgabe irgendeines im Rahmen der Beichte erworbenen Wissens sowie die Identität des Paenitenten, müssen gleichzeitig gegeben sein für die Begehung

496 Vgl. Lüdicke, in: MKCIC, c. 1388, Rn. 5.
497 Calabrese, Diritto penale canonico, 307.
498 Vgl. Oliver, Competence of the CDF, 24.
499 Vgl. Pighin, Diritto penale canonico, 452f.
500 Dezzuto, Delicta reservata contro la fede, 67.
501 Nykiel, Sacramento della misericordia, 153.
502 Vgl. Dezzuto, Delicta reservata contro la fede, 67.

des Delikts und, in Folge davon, für die Zuziehung der Tatstrafe der Exkommunikation.[503]

Von der Wahrung des Beichtgeheimnisses gibt es keine Ausnahme oder Dispens.[504] Es bindet jeden Beichtvater zu jeder Zeit und an jedem Ort und es gilt sogar sowohl über den Tod des Paenitenten hinaus,[505] als auch dann, wenn der Beichtvater mit dem Tod bedroht wird.[506] Dieser muss bereit sein, das Beichtgeheimnis mit der Gabe seines Lebens zu verteidigen und eher das Martyrium zu erleiden, als den Paenitenten zu verraten.[507] Auch darf es nicht gebrochen werden, wenn davon das Wohl eines Landes abhinge, es der Vermeidung eines privaten oder öffentlichen Unheils dienlich wäre,[508] oder der Beichtvater dadurch sein eigenes Leben oder das Leben eines anderen Menschen retten würde.[509] Das Beichtsiegel ist im göttlichen Recht begründet, da es mit dem Sakrament der Buße zusammenhängt und implizit darin enthalten ist. Daher ist es unter allen Umständen einzuhalten.[510]

Die Unverletzlichkeit des sakramentalen Beichtsiegels wird normalerweise auch in staatlichen Regelungen berücksichtigt, welche aufgrund der

---

503 Vgl. Commentz, Apostolische Pönitentiarie, 13f. Nach Calabrese ist es unwichtig, ob der Paenitent demjenigen oder denjenigen Personen bekannt ist, gegenüber denen der Beichtvater den Namen des Paenitenten verrät. Doch es würde genügen, wenn der Beichtvater beispielsweise sagen würde, dass der Bürgermeister der Stadt x diese oder jene Sünde beging. In diesem Fall wäre ein Rückschluss auf die Person des Bürgermeisters problemlos möglich (vgl. Calabrese, Diritto penale canonico, 308).

504 Lüdicke hält strafmildernde oder strafausschließende Umstände im vorliegenden Fall zwar eher für unwahrscheinlich, aber dennoch nicht für ausgeschlossen, da er sich für den Eintritt der Tatstrafe auf vorsätzliches Handeln beruft. „Die Verletzung des Beichtgeheimnisses ist nur vorsätzlich begangen strafbar … Wenn der Täter bei Vorsatz im vorstehenden Sinne schuldlos nicht weiß, dass die Tat verboten ist – das dürfte bei einem Beichtvater im Hinblick auf das Beichtgeheimnis kaum infrage kommen –, ist sein Tun nach 1323, 2° straffrei. Kannte er schuldlos lediglich die Strafbarkeit nicht, ist seine Strafe zu mindern (1324 § 1, 9°)" (Lüdicke, in: MKCIC, c. 1388, Rn. 4). Stärker als bei der Straftat des c. 1378 § 1, sollte hier davon ausgegangen werden, dass ein Beichtvater um die Unverletzlichkeit des Beichtgeheimnisses und um die Exkommunikation *latae sententiae* weiß, sollte er das Siegel direkt verletzen. Zu schwerwiegend sind beide Delikte, um sie mit einer unverschuldeten Unwissenheit zu rechtfertigen.

505 Vgl. Nykiel, Sacramento della misericordia, 42.

506 Vgl. Calabrese, Diritto penale canonico, 309.

507 Vgl. Oliver, Competence of the CDF, 19.

508 Vgl. Calabrese, Diritto penale canonico, 309.

509 Vgl. Oliver, Competence of the CDF, 29.

510 Vgl. Pighin, Diritto penale canonico, 453.

Religionsfreiheit nicht nur die eigenen kirchlichen Angelegenheiten im Allgemeinen, sondern auch den religiös-geistlichen Bereich respektieren.[511] Häufig wird dies auch in den Konkordaten grundgelegt und geschützt.[512] Oliver beschreibt in diesem Zusammenhang zutreffend die Bedeutung des Beichtgeheimnisses gegenüber staatlichen Autoritäten, weshalb er hier zitiert werden möge: „The confessor's obligation to maintain confidentiality is absolute, even if the civil law fails to recognize the privileged nature of knowledge obtained during the celebration of the sacrament. Civil law cannot cancel the obligation imposed by divine law and is unable to compel confessor to disclose a person's confession, nor to bind a confessor by an oath, such as those given to witnesses in a trial. The confessor cannot violate the seal"[513].

511 Ein gegenteiliges aktuelles Beispiel betrifft die australische Regierung, die am 6. Juni 2018 ein Gesetz verabschiedete, das von Beichtvätern den Bruch des Beichtgeheimnisses verlangt, wenn ein Paenitent Sünden in Bezug auf sexuellen Missbrauch bekennt. Dies soll den Zivilbehörden das Auffinden der Täter und deren Bestrafung erleichtern. Eine solche Forderung der nationalen Regierung missachtet das Beichtgeheimnis und dessen absolute Unverletzlichkeit. Die Beichtväter, die in Australien ihren Hirtendienst verrichten, müssen entweder im Falle der Verweigerung des Beichtsiegelbruchs mit Gefängnisstrafen rechnen, oder bei dessen Preisgabe mit der Exkommunikation *latae sententiae*, deren Folgen schwer sind (vgl. https://de.catholicnewsagency.com/story/neues-gesetz-soll-australische-priester-zwingen-das-beichtgeheimnis-zu-verletzen-3283; zuletzt eingesehen am: 4. 1. 2020).

512 Vgl. Pighin, Diritto penale canonico, 455. In der Bundesrepublik Deutschland gelten hier folgende Regelungen: (1) § 383 Abs. 1 Nr. 4 der Zivilprozessordnung (ZPO): „Zur Verweigerung des Zeugnisses sind berechtigt: Geistliche in Ansehung desjenigen, was ihnen bei der Ausübung der Seelsorge anvertraut ist"; (2) § 53 Abs. 1 Nr. 1 Strafprozessordnung (StPO): „Zur Verweigerung des Zeugnisses sind ferner berechtigt Geistliche über das, was ihnen in ihrer Eigenschaft als Seelsorger anvertraut worden oder bekanntgeworden ist"; (3) Art. 144 Abs. 3 der Bayerischen Verfassung (BayVerf.): „Geistliche können vor Gerichten und anderen Behörden nicht um Auskunft über Tatsachen angehalten werden, die ihnen in ihrer Eigenschaft als Seelsorger anvertraut worden sind"; (4) Art. 9 des Reichskonkordats (RK): „Geistliche können von Gerichtsbehörden und anderen Behörden nicht um Auskünfte über Tatsachen angehalten werden, die ihnen bei Ausübung der Seelsorge anvertraut worden sind und deshalb unter die Pflicht der seelsorgerlichen Verschwiegenheit fallen".

513 Oliver, Competence of the CDF, 29.

8.1.6. Versuchte Weihe einer Frau

Zu den fünf dem Apostolischen Stuhl zur Absolution vorbehaltenen Straftaten trat vor einigen Jahren eine weitere, die nicht in *Pastor Bonus* und nur indirekt im CIC/1983 normiert wird. Im CIC/1917 gibt es daher keine Entsprechung. Es ist die Straftat der versuchten Weihe einer Frau. Der gültige Empfang des Sakramentes der Weihe setzt die Erfüllung zweier Konditionen voraus: Der Weihebewerber muss getauft und männlichen Geschlechts sein (c. 1024 CIC/1983).[514] Von beiden Bedingungen gibt es keine Dispens. Die Taufe ist die „ianua sacramentorum" (c. 849 CIC/1983) und folglich Voraussetzung für den Empfang aller weiteren Sakramente (vgl. c. 842 CIC/1983).[515] Die Spendung der Weihe an ausschließlich männliche Bewerber entspricht daher der gängigen und ungebrochenen Praxis der Kirche.[516] Diese begründete die Kongregation für die Glaubenslehre am 15. Oktober 1976 mit der Erklärung *Inter insigniores*, indem sie bekräftigt, dass die Kirche nicht berechtigt ist, Frauen das Weihesakrament zu spenden.[517] Zur Bestätigung dieser Tradition und zur definitiven Klarstellung mancher Zweifel bekräftige Johannes Paul II. in seinem Apostolischen Schreiben *Ordinatio Sacerdotalis* vom 22. Mai 1994 den nur Männern vorbehaltenen Empfang des Weihesakramentes:

> „Ut igitur omne dubium auferatur circa rem magni momenti, quae ad ipsam Ecclesiae divinam constitutionem pertinet, virtute ministerii Nostri confirmandi fratres (cf. *Lc* 22, 32), declaramus Ecclesiam facultatem nullatenus habere ordinationem sacerdotalem mulieribus conferendi, hancque sententiam ab omnibus Ecclesiae fidelibus esse definitive tenendam"[518].

---

514 „Sacram ordinationem valide recipit solus vir baptizatus" (c. 1024).

515 „Ad cetera sacramenta valide admitti nequit, qui baptismum non recepit" (c. 842 § 1). Hierbei ist der tatsächliche Empfang der Taufe konstitutiv. Die Begierdetaufe erfüllte nicht die Voraussetzung zum Empfang der anderen Sakramente (vgl. Busso, Gültigkeit der Priesterweihe, 205). „Daher wären alle Akte der Weiheausübung ungültig, sollte der Handelnde im Zeitpunkt des Weiheempfanges nicht getauft gewesen sein" (ebd.).

516 Vgl. Müller, Katholische Dogmatik, 749. Zur biblischen und theologischen Grundlegung des Weihepriestertums sei hingewiesen auf Müller, Katholische Dogmatik, 744–756. Einen Überblick über einige Zeugnisse von Kirchenvätern gibt Busso, Gültigkeit der Priesterweihe, 205–208.

517 Vgl. Congregatio pro doctrina fidei, *Declaratio circa quaestionem admissionis mulierum ad sacerdotium ministeriale*, 100: „Ecclesiam, quae Domini exemplo fidelis manere intendit, auctoritatem sibi non agnoscere admittendi mulieres ad sacerdotalem ordinationem".

518 Johannes Paul II., Lettera Apostolica *Ordinatio Sacerdotalis*, Nr. 4.

Hierbei „handelt es sich um einen Akt des ordentlichen, authentischen Lehramtes", weshalb „die Kirche nicht die Vollmacht hat, Frauen zum Priestertum zuzulassen".[519] Ergänzend dazu veröffentlichte die Kongregation für die Glaubenslehre ein Jahr später am 28. Mai 1995 ein *Responsum ad dubium circa doctrinam in Epistula Apostolica 'Ordinatio Sacerdotalis' traditam*, in welchem die Lehre von *Ordinatio Sacerdotalis*, wonach die Kirche keine Vollmacht habe, Frauen zum Weihepriestertum zuzulassen, bestätigt und als zum Glaubensgut gehörig erklärt wurde:

> „Haec enim doctrina assensum definitivum exigit, cum, in verbo Dei scripto fundata atque in Ecclesiae Traditione inde ab initio constanter servata et applicata, ab ordinario et universali magisterio infallibiliter proposita sit (cfr. Conc. Vat. II, Const. dogm. *Lumen gentium*, 25, 2). Quapropter, praesentibus adiunctis, Romanus Pontifex, proprium munus fratres confirmandi exercens (cfr. *Lc* 22, 32), eandem doctrinam per formalem declarationem tradidit, explicite enuntians quod semper, quod ubique et quod ab omnibus tenendum est, utpote ad fidei depositum pertinens"[520].

Trotz der definitiven Aussagen des Lehramtes erwuchsen Diskussionen um die Weihe der Frau. Einige vermeintlich kirchliche und vor allem außerkirchliche Gruppierungen und Bewegungen forderten nach Pighin Gleichberechtigung und die Aufhebung der geschlechtsspezifischen Unterschiede, dies unter dem Vorwand von Diskriminierung und Herabwürdigung der Frauen mit dem Ziel, die Geschlechter als uniform zu sehen. Zudem sieht er die direkten oder indirekten Wurzeln solcher Forderungen in Gemeinschaften des Protestantismus begründet, welche, im Unterschied zur katholischen und den orthodoxen Kirchen, Frauen den Zugang zu allen Stufen des heiligen Dienstes ermöglichen.[521] Die protestantischen Einflüsse mögen in der Vergangenheit zutreffend gewesen sein und vielleicht auch heute noch teilweise, doch größere Auswirkungen dürfte das sich inzwischen manifestierte staatliche und gesellschaftliche Verständnis der Gleichstellung der Geschlechter haben. Anhaltende oder wiederkehrende Forderungen nach der Weihe für Frauen und zudem ein konkret durchgeführter Versuch der Frauenordination[522] waren Anlass für die Ergreifung strafrechtlicher

519 Busso, Gültigkeit der Priesterweihe, 211.

520 Kongregation für die Glaubenslehre, *Responsum ad dubium circa doctrinam in Epistula Apostolica 'Ordinatio Sacerdotalis' traditam*, 1114.

521 Vgl. Pighin, Diritto penale canonico, 409.

522 Am 29. Juni 2002 versuchte der Gründer einer Gemeinschaft, Bischof Romulo Braschi, auf einem Schiff sieben Frauen zu katholischen Priesterinnen zu weihen. Die Kongregation für die Glaubenslehre reagierte zunächst gemäß c. 1347 § 1 mit der Verwarnung und drohte in einem *Monitum* vom 10. Juli 2002 die Exkommunikation an, sollten die Frauen nicht bis 22. Juli 2002 die Nichtigkeit ihrer ‚Weihe' anerkennen und um

Maßnahmen. Mittels eines *Decretum Generale* vom 19. Dezember 2007 erließ die Kongregation für die Glaubenslehre ‚die versuchte Weihe einer Frau' als neuen Tatbestand, der mit der dem Apostolischen Stuhl reservierten Tatstrafe der Exkommunikation belegt ist:

> „Congregatio pro Doctrina Fidei, ad naturam et validitatem sacramenti sacri ordinis tuendam, vigore specialis facultatis sibi a suprema Ecclesiae auctoritate in casu tributae (cfr. can. 30 Codicis Iuris Canonici), in Congregatione Ordinaria diei 19 Decembris 2007, decrevit: Firmo praescripto can. 1378 Codicis Iuris Canonici, tum quicumque sacrum ordinem mulieri conferre, tum mulier quae sacrum ordinem recipere attentaverit, in excommunicationem latae sententiae Sedi Apostolicae reservatam incurrit. Hoc decretum cum in L'Osservatore Romano evulgabitur, statim vigere incipiet"[523].

Mit der Promulgation im L'Osservatore Romano trat es am 30. Mai 2008 – „con un certo ritardo rispetto alla data succitata della disposizione normativa"[524] – in Kraft. Zwei Jahre später ergingen am 21. Mai 2010 die *Normae de gravioribus delictis Congregatione pro Doctrina Fidei reservatis,* die den Tatbestand der versuchten Weihe einer Frau erneut aufgriffen und nur geringfügig modifizierten:[525]

> „Congregationi pro Doctrina Fidei reservatur quoque delictum gravius attentatae sacrae ordinationis mulieris: 1° firmo praescripto can. 1378 Codicis Iuris Canonici, tum qui sacrum ordinem conferre attentaverit tum mulier quae sacrum ordinem recipere attentaverit, in excommunicationem latae sententiae Sedi Apostolicae reservatam incurrit; (…); 3° si vero reus sit clericus dimissione vel depositione puniri poterit"[526].

Sowohl das *Decretum Generale* von 2008 als auch die *Normae 2010* ordnen den Tatbestand unter die sogenannten ‚Versuchs-Delikte' ein.[527] Dies resultiert aus der Tatsache, dass im vorliegenden Delikt nicht nur eine unerlaubte, sondern auch eine ungültige Handlung vollzogen wird.[528] „Aus dogmatischen Gründen

---

Verzeihung für den unter den Gläubigen verursachten Skandal bitten. Da die Frauen beidem nicht nachkamen und es kein Zeichen von Reue oder Umkehr gab, verhängte die Kongregation für die Glaubenslehre am 5. August 2002 über sie mittels Dekret die dem Apostolischen Stuhl vorbehaltene Exkommunikation mit allen Strafwirkungen gemäß c. 1331 CIC/1983 (vgl. Ohly, Kirchenrechtliche Chronik, 586).

523 Kongregation für die Glaubenslehre, *Decretum generale de delicto attentatae sacrae ordinationis mulieris*, 403.

524 Pighin, Diritto penale canonico, 411f.

525 Vgl. Busso, Gültigkeit der Priesterweihe, 213.

526 Kongregation für die Glaubenslehre, *Normae de gravioribus delictis Congregatione pro Doctrina Fidei reservatis,* Art. 5.

527 Vgl. Lüdicke, in: MKCIC, c. 1378, Rn. 15.

528 Bei der Bischofsweihe ohne päpstlichen Auftrag nach c. 1382 beispielsweise wird eine gültige Weihe gespendet, die jedoch unerlaubt ist. Die Weihe selbst ist jedoch

ist ein gültiges Handeln nicht möglich“[529]. Und auch Busso ist zuzustimmen, wenn er bemerkt, dass „in der Feier und Verwaltung der Sakramente Sicherheit bestehen muss und nicht nach einem Probabilismus vorgegangen werden kann“[530].

Der Versuch der Weihe einer Frau kann sich auf alle drei Weihestufen des Diakonats, des Presbyterats und Episkopats beziehen. Der Tatbestand läge in jeder Weihestufe vor[531] und wäre dann erfüllt, wenn der liturgische Ritus, mit welchem einem Mann gültig die Weihe gespendet wird – durch Handauflegung und Weihegebet – vollzogen wurde. Die versuchte Weihe einer Frau umfasst gemäß der *Normae 2010* zwei Tatbestände bzw. zwei Täter, die daran beteiligt sind. Zum einen ist das der Haupttäter, der versucht die Weihe zu spenden. Daher käme an sich nur ein Bischof in Betracht, der das Weihesakrament gültig spenden könnte.[532] Dies träfe bei der versuchten Weihe einer Frau zum Bischof auch auf die Mitkonsekratoren zu.[533] Aufgrund des Wortlautes der *Normae 2010* könnte es sich jedoch beim Täter auch um einen Priester oder Diakon handeln, die *ipso iure* keine Weihevollmacht besitzen, oder sogar um einen Laien.[534] Zum anderen ist dies die notwendige Mittäterin, die versucht, die Weihe zu empfangen. In beiden Fällen wird die Straftat vorsätzlich begangen, „wenn der Weihespender weiß, dass er einer Frau das Sakrament zu spenden versucht. Der versuchte Empfang des Sakramentes durch eine Frau ist *per se* immer vorsätzlich“[535].

Für beide Täter sieht der Gesetzgeber die Tatstrafe der Exkommunikation vor, deren Lossprechung dem Apostolischen Stuhl vorbehalten ist. Gegenüber dem *Decretum Generale* sehen die *Normae 2010* eine Strafverschärfung vor, indem ein Kleriker, der versucht eine Frau zu weihen, zusätzlich zur vorbehaltenen Exkommunikation *latae sententiae* mit der Entlassung aus dem Klerikerstand oder der Absetzung bestraft wird.[536] Durch die Hinzufügung dieser Bestimmung scheint der Gesetzgeber, nach Lüdicke, auch einen Laien als Täter in Betracht zu ziehen,

---

gültig. Deshalb kann hier nicht von dem Versuch der Weihe gesprochen werden, da die Weihe selbst gültig ist.

529 Lüdicke, in: MKCIC, c. 1378, Rn. 15.

530 Busso, Gültigkeit der Priesterweihe, 214.

531 Vgl. Pighin, Diritto penale canonico, 412.

532 Vgl. Lüdicke, in: MKCIC, c. 1378, Rn. 15.

533 Vgl. Pighin, Diritto penale canonico, 412.

534 Die *Normae 2010* sprechen nur von „qui sacrum ordinem conferre attentaverit“, ohne den Täter näher zu spezifizieren.

535 Lüdicke, in: MKCIC, c. 1378, Rn. 17.

536 Vgl. *Normae 2010*, Art. 5, n. 3.

was jedoch „nicht sachgerecht ist, weil der Versuch einer Spendung des Weihesakramentes durch Nichtbischöfe, erst recht durch Nichtkleriker, bereits offenkundig daran scheitert, nicht erst am Frausein der gemeinten Empfängerin“[537]. Auch Pighin tendiert in diese Richtung und betrachtet die versuchte Weihe einer Frau durch einen Laien als hypothetische Überlegung.[538] Dennoch wäre die Tat an sich nicht auszuschließen, wenn auch es sich eher um die Vortäuschung eines Sakramentes gemäß c. 1379 handeln würde, die eine gerechte Strafe vorsieht.[539]

8.2. Arten des Strafnachlasses

Die vorbezeichneten sechs Straftaten, nämlich die Verunehrung der eucharistischen Gestalten (c. 1367), die Anwendung physischer Gewalt gegen die Person des Papstes (c. 1370), die Lossprechung eines Mitschuldigen von einer Sünde gegen das sechste Gebot des Dekalogs (c. 1378), die Bischofsweihe ohne päpstlichen Auftrag (c. 1382), die direkte Verletzung des Beichtgeheimnisses (c. 1388 § 1) und die versuchte Weihe einer Frau (*Normae 2010*, Art. 5) werden alle mit der Tatstrafe der Exkommunikation geahndet, und gegebenenfalls mit den zusätzlichen Strafen in den cc. 1367 und 1370 § 1. Die Exkommunikation *latae sententiae* ist die höchste kanonische Strafe und der Gesetzgeber koppelt sie ausschließlich an die schwersten Delikte (vgl. c. 1318). Sie verbietet die Spendung von Sakramenten und Sakramentalien, den Empfang von Sakramenten sowie die Ausübung von kirchlichen Diensten und Ämtern. Auch das Setzen von Akten der *potestas regiminis* ist verboten[540] und die Gewinnung von Ablässen nicht möglich (vgl. c. 996 § 1). Die Exkommunikation als Tatstrafe verschärft zusätzlich die Schwere der damit belegten Straftaten[541], da sie bereits durch die Begehung der Tat eintritt (vgl. c. 1314), ohne dass sie zuvor in einem Strafprozess oder Strafdekret verhängt wird. Aus der Eigenart des Selbsteintritts ergibt sich

---

537 Lüdicke, in: MKCIC, c. 1378, Rn. 18.

538 Vgl. Pighin, Diritto penale canonico, 412.

539 Vgl. Lüdicke, in: MKCIC, c. 1378, Rn. 15.

540 „Excommunicatus vetatur: 1° ullam habere participationem ministerialem in celebrandis Eucharistiae Sacrificio vel quibuslibet aliis cultus caerimoniis; 2° sacramenta vel sacramentalia celebrare et sacramenta recipere; 3° ecclesiasticis officiis vel ministeriis vel muneribus quibuslibet fungi vel actus regiminis ponere“ (c. 1331 § 1 CIC/1983).

541 „Latae sententiae poenas ne comminetur legislator, nisi forte in singularia quaedam delicta dolosa, quae vel graviori esse possint scandalo vel efficaciter puniri poenis ferendae sententiae non possint; censuras autem, praesertim excommunicationem, ne constituat, nisi maxima cum moderatione et in sola delicta graviora“ (c. 1318).

die Unmöglichkeit einer vorangehenden Verwarnung, wie es bei den Zensuren *ferendae sententiae* obligatorisch ist (vgl. c. 1347 § 1).

Die Exkommunikation wie auch die beiden anderen Zensuren der Suspension und des Interdikts werden auch Medizinalstrafen *(poenae medicinales)* genannt, da sie vor allem die Besserung des Täters bzw. seine Umkehr zum Ziel haben und ihn gleichsam von dem Verharren in seiner Hartnäckigkeit heilen wollen.[542] Die Dauer der Zensur ist folglich abhängig von der Gesinnung des Täters und besteht solange, bis seine Besserung eintritt. Konsequenterweise können Zensuren, anders als Sühnestrafen[543], ausschließlich auf unbestimmte Zeit verhängt werden und enden nur durch Straferlass. Sobald der Delinquent seine Widersetzlichkeit, welche die Strafe bewirkte, aufgibt und umkehrt, besteht ein gewisser Rechtsanspruch auf Befreiung,[544] „sei sie Spruchstrafe oder Tatstrafe, deklariert oder nicht"[545]. Der Strafnachlass darf weder aufgeschoben noch verweigert werden (vgl. c. 1358 § 1).[546]

Im Hinblick auf die vorliegende Thematik der Reservationsfälle geht es um den Strafnachlass der dem Apostolischen Stuhl vorbehaltenen Exkommunikation *latae sententiae in foro interno sacramentale.* Alle drei Charakteristika, die Strafe der Exkommunikation als solche, das Wesen der Tatstrafe und der innere Rechtsbereich, haben keine Entsprechung in staatlichen Rechtsordnungen und betreffen exklusiv den Jurisdiktionsbereich der Kirche. Gemäß c. 1355 § 2 sind der Ordinarius, der Bischof und nach c. 508 der Bußkanoniker Träger der ordentlichen Nachlassbefugnis für nicht festgestellte Tatstrafen, „si Sedi Apostolicae non sit reservata" (c. 1355 § 2).[547] Für die dem Apostolischen Stuhl reservierte Lossprechung der Exkommunikation *latae sententiae* der zuvor dargelegten sechs Straftaten verfügen die genannten Träger der Nachlassbefugnis nicht über die notwendige Befugnis. Diese besitzt nur die Apostolische Paenitentiarie, die

542 Vgl. Nykiel, Sacramento della misericordia, 46. Auch die Sühnestrafen möchten die Besserung des Täters bewirken, allerdings ist dies nicht ihr primärer Strafzweck. Dieser liegt vielmehr in der Wiedergutmachung und Sühne einer Straftat und in der Wiederherstellung der Gerechtigkeit sowie der geschädigten Rechtsordnung (vgl. Rees, Strafgewalt der Kirche, 391). Auch die Zensuren schließen die Strafzwecke der Sühnestrafen nicht gänzlich aus, doch die Gewichtung ist anders.

543 Sühnestrafen können für bestimmte und für unbestimmte Zeit sowie auf Dauer verhängt werden (vgl. c. 1336 § 1).

544 Vgl. Nykiel, Sacramento della misericordia, 46.

545 Lüdicke, in: MKCIC, c. 1358, Rn. 2.

546 Vgl. Rees, Strafgewalt der Kirche, 412f.

547 Die Vollmacht im sogenannten Dringlichkeitsfall gemäß c. 1357 wird unter 8.2.2 behandelt.

vom Gesetzgeber dazu bevollmächtigt ist.[548] Sie ist das einzige kuriale Dikasterium, das, mit dieser Vollmacht ausgestattet, den Dienst der Lossprechung von den reservierten Zensuren gültig und erlaubt leisten kann. Wie bereits dargelegt, erstreckt sich ihre Zuständigkeit nur auf die nicht festgestellten Tatstrafen des *Forum internum*.[549] Sobald eine reservierte Tatstrafe im *Forum externum* festgestellt wurde, ist die Apostolische Paenitentiarie unzuständig.[550] Für die im *Forum externum* festgestellten dem Apostolischen Stuhl reservierten Zensuren ist die Kongregation für die Glaubenslehre das zuständige Dikasterium.[551]

Die Lossprechung von der dem Apostolischen Stuhl reservierten und nicht festgestellten Exkommunikation *latae sententiae* erfolgt in vielen Fällen im Rahmen des Bußsakramentes durch den Beichtvater. Dieser Kontext ist schon deshalb nicht abwegig, da er zusätzlich den geschützten Rahmen des *Forum internum sacramentale* aufgrund des Beichtsiegels garantiert. Der Beichtvater selbst verfügt aufgrund der in der Weihe empfangenen *potestas ordinis* und der Beichtfacultas nicht über die Vollmacht, den Paenitenten von der reservierten Exkommunikation lossprechen zu können, da dies dem Apostolischen Stuhl vorbehalten ist.[552] Ein Beichtvater kann faktisch jederzeit in der Ausübung seines Hirtendienstes mit einem Paenitenten konfrontiert werden, der um die Lossprechung von der dem Apostolischen Stuhl vorbehaltenen Tatstrafe der Exkommunikation bittet. Dies betont auch die Instruktion *Suprema Ecclesia bona*, die die Apostolische Paenitentiarie am 15. 6. 1984 veröffentlichte.[553] Die Instruktion war an den Weltepiskopat und die Ordinarien gerichtet mit der Intention, den Beichtvätern geeignete Hinweise im Umgang mit den dem Apostolischen Stuhl reservierten Zensuren zu geben. Denn, sofern nicht während der Ausbildung geschehen, erhalten die Beichtväter dadurch genauere Hinweise „für die Durchführung des Rekurses bei einem Strafnachlass im Sinne des genannten Schreibens der Pönitentiarie und für die notwendigen Angaben, die dabei gemacht werden müssen, … bei ihren Ordinariaten/Generalvikariaten“[554]. Die Instruktion verzichtete auf

548 Vgl. Johannes Paul II., *PB*, Art. 118.

549 Vgl. Nykiel, Sacramento della misericordia, 46.

550 Vgl. Commentz, Apostolische Pönitentiarie, 22.

551 Vgl. hierzu die *Normae 2010*, die der Kongregation für die Glaubenslehre die Behandlung der Reservationsfälle in *foro externo* zuwiesen und die nötige Vollmacht verliehen. Zur Gesamtthematik sei hingewiesen auf die ausführliche Darlegung in: D'Auria, I Delitti riservati.

552 Vgl. Pighin, Diritto penale canonico, 282.

553 Vgl. Apostolische Paenitentiarie, Instruktion *Suprema Ecclesia bona*, Sp. 8875.

554 Lüdicke, in: MKCIC, Einführung vor 1354, Rn. 4.

eine ausführliche Darlegung und enthält die Aufgaben und Zuständigkeiten der Apostolischen Paenitentiarie sowie Angaben darüber, wann ein Rekurs an sie zu richten sei. Der Schwerpunkt der Ausführungen liegt dabei auf der Auflistung der dem Apostolischen Stuhl reservierten Straftaten und der „Vorbereitung der Beichtväter auf den Umgang mit solchen Delikten“[555]. Neben der Nennung der Zuständigkeiten mahnt die Apostolische Paenitentiarie die Beichtväter deutlich dazu, sich ständig weiterzubilden, um den je aktuellen Umständen und konkreten Menschen, die zu ihnen kommen, gerecht zu werden, indem die Gläubigen „inveniant confessarios qui revera sint iudices, iudices quidem misericordes ad attendendam viam iustititae supernaturalis, doctores ad illustrandum et ducendum, et medici ad sanandas animas“[556]. Darüber hinaus betont die Instruktion explizit die Existenz der Reservationsfälle auch in der heutigen Zeit und negiert zudem die Annahme einer bloß selten vorkommenden Materie.[557] Folglich ist es für die Beichtväter geboten, die Modalitäten eines Rekurses an die Apostolische Paenitentiarie zu kennen. Generell gibt es hierzu zwei Möglichkeiten, bei denen der Beichtvater ja nach Einzelfall abwägen muss, welche Vorgehensweise geeigneter ist.

8.2.1. Rekurs an die Paenitentiarie

Wenn ein Paenitent um den Strafnachlass von der dem Apostolischen Stuhl reservierten Tatstrafe der Exkommunikation bittet, ist der Beichtvater verpflichtet, ihn auf seine fehlende Vollmacht hinzuweisen und „spiegare al penitente il suo status canonico“[558], da er andernfalls eine ungültige Absolution spenden würde. Zudem muss er dem Paenitenten die Vorgehensweise erklären, wie die Vollmacht zum Strafnachlass zu erhalten sei, nämlich, dass der Beichtvater diese zunächst bei der zuständigen kirchlichen Autorität, welche die Apostolische

---

555 Ebd.. Bei der Auflistung der reservierten Straftaten fehlt „die versuchte Weihe einer Frau“, da diese erst durch die *Normae 2010* zu den *delicta graviora* gezählt wird und im *Forum internum* der Apostolischen Paenitentiarie vorbehalten ist.

556 Apostolische Paenitentiarie, Instruktion *Suprema Ecclesia bona*, Sp. 8875.

557 „Re quidem vera, quamvis nullatenus expediat ut in re tam salebrosa, ad computum numericum descendatur, omnino dicendum est illa delicta revera adhuc perpetrari, nec esse ita exceptionalia ut in genere sacerdotes possint rationabiliter exspectare se numquam in pastorali ministerio reos illorum delictorum obviam esse habituros: fragilitas humanae naturae ob originale et personalia peccata ea est ut mirum non sit talia et fieri et repeti!“ (Apostolische Paenitentiarie, Instruktion *Suprema Ecclesia bona*, Sp. 8875).

558 Nykiel, Sacramento della misericordia, 47.

Paenitentiarie ist, erbitten müsse, um von der Exkommunikation befreien zu können.[559] Dies geschieht auf dem Weg des Rekurses an die Apostolische Paenitentiarie, welcher entweder durch den Paenitenten selbst oder durch den Beichtvater erfolgen kann. Der Beichtvater sollte immer die Bereitschaft zeigen, für den Paenitenten die Vollmacht für die Lossprechung zu erbitten.[560] Der Rekurs durch den Beichtvater kann als die geeignetere Weise angesehen werden, da von einem Priester bzw. Bischof, der die Beichtfacultas besitzt, vorausgesetzt werden sollte, den Modus des Rekurses gut oder zumindest besser zu kennen als der Paenitent und diesen zeitnah durchführen zu können. Zudem dürfte das Wissen um die für den Rekurs notwendigen Angaben, die für die Bearbeitung an der Apostolischen Paenitentiarie wichtig sind, helfen, unnötige Verzögerungen aufgrund mangelhafter Schilderungen zu vermeiden. Nykiel begründet den Vorteil des Rekurses durch den Beichtvater folgendermaßen, wenn auch auf Seiten des Beichtvaters das Wissen um das entsprechende Vorgehen vorausgesetzt wird: „Ciò garantisce una maggiore chiarezza ed esattezza dottrinale nell'esposto, l'obiettività e l'imparzialità del giudizio e infine la possibilità di fornire dati psicologici, caratteriali, di condizione sociale, di fama e così via sul conto dell'interessato, che ben difficilmente egli potrebbe dare di se stesso"[561]. Trotzdem steht es dem Paenitenten frei, sich selbst an die Apostolische Paenitentiarie zu wenden und um Lossprechung von der reservierten Exkommunikation zu bitten. Diese Möglichkeit bestätigt auch *Suprema Ecclesia bona*, doch erachtet sie ebenso den Rekurs durch den Beichtvater als die adäquate Variante.[562] Erfolgt der Rekurs mittels des Beichtvaters, muss er mit dem Paenitenten einen Termin in zeitlich angemessenem Abstand vereinbaren, um die bis dahin erhaltene Antwort der Apostolischen Paenitentiarie mitzuteilen und um die Aufhebung der Kirchenstrafe und die Lossprechung von der damit verbundenen Sünde zu erhalten.[563]

Nach dieser terminlichen Vereinbarung muss der Beichtvater so schnell wie möglich den Rekurs an die Apostolische Paenitentiarie richten, und darin „um die Vollmacht bitten, von der Zensur loszusprechen, sowie um die Information,

559 Vgl. Commentz, Apostolische Pönitentiarie, 23.

560 Vgl. Nykiel, Foro interno e le materie di competenza, 46.

561 Nykiel, Sacramento della misericordia, 34.

562 „Ut notum est, recursum ad Sacram Paenitentiariam quilibet fidelis interponere potest; sed omnino decet ut ad rem cum peccato et censura conexam recursum fiat per sacerdotem confessarium" (Apostolische Paenitentiarie, Instruktion *Suprema Ecclesia bona*, Sp. 8876).

563 Vgl. Commentz, Apostolische Pönitentiarie, 23.

welche Buße dem Paenitenten auferlegt werden soll"[564]. Der Rekurs selbst besteht aus einem Brief, „wenn möglich maschinengeschrieben zur besseren Lesbarkeit"[565], in dem der Beichtvater summarisch und objektiv den Sachverhalt darlegt und alle damit verbundenen und relevanten Begleitumstände oder Hintergründe schildert, die zur Begehung des Delikts führten und möglicherweise erschwerend oder mildernd auf die Schuldhaftigkeit wirken. Der Name des Paenitenten oder Hinweise, die Rückschlüsse auf seine Identität geben könnten, werden im Rekurs nicht genannt.[566] „This is demanded by respect for the sacramental seal"[567] und der Wahrung der Anonymität geschuldet, die dem Paenitenten im Rahmen des Bußsakraments ermöglicht werden soll (vgl. c. 964 § 2) sowie auch außerhalb in allem, was das *Forum internum* betrifft. Diskretion und größtmögliche Verschwiegenheit sind Charakteristika der Arbeitsweise der Apostolischen Paenitentiarie.[568] Anstelle des wirklichen Namens werden fiktive Namen verwendet wie Titius und Titia oder andere[569] oder Caio, Sempronio oder auch bloße Buchstaben wie N.N., X.Y.[570] Der Beichtvater selbst gibt seinen Namen und seine Adresse an, um die Rückantwort der Apostolischen Paenitentiarie erhalten und um somit dem Paenitenten die Lossprechung von der Exkommunikation erteilen und ihm die Bußauflagen mitteilen zu können. Nach Commentz und Nykiel ist eine Übermittlung des Rekurses an die Paenitentiarie ausschließlich auf postalischem Wege erlaubt, mit der Begründung, dass ein Brief die Wahrung des Beichtgeheimnisses besser gewährleiste als andere Kommunikationsmittel[571] wie Fax oder E-Mail oder auch andere technische Programme, durch die eine Datenübermittlung möglich wäre. Dasselbe gilt für eine

564 Ebd., 24.

565 Ebd., 25.

566 Vgl. Nykiel, Foro interno e le materie di competenza, 47.

567 Woestman, Ecclesiastical Sanctions, 295.

568 „La parte maggiore e più importante della sua attività la Penitenzieria la svolge comunque nel campo del foro interno, sia sacramentale che non sacramentale. Ne consegue una grande riservatezza su tale lavoro, poiché i casi trattati hanno frequente connessione con il sacramento della penitenza" (Miragoli, Penitenzieria Apostolica, 265).

569 Vgl. Naz, Pénitencerie, Sp. 1334.

570 Vgl. Nykiel, Sacramento della misericordia, 34.

571 „Da es sich häufig um Inhalte handelt, die unter das Beichtgeheimnis fallen, dürfen elektronische Kommunikationsmittel wie Internet oder Fax nicht verwendet werden. Denn man geht davon aus, dass der Postweg den Schutz des Beichtgeheimnisses besser gewährleistet" (Commentz, Apostolische Pönitentiarie, 29).

telefonische Übermittlung.[572] Selbst das *Regolamento 2009* normiert die Übersendung des Rekurses und des daraufhin gegebenen Reskriptes nur mittels eines Briefes: „La Penitenzieria non accetta, per l'invio dei casi di coscienza, l'uso del *fax*, o di altri mezzi elettronici, che non assicurano il segreto"[573]. Dafür räumt es die Möglichkeit ein, den Rekurs persönlich an die Paenitentiarie zu geben.[574] Woestman bemerkt, dass diese Möglichkeit nur für Einwohner der Stadt Rom oder des Umlandes in Frage kommen dürfte.[575]

Es steht außer Zweifel, dass das Beichtgeheimnis immer zu wahren ist und jede mögliche Gefährdung vermieden und ausgeschlossen werden muss. Dazu ist auch die Paenitentiarie verpflichtet und vertraut daher auf die Sicherheit des Postweges. Angesichts der technischen Entwicklungen in der digitalen Kommunikation der letzten Jahre – und auch seit dem *Regolamento* aus dem Jahr 2009 –, die ständig fortschreitet und verbessert wird, ist es eine berechtigte Frage, die Kommunikation nicht mehr nur analog, sondern ebenso digital zu führen, dies auch für die Rekurse und Reskripte, die das *Forum internum sacramentale* betreffen. Da ein Fax schwieriger zu sichern wäre, käme bei der Paenitentiarie vor allem der Versand via E-Mail in Frage, für den es inzwischen Verschlüsselungsmechanismen gibt, die eine Gefährdung des Beichtgeheimnisses durch den Zugriff eines Dritten auf die übermittelten Daten rechnerisch fast gänzlich ausschließen könnten. Möglich wäre dies mittels sogenannter Public-Key-Verschlüsselungsverfahren, wie beispielsweise das PGP-Programm,[576] welche durch öffentliche und geheime Ver- und Entschlüsselung eine sichere und für einen Dritten unlesbare Datenübermittlung ermöglichen. Auf diese Weise versandte E-Mails könnten eine höhere Sicherheit und Diskretion gewährleisten als ein Brief, der zum einen verloren gehen kann und zum anderen vielleicht auch abgefangen und dann unverschlüsselt bzw. ungeschützt gelesen werden könnte. Das *Regolamento 2009* verlangt die Bearbeitung der eingehenden Fälle innerhalb eines Tages, sofern möglich,[577] was auch der täglich stattfindende Kongress[578] unterstreicht.

572 „Il ricorso deve essere fatto sempre per lettera. Né il fax, né l'e-mail sono mezzi adeguati, perché, trattandosi di materie di solito protette dal sigillo sacramentale, si ritiene che la lettera garantisca meglio l'inviolabilità del *sigillum*" (Nykiel, Sacramento della misericordia, 48 [Hervorhebung im Original]).

573 *Regolamento 2009*, Art. 16, § 1 (Hervorhebung im Original).

574 Vgl. ebd.

575 Vgl. Woestman, Ecclesiastical Sanctions, 295.

576 Eine gute Übersicht über Funktion, Mechanismen und Schlüsselerstellung findet sich unter: http://www.inf.fu-berlin.de/lehre/SS04/SySi/folien/KryptografieTeil2.pdf

577 Vgl. *Regolamento 2009*, Art. 17, § 7.

578 Zum Kongress s. unter 20.1.

Die Akzeptanz einer sicheren E-Mail-Kommunikation ermöglichte der Paenitentiarie eine noch zügigere Bearbeitung der Fälle, da sie unabhängig von der Schnelligkeit des nationalen und internationalen Postversandes wäre, was letztlich auch die Wartezeit des Paenitenten auf den Strafnachlass deutlich verkürzen würde. Die Paenitentiarie arbeitet in den Angelegenheiten des *Forum internum* immer auf Vertrauensbasis, da eine Überprüfung nicht möglich ist aufgrund der Anonymität und des Beichtgeheimnisses. Und in diesem Zusammenhang ist zu sagen, dass es nicht auszuschließen ist, dass Rekurse an die Paenitentiarie fingiert oder auch zu anderen Zwecken missbraucht werden könnten, denn jeder kann vorgeben ein Paenitent oder ein Beichtvater zu sein. Diese Gefahr ist jedoch auf beiden Wegen nicht ausgeschlossen, doch zumindest kann die Kommunikation per E-Mail gewisse Risiken ausschließen oder minimieren, was der Postweg nicht in dem Maß leisten kann. Vor dem Hintergrund dieser Überlegungen und Möglichkeiten könnte es nicht nur sinnvoll, sondern auch notwendig sein, an der Paenitentiarie über die Nutzung einer E-Mail-Kommunikation unter eben genannten Mechanismen nachzudenken und diese zuzulassen.

Die Rekurse werden aus der ganzen Welt an die Apostolische Paenitentiarie gerichtet, weshalb es daher generell möglich ist, sie in jeder Sprache zu verfassen.[579] Um allerdings eine Verzögerung aufgrund von notwendigen Übersetzungen zu vermeiden, sollte der Rekurs, wann immer möglich, in einer der acht folgenden Sprachen verfasst werden: italienisch, englisch, französisch, deutsch, spanisch, portugiesisch, polnisch, lateinisch.[580] Diese Sprachen können von den Mitarbeitern der Apostolischen Paenitentiarie selbst bearbeitet werden, ohne dass zusätzlich Übersetzungen erforderlich werden, was nicht nur eine Verzögerung der Bearbeitung, sondern auch eine Gefahr für die Wahrung des Beichtgeheimnisses in sich enthalten könnte.[581] Deshalb kann auch das Übersetzungszentrum der Römischen Kurie, wie es Art. 16, *PB*[582] vorsieht, von der Paenitentiarie nicht genutzt werden.

Jegliche an die Paenitentiarie gerichteten Rekurse sind unentgeltlich und kostenfrei,[583] eine Bestimmung, die bereits Benedikt XIV. in *In Apostolicae* verfügte.[584] Eventuell gegebene Spenden werden nach Commentz nicht

579 Vgl. Del Re, Curia Romana, 208.

580 Vgl. Nykiel, Sacramento della misericordia, 48f.

581 In diesem Fall würde für Dolmetscher bzw. Übersetzer die Norm des c. 983 § 2 greifen und bei Verstoß dagegen würden sie mit den Strafen nach c. 1388 § 2 belegt werden.

582 Johannes Paul II., *PB*, Art. 16: „In commodum omnium Dicasteriorum «Centrum» constituitur pro documentis in alias linguas vertendis".

583 Vgl. Del Re, Curia Romana, 208.

584 S. unter Anm. 118.

angenommen.[585] Dennoch ist es möglich, dass Spenden gleichwohl gegeben werden. Was damit geschieht oder wofür sie verwendet werden, erklärt er jedoch nicht. Auch in den Quellen oder anderweitiger Sekundärliteratur finden sich keine Informationen über die weitere Verwendung.

Der Rekurs muss, wie zuvor genannt, den Sachverhalt möglichst objektiv darlegen und die Umstände oder Motive, die zur Begehung des Delikts führten, enthalten. Je nach vorliegender Straftat, ist es unerlässlich, bestimmte Daten anzugeben, soweit dies dem Beichtvater möglich ist, zu erkennen. Commentz und Nykiel geben dazu eine Übersicht der notwendigen Angaben in Bezug auf einige der reservierten Delikte:

- Bei der Straftat der Verunehrung der eucharistischen Gestalten nach c. 1367 sind dies das ungefähre Alter des Paenitenten, der Zeitpunkt der Begehung der Straftat und ihre Häufigkeit, die Motive und die Art und Weise für die Verunehrung der eucharistischen Gestalten, die Angabe möglicher Mittäter und die Frage, ob die Straftat im Auftrag für jemand anderen oder auch für eine Sekte begangen wurde.
- Bei der Straftat der direkten Verletzung des Beichtgeheimnisses nach c. 1388 § 1 sind erforderlich das ungefähre Alter des Paenitenten, der in diesem Fall der straffällige Beichtvater ist, der Zeitpunkt der Begehung der Straftat und ihre Häufigkeit, die Umstände und Motive des Beichtsiegelbruchs, Angaben darüber, ob dem betroffenen Paenitenten daraus Schaden entstand und ob der Beichtvater normalerweise die Wahrung des Beichtgeheimnisses ernst nimmt oder ob er es schon wiederholt brach.
- Bei der Straftat der versuchten Lossprechung eines Mitschuldigen von einer Sünde gegen das sechste Gebot des Dekalogs nach c. 1378 sind erforderlich das ungefähre Alter sowohl des Paenitenten, der in diesem Fall der straffällige Beichtvater ist, als auch des Mitschuldigen, der Lebensstand des Mitschuldigen, ob verheiratet, unverheiratet, Priester oder in einem Stand des geweihten Lebens ist, das Geschlecht,[586] die Angabe über den Zeitpunkt und gegebenenfalls Häufigkeit der versuchten Lossprechung, ob eine unkeusche Beziehung zum Mitschuldigen besteht oder beendet wurde, ob der Paenitent ein priesterliches Leben führt und seine Standespflichten,

585 Vgl. Commentz, Apostolische Pönitentiarie, 30.
586 Vgl. ebd., 29.

einschließlich des Zölibats, ernst nimmt, und sich bemüht diese zu erfüllen oder ob er diese vernachlässigt.[587]

Zu den anderen Delikten, die Bischofsweihe ohne päpstlichen Auftrag (c. 1382), die Anwendung physischer Gewalt gegen die Person des Papstes (c. 1370 § 1) und die versuchte Weihe einer Frau (*Normae 2010*, Art. 5), werden keine speziellen Angaben über erforderliche Informationen gemacht. Es ist jedoch anzunehmen, dass das Alter des Täters in den Fällen des c.1382 und der *Normae 2010*, Art. 5 eher unerheblich ist, da diese Delikte nur von jemandem begangen werden können, der die Bischofsweihe empfing und somit mindestens 35 Jahre alt und seit mindestens fünf Jahren Priester ist (vgl. c. 378 § 1, nn. 3 und 5). Bei der Anwendung physischer Gewalt gegen die Person des Papstes dürfte es einen Unterschied machen, ob es sich beim Täter um einen Priester oder einen Laien handelt und aus welchen Motiven die Tat begangen wurde. Wichtig wären zudem auch das ungefähre Alter und die psychische Verfassung des Täters.

Alle diese im Rekurs enthaltenen Angaben zum jeweils begangenen Delikt, für das die Lossprechung von der damit verbundenen Exkommunikation *latae sententiae* erbeten wird, ermöglichen der Paenitentiarie eine bessere und präzisere Einschätzung und Kenntnis des konkreten Falles sowie des Paenitenten und seiner Gründe, die ihn zur Begehung der Straftat bewogen. Aufgrund dieses Wissens kann eine entsprechende und angemessene Buße bestimmt und dem Paenitenten Ratschläge oder Weisungen gegeben werden, die in seiner Situation gerechtfertigt und ihm hoffentlich nützlich sind.[588] Die Antwort der Apostolischen Paenitentiarie ergeht aufgrund des Gnadencharakters in Form des Reskripts (vgl. c. 59) und enthält für den Beichtvater die Befugnis zur Lossprechung des Paenitenten von der dem Apostolischen Stuhl reservierten Exkommunikation *latae sententiae* und die auferlegte zu erfüllende Buße für den Paenitenten.[589] Die Paenitentiarie erteilt somit die Lossprechung nicht selbst, sondern delegiert die Befugnis an den Beichtvater für den konkreten Einzelfall, für den das Reskript ergeht. Dieses kann zusätzlich Anweisungen für den

---

587 Vgl. Nykiel, Foro interno e materie di competenza, 47f und Commentz, Apostolische Pönitentiarie, 26–28.

588 Nykiel, Sacramento della misericordia, 50.

589 Mörsdorf bemerkt, dass die Antwort der Paenitentiarie in zwei verschiedenen Umschlägen erfolgt: „Die Paenitentiarie bedient sich zweiter Briefumschläge, eines äußeren mit der angegebenen Anschrift des Empfängers und eines inneren mit der Überschrift: Discreto viro confessionario, der ihre Antwort enthält" (Mörsdorf, Lehrbuch I, 375).

Beichtvater enthalten, wie er mit dem Paenitenten und dem Reskript umzugehen hat.[590]

Die Bußauflagen sind ein wichtiger und unerlässlicher Bestandteil für die Wiedergutmachung und Genugtuung, die der Paenitent leisten muss. Gleich dem Beichtvater, der in jeder Beichte „pro qualitate et numero peccatorum, habita tamen ratione paenitentis condicionis, salutares et convenientes satisfactiones iniungat“ (c. 981), legt auch die Apostolische Paenitentiarie zum selben Zweck und unter Beachtung der zugrundeliegenden Straftat sowie der Person des Paenitenten und möglicher Tatmotive angemessene Bußen auf. Welche Bußen die Paenitentiarie auferlegt, ist aufgrund des *Forum internum* unbekannt. Auch der CIC/1983 enthält keine Übersicht über mögliche Bußen, außer in c. 1340 § 1, in dem allgemein die Rede ist von „aliquod religionis vel pietatis vel caritatis opus peragendum“.[591] Der CIC/1917 dagegen nannte in c. 2313 § 1[592] einige konkretere Beispiele, die nicht taxativ sind. Dazu gehören: das Rezitieren bestimmter Gebete, die Durchführung einer Pilgerreise oder anderer Werke der Frömmigkeit, das Bringen von Fastenopfern, die Gabe von Almosen zu frommem Gebrauch, für einige Tage Exerzitien in einem religiösen Haus zu machen.[593] Obwohl es keine offiziellen Angaben zu möglichen Arten der von der Paenitentiarie auferlegten Bußen gibt, können doch die Hinweise des CIC/1917 und des CIC/1983 Anhaltspunkte dafür geben, da sie eben aufgrund der kodikarischen Normierungen als typische Bußen gesehen werden können. Commentz nennt zudem exemplarisch das Verrichten des Rosenkranzgebets als mögliches aufgetragenes Bußwerk,[594] was konform ginge mit c. 2313 § 1, n. 1 CIC/1917. Aus

---

590 Vgl. Commentz, Apostolische Pönitentiarie, 32.

591 Auch wenn c. 1340 § 1 die hier genannten Bußen explizit auf das *Forum externum* bezieht („Paenitentia, quae imponi potest in foro externo“), so können sie dennoch als Anhaltspunkte dienen für Bußen, die im *Forum internum* geleistet werden müssen. Es geht hier nicht um die Ersetzung oder Verschärfung einer Strafe (vgl. c. 1312 § 3), worauf die in c. 1340 § 1 genannten Bußen abzielen, sondern um die Bußen im Rahmen des Beichtsakraments. Gleichwohl können die Werke der Frömmigkeit und Caritas ebenso im *Forum internum* geleistet werden, sodass in diesem Kontext durchaus auf c. 1340 § 1 verwiesen werden kann.

592 Naz ordnete die Bußen versehentlich in c. 1213 § 1 des CIC/1917 ein (vgl. Naz, Pénitencerie, Sp. 1336).

593 „Praecipuae poenitentiae sunt praecepta: 1° Recitandi determinatas preces; 2° Peragendi piam aliquam peregrinationem vel alia pietatis opera; 3° Servandi peculiare ieiunium; 4° Erogandi eleemosynas in pios usus; 5° Peragendi exercitia spiritualia in pia aut religiosa domo per aliquot dies“ (c. 2313 § 1 CIC/1917).

594 Vgl. Commentz, Apostolische Pönitentiarie, 33.

seinen Ausführungen geht zusätzlich hervor, dass die Paenitentiarie die Bußen für genau determinierte Zeiträume festsetzt, die von längerer oder von kürzerer Dauer sein können.[595]

Die Paenitentiarie erhebt den Anspruch, die eingehenden Rekurse umgehend zu bearbeiten und die Reskripte innerhalb eines Tages zu versenden.[596] Dies dürfte nur bei den Fällen möglich sein, die keine längere Bearbeitung oder eine vertiefte Beschäftigung erfordern.[597] Je nach Schnelligkeit der nationalen Postzustellung erhält der Beichtvater die Antwort, die er zum vereinbarten Termin mit dem Paenitenten mitbringt, damit dieser so die Lossprechung von der Exkommunikation erhält und die auferlegte Buße erfährt.[598] Der geeignetere, wenn auch nicht verpflichtende Rahmen für die Lossprechung von der Exkommunikation *latae sententiae* ist das Bußsakrament. Dies nicht nur, weil weiterhin das Beichtgeheimnis garantiert ist, sondern auch, da der Paenitent unerkannt bleiben kann, wenn er das möchte.[599] Da ihn bisher die Strafwirkungen der Exkommunikation am Empfang der Sakramente hinderten, kann er zugleich die Absolution von seinen Sünden empfangen, nachdem die Strafe nachgelassen wurde.[600] Jedes Reskript der Paenitentiarie enthält zusätzlich eine Protokollnummer, die der Paenitent aufbewahren oder für sich notieren sollte. Für den Fall eines erneuten Rekurses an die Paenitentiarie dient diese Nummer der schnelleren Auffindung und exakten Zuordnung des Aktes und ist darin anzugeben. „In tal caso, infatti, il succitato numero dovrà essere esplicitamente indicato nell'atto in parola onde il predetto Tribunale possa facilmente identificare il

595 „Die Mitteilung könnte zum Beispiel lauten: die Person muss für den Zeitraum von drei Monaten wöchentlich zwei Rosenkränze beten" (ebd.).

596 „By law, the Penitentiary responds in the shortest time possible, in simple cases, within 24 hours of the receipt of the recourse" (Woestman, Ecclesiastical Sanctions, 295). Woestman spricht von „law" ohne es jedoch zu spezifizieren. Der Anspruch der umgehenden Beantwortung der Rekurse ist geregelt im *Regolamento 2009*, Art. 17, § 7, welches Woestman nicht berücksichtigt haben kann, da sein Werk aus dem Jahr 2003 stammt. Es bleibt also unklar, auf welches Recht oder Gesetz er sich bezieht.

597 Dies träfe beispielsweise zu auf die Angelegenheiten, die nicht im täglichen Kongress, sondern in der *Signatura* behandelt werden. Zum Kongress s. unter 20.1. und zur Signatur s. unter 20.2.

598 Vgl. Commentz, Apostolische Pönitentiarie, 30f.

599 „Il penitente ha il diritto di non essere riconosciuto e di non essere visto; pertanto, il nuovo incontro con il confessore può aver luogo in un confessionale provvisto di una grata" (Nykiel, Foro interno e le materie di competenza, 49).

600 Vgl. Nykiel, Foro interno e le materie di competenza, 49.

caso“[601]. Jeder Fall wird nämlich von der Apostolischen Paenitentiarie verwaltet und im Archiv verwahrt.[602] Der Beichtvater dagegen ist gehalten, das Reskript nach der Mitteilung des Inhaltes an den Paenitenten umgehend zu vernichten, um die Gefahr eines möglichen Auffindens und Rückschlusses im *Forum externum* auszuschließen.[603] „È vietato perciò la conservazione … di ogni traccia dei Rescritti della Penitenzieria“[604]. Daher ist eine Aufbewahrung der Reskripte der Paenitentiarie in jeglicher Form von Archivierung, wie beispielsweise in einem Archiv der Diözesankurie oder einer Ordensgemeinschaft, verboten. Von der Vernichtung der Antworten darf nur in Ausnahmefällen und aus besonderen Gründen abgesehen werden.[605] Was passiert jedoch, wenn die Reskripte nicht vernichtet werden? Das ist weder in den Quellen geregelt, noch thematisiert die Sekundärliteratur diese Problematik.

8.2.2. Rekurs an die Paenitentiarie im Dringlichkeitsfall

Neben der ordentlichen Vorgehensweise den Rekurs durch den Beichtvater oder den Paenitenten selbst an die Paenitentiarie zu richten, sieht der Gesetzgeber beim Vorliegen bestimmter Umstände die Möglichkeit der Lossprechung von Zensuren *latae sententiae* durch den Beichtvater im Dringlichkeitsfall vor:

> „Firmis praescriptis cann. 508 et 976, censuram latae sententiae excommunicationis vel interdicti non declaratam confessarius remittere potest in foro interno sacramentali, si paenitenti durum sit in statu gravis peccati permanere per tempus necessarium ut Superior competens provideat“ (c. 1357 § 1).

---

601 Ebd.

602 Vgl. Fossier, Tra Burocrazia papale e casi particolari, 39. Das Archiv der Apostolischen Paenitentiarie hat eine lange Entstehungsgeschichte. Zur historischen Entwicklung des Archivs mit Übersichten zu den Rekursen sei verwiesen auf die ausführlichen Darlegungen, die im Rahmen eines Studientages, den die Paenitentiarie am 22. November 2016 veranstaltete, gegeben wurden und gesammelt sind in: Nykiel/Taraborrelli (Hrsgg.), L’archivio della Penitenzieria Apostolica, 15–168.

603 Vgl. Commentz, Apostolische Pönitentiarie, 31.

604 Girotti, Penitenzieria Apostolica, 170.

605 Vgl. ebd. Ein denkbares und durchaus mögliches Beispiel nennt Girotti: „Si può citare il caso di un fedele assolto in foro interno, che potrebbe pertanto accostarsi ai sacramenti: l’Ordinario diocesano potrebbe vietarglielo, se ritiene che da ciò derivi scandalo per gli altri fedeli ed esigere che sia pubblicamente comprovata l’avvenuta assoluzione“ (ebd.). Für diesen Fall müsste zumindest dem Ordinarius bekannt sein, dass sich der Paenitent die dem Apostolischen Stuhl vorbehaltene Exkommunikation als Tatstrafe zugezogen hatte.

Obwohl nicht explizit genannt, gilt diese Regelung ebenso für die dem Apostolischen Stuhl zur Lossprechung reservierte Zensur. Ist es für den Paenitenten, der um die Befreiung von der dem Apostolischen Stuhl reservierten Exkommunikation als Tatstrafe bittet, hart, „d.h. seelisch schwer belastend“[606], im Stande der schweren Sünde, die das begangene Delikt bewirkt, zu verbleiben, ist der Beichtvater befugt, im Rahmen des Bußsakramentes von der Strafe loszusprechen. Der Canon erlaubt die Lossprechung von Exkommunikation und Interdikt, im Kontext der hier zugrunde liegenden Materie kommt gleichwohl nur die Exkommunikation in Betracht.[607] Bevollmächtigt *a iure* ist jeder Priester bzw. Bischof, der die Beichtfacultas besitzt. Eine Spezialvollmacht ist nicht erforderlich. Auch gibt es keine territoriale Einschränkung.[608]

Ziel der Norm ist es, die Zeit bis zur Lossprechung von der Zensur abzukürzen, um dem Paenitenten den Empfang der Sakramente möglichst schnell wieder zu gestatten.[609] Damit ist, vor dem Hintergrund der zuvor dargelegten Abläufe des Rekurses in *casu ordinario*, der Zeitraum gemeint, der das Verfassen und Senden des Rekurses an die Paenitentiarie, sowie deren Bearbeitungsdauer und Zurücksendung des Reskripts umfasst. Hinzu kann auch die möglicherweise verbleibende Dauer bis zum vereinbarten Termin mit dem Beichtvater kommen, bei welchem die Lossprechung von der Exkommunikation mitgeteilt wird.

Obwohl es objektiv und ontologisch betrachtet für jeden Katholiken schwer oder sogar sehr schwer ist, in schwerer Sünde zu leben, ist davon auszugehen, dass es sich bei Paenitenten, die um die sofortige Lossprechung von der reservierten Tatstrafe der Exkommunikation bitten, vielfach um Menschen handelt, deren Gewissen sensibel und feinfühlig ist und/oder deren Anliegen es ist, im Stand der Gnade Gottes zu leben und sie nicht zu verlieren.[610] Für sie kann es schwierig sein, in schwerer Sünde zu leben, „anche per un solo istante“[611], weil

606 Rees, Strafgewalt der Kirche, 410.

607 Die Suspension dürfte deshalb ausgenommen sein, da sie nicht am Empfang der Sakramente und Sakramentalien hindert und somit dem Paenitenten nicht die Heilsgüter der Kirche strafweise vorenthält. Calabrese schlussfolgert entsprechend: „Quindi non può darsi il caso che al penitente sospeso sia duro rimanere in stato di peccato grave a motivo della sospensione“ (Calabrese, Diritto penale canonico, 231). Auch das Interdikt scheidet im Kontext der Paenitentiarie aus, da dessen Lossprechung nicht dem Heiligen Stuhl vorbehalten ist.

608 Vgl. Calabrese, Diritto penale canonico, 231.

609 Vgl. Rees, Strafgewalt der Kirche, 410.

610 Vgl. Calabrese, Diritto penale canonico, 230.

611 Ebd.

sie um die Konsequenzen wissen, und umso schwerer kann es sein, bis zum Erhalt der von der Paenitentiarie gewährten Lossprechung warten zu müssen. Calabrese bemerkt dazu, dass die Norm „sembra richiedere a prima vista un disagio morale grave in proporzione alla sensibilità o delicatezza di coscienza dei penitenti, cioè di quelli che avvertono il disagio e lo avvertono fortemente“[612]. Dieser Schlussfolgerung kann zugestimmt werden, da von der Möglichkeit des c. 1357 § 1 in der Regel nur Gebrauch gemacht werden dürfte, sofern eine wirkliche Dringlichkeit besteht, aufgrund der eben genannten Kriterien. Andernfalls genügte das übliche Vorgehen über die Paenitentiarie.

Hinsichtlich der Frage nach der Dringlichkeit und der damit verbundenen temporalen Dauer bis zur Absolution, die es dem Paenitenten unmöglich macht, zu warten, gibt und bedarf es auch keiner allgemeingültigen Kriterien. Die Ansichten zur Wartezeit variieren von beispielsweise einer Nacht, bis zu zwei oder drei Stunden[613] oder wenigen Tagen. Sicherlich kann man sagen, dass „nello spirito che anima il diritto penale del Codice vigente, noi stimiamo che basti la richiesta stessa del penitente, in qualsiasi momento sia fatta“[614].

Wenn der Beichtvater die Lossprechung aufgrund des Dringlichkeitsfalles des c. 1357 § 1 erteilt, muss er den Paenitenten gemäß § 2[615] darauf verpflichten, sich innerhalb eines Monats an die für ihn zuständige Autorität zu wenden, welche außerhalb des Dringlichkeitsfalles die Zuständigkeit für den Strafnachlass besitzt.[616] Die zuständige Autorität bei den dem Apostolischen Stuhl reservierten

612 Ebd.

613 So z. B. Cappello, De Censuris, 112.

614 Calabrese, Diritto penale canonico, 231, Anm. 32. Nach Sebott wurde der Umstand für den Paenitenten, in schwerer Sünde zu leben, in der Kanonistik stets weit verstanden (vgl. Sebott, Das kirchliche Strafrecht, 137), dem zuzustimmen ist. Kritisch ist dagegen seine Bemerkung zu sehen, dass die sogenannte ‚Schwere für den Paenitenten‘ erst vom Beichtvater während der Beichte eingeredet werden würde. Eine Begründung dafür gibt er nicht (vgl. Sebott, Das kirchliche Strafrecht, 137, Anm. 29). Wird die Dringlichkeit vom Beichtvater eingeredet, entspricht dies nicht dem subjektiven Empfinden des Paenitenten. Außerdem könnte dadurch auch grundsätzlich der Weg des normalen Rekurses umgangen werden.

615 „In remissione concedenda confessarius paenitenti onus iniungat recurrendi intra mensem sub poena reincidentiae ad Superiorem competentem vel ad sacerdotem facultate praeditum, et standi huius mandatis“ (c. 1357 § 2).

616 Die Möglichkeit für den Paenitenten, sich auch an einen mit entsprechender Vollmacht ausgestatteten Priester wenden zu können, wie es der Bußkanoniker (vgl. 508) oder der Bischof ist (vgl. 1355 § 2), ist für die dem Apostolischen Stuhl reservierten Strafen nicht möglich. Dies bleibt ausschließlich die Zuständigkeit der Paenitentiarie.

Strafen ist auch hier ausschließlich die Paenitentiarie. In derselben Weise wie im gewöhnlichen Rekurs besteht auch hier von Seiten des Paenitenten Rekurspflicht an die Paenitentiarie,[617] mit den entsprechenden Angaben, wie oben beschrieben[618] und dem Hinweis, dass von c. 1357 § 1 Gebrauch gemacht und die Absolution erteilt wurde. Trotz der Verpflichtung auf Seiten des Paenitenten kann dieser den Beichtvater bitten, den Rekurs zu erstellen und an die Paenitentiarie zu versenden.[619] Auch hier gilt die Wahrung des Beichtgeheimnisses, sodass die Angaben zum Paenitenten anonymisiert werden.[620] Die Antwort der Paenitentiarie wird dann an den Beichtvater versandt, die Mitteilung über den Strafnachlass erfolgt wiederum bei einem vereinbarten Termin im Rahmen des Bußsakraments. Das Reskript ist anschließend zeitnah zu vernichten.[621] Auch im Dringlichkeitsfall ermöglichte ein sicherer E-Mailversand nicht nur eine zügigere Bearbeitung des Rekurses, sondern auch die Versendung des Reskriptes.[622]

Die Rekurspflicht ist *sub poena reincidentiae* aufzuerlegen, was bedeutet, dass die Strafe wiederauflebt, wenn der Paenitent nicht innerhalb eines Monats[623] an die Paenitentiarie rekurriert. Eine „schuldhafte Nichterfüllung der Pflicht führt dazu, dass die Strafe wiederum bindet wie vor dem einstweiligen Nachlass“[624]. Solange der Paenitent nicht um die Rekurspflicht und die dafür begrenzte Zeit weiß, läuft die Frist nicht.[625] Dasselbe gilt auch, wenn der Paenitent nicht weiß, an welche Autorität er sich für den Rekurs wenden muss, falls er das selbst und nicht mittels des Beichtvaters zu tun beabsichtigt.[626] Der CIC/1983 regelt die

617 „Come la norma chiaramente stabilisce, l'onere del ricorso è del penitente reo di delitto e incorso nella pena prevista, non del confessore. Questi ha soltanto il dovere di imporlo al penitente“ (Calabrese, Diritto penale canonico, 232).

618 S. unter 8.2.1.

619 „Recursus autem fieri potest etiam per confessarium, sine nominis mentione“ (c. 1357 § 2).

620 Vgl. Rees, Strafgewalt der Kirche, 410.

621 Vgl. Lüdicke, in: MKCIC, c. 1357, Rn. 6.

622 S. unter 8.2.1.

623 Die hier genannte Zeitspanne von einem Monat ist im Sinne der cc. 201–203 als *tempus continuum* zu verstehen und die Dauer des Monats richtet sich nach den Tagen des jeweiligen Monats. Es ist demnach gleichgültig, ob der derzeitige Monat, in dem die Lossprechung erteilt wird, gerade aus 28, 29, 30 oder 31 Tagen besteht (vgl. Calabrese, Diritto penale canonico, 232): „Il mese è da prendersi come sta nel calendario“ (ebd., 232).

624 Vgl. Lüdicke, in: MKCIC, c. 1357, Rn. 11.

625 Vgl. ebd., Rn. 5.

626 Vgl. ebd., Rn. 6.

Rekurspflicht strenger als der CIC/1917. Letzterer sah nämlich den Verzicht darauf vor, sofern es dem Paenitenten beschwerlich oder unangenehm war, an die zuständige Autorität zu rekurrieren (vgl. 2254 § 1 CIC/1917)[627]. Lüdicke, Calabrese und Pighin weisen jedoch trotz des Fehlens einer entsprechenden Formulierung im CIC/1983 auf das allgemeingültige Prinzip ‚nemo potest ad impossibilia obligari' hin, sodass auch nach geltendem Recht der Rekurs unter bestimmten Umständen unterbleiben kann.[628] Pighin zieht dafür physische oder moralische Gründe in Betracht, die einen fristgerechten Rekurs verhindern. Zudem gibt er zu Bedenken – was durchaus denkbar wäre –, dass die Monatsfrist nicht nur nicht durch den Paenitenten eingehalten werden könnte, sondern auch durch den Beichtvater, welchen der Paenitent darum bat.[629]

Nach der vorläufigen Lossprechung im Dringlichkeitsfall, muss der Beichtvater dem Paenitenten eine angemessene Buße *(congruam poenam)* auferlegen, und falls erforderlich, zudem die Wiedergutmachung des Ärgernisses und des entstandenen Schadens.[630] Über die nähere Qualifizierung der aufzulegenden Buße enthält der Codex keine Angaben, sondern überlässt es der Entscheidung des Beichtvaters, „ma non al suo arbitrio"[631]. Aus der Umschreibung der „congrua poena" geht jedoch hervor, dass es sich um eine der nachgelassenen Strafe entsprechend angemessene Buße handeln sollte, die der Paenitent leisten und durch die Genugtuung getan wird.[632] Auch die Paenitentiarie gibt in ihrem Rekurs, der die Lossprechung des Beichtvaters bestätigt, Bußen auf, wie im Falle der Lossprechung im Normalfall.

Abschließend sei darauf hingewiesen, dass dieselbe Rekurspflicht besteht, wenn ein Priester, selbst wenn er keine Beichtfacultas besitzt, gemäß c. 976

---

627 „Tunc quilibet confessarius in foro sacramentali ab eisdem, quoquo modo reservatis, absolvere potest, iniuncto onere recurrendi, sub poena reincidentiae, intra mensem saltem per epistolam et per confessarium, si id fieri possit sine gravi incommodo" (c. 2254 § 1 CIC/1917).

628 Vgl. Lüdicke, in: MKCIC, c. 1357, Rn. 6, Calabrese, Diritto penale canonico, 233 und Pighin, Diritto penale canonico, 290.

629 Vgl. Pighin, Diritto penale canonico, 289.

630 „Interim imponat congruam paenitentiam et, quatenus urgeat, scandali et damni reparationem" (c. 1357 § 2). Lüdicke bemerkt in Bezug auf den möglicherweise entstandenen und wieder gutzumachenden Schaden, dass es sich im Grunde nur um einen Schaden handeln kann, „der entweder direkt (etwa Vermögensschaden durch Gebrauch eines gefälschten Dokumentes) oder indirekt (Schadensersatz für nichtmaterielle Schäden) ausgeglichen werden kann" (Lüdicke, in: MKCIC, c. 1357, Rn. 10).

631 Pighin, Diritto penale canonico, 289.

632 Vgl. ebd., 289.

einen Gläubigen in Todesgefahr von der dem Apostolischen Stuhl reservierten Exkommunikation *latae sententiae* losspricht und dieser genesen ist (vgl. c. 1357 § 3).[633] Hierbei gilt die gleiche Vorgehensweise des Rekurses an die Paenitentiarie entweder durch den Paenitenten oder durch den Beichtvater innerhalb eines Monats, sofern nicht gerechte Gründe dies verhindern.[634]

8.2.3. Überlegungen zum Strafnachlass im *Forum internum*

Die Paenitentiarie besitzt Zuständigkeit für den Strafnachlass von der dem Apostolischen Stuhl reservierten Exkommunikation *latae sententiae*, die aufgrund der eben genannten Straftaten eintritt. Der Beichtvater erhält nach dem Rekurs an die Paenitentiarie die Vollmacht, den Paenitenten von der Strafe der Exkommunikation loszusprechen oder im Dringlichkeitsfall die Bestätigung seiner bereits gewährten Lossprechung. Die Kirche hält an der Verbindung von Strafnachlass und Sündenvergebung fest und daher geschieht die Lossprechung von der reservierten Zensur im *Forum internum sacramentale*.

Wäre es aber denkbar, den Strafnachlass außerhalb des *Forum internum sacramentale* zu gewähren? Das *Forum externum* käme dafür nur in Betracht, wenn die Tatstrafen festgestellt wurden. Hierfür wäre die Kongregation für die Glaubenslehre das zuständige Dikasterium, welches die reservierten Delikte im *Forum externum* behandelt. Bei den zuvor genannten sechs reservierten und nicht festgestellten Zensuren wäre zu überlegen, ob ein Strafnachlass im *Forum internum non sacramentale* möglich wäre. Da dieser dann nicht an das Bußsakrament gekoppelt wäre, könnte zwar nicht der Beichtvater den Rekurs mit Bitte um Strafnachlass übernehmen, doch der Pfarrer des Delinquenten oder ein anderer Priester könnte dies tun, besonders dann, falls es sich beim Delinquenten selbst um einen Priester handelt. Der Rekurs erfolgte nach zuvor dargelegter Weise, und zwar bei dem Dikasterium, das die Zuständigkeit für das *Forum externum* besitzt und den Strafnachlass gewähren würde. Die Vergebung der Sünden erlangte der Paenitent dann im Bußsakrament im *Forum internum sacramentale*. Bei straffälligen Bischöfen könnten diese den Rekurs selbst erbitten. Für

633 „Eodem onere recurrendi tenentur, postquam convaluerint, ii quibus ad normam can. 976 remissa est censura irrogata vel declarata vel Sedi Apostolicae reservata" (c. 1357 § 3).

634 Auch wenn § 3 nicht ausdrücklich das Wiederaufleben der Strafe im Falle des nicht erfolgten Rekurses androht, ist doch davon auszugehen, dass dies auch in diesem Falle gilt, da § 3 von „Eodem onere recurrendi" spricht, sodass dies als Rückgriff auf die Regelungen des § 2 zu werten ist (vgl. Sebott, Das kirchliche Strafrecht, 142).

die in Todesgefahr erteilte Lossprechung von der reservierten Zensur könnte der Straftäter bei Überwindung der Todesgefahr verpflichtet werden, *im Forum internum non sacramentale* um Strafnachlass zu ersuchen. Auch hier könnte dies der Pfarrer oder ein anderer Priester übernehmen. Somit wäre es theoretisch möglich, den Strafnachlass der reservierten Zensuren *latae sententiae* auch im *Forum internum non sacramentale* zu erlangen.

9. Gewährung verschiedener Gnadenerweise im Bereich des *Forum internum*

Die Absolution von den dem Apostolischen Stuhl reservierten Strafen ist die meist ausgeübte Aufgabe der Apostolischen Paenitentiarie im *Forum internum*, doch nicht ihre einzige. Gemäß *PB* Art. 118 besitzt sie darüber hinaus im *Forum internum non sacramentale* Kompetenz für andere Gnadenerweise, wie die Gewährung von Dispensen, Umwandlungen, Heilungen und Verzeihungen. Da diese oftmals in die Zuständigkeit des Ortsordinarius fallen oder in die Zuständigkeit des Apostolischen Stuhls, allerdings im *Forum externum*, werden sie in Bezug auf die Tätigkeit der Paenitentiarie im nachfolgenden lediglich überblicksmäßig dargelegt.

9.1. Dispensen, Umwandlungen, Heilungen, Verzeihungen

Dispens von geheimen Weiheirregularitäten

Im Bereich des Dispenswesens obliegt der Paenitentiarie die Möglichkeit, von geheimen, dem Apostolischen Stuhl vorbehaltenen Weiheirregularitäten zu dispensieren, die entweder den Empfang der Weihen oder die Ausübung der bereits empfangenen Weihen verbieten. Im Unterschied zu den einfachen Hindernissen[635], sind Irregularitäten dauerhafte gesetzlich festgelegte Verbote, die nur durch Dispens der zuständigen Autorität aufgehoben werden können.[636] Irregularitäten und Hindernisse betreffen alle drei Weihestufen[637] und sind nicht als kanonische Strafen anzusehen, sondern als Mittel zum Schutz des Sakramentes und der Würde des Amtsträgers.[638] Der CIC/1983 kennt je sechs Irregularitäten, die den Empfang der Weihe (vgl. c. 1041) und ihre Ausübung (vgl. c.1044) verbieten.

---

635 „L'impedimento è temporaneo, e quindi può cessare anche da sé, col venir meno della causa che l'ha prodotto" (Miragoli, Penitenzieria Apostolica, 269).

636 Vgl. Arrieta, Irregolarità e impedimenti, 216.

637 „Ein solches Weihehindernis kann sowohl den Kandidaten für den Diakonat (sei es der Ständige Diakonat oder als Vorstufe zum Presbyterat) betreffen, als auch den Diakon, der zum Presbyter, sowie den Presbyter, der zum Episkopat aufsteigen will bzw. soll" (Althaus, in: MKCIC, c. 1040, Rn. 3).

638 Vgl. Miragoli, Penitenzieria Apostolica, 269.

Die Zuständigkeit der Paenitentiarie zur Dispens bezieht sich auf die folgenden dem Apostolischen Stuhl vorbehaltenen Irregularitäten für den Empfang und die Ausübung der Weihen gleichermaßen. Nach c. 1047 § 2 n. 2 unter Verweis auf c. 1041 n. 4 und c. 1047 § 4 sind dies die Straftaten der vorsätzlichen Tötung eines Menschen oder die vollendete Abtreibung sowie die positive Mitwirkung an diesen Straftaten.[639] Auch bei anderen Irregularitäten ist es jedoch möglich, sich in geheimen Fällen an die Paenitentiarie zu wenden.[640]

Die Dispens von geheimen Irregularitäten, sei es für den Weiheempfang, sei es für die Ausübung der schon empfangenen Weihe, erfolgt durch den Beichtvater des Weihekandidaten, der einen Brief an die Paenitentiarie richtet mit Nennung der vorliegenden Irregularität und der Darlegung der Umstände, die dazu führten, sowie ferner die Angabe, ob es sich um eine Irregularität für den Empfang oder für die Ausübung der Weihe handelt. In ersterem Fall muss der Beichtvater verpflichtend eine schriftliche Einschätzung über die Eignung des Paenitenten zur Übernahme des Weiheamtes beifügen.[641] Der Name des Paenitenten, oder, falls im *Forum internum non sacramentale* um Dispens ersucht wird, der Name der betreffenden Person, wird weggelassen oder durch einen fiktiven Namen ersetzt. Bei Vorliegen der Irregularität aufgrund einer vollendeten Abtreibung bzw. ihrer Mitwirkung daran, müssen zumindest Informationen gegeben werden über den Zeitpunkt, die Häufigkeit und Art und Weise der Mitwirkung, über eine mögliche Vaterschaft des Weihekandidaten und ob in diesem Falle der Kontakt zur Frau, die die Abtreibung vornehmen ließ, abgebrochen wurde. Handelt es sich um einen Kandidaten vor Empfang der Weihe, wird die Dispens nur gewährt, wenn der Zeitpunkt der Straftat vor dessen Eintritt in das Priesterseminar erfolgte.[642] Zur Gültigkeit der Dispens von der Irregularität aufgrund der Tatbestände nach c. 1041 n. 4 ist nach c. 1049 § 2 die Angabe über die Zahl der Straftaten erforderlich.[643]

In Bezug auf die Ausübung der bereits empfangenen Weihe bei Vorliegen einer Irregularität, sieht der Gesetzgeber durch c. 1048[644] eine Ausnahme vor, die

---

639 „Ad recipiendos ordines sunt irregulares: …qui voluntarium homicidium perpetraverit aut abortum procuraverit, effectu secuto, omnesque positive cooperantes“ (c. 1041 n. 4).

640 Vgl. Nykiel, Sacramento della misericordia, 52.

641 Vgl. Commentz, Apostolische Pönitentiarie, 35.

642 Vgl. Commentz, Penitenzieria Apostolica, 42.

643 „Si agatur de irregularitate ex voluntario homicidio aut ex procurato abortu, etiam numerus delictorum ad validitatem dispensationis exprimendus est“ (c. 1049 § 2).

644 „In casibus occultis urgentioribus, si adiri nequeat Ordinarius aut cum de irregularitatibus agatur de quibus in can. 1041, nn. 3 et 4, Paenitentiaria, et si periculum

es dem Kleriker vorerst erlaubt, die Weihe trotzdem auszuüben, allerdings unter drei gegebenen Umständen: 1. Die Irregularität ist geheim und eine Dringlichkeit erfordert die Ausübung der Weihe. 2. Die für die Dispenserteilung zuständige Autorität kann nicht angegangen werden. Die Paenitentiarie beträfe dies bei den Irregularitäten der versuchten Eheschließung gemäß c. 1041 n. 3 und des Mordes bzw. der Abtreibung sowie die Mitwirkung daran nach c. 1041 n. 4. 3.[645] Wenn die Unterlassung der Weiheausübung schweren Schaden an den davon betroffenen Gläubigen bedeuten oder Rufschädigung des irregulären Klerikers verursachen würde. Ähnlich dem Dringlichkeitsfall nach c. 1357, ist jedoch der Kleriker verpflichtet, sich möglichst schnell *(quam primum)* mittels Rekurses an die Paenitentiarie zu wenden und um Dispens zu bitten. Die Begründung dieser Ausnahme liegt nahe: „La *salus animarum*, in definitiva, richiede che, in determinate circostanze, vengano sospesi i divieti all'esercizio dell'ordine prima considerati (c. 1048 *CIC*), in modo che il soggetto impedito possa esercitare il ministero che gli viene chiesto“[646]. Der Rekurs erfolgt auch in diesem Fall durch den Beichtvater, der einen Brief mit oben genannten Angaben und mit anonymisiertem Namen der betreffenden Person verfasst und an die Paenitentiarie sendet.[647]

In der Regel bearbeitet die Paenitentiarie auch die Bitten um Dispens „con celerità, in modo che il confessore o direttore spirituale del candidato avrà nelle sue mani in pochi giorni la risposta“[648]. Zur Vermeidung einer verspäteten Antwort angesichts eines festgesetzten Weihetermins könnte es sinnvoll sein, in dem Brief an die Paenitentiarie zumindest den Monat oder den ungefähren Zeitraum der anberaumten Weihe anzugeben.

Dispensen und Heilungen im Bereich des Eherechts

Nicht nur im Weiherecht, sondern auch im Bereich des Eherechts kann die Apostolische Paenitentiarie Gnaden gewähren. Dies betrifft die Erteilung von Dispensen und die Heilung ungültiger Ehen in der Wurzel *(sanatio in radice)*.[649]

---

immineat gravis damni aut infamiae, potest qui irregularitate ab ordine exercendo impeditur eundem exercere, firmo tamen manente onere quam primum recurrendi ad Ordinarium aut Paenitentiariam, reticito nomine et per confessarium“ (c. 1048).

645 Vgl. Commentz, Apostolische Pönitentiarie, 34.

646 Arrieta, Irregolarità e impedimenti, 221 (Hervorhebung im Original).

647 Vgl. c. 1048.

648 Commentz, Penitenzieria Apostolica, 44.

649 Zur Thematik der Dispensen und Heilungen im Bereich des Eherechts sei verwiesen auf Fabritz, Sanatio in radice; Lüdecke, Rechtliche Ehefähigkeit, 1309–1314, Heimerl/

In der Regel wird durch den Ortsordinarius (vgl. 1078 § 1) oder, sofern ein Vorbehalt besteht, durch den Apostolischen Stuhl (vgl. c. 1078 § 2) von Ehehindernissen des kirchlichen Rechts im *Forum externum* dispensiert,[650] wenn auch „la riserva pontificia non è più la norma, ma l'eccezione. Infatti, il Legislatore riserva alla Sede Apostolica la dispensa da soli tre impedimenti"[651]. Ohne Dispens wird eine Ehe ungültig geschlossen. Der Apostolische Stuhl ist bevollmächtigt, und im *Forum internum* ist dies die Paenitentiarie, Dispens zu erteilen und jene aufgrund eines Ehehindernisses ungültigen Ehen in der Wurzel zu heilen (vgl. c. 1165), wenn gerechte Gründe vorliegen. Ein solcher wäre beispielsweise gegeben, wenn „der berechtigte Wunsch besteht, dass die Tatsache der Heilung einer Ehe, die von allen als gültig angesehen wurde, nicht öffentlich bekannt wird"[652]. Eine *sanatio in foro interno* wäre auch möglich, wenn nur einer der beiden Partner um das Hindernis weiß, der andere aber im guten Glauben ist, und eine Bekanntmachung im *Forum externum* großen Schaden oder Nachteile verursachen würde.[653]

Voraussetzung für die *sanatio* ist, dass der Konsens beider Ehepartner fortdauert und nicht, auch nicht von einem Partner, widerrufen wurde (vgl. c. 1162 § 1). Die Heilung in der Wurzel kann im *Forum internum sacramentale* und *Forum internum non sacramentale* geschehen. Die Bitte um die *sanatio* erfolgt (vgl. c. 1164) entweder von Seiten eines oder beider Ehepartner, in diesem und jenem Fall durch den Beichtvater bzw. einen Priester, der einen Brief an die Paenitentiarie richtet mit möglichst folgenden Angaben und unter Verschweigen des Namens des oder der Antragsteller: Angabe des Hindernisses, das die Ehe verungültigt, sowie die Begründung für eine Heilung nur im *Forum internum*, Mitteilung darüber, ob nur einer oder beide Partner die *sanatio* erbitten und ob ggf. der andere Partner um die Bitte weiß oder in Unkenntnis darüber ist bzw. bleiben soll. Der Priester muss auch angeben, wie er Kenntnis von dem Fall erlangte, ob im Rahmen der Beichte oder außerhalb.[654] Letzteres entscheidet den nachfolgenden Umgang des Priesters mit dem erhaltenen Reskript der Paenitentiarie.

Pree, Kirchenrecht, 273–277; Lüdicke, Dispens, 265f; Lüdicke, in: MKCIC, cc. 1156–1165; D'Auria, Matrimonio nel diritto, 381–410.

650 Vgl. Lüdicke, in: MKCIC, c. 1078, Rn. 8.

651 Caberletti, Dispensa dagli impedimenti matrioniali, 146. Diese drei Hindernisse sind in c. 1078 § 2 angeführt.

652 Commentz, Apostolische Pönitentiarie, 37.

653 Vgl. Nykiel, Sacramento della misericordia, 53.

654 Vgl. Commentz, Penitenzieria Apostolica, 46.

Gewährt die Paenitentiarie nach Prüfung des Antrags die *sanatio in radice*, übermittelt sie dies in der üblichen Form des Reskripts an den Priester. Sofern er von dem Fall im *Forum internum non sacramentale* erfuhr, informiert er zunächst den oder die Ehepartner über die Antwort der Paenitentiarie und teilt die Vorgangsnummer mit, genauso wie in den Fällen des Strafnachlasses der reservierten Zensuren. Anschließend erfolgt im Reskript durch den Priester die Einfügung der Namen der Ehepartner und dessen Zuleitung an das Geheimarchiv der Diözesankurie,[655] wo es gemäß c. 1082 in ein entsprechendes Buch eingetragen wird, sofern nicht die Paenitentiarie anderes verfügt. Die Eintragung der Dispens geschieht für eine eventuelle spätere Notwendigkeit, die Dispens und Heilung auch im *Forum externum* beweisen zu können, ohne eine zusätzliche Befreiung im *Forum externum* zu benötigen:[656]

> „Nisi aliud ferat Paenitentiariae rescriptum, dispensatio in foro interno non sacramentali concessa super impedimento occulto, adnotetur in libro, qui in secreto curiae archivo asservandus est, nec alia dispensatio pro foro externo est necessaria, si postea occultum impedimentum publicum evaserit" (c. 1082).

Erfuhr der Priester von dem Fall im *Forum internum sacramentale*, ist er verpflichtet, das Reskript der Paenitentiarie, nach Mitteilung seines Inhalts und der Protokollnummer im Rahmen der Beichte an den oder die Ehepartner, zu vernichten.[657] So bleibt die erteilte Dispens ohne Auswirkungen im *Forum externum*.[658] „Esecutore del rescritto della Penitenzieria Apostolica è il confessore indicato nel rescritto, e generalmente è quello eletto dagli oratori"[659].

Andere Gnadenerweise der Paenitentiarie

Im Bereich des kanonischen Heiligungsdienstes gibt es weitere mögliche Bereiche, in denen die Paenitentiarie Gnaden gewährt. Analog zur *sanatio* einer ungültigen Ehe ist die Paenitentiarie ebenso bevollmächtigt, im *Forum internum* ungültige Ordensprofessen oder sonstige ungültige religiöse Gelübde zu heilen. Voraussetzung ist auch hier, dass der Grund der Ungültigkeit geheim ist.[660] Der Rekurs mit der Bitte um Heilung erfolgt in der Regel durch den Beichtvater des

655 Vgl. Commentz, Apostolische Pönitentiarie, 38.

656 Vgl. Lüdicke, in: MKCIC, c. 1082, Rn. 2.

657 Vgl. Commentz, Apostolische Pönitentiarie, 38.

658 Vgl. Lüdicke, in: MKCIC, c. 1082, Rn. 3.

659 Caberletti, Dispensa dagli impedimenti matrimoniali, 146.

660 Denkbar wäre nach c. 656 n. 4 eine ungültige Ordensprofess, die unter Furcht und Zwang abgelegt wurde und somit kein freier Konsens geleistet wurde.

Ordensmitgliedes, unter Darlegung aller erforderlichen Angaben und Gründe, und unter Verschweigen des Namens.[661]

Des Weiteren ist es möglich, sich an die Paenitentiarie zu wenden bei Fragen hinsichtlich der Gültigkeit auch anderer Sakramente, wie der Taufe oder Firmung, sofern es entweder subjektive Umstände oder objektive Gegebenheiten gibt, die Zweifel an der Gültigkeit des Sakramentes bewirken.[662] Hierzu kann die Paenitentiarie angefragt werden. Die Lösung kann sein: „La risposta o chiarisce che si tratta di dubbi infondati; oppure, se si tratta di casi certi di nullità o di dubbi fondati, autorizza la rinnovazione del rito sacramentale, o absolute o sub conditione“[663].

Auch ist die Paenitentiarie zuständig für die Dispens persönlich und freiwillig übernommener Verpflichtungen, wie Privatgelübde oder andere Versprechen, die nicht mehr erfüllt werden können oder nicht mehr übernommen werden wollen. In diesen Fällen gewährt die Paenitentiarie die Befreiung von den Verpflichtungen.[664]

Im Bereich der sonstigen Gnadenerweise ist es nicht möglich eine taxative Auflistung zu geben, da sie vielfältig sind und deshalb nicht abschließend genannt werden können. Grundsätzlich ist festzuhalten, dass die Paenitentiarie im *Forum internum* bevollmächtigt ist, größtenteils das zu gewähren, was die anderen Dikasterien der Römischen Kurie im *Forum externum* tun. Voraussetzung bei allen Gnadengesuchen und Anfragen ist, dass sie geheim sind.[665]

Wie bei den Rekursen an die Paenitentiarie im Bereich des Strafnachlasses, könnte auch bei der Gewährung der verschiedenen eben dargelegten Gnadenerweise der E-Mailversand eine geeignete Variante der Kommunikation sein.[666] Obwohl die Gewährung von Dispensen, Irregularitäten, Sanationen und der anderen Gnadenerweise im *Forum internum* zur Zuständigkeit der Paenitentiarie gehören, kann überlegt werden, ob dies auch von einem anderen Dikasterium übernommen werden könnte. Denkbar wäre hierfür die Kongregation für den Gottesdienst und die Sakramentenordnung.

---

661 Vgl. Nykiel, Foro interno e le materie di competenza, 51.
662 Vgl. Miragoli, Penitenzieria Apostolica, 270.
663 Nykiel, Foro interno e le materie di competenza, 51.
664 Vgl. ebd., 51.
665 Vgl. Miragoli, Penitenzieria Apostolica, 270.
666 S. unter 8.2.1.

9.2. Reduktion von Messverpflichtungen

Ein Priester, der ein Messstipendium annimmt, ist verpflichtet, die Messe in der dafür bestimmten Intention zu applizieren (vgl. c. 948). Von dieser Pflicht gibt es keine Ausnahme (vgl. c. 949). Denn „solange die Opferfeier, der das Messtipendium zugeordnet werden soll, noch nicht stattgefunden hat, hat das Stipendium den Charakter einer dem Priester treuhändisch anvertrauten Gabe. Es ist Treuhandgut, dazu bestimmt, als kultische Gabe bei der Feier eines heiligen Messopfers zu dienen“[667]. Grundsätzlich muss ein Priester darauf achten, nur so viele Stipendien anzunehmen, für die er innerhalb eines Jahres die Messen applizieren kann (c. 953). Kann er selbst nicht alle Messen feiern, für die er ein Stipendium angenommen hat, ist er befugt, sie anderen vertrauenswürdigen Priestern zur Applikation anzuvertrauen (vgl. c. 955 § 1). Für ein Unterlassen der Applikation sieht der CIC/1983 keine Sanktion vor.[668]

Kann ein Priester, aus welchen Gründen auch immer, weder persönlich noch durch andere Priester die Messen zelebrieren, für die er Messstipendien annahm und sich somit zur Applikation verpflichtete, ist es ihm möglich bei der Apostolischen Paenitentiarie um die Gewährung einer Reduktion der Messverpflichtungen zu bitten.[669] Der Rekurs an die Paenitentiarie erfolgt auch hier am besten durch den Beichtvater. Da es sich um eine Angelegenheit des *Forum internum* handelt, geschieht dies mittels eines Briefes des Beichtvaters, in dem er den Fall schildert.[670] Auch hier wird der Name des Priesters nicht genannt, sondern durch fiktive Namen oder bloße Buchstaben ersetzt. Der Brief muss dabei Angaben enthalten zum ungefähren Alter des Priesters und seines Gesundheitszustandes, zum Grund, weshalb er die Messen nicht feiern konnte und wofür er das Geld der Stipendien verwendete, zur Anzahl der Messen, die er nicht feiern konnte, sowie die Anzahl der Messen, die durch ihn selbst oder durch andere Priester appliziert werden können.[671] Auch wenn es Commentz hier nicht erwähnt, wäre es für die Paenitentiarie zur besseren Einschätzung zudem wichtig, im Rekurs anzugeben, ob der Priester erstmals um Reduktion der Messverpflichtungen bittet oder ob er dies zum wiederholten Male tut und wenn ja, wie oft. Denn beim

667 Aymans-Mörsdorf, KanR III., 276f.

668 „In questo campo non è prevista nell’ordinamento canonico alcuna censura, in caso del mancato adempimento“ (Girotti, Penitenzieria Apostolica, 171).

669 Vgl. Nykiel, Sacramento della misericordia, 54.

670 Auch hier wäre eine Übersendung auf elektronischem Weg via sicherer E-Mail-Kommunikation möglich. S. dazu unter 8.2.1.

671 Vgl. Commentz, Apostolische Pönitentiarie, 40.

Wiederholungstäter ist davon auszugehen, dass die Paenitentiarie andere bzw. höhere Bußen auferlegen würde als beim erstmaligen Rekurs.

Nach Erhalt des Rekurses bearbeitet die Paenitentiarie den Fall umgehend, indem sie die gegebenen Informationen prüft und die Umstände abwägt. Je nach Alter und auch Gesundheitszustand des Priesters wird die Reduktion der Messverpflichtungen vorgenommen, was bedeutet, dass er persönlich oder mit Hilfe anderer nur noch eine geringere Anzahl an Messen applizieren muss, die er auch tatsächlich erfüllen kann und ihm die Differenz nachgelassen wird. „Der Rest der Messen wird durch den ‚Kirchenschatz' gedeckt“[672]. Nach Erhalt des Reskriptes der Paenitentiarie teilt der Beichtvater dem Priester die Reduktion mit. Auch hier ist anzunehmen, dass dies sinnvollerweise im Rahmen einer erneuten Beichte geschieht. Während andere Fragestellungen variieren können, gehört die Rechenschaft über sämtliche Reduktionen von Messverpflichtungen, die die Paenitentiarie gewährt, zum festen Bestandteil der Materien, die der Großpaenitentiar dem Papst in jeder Audienz vorlegt.[673]

Abschließend sei noch darauf hingewiesen, dass die Paenitentiarie Zuständigkeit bei Reduktionen der Messverpflichtungen nur bei physischen Personen besitzt, die auch zur Beichte kommen können. Juristische Personen, wie beispielsweise eine Diözesankurie, ein Seminar oder religiöse Gemeinschaften bzw. Familien,[674] die Messstipendien annahmen, aber nicht in der Lage sind, entsprechend viele Messen durch ihre Priester zu applizieren, können sich nicht an die Paenitentiarie wenden, sondern müssen an die Kongregation für den Klerus rekurrieren, die den Fall dann im *Forum externum* prüft und die Reduktion vornimmt.[675]

---

672 Ebd., 41. Zur Definition des Kirchenschatzes vgl. Katechismus der Katholischen Kirche, Nr. 1476f.

673 Vgl. Commentz, Apostolische Pönitentiarie, 41.

674 Vgl. Nykiel, Sacramento della misericordia, 54.

675 Vgl. Commentz, Apostolische Pönitentiarie, 39f.

10. Bestellung der Paenitentiare der römischen Patriarchalbasiliken

Eine weitere Zuständigkeit ihres Jurisdiktionsbereichs übt die Paenitentiarie außerhalb ihres Sitzes aus. Gemäß *PB,* Art. 119 obliegt ihr die Verantwortung für die Bestellung einer ausreichenden Anzahl an Paenitentiaren an den römischen Patriarchalbasiliken, die über entsprechende Befugnisse verfügen.[676] Diese Paenitentiare wurden in *Quae divinitus Nobis Paenitentiarii minores*[677] und im *Regolamento 2009* entsprechend *Penitenzieri Minori*[678] genannt. Ihr geschichtlicher Ursprung ist nicht genau datierbar.[679] Doch ihre Existenz ist spätestens für das 13. Jahrhundert nachzuweisen. Erstmals erwähnt werden sie im Pontifikat von Honorius III. (1216–1227).[680] Es ist aber davon auszugehen, dass es sie bereits früher gab.[681] Die Aufgabe der Bestellung der *Paenitentiarii minores* durch die Paenitentiarie hat keine Entsprechung in *Sapienti Consilio* und *REU.* Dafür war dies ausführlich in *In Apostolicae* Benedikts XIV. geregelt[682] und in *Quae divinitus Nobis* Pius' XI. kurz erwähnt.[683]

Die Paenitentiare werden vom Großpaenitentiar ernannt und durch ihn, im Auftrag des Papstes, mit den für ihren Dienst erforderlichen Vollmachten

---

676 „Ipsa prospicit ut in Patriarchalibus Urbis Basilicis Paenitentiarii sufficienti numero habeantur, opportunis facultatibus praediti" (*PB*, Art. 119). Die Paenitentiare verfügen nicht nur über die Beichtfacultas für den der Paenitentiarie vorbehaltenen Strafnachlass, sondern auch über die anderen Vollmachten gemäß *PB,* Art. 118. Zu diesen Vollmachten s. 8.1.

677 Vgl. Pius XI., *Quae divinitus Nobis*, Cap. 1.

678 Vgl. *Regolamento 2009*, Art. 4, §§ 3, 5, 6; Art. 5, §§ 5, 6, 9; Art. 6, § 5.

679 Vgl. Del Re, Curia Romana, 206, Anm. 32.

680 Vgl. Ickx, Nascita di un tribunale, 34. Im Pontifikat Honorius' III. werden erstmals in der Geschichte neben dem Großpaenitentiar konkrete Namen von *Paenitentiarii minores* erwähnt (vgl. Del Re, Curia Romana, 206). Für einen Überblick in die historische Entwicklung sei verwiesen auf Tamburini, Sacrée Pénitencerie apostolique, 449–459.

681 Vgl. Tamburini, Sacrée Pénitencerie apostolique, 456. Dies ist vor dem Hintergrund zu sehen, dass es viele Pilger gab, die in Rom um Strafnachlass und Absolution reservierter Sünden baten. Diese Wallfahrten „ce sont précisément les pèlerinages pénitentiels, appelés aussi judiciaires ou expiatoires et à distinguer des pèlerinages de dévotion, qui nous présentent une documentation sur l'usage des lettres confessionnelles" (Ebd., 454).

682 Vgl. Benedikt XIV., *In Apostolicae*, § 6. S. unter 3.1.4.

683 Vgl. Pius XI., *Quae divinitus Nobis*, Cap. 1.

ausgestattet,[684] welche sie mit *potestas ordinaria* ausüben.[685] Obwohl vom Großpaenitentiar beauftragt und ihm unterstehend, gehören sie nicht zum unmittelbaren Mitarbeiterstab der Paenitentiarie.[686] Sie verrichten den Dienst des Beichtvaters in den vier römischen Patriarchalbasiliken, San Pietro in Vaticano, San Giovanni in Laterano, Santa Maria Maggiore und San Paolo fuori le Mura, und erteilen die Absolution von den dem Apostolischen Stuhl reservierten Strafen *latae sententiae* in *foro interno sacramentale*, sowie die anderen Gnadenerweise gemäß *PB*, Art. 118, sofern es das *Forum internum* betrifft.[687] Demnach verfügen die Paenitentiare im Bereich der Absolutionen, Dispensen, Umwandlungen, Heilungen, Verzeihungen und anderen Gnadenerweise über dieselben Vollmachten wie der Großpaenitentiar. Jede der Patriarchalbasiliken ist der Obhut von Paenitentiaren eines bestimmten Religioseninstituts anvertraut:[688] San Pietro in Vaticano den Franziskaner-Minoriten,[689] San Giovanni in Laterano den Franziskanern, Santa Maria Maggiore den Dominikanern und San Paolo fuori le Mura den Benediktinern.[690] Die Paenitentiare unterscheiden sich in *Paenitentiarii minores ordinarii* und in *Paenitentiarii minores straordinarii*. Erstere gehören dem Religioseninstitut an, welchem die jeweilige Basilika anvertraut ist und wohnen in einem daran angeschlossenen bzw. nahe gelegenen Ordenshaus. Letztere wohnen nicht in einem angeschlossenen bzw. nahe gelegenen Ordenshaus und gehören entweder einem anderen Kloster des Religioseninstituts an oder sind Mitglieder eines anderen Ordens bzw. einer anderen religiösen Gemeinschaft und sind gleichsam aushilfsweise zum Dienst der Paenitentiare bestellt.[691] Miragoli sieht diese Notwendigkeit besonders für San

---

684 Vgl. *Regolamento 2009*, Art. 4, § 5: „Nomina e concede le facoltà ai Penitenzieri Minori delle Basiliche Papali dell'Urbe".

685 Vgl. Del Re, Curia Romana, 207, Anm. 32.

686 Vgl. Miragoli, Penitenzieria Apostolica, 263.

687 Vgl. Del Re, Curia Romana, 206.

688 Weder *PB* noch das *Regolamento 2009* enthalten Angaben über die genaue Zuweisung der Patriarchalbasiliken an die unterschiedlichen Religioseninstitute. Auch in *Quae divinitus Nobis* findet sich keine Regelung. *In Apostolicae* § 6 Benedikts XIV. enthielt zwar die Nennung der Patriarchalbasiliken und die Tätigkeit der *Poenitentiarii minores*, jedoch ebenso keine Zuteilung.

689 Ursprünglich verrichteten Jesuiten den Dienst der Paenitentiare in San Pietro in Vaticano, wurden aber aufgrund der Aufhebung der Gesellschaft Jesu von Clemens XIV. 1773 durch die Franziskaner-Minoriten ersetzt (vgl. Del Re, Curia Romana, 207, Anm. 32).

690 Vgl. Miragoli, Penitenzieria Apostolica, 264.

691 Vgl. *L'attività della Santa Sede 2015*, 770.

Pietro in Vaticano gegeben aufgrund der dort hohen Nachfrage an Beichtvätern mit entsprechenden Vollmachten.[692]

Voraussetzungen für die Bevollmächtigung zum *Penitenziere Minore* sind die Zugehörigkeit zu einem Religioseninstitut, die erfolgte und bestandene Prüfung in Moraltheologie und Kirchenrecht,[693] die Kenntnis mehrerer Fremdsprachen, was der Internationalität der nach Rom kommenden Paenitenten geschuldet ist,[694] Erfahrung in der Spendung des Bußsakraments sowie Klugheit und Fertigkeit im Umgang mit den Paenitenten.[695] Die Auswahl und die damit verbundene Prüfung geeigneter Paenitentiare obliegt der Paenitentiarie bzw. dem Regens, zusammen mit dem Theologen und Kanonisten.[696] Um eine möglichst große Einheitlichkeit in ihrer Praxis der ansonsten weitgehend selbstständigen *Penitenzieri Minori* zu gewährleisten, trägt die Paenitentiarie Sorge für deren kontinuierliche Weiterbildung. Monatlich erfolgen vom Regens organisierte Treffen für die an den Patriarchalbasiliken tätigen Paenitentiare,[697] bei denen mittels Vorträgen unterschiedlicher Referenten spezielle Fragen und Thematiken im Bereich der Theologie, des Kirchenrechts oder der Moraltheologie behandelt, reflektiert und studiert werden, um eine Vertiefung der Kenntnisse sowie einen Austausch der Paenitentiare untereinander und mit den Mitarbeitern der Paenitentiarie zu ermöglichen.[698] Die Treffen stehen unter der Leitung des Großpaenitentiars.[699]

---

692 Vgl. Miragoli, Penitenzieria Apostolica, 264.

693 Vgl. *Regolamento 2009*, Art. 5, § 5. Das *Regolamento 2009* spezifiziert nicht näher die Inhalte dieser Prüfungen. Jeder Priester verfügt durch das Theologiestudium über Kenntnisse des Kirchenrechts und der Moraltheologie, sodass es sich nur um für die Paenitentiarie relevante und wichtige Thematiken handeln dürfte, wie etwa die Vorschriften über die dem Apostolischen Stuhl reservierten Zensuren und deren Nachlass.

694 Vgl. *L'attività della Santa Sede 2015*, 770.

695 Vgl. Miragoli, Penitenzieria Apostolica, 264.

696 Vgl. *Regolamento 2009*, Art. 5, § 5: „(Il Reggente) presiede gli esami dei candidati all'ufficio di Penitenzieri Minori insieme al Teologo e al Canonista … Il Reggente e i Prelati esaminano il candidato su argomenti di Teologia Morale e di Diritto Canonico, valutando l'idoneità personale per l'ufficio".

697 Vgl. *Regolamento 2009*, Art. 5, § 6: „(Il Reggente) programma gli incontri mensili di aggiornamento per gli stessi Penitenzieri e organizza d'intesa con i Prelati".

698 Vgl. Del Re, Curia Romana, 207. Die Themen der Treffen sind jährlich aufgelistet in *L'attività della Santa Sede*, unter „Penitenzieria Apostolica", II. Attività del Tribunale.

699 Vgl. *Regolamento 2009*, Art. 4, § 3 i. V. m. Art. 6, § 5: „Presiede inoltre gli incontri mensili di aggiornamento dei Penitenzieri Minori, di cui all'art. 6 § 5" (Art. 4, § 3). „Sotto la presidenza del Penitenziere Maggiore, partecipano agli incontri mensili d'aggiornamento dei Penitenzieri Minori" (Art. 6, § 5).

Um der Vollständigkeit willen sei abschließend hingewiesen auf die *Penitenzieri Minori,* die auch an anderen Kirchen Italiens denselben Dienst wie die Paenitentiare der römischen Patriarchalbasiliken tun. Hierzu zählen beispielsweise die Basilika des Hl. Antonius in Padua, die Basilika des Hl. Franziskus in Assisi und die Basilika in Loreto.[700] Auch für diese Paenitentiare liegt die Verantwortung und Bestellung bei der Paenitentiarie, auch wenn *PB*, im Unterschied zu *Quae divinitus Nobis*[701] und dem *Regolamento 2009,* dies in Art. 119 nicht mehr ausdrücklich erwähnt. Die Paenitentiarie ist zuständig für die Paenitentiare, doch könnte deren Auswahl, Prüfung und Bestellung sowie ihre Weiterbildung beispielsweise auch der Kongregation für den Gottesdienst und die Sakramentenordnung oder dem Rat für die Neuevangelisierung anvertraut werden.

700 S. Anm. 231.

701 Vgl. Pius XI., *Quae divinitus Nobis*, Cap. 1.

11. Klärung von Fragen des Gewissensbereichs

Neben ihren oben genannten Aufgaben übt die Paenitentiarie im *Forum internum* eine eher beratende Tätigkeit aus als Hilfe für die Beichtväter, die in der Beantwortung der von ihr vorgelegten Fragen zu Thematiken der katholischen Morallehre oder des kanonischen Rechts in Bezug auf den Gewissensbereich besteht.[702] Während der CIC/1917 in c. 258 § 1[703] und *Sapienti Consilio* in II. 1[704] diese Aufgabe explizit zu den Zuständigkeiten der Paenitentiarie zählten, tun dies weder *REU*, noch der CIC/1983, noch *Pastor Bonus* oder das *Regolamento 2009*, weshalb nicht mehr von einer ihr übertragenen Zuständigkeit gesprochen werden kann. In der Sekundärliteratur finden sich jedoch Angaben dazu, dass diese Aufgabe gleichwohl *de facto* von der Paenitentiarie wahrgenommen wird, weshalb sie hier, obwohl es sich um keine Zuständigkeit handelt, dennoch thematisiert werden soll.

Aus den Ausführungen von Commentz geht hervor, dass ein Beichtvater grundsätzlich zunächst versuchen sollte, Fragen mit Hilfe entsprechender Fachliteratur oder kirchlicher Dokumente selbst zu beantworten.[705] „Aber da Priester in der Ausübung ihres Dienstamtes mit sehr komplexen Fragestellungen konfrontiert sein können, besteht die Möglichkeit, Fragen zu konkreten Fällen moralischer oder kirchenrechtlicher Art dem Gerichtshof der Apostolischen Paenitentiarie vorzulegen“[706]. Nach Nykiel müssen sich diese Fragen auf den Gewissensbereich und auf konkrete Fälle beziehen, mit denen die Beichtväter in der Seelsorge oder im Rahmen des Bußsakraments befasst sind. Der Begriff des *Forum conscientiae* ist jedoch ein weiter Begriff, der eine Vielzahl an möglichen Konstellationen „complessi o controversi“[707] und Problemen beinhalten kann, welche deshalb nicht genauer zu kategorisieren und einzelfallmäßig zu beantworten sind.[708] Die Literatur und die Quellen thematisieren das nicht näher, doch verbindliche Antworten können hier nicht gegeben werden, auch nicht

702 Vgl. Miragoli, Penitenzieria Apostolica, 270 f.

703 „Sacrae Poenitentiariae … excutit praeterea quaestiones conscientiae easque dirimit“ (c. 258 § 1 CIC/1917).

704 „Hoc tribunal … excutit praeterea quaestiones conscientiae, easque dirimit“ (Pius X., *Sapienti Consilio*, II. 1).

705 Vgl. Commentz, Apostolische Pönitentiarie, 41 f.

706 Ebd., 42.

707 Miragoli, Penitenzieria Apostolica, 271.

708 Vgl. Nykiel, Sacramento della misericordia, 38.

von der Paenitentiarie. Denn das *Forum conscientiae* ist weder ein Rechts- noch ein Gerichtsbereich, sondern der Bereich, in dem der Mensch unmittelbar Gott gegenübersteht. Daher kann es sich hierbei von Seiten der Paenitentiarie nur um Hilfestellungen oder Ratschläge handeln.

Die Fragen an die Paenitentiarie können entweder auf dem Postweg oder im persönlichen Gespräch vorgebracht werden.[709] Doch auch hier stellt sich die berechtigte Frage nach einer Kommunikation via E-Mail, deren Möglichkeiten aufgezeigt wurden.[710] Bei den genannten Fragen ist ähnlich vorzugehen wie im Falle der an die Paenitentiarie gerichteten Rekurse, indem die Namen der betreffenden Person, auf die sich die Fragen beziehen, anonymisiert oder durch fiktive Namen ersetzt werden.[711] Die Paenitentiarie beantwortet die ihr angetragenen Fragen mit päpstlicher und somit verbindlicher Autorität. Damit sie dies jedoch tun kann, ist das Kriterium des Einzelfalls entscheidend. Sie besitzt keine Kompetenz für die Klärung universalkirchlicher oder allgemein lehramtlicher Fragen. Hierfür wäre bei doktrinellen Fragestellungen die Kongregation für die Glaubenslehre das zuständige Dikasterium. „I criteri indicati dalla Penitenzieria sono i seguenti: i problemi formulati in termini universali e in forma assolutamente astratta debbono essere sottoposti non alla Penitenzieria, ma, in rapporto alla loro indole, o alla Congregazione per la Dottrina della Fede (quando si tratta di questioni dottrinali) o agli altri dicasteri della Santa Sede“[712]. Es geht um eine kirchenamtliche Auskunft für einen konkreten Fall, ähnlich der Rekurse, die auch immer nur als Einzelfälle beschrieben und bearbeitet werden. Wenn auch sie dem Beichtvater für mögliche andere Fragen oder Zweifel helfen können,[713] „la risposta non può essere generalizzata né diffusa“[714]. Die Schreiben, mit denen die Paenitentiarie auf die Fragen den Gewissensbereich betreffend erwidert, heißen schlicht *responsa*.[715]

In keiner der oben genannten Quellen und auch nicht in der Literatur finden sich Angaben darüber, welcher Mitarbeiter der Paenitentiarie diese Fragen entgegennimmt und beantwortet. Einen indirekten Anhaltspunkt gibt nur Commentz, der einmal von der Hinzuziehung bzw. Konsultation von Experten spricht,[716] und ein andermal von der Beantwortung der Fragen auch nach

709 Vgl. Miragoli, Penitenzieria Apostolica, 271.
710 S. unter 8.2.1.
711 Vgl. Commentz, Apostolische Pönitentiarie, 42.
712 Miragoli, Penitenzieria Apostolica, 271.
713 Vgl. Nykiel, Sacramento della misericordia, 38.
714 Commentz, Penitenzieria Apostolica, 53.
715 Vgl. Miragoli, Penitenzieria Apostolica, 271.
716 Vgl. Commentz, Apostolische Pönitentiarie, 42.

Einholung der Meinung der eigenen höheren Mitarbeiter.[717] Grundsätzlich wäre es denkbar, dass der Regens sich darum kümmert, da ihm die Erledigung der gewöhnlichen Angelegenheiten obliegt. Aufgrund der Formulierung von Commentz, der nicht von Offizialen, sondern von den höheren Mitarbeitern spricht, wäre es jedoch denkbar, dass, je nach Fragestellung, der Theologe oder der Kanonist konsultiert werden, vermutlich vom Regens. Nicht auszuschließen wäre bei sehr schwierigen oder neuen Angelegenheiten auch ein Vorbringen vor allen höheren Mitarbeitern in der Signatur. In jedem Fall gibt die Paenitentiarie Hilfen oder Erläuterungen für den Beichtvater bei der Einschätzung oder Vorgehensweise in einem bestimmten Fall, der im *Forum internum* liegt. Da es sich bei dieser Tätigkeit der Paenitentiarie nicht mehr um eine ihr zugewiesene Zuständigkeit handelt, wäre es denkbar, dass die Beantwortung von Fragen zum Gewissensbereich auch von einem anderen Dikasterium übernommen werden könnte. Hierbei läge die Übernahme der Tätigkeit durch die Kongregation für die Glaubenslehre nahe.

---

717 Vgl. Commentz, Penitenzieria Apostolica, 53.

12. Gewährung von Ablässen im Bereich des *Forum externum*

Obwohl das Charakteristikum der Paenitentiarie die Ausübung ihrer Jurisdiktion im *Forum internum* ist, wurde ihr durch das Motu Proprio *Alloquentes Proxime* Benedikts XV. vom 25. März 1917 die bis heute ausgeübte Zuständigkeit für das Ablasswesen übertragen.[718] Es ist die einzige Kompetenz, die die Paenitentiarie im *Forum externum* besitzt. *Pastor Bonus* umschreibt diese Aufgabe in Art. 120 genauer: „Eidem Dicasterio committuntur ea, quae spectant ad concessionem et usum indulgentiarum, salvo iure Congregationis de Doctrina Fidei ea videndi, quae doctrinam dogmaticam circa easdem respiciunt". Demnach ist sie zuständig für alles, was den Gebrauch und die Gewährung der Ablässe betrifft.[719] Die Prüfung der dogmatisch-doktrinellen Aspekte des Ablasswesens ist jedoch der Kongregation für die Glaubenslehre vorbehalten. Aufgrund der sonst ausschließlichen und exklusiven Zuständigkeit der Paenitentiarie im *Forum internum* und ihrer daher weitgehenden Autonomie von anderen Dikasterien, wäre hier einer der seltenen Anlässe interdikasterieller Zusammenarbeit gegeben.

Im Unterschied zum CIC/1917, der die Ablässe in 26 Canones normierte (cc. 911–936), enthält der CIC/1983 dazu nur noch sechs Canones (cc. 992–997), was nach Pighin eine „drastica riduzione del numero dei canoni"[720]

---

718 Im Rahmen der vorliegenden Arbeit liegt der Schwerpunkt auf der rechtlichen Komponente bzw. der Zuständigkeiten der Paenitentiarie. Deshalb unterbleibt an dieser Stelle sowohl eine ausführliche Darlegung der Ablässe anhand des CIC als auch der Theologie der Ablässe sowie eine Diskussion über ihre Aktualität und mögliche kontroverse Auseinandersetzungen mit dem Protestantismus. Daher sei verwiesen auf: Aymans-Mörsdorf, KanR III., 313–319; Althaus, cc. 992–997, in: MKCIC; Jombart, Indulgences, Sp. 1331–1352; Migliavacca, Le indulgenze, 159–177; Müller, Ablaß, 51–55; Weiß, Der Ablass, 845–876; Regatillo, Las Indulgencias, 55–188. Für einen genaueren und vergleichenden Überblick zur Entwicklung des Ablasswesens vom CIC/1917 bis zum CIC/1983 sei hingewiesen auf Forneck, Der Ablass, hier vor allem 3–14 und 23–108. Für einen nur kurzen historischen Überblick zu den Ablässen sei hingewiesen auf Regatillo, Las Indulgencias, 21 f. und auf Pighin, Diritto sacramentale, 359–361.

719 „La Penitenzieria Apostolica è l'unico Dicastero della Curia Romana al quale compete la *concessione* delle Indulgenze" (Commentz, Penitenzieria Apostolica, 59 [Hervorhebung im Original]).

720 Pighin, Diritto sacramentale, 361. Zu bedenken ist, dass Pighin jedoch versehentlich von 37 Canones im CIC/1917 spricht (vgl. ebd., 362).

darstellt.[721] Der CIC/1983 enthält allgemeine Normen zum Ablasswesen. Während c. 992 zunächst eine Definition des Ablasses an sich gibt[722], enthalten die nachfolgenden fünf Canones Regeln über die Arten des Ablasses (c. 993), die Empfänger (c. 994), die Voraussetzungen zur Ablassgewinnung (c. 996) und die zur Gewährung zuständige Autorität (c. 995). Darüber hinaus verweist der CIC/1983 auf „cetera praescripta quae in peculiaribus Ecclesiae legibus continentur" (c. 997). Eine Strafnorm hinsichtlich des Handels mit Ablässen, wie sie der CIC/1917 enthielt,[723] findet sich im CIC/1983 nicht mehr.

C. 997 verweist auf weitere Vorschriften, die in besonderen Gesetzen der Kirche enthalten sind und die die ausführlicheren und genaueren Normen dazu enthalten. Hiermit ist die Apostolische Konstitution *Indulgentiarum doctrina* Pauls VI. vom 1. Januar 1967[724] gemeint, die neben auch vom II. Vatikanischen Konzil beeinflussten theologischen Grundlagen die rechtlichen Vorschriften zu den Ablässen neu ordnete. Die 13. Norm dieser Konstitution verfügte zudem die Überarbeitung des *Enchiridion Indulgentiarum*, das die Apostolische Paenitentiarie vorlegen sollte.[725] „Es handelt sich hierbei um das kirchenamtliche lateinische Verzeichnis der Ablässe"[726]. Am 14. Juni 1968 wurde die revidierte Fassung des *Enchiridion Indulgentiarum* vom Großpaenitentiar dem Papst vorgelegt, der es einen Tag später approbierte. Die Paenitentiarie veröffentlichte es wenige Tage

---

721 Zur Einordnung der Canones über die Ablässe im CIC/1983 gibt Pighin einen Hinweis: „La materia indulgenziale è trattata dal CIC nel libro IV, in appendice alla penitenza istituita da Cristo. Questa scelta, non generalmente condivisa, segue un'antica tradizione che considerava le indulgenze nel medesimo orizzonte del sacramento della riconciliazione" (Pighin, Diritto sacramentale, 361).

722 „Indulgentia est remissio coram Deo poenae temporalis pro peccatis, ad culpam quod attinet iam deletis, quam christifidelis, apte dispositus et certis ac definitis condicionibus, consequitur ope Ecclesiae quae, ut ministra redemptionis, thesaurum satisfactionum Christi et Sanctorum auctoritative dispensat et applicat" (c. 992 CIC/1983).

723 Der CIC/1917 ahndete den Ablasshandel mit der Tatstrafe der Exkommunikation, die dem Apostolischen Stuhl simpliciter modo reserviert war: „Quaestum facientes ex indulgentiis plectuntur ipso facto excommunicatione Sedi Apostolicae simpliciter reservata" (c. 2327 CIC/1917).

724 Vgl. Paul VI., Apostolische Konstitution *Indulgentiarum doctrina* vom 1. Januar 1967.

725 „Enchiridion indulgentiarum recognoscetur eo consilio ut tantum praecipuae preces et praecipua opera pietatis, caritatis et paenitentiae indulgentiis ditentur" (Paul VI., *Indulgentiarum doctrina*, Normae, Nr. 13).

726 Henseler, Der Ablass, 1206. Die katholisch-orientalischen Kirchen kennen keine Praxis der Ablassgewinnung, weshalb es auch im CCEO keine Parallele gibt (vgl. Althaus, in: MKCIC, c. 995, Rn. 5).

später am 29. Juni 1968 durch ein Dekret.[727] Das *Enchiridion* enthält Regelungen zur Kompetenz der Ablassgewährung sowie die Angaben zu den Bedingungen der Ablassgewinnung und zu den einzelnen Arten von Ablässen, die genau aufgelistet werden. Seit der Erstveröffentlichung im Jahr 1968 wurde es bisher dreimal aktualisiert und ist bis heute in Geltung.[728] „Die Veränderungen der 4. zur 1. Aufl. des Enchiridions sind unwesentlich“[729].

Im Hinblick auf die Darlegung der Zuständigkeit der Paenitentiarie ist hier vor allem c. 995 relevant, der Auskunft gibt über die für die Ablassgewährung zuständige Autorität:

> “§ 1. Praeter supremam Ecclesiae auctoritatem ii tantum possunt indulgentias elargiri, quibus haec potestas iure agnoscitur aut a Romano Pontifice conceditur.
> § 2. Nulla auctoritas infra Romanum Pontificem potest potestatem concedendi indulgentias aliis committere, nisi id ei a Sede Apostolica expresse fuerit indultum“.

Nach § 1 liegt demnach die Kompetenz ausschließlich bei der höchsten Autorität der Kirche, das heißt beim Papst (vgl. c. 331) und beim Bischofskollegium zusammen mit dem Papst (vgl. c. 336). „La competenza sulle indulgenze è esclusiva della Sede Apostolica, in quanto chiama in causa la potestà di attingere dal tesoro della Chiesa universale, le cui chiavi di accesso appartengono solo al Romano Pontefice, quale Vicario di Cristo e Pastore della Chiesa universale“[730]. Des Weiteren liegt die Kompetenz nach c. 995 § 1 bei denjenigen, denen diese Vollmacht *(potestas) a iure* zuerkannt oder vom Papst verliehen wird. Dabei wird ein Unterschied sichtbar, indem hier explizit der *Romanus Pontifex* und nicht mehr die *suprema Ecclesiae auctoritas* genannt wird. Eine Begründung für die nicht stringente Wortwahl ist nicht ersichtlich.[731] Diese Kompetenzregelung wurde aus dem *Enchiridion Indulgentiarum* in den CIC/1983 übernommen.[732]

727 Vgl. Penitenzieria Apostolica, *Decretum Novum «Enchiridion Indulgentiarum» editur*, 413f.

728 Vgl. Pighin, Diritto sacramentale, 361.

729 Henseler, Der Ablass, 1206, Anm. 2.

730 Pighin, Diritto sacramentale, 365.

731 Vgl. Forneck, Der Ablass, 90: „Es bleibt die Frage, warum nach dem Vorsatz dieses Canons mit der Nennung der *suprema Ecclesiae auctoritas* im weiteren Verlauf nur der *Romanus Pontifex* genannt wird, zumal im Blick auf die Praxis der Genehmigung einer Erlaubnis zur Übertragung des Rechtes zur Gewährung von Ablässen dann die *Sedes Apostolica* genannt wird“ (ebd. [Hervorhebung im Original]).

732 „Praeter Romanum Pontificem, cui totius spiritualis Ecclesiae thesauri a Christo Domino commissa est dispensatio, ii tantum possunt potestate ordinaria indulgentias elargiri, quibus id expresse a iure concesseum est“ (*Enchiridion Indulgentiarum*, Normae de indulgentiis, Nr. 8).

Die vom Recht befähigten Personen und die entsprechenden Vollmachten zur Ablassgewährung sind nicht im CIC/1983, sondern im *Enchiridion Indulgentiarum* aufgelistet[733] und umfassen die Diözesanbischöfe, Metropoliten, Patriarchen und Kardinäle. Diese können jedoch nur Teilablässe gewähren.[734] Allen Autoritäten unterhalb des Papstes ist es gemäß c. 995 § 2 verboten, die Vollmacht zur Gewährung von Ablässen zu übertragen, sofern es nicht vom Apostolischen Stuhl zugestanden wurde.[735]

Der Papst ist nach den genannten Regelungen auch im Bereich des Ablasswesens die höchste und dafür zuständige Autorität, „ha un potere assoluto sulle indulgenze, in quanto ha la suprema giurisdizione sulla Chiesa universale“[736]. Die Apostolische Paenitentiarie ist das kuriale Dikasterium, durch das der Papst den Gebrauch und die Gewährung von Ablässen regelt und die entsprechenden Anträge gewährt.[737] Die im *Enchiridion Indulgentiarum* genannten Autoritäten sind *a iure* nur zur Gewährung eines Teilablasses befähigt und berechtigt.[738] Zur Gewährung eines vollkommenen Ablasses müssen sie an die Paenitentiarie rekurrieren und darum bitten.[739] Außer den eben genannten kirchlichen Autoritäten nimmt die Paenitentiarie auch Anträge entgegen von Gruppen von Gläubigen, religiösen Gemeinschaften und Bewegungen, Pfarreien, Diözesen, Vorstehern von Heiligtümern,[740] von Ordensoberen[741] und anderen.

Das Bittgesuch um Gewährung eines Ablasses muss schriftlich an die Paenitentiarie gerichtet werden, und zwar entweder auf dem Postweg oder mittels Fax. Letzteres ist erlaubt und möglich, da es sich hierbei um keine geheimen Angelegenheiten des *Forum internum* handelt, die aufgrund des Beichtgeheimnisses besonders zu schützen wären. Durch die erlaubte Verwendung von Fax ist hier eine Ausweitung der Kontaktmöglichkeiten gegenüber des bei den Angelegenheiten des *Forum internum* ausschließlich postalischen Schriftverkehrs zu erkennen. Noch mehr als bei den Fällen des *Forum internum* stellt sich daher im Bereich des Ablasswesens, der zum *Forum externum* gehört, noch mehr die Frage nach der

733 Und zwar in den *Normae de indulgentiis*, Nr. 10–14.

734 Vgl. Henseler, Der Ablass, 1209.

735 Vgl. Althaus, in: MKCIC, c. 995, Rn. 3.

736 Nykiel, Sacramento della misericordia, 56.

737 Vgl. Althaus, in: MKCIC, c. 995, Rn. 2.

738 Vgl. hierzu nochmals die im *Enchiridion Indulgentiarum*, Normae de indulgentiis, Nr. 10–14 genannten Personen.

739 „Per quanto riguarda le concessioni di indulgenze plenarie, occorre rivolgersi alla Penitenzieria“ (Nykiel, Sacramento della misericordia, 56).

740 Vgl. Miragoli, Penitenzieria Apostolica, 265.

741 Vgl. Nykiel, Sacramento della misericordia, 58.

Zulässigkeit auch von E-Mails, für die es keinen Ablehnungsgrund geben dürfte.[742] Das Gesuch muss den Grund bzw. Anlass für die Bitte um Ablassgewährung enthalten[743] und auch den Zeitpunkt oder Zeitraum, für den der Ablass gewährt werden soll. Wird die Bitte von eben genannten Gruppen oder juristischen Personen der Paenitentiarie zugetragen, muss der Antrag immer eine dafür gegebene Approbation des Ortsbischofs enthalten, gleichsam um die Echtheit der Bitte und der Antragsteller zu verifizieren und somit Missbräuchen vorzubeugen.[744] Regatillo nennt beispielsweise Anträge, deren Ablassgesuch auf einen nicht mit der Kirche zu vereinbarenden Grund abzielt oder gar völlig konträr ist, oder dessen Gesuch Zeichen von Aberglauben aufweist.[745] Eine Approbation ist daher nicht erforderlich, wenn der Bischof oder die ihm rechtlich Gleichgestellten selbst eine Bitte um Ablassgewährung an die Paenitentiarie richten.[746] Die Paenitentiarie bearbeitet die Bitten um Ablassgewährung umgehend im Rahmen ihrer Verfahrensweisen, die an späterer Stelle dargelegt werden.[747] Dabei prüft sie die Echtheit sowie die Begründetheit einer Gewährung. Des Weiteren stellt sie die Ablassbedingungen

---

742 S. hierzu die Überlegungen unter 8.2.1.

743 Die Gründe können vielfältig sein, daher werden hier nur einige Beispiele genannt: Jahrestage oder Jubiläen einer Diözese, einer Pfarrei oder eines Ordensinstituts, eines Heiligtums, ein Priesterjubiläum, die Krönung eines Bildes der Jungfrau Maria (vgl. Nykiel, Sacramento della misericordia, 58) oder der Ablass, der mit der Primizmesse verbunden ist (vgl. Commentz, Penitenzieria Apostolica, 60). Grundsätzlich hat vor allem der vollkommene Ablass immer eine besondere pastorale Wichtigkeit und Bedeutung (vgl. Miragoli, Penitenzieria Apostolica, 265).

744 Vgl. Commentz, Penitenzieria Apostolica, 59. Manchmal kommt es vor, dass die Antragsteller gar nicht existieren, wie Regatillo zu bedenken gibt: „Así llamamos a las que se anuncian como existentes, aunque en realidad no existen, ya porque nunca se concedieron por la autoridad competente, sino que han sido fingidas o inventadas por falsarios, ya porque en algún tiempo existieron, pero después fueron revocadas" (Regatillo, Las indulgencias, 28).

745 Vgl. Regatillo, Las indulgencias, 28. Dort nennt er noch weitere Unterscheidungskriterien.

746 Vgl. Nykiel, Sacramento della misericordia, 59. "Prima di inoltrare la supplica, quando essa non sia personalmente rivolta dall'ordinario diocesano o dal superiore religioso, è utile verificare che ci sia la necessaria commendatizia del vescovo locale" (ebd.). Während Nykiel die Beifügung der bischöflichen Approbation nur für nützlich erachtet, ist sie nach Commentz verpflichtend: „Nel caso non sia stato lo stesso Ordinario del luogo ad aver redatto la domanda, aggiungendo sempre l'approvazione del Vescovo diocesano" (Commentz, Penitenzieria Apostolica, 59). Commentz' Ansicht scheint angemessener, um, wie bereits genannt, falschen Bittstellern und Missbräuchen mit in gutem Glauben gegebenen Ablassdekreten vorzubeugen.

747 S. dazu unter 20.

auf, die gegebenenfalls zu den allgemein üblichen, wie sie das *Enchiridion Indulgentiarum* normiert,[748] hinzutreten können. Die Antworten, mit denen die Ablässe gewährt werden, erfolgen durch Dekret, das vom Großpaenitentiar und vom Regens unterschrieben wird.[749] Das Ablassdekret besteht aus zwei Teilen. Der erste enthält gewöhnlich einen kurzen historischen Überblick im Bezug zum gewährten Ablass sowie damit verbundene theologische Aspekte. Der zweite Teil beinhaltet die Angaben über die Ablassbedingungen und die Angaben über die Geltungsdauer. Bei Jahrestagen oder Pfarreijubiläen kann dies auf nur einen Tag oder wenige Tage begrenzt sein, ansonsten sind jedoch auch mehrere Jahre möglich oder sogar eine Gewährung auf unbestimmte Zeit.[750]

Der Papst kann ohne Rekurs an die Paenitentiarie Anträge gewähren, wie Nykiel zu bedenken gibt,[751] was jedoch keine Besonderheit darstellt. Die Ausformulierung, Veröffentlichung und Unterschrift der Ablassdekrete, die nach Weisung des Papstes erstellt werden, erfolgen gleichwohl über die Paenitentiarie, wie anhand der universalkirchlich gültigen Ablassgewährungen ersichtlich wird.[752] Nach Angaben von Commentz bearbeitet die Paenitentiarie viele Ablassgesuche, die zunehmend steigen. Im Jahr 2014 waren es 1.101 Eingänge.[753] Ob dies auf die Dauer eines Jahres gesehen eine hohe Anzahl ist, kann diskutiert werden.

Die Zuständigkeit der Paenitentiarie für das Ablasswesen im *Forum externum* widerspricht ihrer ausschließlichen Kompetenz für das *Forum internum* und verhindert außerdem eine Trennung der beiden Foren und könnte durch eine Zuweisung an ein anderes Dikasterium erreicht werden, wie an anderer Stelle thematisiert wird.[754]

---

748 S. *Enchiridion Indulgentiarum*, Normae de indulgentiis, Nr. 26.

749 Vgl. *Regolamento 2009*, Art. 4, § 8.

750 Vgl. Nykiel, Sacramento della misericordia, 59.

751 Vgl. ebd., 56.

752 Nur ein Beispiel sei hier exemplarisch genannt: Aus Anlass des 150. Jahrestags der Erscheinungen in Lourdes gewährte Benedikt XVI. durch das Dekret *Mirabili nexu Dei* der Paenitentiarie vom 21. November 2007 einen täglichen vollkommenen Ablass im Zeitraum vom 8. Dezember 2007 bis zum 8. Dezember 2008, sofern die im Dekret genannten Bedingungen erfüllt sind. Der Ablass konnte auch für Verstorbene gewonnen werden. Zu den zur Ablassgewinnung erforderlichen Bedingungen, nämlich der Empfang des Bußsakramentes und der Eucharistie, das Glaubensbekenntnis und die Gebete in der Meinung des Papstes traten verschiedene andere Werke, wie beispielsweise der Besuch des Wohnhauses der Familie Soubirous oder der Grotte von Massabielle.

753 Vgl. Commentz, Penitenzieria Apostolica, 60.

754 S. hierzu unter 14.

13. Zusammenfassung

Die Paenitentiarie besitzt Zuständigkeit im *Forum internum sacramentale* und *non sacramentale.* Daneben verfügt sie über eine Kompetenz im *Forum externum.* Ihre vorrangige Zuständigkeit erstreckt sich dabei auf die Angelegenheiten des *Forum internum* und hier wiederum vor allem auf den Strafnachlass. Der CIC/1983 kennt fünf Straftaten, die mit der dem Apostolischen Stuhl zur Lossprechung vorbehaltenen Zensur der Exkommunikation *latae sententiae* belegt sind: die Verunehrung der eucharistischen Gestalten (c. 1367), die Anwendung physischer Gewalt gegen die Person des Papstes (c. 1370), die Lossprechung eines Mitschuldigen von einer Sünde gegen das sechste Gebot des Dekalogs (c. 1378), die Bischofsweihe ohne päpstlichen Auftrag (c. 1382) und die direkte Verletzung des Beichtgeheimnisses (c. 1388 § 1). Hinzu kommt, grundgelegt in den *Normae 2010*, der Straftatbestand der versuchten Weihe einer Frau (*Normae 2010*, Art. 5), der ebenso mit der vorbehaltenen Tatstrafe der Exkommunikation geahndet wird. Die Strafe tritt, wie bei allen Straftaten, nur ein, wenn vorsätzlich gehandelt wird. Da die Lossprechung der Exkommunikation in den sechs eben benannten Fällen dem Apostolischen Stuhl reserviert ist, verfügen die Beichtväter nicht über die notwendige Vollmacht. Zuständiges Dikasterium des Apostolischen Stuhls für die Lossprechung der nicht festgestellten reservierten Tatstrafe der Exkommunikation im *Forum internum* ist die Apostolische Paenitentiarie gemäß *PB*, Art. 118. Für im *Forum externum* festgestellte reservierte Tatstrafen liegt die Kompetenz zum Strafnachlass bei der Kongregation für die Glaubenslehre gemäß *PB*, Art. 52.

Die Lossprechung, von der nicht festgestellten reservierten Exkommunikation *latae sententiae* erfolgt mittels eines Rekurses an die Paenitentiarie, welcher entweder vom Paenitenten selbst oder vom Beichtvater für den Paenitenten durchzuführen ist. Der Rekurs besteht aus einem Brief, der alle notwendigen Informationen zum vorliegenden Straftatbestand enthält, Name und Identität des Paenitenten werden anonymisiert bzw. mit fiktivem Namen angegeben, dies verlangt der Schutz des Beichtgeheimnisses. Von Seiten der Paenitentiarie wird eine Übermittlung des Briefes ausschließlich auf dem Postweg oder durch persönliche Eingabe akzeptiert, da elektronische Kommunikationsmittel als zu unsicher eingestuft werden. Dennoch könnten Möglichkeiten einer sicheren digitalen Kommunikation im E-Mailversand überlegt werden, welche mehrere Vorteile bieten könnten.[755] Die Paenitentiarie bearbeitet den Rekurs umgehend

755 S. hierzu unter 8.2.1.

und erhebt den Anspruch auf eine zeitnahe Versendung der Antwort innerhalb eines Tages. Die tatsächliche Dauer hängt unter anderem ab von den nationalen oder internationalen Postwegen. Die Antwort der Paenitentiarie erfolgt in Form des Reskripts und enthält die erbetene Lossprechung von der dem Apostolischen Stuhl reservierten Tatstrafe der Exkommunikation, sowie eine angemessene Buße, die der Paenitent zur Wiedergutmachung zu verrichten hat. Je präziser die Angaben zum Tatbestand sind, umso geeignetere Bußen kann die Paenitentiarie auferlegen. Denn sie sollen Hilfen zur Besserung des Paenitenten sowie Mittel der Sühne und Genugtuung sein. Nach Erhalt des Reskriptes muss der Beichtvater dem Paenitenten bei einem, im Rahmen der ersten Beichte vereinbarten Termin den Strafnachlass durch die Paenitentiarie mitteilen, ebenso das zu verrichtende Bußwerk und die Protokollnummer des Reskriptes für den Fall eines späteren, erneuten Rekurses an die Paenitentiarie.

Für den Fall, dass es für den Paenitenten zu schwer ist, die Zeit bis zum Erhalt der Lossprechung durch die Paenitentiarie in schwerer Sünde zu verbleiben und folglich nicht die Sakramente oder Sakramentalien empfangen zu können, bevollmächtigt der Gesetzgeber in c. 1357 jeden Priester, der die Beichtfacultas besitzt, von der reservierten Exkommunikation *latae sententiae* zu befreien, ohne zuerst einen Rekurs zu führen, um dem Paenitenten den Zugang zu den Heilsgütern der Kirche schneller zu ermöglichen. Daran geknüpft ist allerdings die Pflicht auf Seiten des Paenitenten, sich innerhalb eines Monats mittels Rekurses an die Paenitentiarie zu wenden, andernfalls lebt die Strafe wieder auf und die durch den Beichtvater gegebene Absolution wäre unwirksam. Zudem hat der Beichtvater für die Zwischenzeit dem Paenitenten angemessene Bußen aufzuerlegen. Der Rekurs im sogenannten Dringlichkeitsfall erfolgt zu denselben Konditionen wie bei der gewöhnlichen Vorgehensweise.

Ein Rekurs muss außerdem ebenso an die Paenitentiarie gerichtet werden, wenn ein Priester einem Paenitenten in Todesgefahr die dem Apostolischen Stuhl reservierte Zensur *latae sententiae* nachließ. Nach seiner Genesung muss sich der Paenitent innerhalb eines Monats an die Paenitentiarie wenden, andernfalls lebte auch hier die Strafe wieder auf, sofern nicht entsprechende Gründe die Übersendung des Rekurses verhindern (vgl. c. 1357 § 3).

Im Hinblick auf die reservierten Strafen kann es positiv gewertet werden, dass der CIC/1983 anders als der CIC/1917 über ein sehr einfaches und übersichtliches System verfügt und, dass er dennoch am Vorbehalt zugunsten des Apostolischen Stuhls, der höhere Anforderungen an den Straferlass bedeutet, festhält, ist gerechtfertigt, da sich die genannten Straftaten direkt gegen die Sakramente richten und somit zu den schwersten zählen, wenn auch gleichzeitig gefragt werden kann, ob davon alle der schwersten Delikte erfasst sind. Die Paenitentiarie agiert in den an sie herangetragenen Bitten um Strafnachlass mit der Intention, dem Paenitenten bei der Sühne und Wiedergutmachung zu helfen. Die möglichst schnelle Bearbeitung der Rekurse deutet auch in diese Richtung, damit der Paenitent nicht länger als nötig auf den Strafnachlass zu warten braucht. Die Sonderform des Dringlichkeitsfalles verkürzt die Wartezeit auf ein Minimum. Bei elektronischer Kommunikation könnte sie auf ein größtmögliches Minimum verkürzt werden. Mit Commentz kann der Strafnachlass im Dringlichkeitsfall befürwortet werden, aufgrund der aufgezeigten Gründe.[756] Allerdings setzt dies sowie auch ganz allgemein der Bereich des reservierten Strafnachlasses und die erforderliche Vorgehensweise des Rekurses an die Paenitentiarie eine umfangreiche Kenntnis der kanonischen Vorschriften auf Seiten der Beichtväter voraus, was nicht immer vorausgesetzt werden kann, wie auch Sebott,[757] Lüdicke[758] und Pree[759] zu bedenken geben. Es wäre daher notwendig, die Priester und Bischöfe vertraut zu machen, einerseits mit den entsprechenden eben angedeuteten Vorschriften, die Begrenzung und Möglichkeiten der ordentlichen Beichtfacultas eingeschlossen, andererseits mit der Zuständigkeit der Apostolischen Paenitentiarie. Dies könnte einen sichereren Umgang mit Vorbehaltsfällen ermöglichen, was im Letzten auf das Heil bzw. in der dargestellten Materie auf das Ewige Heil der Seelen abzielt.

Neben dem Strafnachlass im *Forum internum sacramentale*, ist der Paenitentiarie die Gewährung verschiedener anderer Gnadenerweise anvertraut. Konkret bezieht sich diese Zuständigkeit auf die dem Apostolischen Stuhl reservierten Dispensen und Sanationen im Bereich des Eherechts und die genannten Irregularitäten für den Weiheempfang oder die Ausübung der Weihe. Daneben gewährt sie die Reduktion von Messstipendien sowie andere Gnadenerweise in Form von Umwandlung oder Befreiung von Privatgelübden oder die Heilung ungültiger Ordensprofessen. Hier ist eine taxative Auflistung nicht möglich. Der Paenitentiarie kommt zudem die Aufgabe zu für eine entsprechende Anzahl von Paenitentiaren an den römischen Patriarchalbasiliken und anderen bestimmten Basiliken zu sorgen, die die Vollmachten der Paenitentiarie besitzen. Wenn auch

756 „Ja, es ist gut, dass der Beichtvater diese Befugnis anwendet. … Als guter Hirt muss der Beichtvater sich darum bemühen, dass der Paenitent das Verlangen entwickelt, sobald wie möglich von der Strafe befreit zu werden, damit ihm seine Sünden vergeben werden können, und er die heilige Kommunion empfangen kann“ (Commentz, Apostolische Pönitentiarie, 25).

757 Vgl. Sebott, Das kirchliche Strafrecht, 142.

758 Vgl. Lüdicke, in: MKCIC, c. 1357, Rn. 12.

759 Pree, Imputabilitas, 227.

es keine Zuständigkeit mehr ist, so gibt die Paenitentiarie *de facto* Auskünfte zu Fragen des Gewissensbereichs. Obwohl die Paenitentiarie das kuriale Dikasterium für die Angelegenheiten des *Forum internum* ist, ist ihr im *Forum externum* die Zuständigkeit für das Ablasswesen übertragen.

Bei den einzelnen Zuständigkeiten wurde angefragt, ob es möglich wäre, dass sie von anderen kurialen Dikasterien übernommen werden könnten. Dass diese Möglichkeit bestünde, wurde bei den Aufgaben jeweils kurz dargelegt.

III. Struktur und Ämter der Paenitentiarie

Nach den Ausführungen über die Kompetenzen, Aufgaben und Zuständigkeitsbereiche der Paenitentiarie folgen die Darlegungen zu ihren Ämtern und der daraus resultierenden strukturellen Organisation.

Nykiel verweist darauf, dass sich die Verfassung der Paenitentiarie im Vergleich zu *Quae divinitus Nobis* von Pius XI. aus dem Jahr 1935 nicht wesentlich geändert habe und eine große Konstanz aufweise: „A tutt'oggi la Penitenzieria Apostolica è regolata, complessivamente, dalle norme della Costituzione apostolica *Quae divinitus Nobis* di Pio XI, del 25 marzo 1935, ritoccata dopo la Costituzione apostolica *Regimini Ecclesiae universae* del 15 agosto 1967, atteso che la successiva Costituzione apostolica Pastor bonus di Giovanni Paolo II (28 giugno 1988) praticamente nulla ha modificato nei confronti delle due precedenti"[760]. Dies wird insofern gestützt durch einen Hinweis in der *Nota sulle Fonti* des *Regolamento 2009*, welche jedoch zugleich notwendige Modifizierungen erwähnt. Darüber hinaus werden ebenso die Normen des CIC/1983 und des *Regolamento Generale della Curia Romana* aus dem Jahr 1999 berücksichtigt.

Nachfolgend werden die Ämter, die innere Organisation und die spezifischen Verfahrensweisen der Paenitentiarie genauer dargelegt. Dies geschieht vorrangig anhand der Normen des *Regolamento 2009*.[761] Zum Vergleich werden die Regelungen von *Quae divinitus Nobis* herangezogen, um zu prüfen, inwieweit sie im *Regolamento 2009* beibehalten oder geändert wurden und ob das *Regolamento* die bloße Aktualisierung von *Quae divinitus Nobis* ist oder darüber hinaus geht.

---

760 Nykiel, Sacramento della misericordia, 35.

761 „Il presente Regolamento … al fine di agevolare il quotidiano lavoro, in fedele adesione alla sollecitudine pastorale del Sommo Pontefice, ha lo scopo di enucleare la materia di competenza della Penitenzieria Apostolica, i suoi componenti, la sua struttura interna, le attribuzioni e i doveri del personale, l'ordine e i modi di procedere nell' esercizio della propria funzione" (Vorwort zum *Regolamento 2009* von Fortunato Baldelli, Kardinal-Großpaenitentiar).

14. Amt und Vollmachten des Großpaenitentiars

An der Spitze der Dikasterien der Römischen Kurie steht gemäß *PB*, Art. 3, § 1 entweder ein Kardinal als Präfekt oder ein Erzbischof als Präsident, wenn nicht die Natur des Dikasteriums oder ein spezielles Gesetz etwas anderes bestimmt.[762] Ebenso wie das Staatssekretariat, dem der Staatssekretär,[763] und die Römische Rota, der der Dekan vorsteht,[764] steht auch die Paenitentiarie nicht unter Leitung eines Präfekten oder Präsidenten, sondern des Großpaenitentiars, was im *Regolamento 2009* grundgelegt ist.[765] Die Paenitentiarie ist demnach nicht das einzige kuriale Dikasterium, das von der in *PB* normierten Leitungsform abweicht.

Anhand historischer Quellen lässt sich die erstmalige Bezeichnung des *paenitentiarius maior* oder *paenitentiarius generalis* oder auch des *paenitentiarius summus* nicht genau datieren. Meyer geht bezüglich der ersten Erwähnung vom Jahr 1245 aus.[766] Im Allgemeinen wird jedoch mehrheitlich angenommen, dass sich der Begriff im Laufe des 13. Jahrhunderts herausbildete.[767]

Anders als im CIC/1917, im *Ordo Servandus*, in *Quae divinitus Nobis* und in *REU*, wird der Großpaenitentiar in *Pastor Bonus* von 1988 in den Artikeln 117–120, die die Normen zur Paenitentiarie enthalten, nicht genannt.[768] Das *Regolamento 2009* enthält keine Regelung, sodass anzunehmen ist, dass auch für den Großpaenitentiar, wie für die anderen Leiter der Dikasterien, die Ernennung

---

762 Vgl. Johannes Paul II., *PB*, Art. 3, § 1: „Dicasteria, nisi ob peculiarem ipsorum naturam aut specialem legem aliam habeant structuram, constant ex Cardinali Praefecto vel Archiepiscopo Praeside".

763 Vgl. ebd., Art. 40.

764 Vgl. ebd., Art. 127.

765 Vgl. *Regolamento 2009*, Art. 3, § 1: „Alla Penitenzieria Apostolica è proposto il Cardinale Penitenziere Maggiore. Esso è coadiuvato dal Reggente e da cinque Prelati che costituiscono il Consiglio o Segnatura".

766 Vgl. Meyer, Quellen zur Geschichte, 334.

767 Vgl. Ickx, Nascita di un tribunale, 34. Das IV. Laterankonzil 1215 verwendete auch den Begriff „poenitentiarius", was nach Ickx darauf schließen lässt, dass damit eine bereits gegebene und schon länger bestehende Praxis gleichsam institutionalisiert wurde (vgl. ebd., 31f).

768 Auch *Sapienti Consilio* erwähnt den Großpaenitentiar nicht. Dafür aber der *Ordo Servandus*, und zwar in den Normae peculiares, Cap. VIII., Art. 1, 1°, der als ergänzende Präzisierung zu *Sapienti Consilio* anzusehen ist (s. unter 3.1.4.).

durch den Papst *ad Quinquennium* gilt mit der Option einer anschließenden Verlängerung.[769] Der Papst überträgt ihm für alle Angelegenheiten des *Forum internum* die uneingeschränkte Ausübung der Schlüsselgewalt und somit eine Fülle an Befugnissen und Vollmachten, die er in seiner Person vereint und für alle Gläubigen ausüben kann.[770] Die entsprechende Umschreibung der weitreichenden Vollmachten formulierte *Quae divinitus Nobis* folgendermaßen und auch für heute geltend: „Paenitentiarius Maior, …, amplissimam facultatem Sacri huius Officii supremus moderator constituitur, et hoc nomine omnes et singulas facultates Sacro huic Tribunali datas ipse in se complectitur“[771]. Kompakter, wenn auch inhaltlich unverändert, hierzu das *Regolamento 2009*: „Il Cardinale Penitenziere Maggiore assomma tutte le facoltà della Penitenzieria“[772]. Die Konzentration sämtlicher Befugnisse der Paenitentiarie im Amt des Großpaenitentiars unterscheidet ihn von den Vorstehern der anderen kurialen Dikasterien, deren Verantwortung und Zuständigkeiten sich auf mehrere Personen verteilt.[773] Dies geht konform mit der generellen und exklusiven Kompetenz für das *Forum internum*, in welchem alle Angelegenheiten ausschließlich durch die Paenitentiarie erledigt werden. „La Penitenzieria può operare nel foro interno tutto ciò che gli altri uffici della Curia Romana trattano nel foro esterno“[774].

Der Großpaenitentiar übt seine Befugnisse uneingeschränkt und im eigenen Namen aus und hat gemäß *PB*, Art. 4 wie alle Leiter der kurialen Dikasterien keinen ständigen Stellvertreter. Im Falle der Verhinderung oder bei vorübergehender Abwesenheit war er nach *Quae divinitus Nobis* berechtigt, mit Zustimmung des Papstes, einen Pro-Paenitentiar zu bestimmen. Dieser Pro-Paenitentiar verfügte kraft Delegation über dieselben Vollmachten wie der Großpaenitentiar und leitete die Paenitentiarie bei dessen Abwesenheit oder sonstiger Verhinderung.[775] Im *Regolamento 2009* wird ein Pro-Paenitentiar nicht mehr erwähnt, sodass davon ausgegangen werden kann, dass diese Möglichkeit der Vertretung nicht mehr vorgesehen ist. Zudem ist sie nicht mehr notwendig, da normiert wird, dass der Regens die Vertretung des Großpaenitentiars übernimmt mit allen

---

769 Vgl. Johannes Paul II., *PB*, Art. 5, § 1.

770 Vgl. Commentz, Apostolische Pönitentiarie, 10f.

771 Pius XI., *Quae divinitus Nobis*, Cap. 1.

772 *Regolamento 2009*, Art. 4, § 1.

773 Vgl. Del Re, Curia Romana, 205f.

774 Nykiel, Sacramento della misericordia, 36.

775 Vgl. Pius XI., *Quae divinitus Nobis*, Cap. 1.

erforderlichen Vollmachten.[776] Die Vertretung durch den Regens scheint, vor allem bei kürzerer Abwesenheit des Großpaenitentiars, die einfachere Lösung zu sein, da dieser täglich vor Ort ist und mit dem Geschäftsgang der Paenitentiarie vertraut ist. Unklar und vom *Regolamento 2009* nicht geregelt wird die Leitung der Paenitentiarie im Falle bei gleichzeitiger Abwesenheit sowohl des Großpaenitentiars als auch des Regens. Es wird nur geregelt, dass die Leitung des Kongresses per Delegation durch den Großpaenitentiar einer der höheren Mitarbeiter oder der Offiziale übernimmt.[777]

Nach Nykiel und Commentz sind die konkreten Aufgaben des Großpaenitentiars sehr vielfältig und daher schwierig zu benennen.[778] Doch lassen sich anhand des *Regolamento 2009* dennoch einige klar umschreiben, die dem Großpaenitentiar zur Erledigung vorbehalten sind. Ihm unterstehen die beiden Abteilungen, in welche sich die Paenitentiarie gliedert, und zwar die eine für das Ablasswesen und die andere für die Angelegenheiten des *Forum internum*,[779] wie in den vorangegangenen Kapiteln dargelegt.[780] Zudem trägt er die Verantwortung für die Auswahl, Prüfung und Bestellung einer ausreichenden Anzahl der *Penitenzieri Minori* an den Patriarchalbasiliken Roms und einigen anderen Basiliken Italiens, sowie die Verleihung der erforderlichen Befugnisse.[781] Die Verleihung dieser Vollmachten gelten auch für diejenigen Beichtväter, die neben den *Penitenzieri Minori* aushilfsweise bevollmächtigt werden.[782] Im Einvernehmen mit dem Regens ist er verantwortlich für die regelmäßige Prüfung und Überwachung der Eignung bzw. der Fähigkeit der Paenitentiare. Diese Regelung findet sich erstmals im *Regolamento 2009*.[783] Alle von der Paenitentiarie veröffentlichten

776 Vgl. *Regolamento 2009*, Art. 5, § 4: „Alle dipendenze del Penitenziere Maggiore, il Reggente esercita la direzione del Dicastero".

777 Vgl. ebd., Art. 4, § 10: „In caso di contemporanea assenza sua e del Reggente anche solo di un giorno, egli delegherà, con decreto, un Prelato o un Officiale a presiedere il Congresso e a firmare «de mandato Eminentissimi» i provvedimenti".

778 „Questa facoltà difficilmente possono essere elencate, essendo impossibile catalogare tutti i casi di coscienza che si possono presentare" (Nykiel, Sacramento della misericordia, 35) und übereinstimmend Commentz, Apostolische Pönitentiarie, 10.

779 Dies entspricht der AK *Quae divinitus Nobis*, Cap. 1, die sich auf c. 258 CIC/1917 beruft, nach welchem sich die Paeniteniarie in zwei Abteilungen gliedert.

780 S. dazu 8.–12.

781 Zu den Paenitentiaren s. unter 10.

782 *Regolamento 2009*, Art. 4, § 6: „Concede le necessarie facoltà ai Confessori proposti come supplenti dei Penitenzieri Minori".

783 Ebd., Art. 4, § 5: „Nomina e concede la facoltà ai Penitenzieri Minori della Basiliche Papali dell'Urbe. Esercita nei loro confronti i controlli di competenza d'intesa con il

Dokumente, einschließlich der Dekrete für die Ablässe und allgemeine Dekrete, sowie die Reskripte und Entscheidungen das *Forum internum* betreffend, müssen ihm vor Veröffentlichung bzw. Versendung zur Autorisierung und Unterschrift vorgelegt werden.[784] Ferner beruft er, wie es bereits in *Quae divinitus Nobis* unter seine Zuständigkeit fiel,[785] die *Segnatura* ein, in der er den Vorsitz führt, die Tagesordnung festlegt und in schwierigeren Fällen definitiv entscheidet.[786] Zur Einholung des Rates der höheren Mitarbeiter ist er dabei verpflichtet. Die Entscheidung kann er jedoch auch gegen deren Votum fällen.[787] Er repräsentiert die Paenitentiarie und vertritt sie auch in den Audienzen beim Papst.[788]

Zu den weiteren Aufgaben gehört die Leitung der monatlichen Treffen der *Penitenzieri Minori* an den römischen Patriarchalbasiliken[789] und ebenso die Autorisierung sowohl der Gesuche um Konsultation des *Archivio storico* der Paenitentiarie als auch möglicher daraus resultierender Publikationen nach Einholung der Ansicht einer zu diesem Zweck eingesetzten Kommission.[790] Dass die beiden letztgenannten Zuständigkeiten keine Entsprechung in *Quae divinitus Nobis* haben, ist der Tatsache geschuldet, dass das *Archivio storico* der Paenitentiarie zur Zeit Pius' XI. noch nicht zu Forschungszwecken konsultiert werden durfte und auch die monatlichen Treffen der Paenitentiare noch nicht stattfanden.

Eine Besonderheit, die außer dem Großpaenitentiar nur noch dem Camerlengo zukommt, besteht darin, dass er auch während der Sedisvakanz des Päpstlichen Stuhls im Amt bleibt und seine Vollmachten nicht *ipso iure* erlöschen.

Reggente". Die generelle Zuständigkeit für die *Paenitentiarii minores* findet sich ebenso in *Quae divinitus Nobis*, Cap. 1.

784 Vgl. ebd., Art. 4, § 8: „Firma i documenti pubblici del Dicastero, i Rescritti e le Lettere di maggiore importanza sia per la materia che per il destinatario".

785 Vgl. Pius XI., *Quae divinitus Nobis*, Cap. 6 b.

786 Vgl. *Regolamento 2009*, Art. 4, § 3: „Convoca la Segnatura e determina le materie da trattare, ne presiede le adunanze e rende esecutive le risoluzioni".

787 Vgl. ebd., Art. 4, § 1 übereinstimmend mit Pius XI., *Quae divinitus Nobis*, Cap. 3 und 6 b.

788 Ebd., Art. 4, § 3 i. V. m. Art. 6, § 4. Zur *Segnatura* und Audienz nochmals genauer im nachfolgenden Kapitel unter 20.2. und 20.3.

789 Vgl. ebd., Art. 4, § 3 i. V. m. Art. 6, § 5: „Presiede inoltre gli incontri mensili di aggiornamento dei Penitenzieri Minori, di cui all'art. 6 § 5".

790 Vgl. ebd., Art. 4, § 7: „Autorizza, secondo le norme stabilite in Segnatura e approvate dal Santo Padre, la consultazione dell'Archivio Storico e l'eventuale pubblicazione del risultato delle ricerche effettuate, sentito il parere della Commissione costituita a questo scopo".

Weiterhin ist er befugt seine Jurisdiktion uneingeschränkt auszuüben.[791] Alle anderen Leiter der Dikasterien scheiden automatisch aus dem Amt und bedürfen erst der Bestätigung des neu gewählten Papstes. Die Regelung des Amtsverbleibes des Großpaenitentiars auch während der Sedisvakanz begründete *Quae divinitus Nobis* mit der Sorge um das Heil der Seelen, das weder Aufschub noch Unterbrechung zulässt.[792] Diese Begründung führen *PB*, *Universi Dominici Gregis* und das *Regolamento 2009* nicht mehr an. Die Sorge um das Heil der Seelen rechtfertigt nicht notwendig oder ausschließlich den Amtsverbleib des Großpaenitentiars bei Sedisvakanz. Denn der Regens könnte, analog zu den Sekretären der anderen Dikasterien, die Leitung der Paenitentiarie und den laufenden Geschäftsgang übernehmen, so wie es für die vorübergehende Abwesenheit des Großpaenitentiars geregelt ist.[793] Bereits das Konzil von Vienne im Jahr 1311 bestätigte den Verbleib des Großpaenitentiars während der Sedisvakanz.[794] Und auch *PB* bekräftigt diese Praxis in Art. 6.: „Occurrente morte Summi Pontificis, omnes Dicasteriorum Moderatores et Membra a munere cessant. Excipiuntur Romanae Ecclesiae Camerarius et Paenitentiarius Maior, qui ordinaria negotia expediunt, ea Cardinalium Collegio proponentes, quae ad Summum Pontificem essent referenda“. Sich auf *Pastor Bonus* beziehend aktualisierte Johannes Paul II. dies letztmalig am 22. Februar 1996 mit der Apostolischen Konstitution *Universi Dominici Gregis*, mittels derer er unter anderem Normen für die Römische Kurie im Falle der Sedisvakanz erließ und folglich auch die Zuständigkeiten des Großpaenitentiars festlegte.[795] Verbunden mit der Situation der Sedisvakanz und

---

791 Vgl. ebd., Art. 4, § 9: „Non cessa dall'incarico durante la Sede Vacante“. Das Verbleiben des Großpaenitentiars im Amt während der Sedisvakanz entspricht nicht nur Pius' XI., *Quae divinitus Nobis* (Cap. 1), sondern bereits *In Apostolicae*, § 4 Benedikts XIV.

792 Vgl. hierzu Pius XI., *Quae divinitus Nobis*, Cap. 12: „Quoniam tamen animarum saluti, quae omni tempore periclitatur, nulla interiecta mora provide consulendum est“.

793 Vgl. *Regolamento 2009*, Art. 5, § 4: „Alle dipendenze del Penitenziere Maggiore, il Reggente esercita la direzione del Dicastero“. Zudem ist der Regens gemäß Art. 5, § 2 befugt, die Signatur zu leiten. Durch seine Aufgabe, das reibungslose Funktionieren der Paenitentiarie zu gewährleisten (vgl. ebd., Art. 5, § 1), ist er vertraut mit allen Aufgaben und könnte diese problemlos übernehmen, bis nach der Wahl eines neuen Papstes auch ein neuer Großpaenitentiar ernannt wäre.

794 Vgl. Saraco, Penitenzieria Apostolica, 12.

795 „Ad mentem n. 6 Constitutionis Apostolicae cuius initium est Pastor bonus, omnes Dicasteriis Romanae Curiae Praepositi, sive Cardinalis Secretarius Status sive Cardinales Praefecti sive Archiepiscopi Praesides sicut etiam eorundem Dicasteriorum Membra occurrente morte Pontificis, a munere suo cessant, exceptis Sanctae Romanae Ecclesiae Camerario et Paenitentiario Maiore, qui ordinaria negotia pergunt expedire,

des in dieser Zeit stattfindenden Konklaves, an dem der Großpaenitentiar als Kardinal teilnimmt, ist es ihm sogar währenddessen erlaubt, wichtige Briefe und dringende Dokumente der Paenitentiarie, die weder Aufschub noch Verzögerung dulden, in verschlossenen und versiegelten Umschlägen zu erhalten und Entscheidungen zu treffen.[796] Alles, was er gewöhnlich dem Papst vorlegen würde, muss er dem Kardinalskollegium vorlegen.[797]

Geregelt ist auch die Vorgehensweise, sollte der Großpaenitentiar während der Sedisvakanz bzw. während des Konklaves sterben und in Folge davon sein Amt vakant werden. In beiden Fällen ist das Kardinalskollegium verpflichtet, aus den Reihen der anwesenden Kardinäle einen neuen Großpaenitentiar zu wählen, der das Amt bis zur Wahl eines neuen Papstes mit allen Vollmachten ausübt.[798] Bei gleicher Stimmverteilung gilt derjenige als gewählt, der im Kardinalsrang höher ist oder, sofern durch dieses Kriterium keine Entscheidung herbeizuführen ist, derjenige, der dem Kardinalskollegium temporär länger angehört.[799]

---

ea Cardinalium Collegio proponentes quae ad Summum Pontificem essent referenda" (Johannes Paul II, *Universi Dominici Gregis*, Cap. III., Art. 14).

796 Vgl. Commentz, Apostolische Pönitentiarie, 11. Diese Regelung ist nicht mehr eigens im *Regolamento 2009* enthalten, doch *Universi Dominici Gregis* verweist in Cap. III., Art. 18 auf die Beibehaltung der entsprechenden Normen von *Quae divinitus Nobis*. Nach Cap. 12 dieser Konstitution ist es dem Großpaenitentiar erlaubt, auch während des Konklaves, wichtige Dokumente der Paenitentiarie zu erhalten: „Quapropter liberum atque expeditum erit litterarum commercium inter Officium Sacrae Paenitentiariae et Cardinalem Paenitentiarium Maiorem etiam in Conclavi degentem; eaeque litterae, sigillo Officii munitae, nulli examini et inspectioni erunt obnoxiae".

797 Johannes Paul II., *Universi Dominici Gregis,* Cap. III., Art. 14.

798 *Universi Dominici Gregis* regelt in Cap. III., Art. 15 die Wahl des Großpaenitentiars durch alle anwesenden wahlberechtigten Kardinäle, sowohl für die Zeit der Sedisvakanz als auch für den Zeitraum des Konklaves. Abwesende Kardinäle, selbst wenn sie wahlberechtigt wären, könnten demnach nicht wählen.

799 „Quodsi munus Sanctae Romanae Ecclesiae Camerarii vel Paenitentiarii Maioris, quo tempore Pontifex diem obiit supremum vel ante Successoris electionem, vacare contingat, Cardinalium Collegium quam primum eligere debet Cardinalem vel, si casus ferat, Cardinales, qui usque ad electionem novi Pontificis eiusmodi officia gerant. In singulis casibus memoratis, electio fit per secreta suffragia omnium Cardinalium electorum qui praesentes adsunt; suffragia feruntur ope schedularum, quas viri ecclesiastici a caeremoniis distribuant et colligant, nec non aperiant coram Sanctae Romanae Ecclesiae Camerario ac tribus Cardinalibus Assistentibus, si eligendus est Paenitentiarius Maior; .... Is autem electus habendus est, et ipso facto omnibus facultatibus ad munus pertinentibus praeditus, in quem maior pars votorum seu suffragiorum convenerit. Quodsi forsitan suffragia paria fuerint, ille deputatus habeatur qui fuerit ordine prior, aut, si eiusdem ordinis, qui prius in Sacrum Collegium adlectus" (Johannes Paul II.,

Auch diese Ausnahme dürfte in der Sorge um die ununterbrochene Tätigkeit der Paenitentiarie begründet sein. Der neu gewählte Papst kann den von den Kardinälen Gewählten dann entweder als Großpaenitentiar bestätigen oder jemand anderen dazu ernennen. Dieser muss kein Kardinal sein.[800] Beide Regelungen, nämlich sowohl die Möglichkeit der Kontaktaufnahme mit dem Großpaenitentiar während des Konklave als auch die unmittelbare Wahl eines neuen Großpaenitentiars durch die anwesenden, wahlberechtigten Kardinäle, wären nicht mehr zwingend erforderlich. Denn in beiden Fällen könnte der Regens ohne Verzögerung dessen Aufgaben übernehmen, bis zur Ernennung eines neuen Großpaenitentiars durch den gewählten Papst.[801]

Auf einen wichtigen und generellen Aspekt weist Hélder hin: Das Amt und die Tätigkeiten des Großpaenitentiars sind nämlich im Sinne des c. 152 inkompatibel mit einem oder mehreren anderen Ämtern.[802] Der Grund dafür liegt in der strikten Abgrenzung des *Forum internum* vom *Forum externum*. Alle Aufgaben und Zuständigkeiten der Paenitentiarie im *Forum internum sacramentale* unterliegen dem Beichtgeheimnis und absoluter Verschwiegenheit. Die gleichzeitige Übernahme eines anderen Amtes durch den Großpaenitentiar im äußeren Rechtsbereich bärge die Gefahr eines möglichen Gewissens- und Wissenskonflikts in sich, da er aus an der Paenitentiarie erlangten Informationen keinerlei Wissen preisgeben oder es gar im *Forum externum* verwenden dürfte.[803] Die Trennung von *Forum internum* und *Forum externum* ist innerhalb

---

Universi Dominici Gregis, Cap. III., Art. 15). Wenn auch deutlich kürzer, so enthielt *Quae divinitus Nobis* die Regelung der Pflicht der Kardinäle zur Wahl eines Großpaenitentiars nach dessen Tod während der Sedisvakanz (vgl. Pius XI., *Quae divinitus Nobis*, Cap. 1).

800 Dieselbe Ausnahmeregelung gilt auch bei Vakanz des Camerlengo (vgl. Johannes Paul II., *Universi Dominici Gregis*, Cap. III., Art. 15).

801 Die Normen des *Regolamento 2009* ließen dies zu, denn es überträgt dem Regens für die Abwesenheit des Großpaenitentiars die Übernahme der Vertretung in der Signatur (Art. 5, § 2) und in der Audienz (Art. 19, § 5). Zudem übernimmt der Regens bei Abwesenheit des Großpaenitentiars die Leitung der Paenitentiarie (Art. 5, § 4). So könnte die Ausübung der wichtigsten Tätigkeiten, besonders die Angelegenheiten des *Forum internum sacramentale,* allein durch den Regens und die höheren Beamten gewährleistet werden, die gemäß Art. 6, § 8 bei Sedisvakanz nicht aus dem Amt scheiden. Die wichtigeren Angelegenheiten, die der Papst entscheiden muss, könnten diesem in der ersten Audienz entweder vom Regens oder von einem neu ernannten Großpaenitentiar vorgebracht werden.

802 Vgl. Hélder, A figura do Penitenciário, 201.

803 Hélder nennt exemplarisch die Inkompatibilität des Amtes des Großpaenitentiars mit dem Amt des Generalvikars. „Deste modo evita-se que o foro externo se possa valer dos

der Paenitentiarie jedoch nach der geltenden Rechtslage nicht gegeben, da dem Großpaenitentiar beide Zuständigkeitsbereiche unterstehen und somit auch die Ablässe, die zum *Forum externum* gehören. Eine konsequente Trennung könnte durch Abkoppelung des Ablasswesens von der Paenitentiarie und die Kompetenzzuweisung an ein anderes Dikasterium, wie beispielsweise an die Kongregation für den Gottesdienst und die Sakramentenordnung oder an den Rat für Neuevangelisierung, erreicht werden.

Zusammenfassend ist festzustellen, dass die Aufgaben des Großpaenitentiars beinahe unverändert geblieben sind. Neben den bereits begründeten fehlenden Zuständigkeiten für das *Archivio storico* der Paenitentiarie sowie für die Leitung der monatlichen Treffen der *Paenitentiarii minores*, findet sich im *Regolamento 2009* erstmals explizit die mit dem Regens einvernehmlich durchgeführte Kontrolle und fortlaufende Prüfung der an den römischen Patriarchalbasiliken und anderen Basiliken Italiens tätigen Paenitentiare und die genannte Bevollmächtigung der diesen Paenitentiaren zur Unterstützung gegebenen Beichtväter. Weggefallen ist der Gebrauch der Rute des Großpaenitentiars *(virga paenitentialis)*, deren Berührung in der Karwoche die Gewährung von 300 Ablasstagen bedeutete.[804] Der Wegfall des Gebrauches der Rute ist zu begrüßen, da dahinter latente Ansätze eines magischen Verständnisses der Ablasspraxis gesehen werden konnten.

Thematisiert werden sollen abschließend noch die unterschiedlichen Bezeichnungen des Großpaenitentiars in den Quellen, die zum besseren Überblick nachfolgend nochmals genannt werden: *Major Poenitentiarius* (In Apostolicae), *Cardinalis Poenitentiarius* (Ordo Servandus),[805] *Cardinalis Poenitentiarius Maior* (c. 258 CIC/1917),[806] *Cardinalis Paenitentiarius Maior* und *Paenitentiarius Maior* (Quae divinitus Nobis),[807] *Paenitentiarius Maior* und *Cardinalis Paenitentiarius*

excessos do foro interno, tendo como finalidade o bom governo da Diocese". Und er fährt im Bezug auf das in der Beichte gewonnene Wissen und die daraus resultierende Unmöglichkeit der Verwendung im *Forum externum* fort: "Proibiu a nomeação do penitenciário para vigário geral da Diocese, para não tirar a liberdade dos penitentes nas confissões, sabendo que o mesmo sujeito, exercitando o ofício de juiz espiritual e temporal, pode facilmente abusar das notícias recebidas no sacramento da penitência ao julgar as causas no foro temporal" (ebd.).

804 Vgl. Pius XI., *Quae divinitus Nobis*, Cap. 1.

805 S. zu *In Apostolicae* und zum *Ordo Servandus* unter 3.1.4.

806 S. zum CIC/1917 unter 3.3.

807 S. zu *Quae divinitus Nobis* unter 4. *Quae divinitus Nobis* verwendet zur Bezeichnung des Großpaenitentiars zwei unterschiedliche Weisen, und zwar 27-mal „Cardinalis Paenitentiarius Maior" und 15-mal „Paenitentiarius Maior".

Maior (REU),[808] *Paenitentiarius Maior* (PB, Art. 6).[809] Zudem verwendet das *Regolamento 2009* vier unterschiedliche Bezeichnungen, und zwar *Cardinale Penitenziere, Cardinale Penitenziere Maggiore, Penitenziere Maggiore* und *Cardinale.* Angesichts dieser Quellen geht es um die Frage nach dem Kardinalstitel des Großpaenitentiars,[810] der zwar von der Mehrheit der Quellen genannt wird, aber nicht von allen und nicht immer konsequent, wie an von *Quae divinitus Nobis, REU, PB* und dem *Regolamento 2009* ersichtlich wird. *In Apostolicae* führt nicht den Kardinalszusatz, doch geht aus *In Apostolicae,* § 3 hervor, dass der Großpaenitentiar vom Papst aus den Reihen der Kardinäle ernannt wird.[811] Eine ähnliche Bestimmung findet sich in *Quae divinitus Nobis,* Cap. 1.[812] Der Großpaenitentiar wird aufgrund der Bezeichnung in den Quellen überwiegend Kardinal-Großpaenitentiar genannt, was impliziert, dass er auch zum Kardinal kreiert wurde. Dennoch muss das nicht zwingend der Fall sein, denn die Bezeichnung als Kardinal in Verbindung mit dem Amt des Vorstehers eines Dikasteriums, kann an der Römischen Kurie auch nur einen Amtstitel bezeichnen, wie beispielsweise Kardinal-Staatssekretär oder Kardinal-Präfekt. Dies gilt dann auch für den Kardinal-Großpaenitentiar.[813] Man könnte diese Vorsteher daher ebenso ohne den Kardinalszusatz benennen, da ihre Ämter klar definiert blieben. Faktisch wird es sich bei den Vorstehern der Dikasterien zwar meistens um Kardinäle handeln, doch vor diesem Hintergrund wäre es möglich, dass der Papst jemanden zum Großpaenitentiar ernennt, der nicht dem Kollegium der Kardinäle zugehört. Die Ausübung seiner Vollmachten würde es ebenso wenig einschränken. Dies zeigt sich auch daran, dass der Regens, der kein Kardinal ist, den Großpaenitentiar bei dessen Abwesenheit in allen Belangen vertreten kann. Unklar bleiben im Hinblick auf das Kardinalat lediglich die verschiedenen und teils innerhalb einer Quelle variierenden Schreibweisen des Großpaenitentiars mit und ohne Kardinalszusatz, was im *Regolamento 2009* mit vier Varianten am häufigsten vorkommt, wenn auch die Bezeichnungen mit Kardinal überwiegen. Denkbar ist dadurch der eben genannten Möglichkeit entsprechen zu können und zu zeigen, dass der Kardinalszusatz nicht konstitutiv ist für das Amt des Großpaenitentiars.

---

808 S. zu *REU* unter 5.

809 S. zu *PB* unter 6.2.

810 Zu den unterschiedlichen in den Quellen verwendeten Schreibweisen s. unter 7.

811 „Major Poenitentiarius unus fit ex S. R. E. Cardinalibus, idemque Magister in Theologia, seu Decretorum Doctor; atque a solo Romano Pontifice eligetur per literas in forma Brevis" (Benedikt XIV., *In Apostolicae,* § 3).

812 „Electus a Pontifice e Cardinalibus S. R. E. et per Apostolicas Litteras renuntiatus" (Pius XI., *Quae divinitus Nobis,* Cap. 1).

813 Vgl. Köstler, Wörterbuch, 61.

15. Amt und Vollmachten des Regens und der anderen höheren Mitarbeiter

Als oberstem Leiter der Apostolischen Paenitentiarie unterstehen dem Großpaenitentiar verschiedene Mitarbeiter, die ihn bei der Erledigung aller an die Paenitentiarie herangetragenen Aufgaben in je eigenen Verantwortungsbereichen unterstützen.

15.1. Regens

An erster Stelle sind dies sechs höhere Mitarbeiter, die den *Officiales Maiores* in *Quae divinitus Nobis*[814] entsprechen.[815] Der Regens oder Regent *(Reggente)* ist von ihnen der rangmäßig Höchste und steht in der hierarchischen Struktur der Paenitentiarie unmittelbar nach dem Großpaenitentiar.[816] Dies entspricht auch der Reihenfolge von *REU*[817] und des *Ordo Servandus*[818]. Keine Erwähnung findet der Regens in *Sapienti Consilio*, dem CIC/1917[819], dem CIC/1983, dem CCEO und in *Pastor Bonus*. Seine Aufgaben ähneln denjenigen der Sekretäre anderer Dikasterien, doch ist er direkt dem Großpaenitentiar unterstellt[820] und de facto verantwortlich für die Organisation, das ordnungsgemäße Funktionieren und den alltäglichen Geschäftsgang der Paenitentiarie.[821] „Come indica il nome, è

814 S. Pius XI., *Quae divinitus Nobis*, Cap. 2; 3; 5; 6.

815 Das *Regolamento 2009* nennt diese Mitarbeiter „Prelati" (z. B. in Art. 6). Auch *Quae divinitus Nobis* bezeichnete die *Officiales Maiores* im Kollektiv als „Sacrae Paenitentiariae Apostolicae Prelati" (vgl. Pius XI., *Quae divinitus Nobis*, Cap. 2). Der Prälat ist ein mehrdeutiger Titel (vgl. Mörsdorf, Rechtssprache, 37) und meint den Ehrenprälat oder einen höheren Welt- oder Ordensgeistlichen (vgl. ebd., 104). Aufgrund der Tätigkeiten in der Paenitentiarie und der Mehrdeutigkeit des Begriffs werden sie nicht mit ‚Prälaten', sondern mit ‚höhere Mitarbeiter' übersetzt.

816 Vgl. *Regolamento 2009*, Art. 3, § 1.

817 S. Paul VI., *REU*, Art. 111. S. unter 4.1.

818 S. *Ordo Servandus*, Normae peculiares, Cap. VIII., Art. 1, 1° unter 3.1.4.

819 Der CIC/1917 erwähnt lediglich den *Cardinalis Poenitentiarius Maior* in c. 258 § 1.

820 „Regens primo loco inter sex Officiales Maiores, ut ipse eius titulus significat, sub immediato Cardinalis Paenitentiarii Maioris ductu, Sacrum Officium moderatur" (Pius XI., *Quae divinitus Nobis*, Cap. 5).

821 Vgl. *Regolamento 2009*, Art. 5, § 1: „Il Reggente dirige il lavoro ordinario della Penitenzieria Apostolica sotto l'autorità del Cardinale Penitenziere Maggiore, esercitando le necessarie facoltà proprie e quelle che gli vengono delegate dal Cardinale. Ha la responsabilità del buon andamento dell'Ufficio, segue lo svolgimento delle pratiche,

colui che 'regge' la Penitenzieria ... Egli organizza e dirige il normale svolgimento del lavoro d'ufficio"[822]. Da er der Garant für einen reibungslosen Arbeitsablauf sein soll und er Kompetenz in allen Belangen der Paenitentiarie vorweisen muss, sind vor allem besondere Kenntnisse des Kirchenrechts und der Moraltheologie unerlässlich, um den Aufgaben adäquat entsprechen zu können.[823] In gleicher Weise wie der Großpaenitentiar bleibt er auch während einer Sedisvakanz im Amt: „Il Reggente non cessa nel periodo di Sede Apostolica Vacante"[824].

Zu seinen konkreten Aufgaben gehören neben der umfassenden Verantwortung für ein reibungsloses Funktionieren der Paenitentiarie der Vorsitz im Kongress,[825] die Berichterstattung über alle wichtigen Vorgänge und Angelegenheiten der Paenitentiarie,[826] die Vertretung des Großpaenitentiars in der Signatur[827] und der Audienz beim Papst,[828] sowie bei dessen Abwesenheit die Leitung der Paenitentiarie.[829] Außerdem führt er zusammen mit dem Theologen und Kanonisten die Eignungsprüfung der Bewerber für das Amt der *Penitenzieri Minori* durch. Dazu gehört auch die Prüfung der Kenntnisse in Moraltheologie und Kirchenrecht.[830] Im Kontext der *Penitenzieri Minori* obliegt dem Regens die Verantwortung für den Kontakt zu ihren Gemeinschaften an den Patriarchalbasiliken und

---

propone al Penitenziere Maggiore quelle da sottomettere all'esame della Segnatura e controlla l'esecuzione delle decisioni prese nelle singole istanze. Riferisce al Cardinale circa le pratiche che pervengono al Dicastero". Einen Mitarbeiter, der dem Amt des Untersekretärs entspräche, gibt es nicht an der Paenitentiarie.

822 Nykiel, Sacramento della misericordia, 37.

823 Vgl. Nykiel, Sacramento della misericordia, 37.

824 *Regolamento 2009*, Art. 5, § 11. Dies hat keine Entsprechung in *Quae divinitus Nobis*.

825 Vgl. ebd., Art. 5, § 2: „Presiede il Congresso quotidiano e adotta le conclusioni". Übereinstimmend mit *Quae divinitus Nobis*, Cap. 6 a.

826 Vgl. ebd., Art. 5, § 1: „Riferisce al Cardinale circa le pratiche che pervengono al Dicastero".

827 Vgl. ebd., Art. 5, § 2: „In assenza del Cardinale Penitenziere e per casi non differibili presiede la Segnatura, comunicando successivamente al Cardinale le risoluzioni". Übereinstimmend mit *Quae divinitus Nobis*, Cap. 6 b.

828 Vgl. ebd.: „In mancanza del Cardinale, riferisce in Udienza al Santo Padre le pratiche che esigono la Sua approvazione". Übereinstimmend mit *Quae divinitus Nobis*, Cap. 6 c.

829 Vgl. ebd., Art. 5, § 4: „Alle dipendenze del Penitenziere Maggiore, il Reggente esercita la direzione del Dicastero".

830 Vgl. ebd., Art. 5, § 5: „Presiede gli esami dei candidati all'ufficio di Penitenzieri Minori insieme al Teologo e al Canonista, che potranno essere sostituiti eventualmente da un altro Prelato. L'Aiutante di Studio, di cui al successivo art. 8, funge da Attuario. Il Reggente e i Prelati esaminano il candidato su argomenti di Teologia Morale e di Diritto Canonico, valutando l'idoneità personale per l'ufficio".

zusammen mit dem Großpaenitentiar die Sorge für die Aufsicht und Überwachung ihres Dienstes, aber auch die Sorge um die einzelnen Paenitentiare. Zu den organisatorischen Aufgaben des Regens gehört die Planung der monatlichen Treffen sowie, nach Rücksprache mit den anderen höheren Mitarbeitern, und hier im Besonderen mit dem Theologen, die Organisation des jährlichen, von der Paenitentiarie veranstalteten „Corso sul Foro interno"[831] und gegebenenfalls die Koordination und Durchführung anderer Aktivitäten der Paenitentiarie, wie beispielsweise Ad-Limina-Besuche von Bischöfen oder Besuche von Gruppen Studierender des Kirchenrechts.[832] Gemäß Anweisung durch den Großpaenitentiar gewährt er, nach Anhörung des Archivars und einer zu diesem Zweck eingerichteten Kommission, Studierenden und Wissenschaftlern zu Forschungszwecken Zugang zum *Archivio Storico* und gibt die Erlaubnis, ihre Ergebnisse zu veröffentlichen.[833] Zum ordnungsgemäßen Funktionieren der Paenitentiarie gehört auch die Einführung neuer Mitarbeiter in die Arbeitsweise des Dikasteriums, was auch in die Zuständigkeit des Regens fällt: „Cura le pratiche del personale della Penitenzieria Apostolica e quelle relative ai Padri Penitenzieri Minori. Istruisce le pratiche concernenti i nuovi Officiali e quelle dei nuovi Penitenzieri Minori, occupandosi anche dell'archiviazione dei documenti"[834].

---

831 Die Termine und das Programm der Kurse für das jeweilige Jahr sind einsehbar auf der Homepage der Paenitentiarie unter: http://www.penitenzieria.va/content/penitenzieriaapostolica/it/profilo/eventi.html (zuletzt eingesehen am 4. 3. 2020).

832 Vgl. *Regolamento 2009*, Art. 5, § 6: „Secondo le indicazioni del Cardinale Penitenziere e con la collaborazione degli Aiutanti di Studio, comunica ai Rappresentanti Pontifici le Istruzioni proprie del dicastero; cura i rapporti con i Collegi dei Penitenzieri Minori e con le rispettive Curie Generalizie, come indicato all'art. 4 § 5, con il Cardinale Penitenziere, vigila sui Collegi dei Penitenzieri Minori e sui loro singoli membri; programma gli incontri mensili di aggiornamento per gli stessi Penitenzieri e organizza d'intesa con i Prelati, specialmente con il Teologo, il Corso annuale sul Foro interno e altre eventuali attività del Dicastero, come incontri con i Vescovi in visita «ad limina» e con gruppi di studiosi di Diritto Canonico". Besonders fällt die Erwähnung der letzten Zuständigkeit für Begegnungen mit Studierenden des Kirchenrechts auf. Hierzu gibt es weder eine Parallele zu einer früheren Regelung, noch findet sich eine Entsprechung in den *Normae Romanae Rotae Tribunal* vom 7. Februar 1994 noch in der *Lex propria Supremi Tribunalis Signaturae Apostolicae* vom 21. Juni 2008.

833 Vgl. ebd., Art. 5, § 7. „Secondo le direttive del Cardinale Penitenziere e sentito l'Archivista e la Commissione istituita a questo scopo, concedere agli studiosi che lo richiedono il permesso di consultare l'Archivio Storico e di pubblicare il risultato delle loro ricerche come indicato all'art. 11, § 7". Diese Norm bezieht sich fälschlicherweise auf Art. 11, § 7, den es im *Regolamento* nicht gibt. Richtig wäre anzuführen: Art. 4, § 7.

834 Ebd., Art. 5, § 9.

Eine formale Aufgabe besteht in der Gegenzeichnung aller öffentlichen Dokumente, der Reskripte und Briefe, die vom Großpaenitentiar unterschrieben wurden. Ferner unterzeichnet der Regens die gewöhnliche Korrespondenz der Paenitentiarie.[835] Hierbei wäre auch zu denken an die Antworten, die auf Fragen den Gewissensbereich betreffend gegeben werden. Vom Großpaenitentiar kann er bevollmächtigt werden sämtliche Reskripte zu unterschreiben.[836]

Nykiel erwähnt weitere Befugnisse des Regens, welche er durch Delegation vom Großpaenitentiar erhält,[837] spezifiziert diese jedoch nicht näher, sodass dies womöglich einzelfallorientiert erfolgen könnte. Der Regens, sowie auch die anderen höheren Mitarbeiter, werden durch Dekret des Staatssekretariats ernannt.[838] Im Falle der Vakanz des Amtes des Großpaenitentiars scheidet der Regens nicht *ipso iure* aus dem Amt, sondern verfügt weiterhin über seine bisherigen Befugnisse.[839]

Im Vergleich mit *Quae divinitus Nobis* kann schlussgefolgert werden, dass die darin genannten Zuständigkeiten des Regens im Wesentlichen vom *Regolamento 2009* beibehalten, zugleich jedoch erweitert wurden. Die organisatorischen Aufgaben mögen auch hier der Tatsache geschuldet sein, dass sie größtenteils erst nach *Pastor Bonus* oder noch später aufkamen, wie beispielsweise die monatlichen Treffen der Paenitentiare der Patriarchalbasiliken. Über die Prüfung der Paenitentiare durch den Regens enthält *Quae divinitus Nobis* keine Angaben. Möglicherweise fiel dies in die alleinige Zuständigkeit des Großpaenitentiars. Ein Hinweis auf die Prüfung der Kandidaten für das Amt der *Paenitentiarii minores* findet sich in *Quae divinitus Nobis*, Cap. 6 b, wonach dies in der *Signatura* thematisiert wurde. Der Regens wird dabei nicht explizit genannt, sondern nur kollektiv mit den anderen fünf höheren Mitarbeitern. Die Verantwortung der Einführung neuer Mitarbeiter an der Paenitentiarie hat ebenso in *Quae divinitus Nobis* keine Entsprechung.

---

835 Vgl. ebd., Art. 5, § 8: „Controfirma i documenti pubblici del Dicastero, i Rescritti e le Lettere firmate dal Cardinale Penitenziere. Firma la corrispondenza ordinaria".

836 Vgl. ebd., Art. 5, § 10: „Può essere incaricato dal Cardinale Penitenziere a firmare alcuni Rescritti, a norma dell'art. 4 § 2".

837 Vgl. Nykiel, Sacramento della misericordia, 37.

838 Da das *Regolamento 2009* keine Normen zur Ernennung der Mitarbeiter der Paenitentiarie enthält, gelten die allgemeinen Regelungen von *PB*, Art. 5, § 1, wonach die höheren Mitarbeiter vom Papst für einen Zeitraum von fünf Jahren ernannt werden. Dies entspricht auch Art. 11, §§ 1–2 des *RGCR*.

839 Vgl. *Regolamento 2009*, Art. 5, § 3: „Vacante l'ufficio di Penitenziere Maggiore, il Reggente mantiene tutte le sue facoltà".

15.2. Andere höhere Mitarbeiter

Neben dem Regens sind fünf weitere höhere Mitarbeiter an der Paenitentiarie tätig. Sie bestehen aus dem Theologen, dem Kanonisten und drei weiteren Beratern. Der Theologe gehört gemäß *Regolamento 2009* der Gesellschaft Jesu an,[840] was auch *Quae divinitus Nobis* entspricht.[841] Die drei höheren Mitarbeiter neben dem Theologen und Kanonisten sind nicht mehr näher spezifiziert oder hinsichtlich konkreter Zuständigkeiten unterschieden. Aus einem Vergleich mit *Quae divinitus Nobis* lässt sich darauf schließen, dass es sich bei ihnen jeweils um die früheren Ämter des Sigillators, Correctors und Datars handelt.[842] Laut Nykiel erfolgte die Abschaffung dieser drei „antichi titoli" im Jahr 1969 analog zur nicht mehr notwendigen Aufgabenunterscheidung.[843] Seitdem heißen die drei schlicht ‚Berater' *(Consiglieri)*.[844] Einen Hinweis auf die offizielle Änderung der Amtsbezeichnungen enthielt nach Nykiel[845] möglicherweise bereits *REU* zwei Jahre zuvor, welche neben dem Regens andere höhere Mitarbeiter, jedoch ohne genauere Bezeichnung, zur Unterstützung des Großpaenitentiars erwähnt.[846] Allerdings ist *REU* in Art. 111 eine Fußnote beigefügt, die wiederum auf *Quae divinitus Nobis*, Art. 2 und 3 verweist, welche die eben genannten Amtsbezeichnungen der sechs höheren Mitarbeiter enthalten. Daher ist anzunehmen, dass auch *REU* die früheren Bezeichnungen dieser Mitarbeiter beibehielt.

---

840 Vgl. ebd., Art. 6, § 1: „I Prelati della Penitenzieria sono il Teologo, che per consuetudine è sempre stato un membro della Compagnia di Gesù, il Canonista, tre Consiglieri".

841 „Theologus, quod quidem Officium ex privilegio reservatur Societati Iesu" (Pius XI., *Quae divinitus Nobis*, Cap. 2).

842 Vgl. hierzu Pius XI., *Quae divinitus Nobis*, Cap. 2: „Volumus igitur ut Officiales Maiores sint et maneant sex numero. … Sunt autem: Regens, Theologus …, Datarius, Corrector, Sigillator, Canonista, qui omnes sunt vere Sacrae Paenitentiariae Apostolicae Praelati". Diese höheren Mitarbeiter sowie ihre Zuständigkeiten erwähnte ausführlicher auch die Konstitution *In Apostolicae* Benedikts XIV. von 1744 (vgl. dazu zu den Mitarbeitern vor allem die §§ 13–17 von *In Apostolicae* und in dieser Arbeit die Ausführungen unter 3.1.4.).

843 Vgl. Nykiel, Sacramento della misericordia, 37, Anm. 11.

844 Vgl. *Regolamento 2009*, Art. 6, § 1.

845 Vgl. Nykiel, Sacramento della misericordia, 37, Anm. 11.

846 Vgl. Paul VI., *REU*, Art. 111: „Sacrae Paenitentiariae Apostolicae praeficitur Cardinalis Paenitentiarius Maior, qui adiuvatur a Regente aliisque Praelatis, qui eiusdem Paenitentiarii Maioris Consilium efficiunt". Zu den Mitarbeitern in *REU* s. unter 4.1.

Alle höheren Mitarbeiter werden für fünf Jahre ernannt[847] und haben gemäß des *Regolamento 2009* Teil an der Jurisdiktionsgewalt *(potestas ordinaria vicaria)* im *Forum internum.*[848] Ihre wesentliche Aufgabe ist es, den Großpaenitentiar in schwierigeren Fragestellungen zu beraten. Bei theologischen Fragen bedient sich der Großpaenitentiar des Theologen, bei kirchenrechtlichen Fragen des Kanonisten.[849] Alle höheren Mitarbeiter sollten jedoch in der Lage sein, jederzeit entsprechend Rat und Antwort geben zu können. Nach Nykiel müssen sie über ausgezeichnete Kenntnisse des Kirchenrechts und der Moraltheologie verfügen.[850] Weder das *Regolamento 2009* noch eine andere Quelle schreiben das jedoch vor. Da alle höheren Mitarbeiter Priester sind, verfügen sie über ein abgeschlossenes Theologiestudium. Unklar bleibt, ob eine höhere theologische Qualifikation erforderlich ist. Besonders im Hinblick auf den Theologen und den Kanonisten könnte das relevant sein. Für eine fundierte Kenntnis wäre zumindest für den Kanonisten das Lizentiat im kanonischen Recht hilfreich.

Zusammen mit dem Regens bilden die höheren Mitarbeiter den Rat des Großpaenitentiars, der ‚Signatur der Apostolischen Paenitentiarie' heißt.[851] Diese Bezeichnung entspricht der „Signatura Sacrae Paenitentiariae Apostolicae" in

847 Für die Ernennung verweist das *Regolamento 2009* auf die allgemeine Norm des *RGCR*, Art. 12, § 2, wonach unter anderem die höheren Mitarbeiter für die Dauer eines Quinquennium ernannt werden. Die Norm entspricht *PB*, Art. 5, § 1.

848 Vgl. *Regolamento 2009*, Art. 6, § 1: „Essi partecipano della potestà di giurisdizione nel Foro interno". Die Begrenzung auf das *Forum internum* ist ungenau, denn das würde fehlende Jurisdiktionsgewalt im *Forum externum* und hier konkret im Hinblick auf die Zuständigkeit für das Ablasswesen bedeuten. Es ist jedoch davon auszugehen, dass die höheren Mitarbeiter auch in diesem Bereich Jurisdiktionsgewalt besitzen, da die Zuständigkeit für die Ablässe zur Paenitentiarie gehört und im Kongress oder der Signatur entschieden werden. Nach Art. 18, § 3 trägt der „Aiutante di Studio competente", vergangene Voten und Entscheidungen der Fälle für die höheren Mitarbeiter zusammen, die der zu entscheidenden Angelegenheit ähneln.

849 Die beratende Tätigkeit der höheren Mitarbeiter geht aus Art. 6, § 3 und § 4 des *Regolamento 2009* hervor, da sie den Rat des Großpaenitentiars („il Consiglio del Cardinale Penitenziere") bilden und von diesem auc h außerhalb der Signatur konsultiert werden können („anche fuori della Segnatura, mediante semplice consultazione").

850 Vgl. Nykiel, Sacramento della misericordia, 37.

851 Vgl. *Regolamento 2009*, Art. 6, § 3 i. V. m. Art. 3 § 1: „Costituiscono con il Reggente il Consiglio del Cardinale Penitenziere, chiamato «Segnatura» della Penitenzieria Apostolica" (Art. 6, § 3). „Alla Penitenzieria Apostolica è preposto il Cardinale Penitenziere Maggiore. Esso è coadiuvato dal Reggente e da cinque Prelati che costituiscono il Consiglio o Segnatura" (ebd., Art. 3, § 1).

Quae divinitus Nobis[852] und der „Signatura Poenitentiariae" von *In Apostolicae* Benedikts XIV.[853] Durch die Beifügung der „Penitenzieria Apostolica" wird eine Verwechslung mit dem Gericht der Signatura Apostolica vermieden.[854] Ihre beratende Tätigkeit in der Signatur ist die Hauptaufgabe der höheren Mitarbeiter. Jedoch können sie auf Anweisung des Großpaenitentiars oder des Regens ihren Dienst auch außerhalb der Signatur verrichten, beispielsweise wenn ihr Rat in einer Angelegenheit erbeten oder das Abfassen eines Votums verlangt wird.[855] Neben ihrer beratenden Funktion nehmen sie *ex officio* an den monatlichen Treffen der Paenitentiare der Patriarchalbasiliken Roms teil[856] und zählen zu den Referenten des jährlichen „Corso sul Foro interno" sowie bei anderen Veranstaltungen der Paenitentiarie.[857] Bei gleichzeitiger Abwesenheit des Großpaenitentiars und des Regens übernimmt gemäß Art. 6, § 6 einer der höheren Mitarbeiter kraft Delegation die Leitung des Kongresses.[858] Diese Regelung sah auch *Quae divinitus Nobis* vor.[859] Wie der Regens, so scheiden auch die anderen höheren Mitarbeiter bei Sedisvakanz nicht aus dem Amt.[860]

Zusammenfassend kann im Hinblick auf die höheren Mitarbeiter neben dem Regens eine weitgehende Konstanz ihrer Aufgaben festgestellt werden. Die Beratung des Großpaenitentiars, vor allem im Rahmen der Signatur, bleibt ihre Hauptaufgabe. Ob sie bereits zuvor auch außerhalb dieser beratend tätig waren, wie es Art. 6, § 4 vorsieht, lässt sich an vorangegangenen Regelungen nicht belegen. Neu ist zudem ihre Referententätigkeit im Rahmen des jährlich organisierten Kurses zum *Forum internum*. Auch hier ist davon auszugehen, dass es aufgrund dieser erst seit einigen Jahren stattfindenden Veranstaltung keine Entsprechungen in früheren Normen gibt.

---

852 Vgl. Pius XI., *Quae divinitus Nobis*, Cap. 6 b.

853 Vgl. Benedikt XIV., *In Apostolicae*, § 21.

854 Zur Verfahrensweise in der *Segnatura* s. 20.2.

855 Vgl. *Regolamento 2009*, Art. 6, § 4: „Possono essere richiesti dal Cardinale Penitenziere o dal Reggente di prestare la loro opera anche fuori della Segnatura, mediante semplice consultazione o, se necessario, la stesura di un voto".

856 Vgl. ebd., Art. 6, § 5 i. V. m. Art 4, § 3: „Sotto la presidenza del Penitenziere Maggiore, partecipano agli incontri mensili d'aggiornamento dei Penitenzieri Minori".

857 Vgl. ebd., Art. 6, § 7: „Intervengono come Relatori al Corso annuale sul Foro interno, e ad altre eventuali iniziative del Dicastero".

858 Vgl. ebd., Art. 6, § 6: „Possono essere delegati a presiedere il Congresso e a firmare i relativi provvedimenti a norma dell'art. 4 § 10".

859 Vgl. Pius XI., *Quae divinitus Nobis*, Cap. 3.

860 Vgl. *Regolamento 2009*, Art. 6, § 8: „I Prelati non cessano nel periodo di Sede Apostolica Vacante".

16. Amt und Aufgaben der Offiziale und des Hilfspersonals

16.1. Offiziale

Neben den sechs höheren Mitarbeitern unterstützen die Offiziale den Großpaenitentiar bei der Erledigung der an die Paenitentiarie herangetragenen Aufgaben. Sie entsprechen den in *Quae divinitus Nobis* genannten und von den *Officiales Maiores* unterschiedenen *Officiales Minores*,[861] eine Bezeichnung, die die geltende Rechtslage nicht mehr verwendet. Sie unterscheidet schlicht zwischen den höheren Mitarbeitern und den *Officiales* bzw. *Officiali*.[862] Anders als bei den höheren Mitarbeitern, ist ihre Anzahl nicht genau determiniert und kann von Zeit zu Zeit variieren. Eine jeweils aktuelle Übersichtstabelle gibt darüber Auskunft: „I profili professionali ed il numero degli Officiali della Penitenzieria Apostolica sono definiti dalla Tabella organica vigente tempo per tempo"[863]. Die dem *Regolamento* von 2009 beigefügte Liste zählte mit Stand vom 22. November 2007 sechs Offiziale.[864] Es ist anzunehmen, dass diese Anzahl der Offiziale im Wesentlichen konstant bleiben dürfte und sich gegebenenfalls nur geringfügig ändert. Saraco bestätigt diese Anzahl für das Jahr 2011.[865] Gemäß *L'Attività della Santa Sede* und des *Annuario Pontificio* arbeiteten im Jahr 2015 sieben Offiziale an der Paenitentiarie.[866]

Unabhängig von der genauen Zahl enthält das *Regolamento 2009* in den Art. 7 – 12 genauere Angaben zu den Offizialen, die zum festen Mitarbeiterstab der Paenitentiarie gehören und zu ihren spezifischen Aufgaben. Allen gemeinsam ist, dass sie, ähnlich dem Regens, wenn auch in anderen Bereichen, zum reibungslosen Ablauf des Geschäftsgangs beitragen.[867] Nach Commentz besteht ihre Hauptaufgabe darin, nicht vorrangig dem Großpaenitentiar, sondern dem Regens beratend und praktisch bei der Erledigung der alltäglichen Anfragen,

---

861 Vgl. Pius XI., *Quae divinitus Nobis*, Cap. 2 und 4.

862 Das *Regolamento 2009* übersetzte die bisher übliche Bezeichnung der *Officiales* mit *Officiali*.

863 *Regolamento 2009*, Art. 7.

864 S. dazu den Anhang des *Regolamento 2009*, Prospetto di tabella organica della Penitenzieria Apostolica, S. 23; hier abgedruckt auf S. 283.

865 Vgl. Saraco, Penitenzieria Apostolica, 52.

866 Vgl. *L'Attività della Santa Sede 2015*, 769. Gemäß des *Annuario Pontificio* waren es in den Jahren 2018 und 2019 sieben Offiziale, in den Jahren 2016 und 2017 sechs Offiziale.

867 Vgl. Saraco, Penitenzieria Apostolica, 52.

Bittgesuche und Rekurse unterstützend zur Seite zu stehen und mögliche Lösungen und Antworten vorzuschlagen.[868] Des Weiteren übernehmen sie einen Teil der anfallenden bürokratischen und verwaltungstechnischen Aufgaben. Mit Ausnahme des Archivars müssen alle Offiziale die Priesterweihe empfangen und einen akademischen Titel in kirchlichen Wissenschaften erlangt haben. Darüber hinaus müssen sie vertraut sein mit dem gewöhnlichen Geschäftsgang und den alltäglichen Arbeitsabläufen der Paenitentiarie.[869]

Art. 7 spezifiziert die einzelnen Offiziale näher: den *Aiutante di Studio del Tribunale*, den *Aiutante di Studio per le Indulgenze*, die *Addetti di Segreteria* und den *Officiale adetto all'archivio*.[870] Die nachfolgenden Artikel beinhalten deren jeweilige Zuständigkeiten innerhalb der Paenitentiarie.

16.1.1. *Aiutante di Studio del Tribunale*

Der *Aiutante di Studio del Tribunale*[871] nimmt am Kongress teil, verfasst nach den Vorgaben durch den Regens die Reskripte,[872] die in den Angelegenheiten

868 Vgl. Commentz, Apostolische Pönitentiarie, 10.

869 Vgl. *Regolamento 2009*, Art. 7: „Fatta eccezione per quest'ultimo – il quale, comunque, dovrà essere fornito di provate doti morali – tutti gli Officiali, di per sé, devono essere sacerdoti, in possesso di un titolo in scienze ecclesiastiche. Oltre ai compiti specifici loro assegnati, essi sono tenuti a conoscere bene le usuali procedure del Dicastero". Die Formulierung des *Regolamento 2009*, Art. 7, „un titolo in scienze ecclesiastiche", ist ungenau und bezeichnet keine konkreten Titel bzw. Abschlüsse. Das *RGCR* hilft in dieser Frage nicht weiter, da es in Art. 13, § 2 a fast dieselbe Formulierung für die Nennung des akademischen Abschlusses der Offiziale verwendet, „la laurea in una scienza ecclesiastica". Doch geht das *RGCR* etwas darüber hinaus, indem es anfügt, „o, secondo le esigenze del Dicastero, un'altra laurea o altro titolo universitario conseguito dopo almeno quattro anni di studio". Doch auch diese Formulierung bleibt unklar. Da es sich aber bei den Offizialen, mit Ausnahme des Archivars, um Priester handelt, müssen sie mindestens über ein abgeschlossenes Theologiestudium verfügen.

870 Vgl. ebd.: „Compiti specifici sono affidati all'Aiutante di Studio del Tribunale[10] e all'Aiutante di Studio per le Indulgenze,[10] agli Addetti di Segreteria[10] e all'Officiale addetto all'Archivio".

871 Der *Aiutante di Studio del Tribunale* ist eine italienische Amtsbezeichnung, die nur schwer adäquat ins Deutsche übersetzt werden kann. Der *Ordo Servandus* erwähnte im Kapitel über einige allgemeine Aufgaben der verschiedenen Offiziale die „Studii adiutores" (vgl. Ordo Servandus, *Normae peculiares,* Cap. 6, Art. 1, 3°), deren Aufgaben zum Teil denen des *Aiutante di Studio del Tribunale* und dem unter 16.1.2. behandelten *Aiutante di Studio delle Indulgenze* ähneln. Denkbar wäre, ihn mit „Amtsgehilfe für die Abteilung der Angelegenheiten des *Forum internum*" zu übersetzen, doch ist dies keine offizielle Bezeichnung und es bleibt fraglich, ob dies der italienischen Bezeichnung entspricht. Mangels dieser Präzisierung wird in den Ausführungen der italienische Begriff beibehalten.

872 Vgl. ebd., Art. 8 b: „Redigere i Rescritti e la corrispondenza del Tribunale, seguendo le indicazioni del Reggente".

des *Forum internum* auf die eingegangenen Rekurse versandt werden und, wie zuvor dargelegt, die Lossprechung von der dem Apostolischen Stuhl reservierten Exkommunikation oder die bereits erfolgte Lossprechung durch den Beichtvater im Dringlichkeitsfall bestätigen oder sonstige Gnadenerweise beinhalten. In der *Segnatura* übernimmt er die Aufgabe des Aktuars, sofern es die Angelegenheiten des *Forum internum* betrifft,[873] für die Audienz des Großpaenitentiars beim Papst bereitet er die Relationen über die Themen des *Forum internum* vor,[874] fertigt die Instruktionen der Paenitentiarie für die Päpstlichen Repräsentanten aus,[875] und jährlich verfasst er den Bericht über die Aktivitäten der Paenitentiarie im Bereich des *Forum internum* des zurückliegenden Jahres.[876]

Besondere Zuständigkeit kommt ihm hinsichtlich der Paenitentiare der Patriarchalbasiliken und der an anderen Basiliken Italiens eingesetzten Paenitentiare zu. Nach Weisung des Regens pflegt der *Aiutante di Studio del Tribunale* den Kontakt sowohl zu den an der jeweiligen Basilika bestehenden Gemeinschaft der Paenitentiare und deren Generalversammlungen als auch zu den einzelnen Mitgliedern. Des Weiteren ist er der Ansprechpartner für diejenigen, die sich um das Amt eines Paenitentiars bewerben und erklärt ihnen die Voraussetzungen und Tätigkeiten dieses Amtes.[877] Er begleitet sie und ist auch bei ihrer vor der Bevollmächtigung vorgeschriebenen und zu bestehenden Prüfung Aktuar. Für alle bereits tätigen Paenitentiare gibt er die Termine der monatlichen Zusammenkünfte bekannt und, falls erforderlich oder erwünscht, ist er behilflich, zwischen den Paenitentiaren und den Dikasterien der Römischen Kurie zu

---

873 Vgl. *Regolamento 2009*, Art. 8 c: „Fungere da Attuario nella Segnatura per le materie del Tribunale".

874 Vgl. ebd., Art. 8 e i. V. m. Art. 19, § 2: „Preparare le relazioni delle pratiche del Tribunale da riferire in Udienza".

875 Vgl. ebd., Art. 8 f: „Stendere le Istruzioni del Dicastero per i Rappresentanti Pontifici".

876 Vgl. ebd., Art. 8 h: „Stendere, alla fine d'ogni anno, la sintesi dell'attività svolta dal Tribunale nel corso dell'anno".

877 Die Norm des *Regolamento 2009* lässt darauf schließen, dass es möglich ist, sich um das Amt eines Paenitentiars zu bewerben und sich zuvor beim *Aiutante di Studio del Tribunale*, dem diese Aufgabe explizit übertragen ist, genauer über Voraussetzungen und Tätigkeit zu informieren. Beides stellt eine Besonderheit dar und es gibt keine Parallele in anderen Dikasterien.

vermitteln.[878] In welchen Angelegenheiten diese Vermittlung möglich oder erforderlich ist, bleibt allerdings unklar.

Neben diesen genau determinierten Verantwortungsbereichen können ihm vom Großpaenitentiar oder vom Regens andere Aufgaben zur Erledigung anvertraut werden.[879]

Im Hinblick auf *Quae divinitus Nobis* kann der *Aiutante di Studio del Tribunale* mit dem *Substitutus sectionis Tribunalis* gleichgesetzt werden,[880] wenn auch die Aufgaben durch das *Regolamento 2009* eine deutliche Erweiterung erfuhren, wie etwa der gesamte Zuständigkeitsbereich mit den eben genannten damit verbundenen Aufgaben für die Paenitentiare der römischen Patriarchalbasiliken und der anderen bestimmten Basiliken in Italien. Genauso ist die Erstellung eines Jahresberichts für die Abteilung der Angelegenheiten des *Forum internum* eine neue ihm zugewiesene Tätigkeit. Vom ehemaligen *Secretarius* übernimmt er, nach wie vor unter Aufsicht des Regens, die Vorbereitung der Relationen des Großpaenitentiars für die Papstaudienz.

16.1.2. *Aiutante di Studio per le Indulgenze*

Entsprechend der beiden Abteilungen der Paenitentiarie gibt es neben dem *Aiutante di Studio del Tribunale*, den *Aiutante di Studio per le Indulgenze*[881], mit dem sich Art. 9 des *Regolamento 2009* befasst und der für alle Angelegenheiten, welche die Ablässe betreffen, tätig ist. Seine Aufgaben weisen eine partielle Parallelität zu denjenigen des *Aiutante di Studio del Tribunale* auf. Der *Aiutante di Studio per le Indulgenze* ist beauftragt, die Suppliken für die Ablassgewährung und sämtliche Korrespondenz in diesem Bereich zu erledigen. Ihm obliegt die schriftliche Registrierung sämtlicher Eingänge „nel libro del Protocollo"[882] zusammen mit allen üblichen erforderlichen Angaben und in diesem Kontext möglicherweise gegebene Spenden. Des Weiteren registriert er die über die Ablässe abgegebenen Voten des Kongresses oder der Signatur sowie die alphabetische Registrierung

878 Vgl. *Regolamento 2009*, Art. 8 g: „Mantenere, secondo le direttive del Reggente, le relazioni usuali con i Collegi dei Padri Penitenzieri e le rispettive Curie Generalizie e con i singoli Padri Penitenzieri; istruire le pratiche dei candidati all'ufficio di Penitenziere; fungere da Attuario ai loro esami; tenerli informati sugli incontri mensili di aggiornamento; fare da tramite tra loro e i Dicasteri della Santa Sede".

879 Vgl. ebd., Art. 8 i: „Attendere alle altre attività che i Superiori possono affidargli".

880 Vgl. Pius XI., *Quae divinitus Nobis*, Cap. 2. S. zum Substitutus unter 3.1.4. und 4.1.

881 Vgl. zur Problematik einer adäquaten Übersetzung dieser Amtsbezeichnung ins Deutsche 16.1.1., hier unter Anm. 871.

882 *Regolamento 2009*, Art. 9 a.

der Körperschaften (beispielsweise Diözesen, Pfarreien oder Heiligtümer), die Ablassgesuche einreichten und denen stattgegeben wurde. Eine weitere Aufgabe des *Aiutante di Studio per le Indulgenze* ist es, die von den höheren Mitarbeitern der Signatur vorgebrachten Vorschläge über künftig ins *Enchiridion Indulgentiarum* aufzunehmende Ablässe festzuhalten.[883]

Er ist Mitglied des Kongresses und Aktuar in der Signatur, wenn es um Besprechung und Abstimmung über die vorliegenden Ablassgesuche geht. Für den Fall, dass der *Aiutante di Studio del Tribunale* in der Signatur bei der Thematisierung der Angelegenheiten des *Forum internum* abwesend ist, übernimmt der *Aiutante di Studio per le Indulgenze* auch für diesen Bereich die Aufgabe des Aktuars.[884] Eine analoge umgekehrte Regelung für den Fall der Abwesenheit des *Aiutante di Studio per le Indulgenze* sieht das *Regolamento 2009* dagegen nicht vor. Nach Abstimmung über die Gewährung eines beantragten Ablassgesuchs obliegt ihm, entsprechend der Vorgabe des Regens, die Abfassung der entsprechenden Dekrete und Reskripte und damit verbundener, beizufügender Korrespondenz.[885] Für die Audienzen des Großpaenitentiars beim Papst verfasst er die Relationen zum Bereich der Ablässe.[886] Andere Aufgaben sind die jährliche Ausfertigung eines Berichts über die Tätigkeiten der Paenitentiarie im Bereich des Ablasswesens[887], ebenso die Aufsicht und Sorge für die laufende Archivierung und Aufbewahrung sämtlicher aktueller Dokumente, die mit den Ablässen zu tun haben.[888] Auch ihm können neben diesen genannten Aufgaben

---

883 Vgl. ebd., Art. 9 a: „Di registrare le suppliche e la corrispondenza in questa materia. Nel libro del Protocollo annota, oltre ai dati consueti, anche l'importo dell'eventuale oblazione libera. A lui è affidato il registro dei Voti sulle Indulgenze, nonché il registro alfabetico degli Enti (Diocesi, Parrocchie, Famiglie Religiose, Santuari, ecc.) che hanno richiesto e ottenuto concessioni o proposto quesiti in questa materia. Deve, inoltre, annotare le concessioni di indole universale che la Segnatura crede di dover inserire nelle future edizioni dell'*Enchiridion indulgentiarium*".

884 Vgl. ebd., Art. 9 c: „Di partecipare al Congresso e di fungere da Attuario durante la Segnatura quando in essa si tratta di Indulgenze e anche per le altre materie quando è assente l'Aiutante del Tribunale".

885 Vgl. ebd., Art. 9 b: „Di redigere, secondo le direttive del Reggente, dei Decreti e dei Rescritti di Indulgenze e della corrispondenza relativa ad essi".

886 Vgl. ebd., Art. 9 d: „Di redigere le relazioni delle pratiche di Indulgenze, che devono essere riferite in Udienza".

887 Vgl. ebd., Art. 9 e: „Di elaborare una sintesi, alla fine dell'anno, dell'attività della Penitenzieria in materia di Indulgenze".

888 Vgl. ebd., Art. 9 f: „Di custodire e curare l'Archivio corrente e di deposito delle Indulgenze".

weitere vom Großpaenitentiar oder vom Regens zur Erledigung anvertraut werden.[889]

Der *Aiutante di Studio per le Indulgenze* kann mit dem *Substitutus sectionis Indulgentiarum* gleichgesetzt werden.[890] Anders als beim ehemaligen *Substitutus sectionis Tribunalis* bereitete er, unter Aufsicht des Regens, die Relationen über die Abteilung der Ablässe für die Audienz des Großpaenitentiars beim Papst vor.[891] Dagegen schweigt *Quae divinitus Nobis* über die Zuständigkeit für die Eintragungen aller relevanten Daten die Ablässe betreffend. Eine Aufgabe, die ihm das *Regolamento 2009* explizit zuweist. Insgesamt betrachtet, erfuhren seine Verantwortungsbereiche nur geringe Änderungen.

16.1.3. *Addetti di Segreteria*

Mindestens zwei der Offiziale[892] sind beauftragt mit der ordentlichen Verwaltung „e il servizio di provveditoria" der Paenitentiarie. Zu ihren Aufgaben gehören daher unter anderem die Protokollführung, wann immer es erforderlich ist,[893] die laufende Betreuung der Archivierung der anfallenden Dokumente,[894] zusammen mit dem *Aiutante di Studio del Tribunale* die Redaktion und Ausfertigung der Reskripte und der anderen Dokumente, die Angelegenheiten des *Forum internum* beinhalten.[895] Ferner obliegt ihnen die Registrierung der Akten, für die ein Votum eingeholt wurde. Dies geschieht mit der Bezeichnung ‚dei Voti' und unter Beifügung einer kurzen Zusammenfassung des Ergebnisses.[896] Im Hinblick für die Audienzen des Großpaenitentiars beim Papst sind sie in der Vorbereitung darauf zuständig für die Erstellung einer stichpunktartigen Übersicht der Tätigkeiten der Paenitentiarie in den beiden Abteilungen. Diese Notizen händigen sie

889 Vgl. ebd., Art. 9 g: „Di svolgere altre attività che i Superiori possono affidargli".

890 Vgl. Pius XI., *Quae divinitus Nobis*, Cap. 2.

891 Vgl. ebd., Cap. 6 c.

892 Das *Regolamento 2009* verwendet hier in Art. 10 den Plural „gli Addetti", was auch der dem *Regolamento 2009* angehängten Übersichtsliste vom 22. November 2007 entspricht, aus der die Tätigkeit zweier Offiziale im Sekretariatsbereich ersichtlich ist (vgl. *Regolamento 2009*, Prospetto di Tabella organica della Penitenzieria Apostolica, S. 23; hier abgedruckt auf S. 283).

893 Vgl. *Regolamento 2009*, Art. 10 a: „Di tenere il protocollo".

894 Vgl. ebd., Art. 10 e: „Di custodire e curare l'Archivio corrente".

895 Vgl. ebd., Art. 10 d: „Di collaborare con l'Aiutante di Studio del Tribunale alla redazione dei Rescritti e dei documenti riguardanti il Foro interno".

896 Vgl. ebd., Art. 10 b: „Di registrare le pratiche, per le quali è stato steso un Voto, nell'apposito Registro, detto «dei Voti», annotandovi sinteticamente la soluzione data".

dem jeweiligen *Aiutante di Studio* der betreffenden Abteilung aus, der dann die Relationen für den Großpaenitentiar vor der nächsten Papstaudienz ausführlicher ausarbeitet.[897]

Die Verwaltungsaufgaben umfassen neben den spezifischen der Paenitentiarie vorbehaltenen Inhalten der Dokumente und Akten auch die Verwaltung und Sorge um die Kunstgegenstände und Möbel, die sich in den Räumlichkeiten der Paenitentiarie befinden und die dem Heiligen Stuhl gehören und gleichsam als Leihgabe gegeben sind.[898] Wie auch für die beiden *Aiutanti di Studio* können auch diesen Offizialen vom Großpaenitentiar oder vom Regens weitere Aufgaben zur Erledigung anvertraut werden.[899]

Die Aufgaben der *Addetti di Segreteria*[900] entsprechen weitgehend den *Secretarii* von *Quae divinitus Nobis*, wenn auch sie nach geltender Geschäftsordnung ausdifferenzierter dargelegt und etwas erweitert wurden, wie beispielsweise die Zuständigkeit für die Kunstgegenstände und das Mobiliar. Für die Vorbereitung der Audienzen des Großpaenitentiars beim Papst erstellten sie vormals nicht nur eine stichpunktartige Übersicht, sondern bereiteten, zumindest im Bereich der Angelegenheiten des *Forum internum*, die Relationen vor, „sub ductu et custodia Regentis“[901]. Heute bereiten die Relationen für beide Abteilungen die *Aiutanti di Studio* vor, wie oben dargelegt.

16.1.4. *Officiale addetto all'Archivio*

Einer der Offiziale ist der Archivar. Er hat keine Entsprechung in *Quae divinitus Nobis*. Als Einziger muss er gemäß Art. 7 nicht die Priesterweihe empfangen oder akademische Titel in kirchlichen Wissenschaften erlangt haben, was bedeutet, dass das Amt von einem Laien, und somit auch von einer Frau, ausgeübt

---

897 Vgl. ebd., Art. 10 c i. V. m. Art. 8 e und Art. 9 d: „Di elaborare gli indici informativi delle pratiche del Tribunale, che consegneranno all'Aiutante di Studio, perché questi prepari per tempo le relazioni da presentare in Udienza“.

898 Vgl. ebd., Art. 10 f: „Di curare l'amministrazione ordinaria e il servizio di provveditoria del Dicastero, nonché l'inventario degli arredi e degli oggetti d'arte pertinenti alla Santa Sede presenti in ufficio“.

899 Vgl. ebd., Art. 10 g: „Di svolgere altre attività che i Superiori intendano loro affidare“.

900 Etwas ähnlich den *Aiutanti di Studio* (s. 16.1.1 und 16.1.2.), werden auch die *Addetti di Segreteria* als italienischer Begriff wiedergegeben, der, auch angesichts ihrer Tätigkeiten und der Ähnlichkeit zu den *Secretarii* von *Quae divinitus Nobis* mit Sekretariatsangestellter übersetzt werden könnte, doch gibt es auch hierzu keinen offiziellen Nachweis für die Entsprechung, sodass die italienische Bezeichnung beibehalten wird.

901 Pius XI., *Quae divinitus Nobis*, Cap. 6 c.

werden kann. Seine Kompetenz erstreckt sich auf alle Belange des Archivs und der Bibliothek der Paenitentiarie. Genauer gesagt handelt es sich, wie Art. 11 a präzisiert, um zwei Archive, über die die Paenitentiarie verfügt und für die er die Verantwortung hat: das Archiv, in dem die Akten der laufenden Fälle aufbewahrt und verwaltet werden *(Archivio di deposito)* und das historische Archiv, das sich gliedert in das Archiv der Abteilung für die Angelegenheiten des *Forum internum (Archivio Storico del Tribunale)* und das Archiv für die Abteilung der Ablässe *(Archivio Storico delle Indulgenze)*.[902] Das Archiv der Paenitentiarie vor Ort bildet eine Ausnahme. Johannes Paul II. bestätigte am 21. März 2005 die alte Regel durch das Motu Proprio *La cura vigilantissima*, wonach die Paenitentiarie, im Unterschied zu den anderen kurialen Dikasterien, nicht dazu verpflichtet ist, ihre archivierten Dokumente nach Ablauf einer bestimmten Zeitspanne in das Vatikanische Geheimarchiv zu übertragen.[903]

In das *Archivio di deposito* werden nach Art. 11 b alle Fälle des *Forum internum* eingeordnet, die ein Votum erhielten und darüber hinaus alle Vorgänge, die sich auf das Personal der Paenitentiarie, die Paenitentiare, die Tätigkeit und die Verwaltung der Paenitentiarie im Allgemeinen, die Dokumente, mit denen der Großpaenitentiar bei der Papstaudienz alle zu besprechenden und referierenden Themen vorträgt sowie die darauf gegebenen Entscheidungen oder Weisungen des Papstes, die Protokollbücher und sonstige verschiedene Registerbände beziehen. Manche Akten werden nur für einen bestimmten Zeitraum archiviert. Die Fälle des *Forum internum*, die archivalisch abgeschlossen sind, müssen vom Archivar nach ungefähr 20 Jahren seit ihrem Eingang vernichtet werden, sofern nicht der Regens anderes verfügt und die Aufbewahrung bestimmter Fälle für eine bestimmte oder unbestimmte Zeit anordnet. Die Entscheidung liegt im Ermessen des Regens. Von den zu vernichtenden Akten der Fälle des *Forum internum* muss der Archivar gleichwohl einen Vermerk mit kurzer Zusammenfassung aufbewahren. Vorgänge des *Forum internum* dagegen, die von besonders

---

902 Vgl. *Regolamento 2009*, Art. 11, § 1: „La custodia e la cura dell'Archivio di deposito, dell'Archivio storico del Tribunale, e dell'Archivio storico delle Indulgenze".

903 Vgl. Johannes Paul II., Motu Proprio *La cura vigilantissima*, Art. 11, 1 und 14,1 i. V. m. *Regolamento 2009*, Art. 3 § 5: „La Penitenzieria Apostolica, per la custodia dei suoi documenti, dispone dell'Archivio corrente, dell'Archivio di deposito, dell'Archivio Storico. Per consuetudine immemorabile, tuttora vigente, la custodia dell'Archivio Storico è di propria ed esclusiva competenza, … La Penitenzieria non è tenuta a versare i documenti, alla scadenza di un determinato numero di anni, all'Archivio Segreto Vaticano, in conformità agli Art. 11, 1 e 14, 1 del Motu Proprio *La cura vigilantissima*, del 21 marzo 2005" (Art 3, § 5, [Hervorhebung im Original]).

hoher Wichtigkeit sind oder einer vertieften Auseinandersetzung oder eines Votums bedürfen, sind von der vorgesehenen Vernichtung nach 20 Jahren ausgenommen.[904] Hier wäre vor allem an diejenigen Thematiken zu denken, die in der Signatur oder der Papstaudienz entschieden oder besprochen wurden. Aufzubewahren sind auch neben eben genannten Fällen alle Akten und Dokumente, einschließlich gegebener Stellungnahmen, sowohl von ehemaligen Mitarbeitern der Paenitentiarie als auch von allen Paenitentiaren.[905]

Die Archive der Paenitentiarie sind nicht öffentlich zugänglich, doch kann das historische Archiv durch Erlaubnis von Benedikt XVI. zu Forschungszwecken zumindest eingeschränkt auf bestimmte Materien konsultiert werden. Weiterhin unzugänglich bleiben alle Akten des *Forum internum*.[906] Ausgewählte Akten bzw. Fälle, welche die Paenitentiarie im *Forum externum* bis zum Pontifikat Pius' X. behandelte, können eingesehen werden.[907] Auch das *Regolamento 2009* bestätigt in Art. 11 d die Möglichkeit der Einsichtnahme auf Fälle des

904 Vgl. *Regolamento 2009*, Art. 11 b: „La collocazione nell'Archivio di deposito, secondo le norme in uso presso la Santa Sede, di tutte le pratiche di Foro interno che hanno richiesto un «Voto», e di tutte le altre pratiche riguardanti il Personale, i Penitenzieri, l'attività dell'Ufficio e la sua amministrazione, dei Fogli d'Udienza, delle decisioni del Santo Padre, dei libri dei Verbali e dei vari Registri. Le pratiche di Foro interno – salvo quelle che rivestono una particolare importanza e che abbiano richiesto uno studio approfondito o un Voto – che sono considerate archivisticamente concluse, dopo un periodo di circa venti anni dal loro inizio, dovranno essere distrutte, salvo quelle che, a giudizio del Reggente, siano da conservare. Tuttavia, per quelle destinate alla distruzione, si dovrà conservare una breve nota riassuntiva".

905 Vgl. ebd., Art. 11 c: „La ordinata tenuta delle «posizioni» del Personale non più in servizio e di tutti i Padri Penitenzieri Minori".

906 Vgl. Saraco, Penitenzieria Apostolica, 68. „I documenti e le pratiche attinenti al foro interno, l'ambito intimo dei rapporti fra Dio e il peccatore, rimangono assolutamente inaccessibili e non possono in alcun modo essere dati in consultazione" (Archivio Storico della Penitenzieria Apostolica, http://www.penitenzieria.va/content/penitenzieriaapostolica/it/archivio-storico.html [zuletzt eingesehen am 12. 5. 2020]).

907 Eingesehen werden können Ablassdekrete, Reskripte, die die Dispens von Ehehindernissen enthielten und bis Pius X. im *Forum externum* behandelt wurden, Entscheidungen des Großpaenitentiars vom 16. bis 19. Jahrhundert. Darüber hinaus sind einsehbar Dokumente über die interne Ordnung und die Aufgaben der Paenitentiarie bis zum 18. Jahrhundert sowie Dokumente, die Paenitentiare der Patriarchalbasiliken betreffend. Eine genaue Auflistung über die im Archiv zu Forschungszwecken konsultierbaren Dokumente findet sich unter http://www.penitenzieria.va/content/penitenzieriaapostolica/it/archivio-storico/patrimonio.html (zuletzt eingesehen am 12. 5. 2020) und bei Saraco, Penitenzieria Apostolica, 69–71.

Forum externum. Aufgrund der Forschungsmöglichkeiten im Archiv ist dem Archivar die Aufsicht und Zuständigkeit für die Recherchearbeiten von Wissenschaftlern anvertraut, die vom Großpaenitentiar oder vom Regens die Erlaubnis dazu erhielten.[908] Eventuelle zur Veröffentlichung bestimmte Forschungsergebnisse sind dem Regens und der dafür eingerichteten Kommission zur Überprüfung vorzulegen.[909] Das *Regolamento 2009* ist nicht ganz eindeutig, ob es um eine bloße Vorlage zur Kenntnisnahme geht oder eine Genehmigung eingeholt werden muss. Aus dem Wortlaut ließe sich ableiten, dass eine Vorlage beim Regens und eine Überprüfung durch die Kommission nur dann erforderlich sind, wenn die zur Publikation geplante Arbeit Dokumente beinhaltet und thematisiert, die im Archiv der Paenitentiarie recherchiert und verwendet wurden.[910] Eine bloße Vorlage erforderte zudem nicht die Notwendigkeit einer Kommission.

Außer der Verantwortung für die Archive ist der Archivar zudem beauftragt mit der Pflege der Bibliothek der Paenitentiarie. Dies umfasst sowohl die Ordnung, Sortierung und Katalogisierung als auch ihre Aktualisierung.[911]

Der Archivar bekleidet vielfältige Aufgaben innerhalb der Paenitentiarie und erfuhr durch das *Regolamento 2009* eine deutliche Aufwertung und Ausfaltung der Zuständigkeiten. In *Quae divinitus Nobis* hat er keine direkte Entsprechung, auch seine Aufgaben werden nicht erwähnt. Trotzdem wurde das Amt des Archivars per se nicht erst im Jahr 2009 eingeführt. Durch Heranziehung von *In Apostolicae* Benedikts XIV. geht die Existenz eines Archivars eindeutig hervor. Und auch Benedikt XIV. berief sich dabei auf Regelungen seiner Vorgänger, wenn auch ohne diese genauer anzuführen.[912] Die Aufgaben des Archivars gehörten in *In Apostolicae* zum Kompetenzbereich des Sigillators: „Archivium Poenitentiariae … inhaerentes saepememoratis dispositionibus S. Pii Papae

908 Vgl. *Regolamento 2009*, Art. 4, § 7 und Art. 5, § 7.

909 Vgl. ebd., Art. 11 d: „Le ricerche dirette e limitate ai soli documenti di Foro esterno affidati alla sua responsabilità, per studiosi autorizzati dal Cardinale Penitenziere o dal Reggente. I risultati delle ricerche eventualmente destinati alla pubblicazione devono essere sottoposti al Reggente per la revisione da parte della Commissione per l'Archivio storico".

910 Das *Regolamento 2009* spricht hier von den „risultati delle ricerche", die sich auf den vorherigen Satz beziehen, der die im Archiv der Paenitentiarie einsehbaren Dokumente erwähnt.

911 Vgl. *Regolamento 2009*, Art. 11 e: „La cura e l'aggiornamento della Biblioteca".

912 Benedikt XIV., *In Apostolicae*, § 37: „Archivium porro Poenitentiariae, quod Praedecessorum nostrorum providentia in Apostolicis nostris Aedibus Vaticanis collatum reperitur".

V. inter munera Sigillatoris superius ennummeravimus“[913], und zwar „sub cura solius Sigillatoris“[914]. Der Sigillator wird auch in *Quae divinitus Nobis* genannt, sodass angenommen werden kann, dass er zusätzlich die Aufgaben eines Archivars wahrnahm. Der Archivar zählt heute jedoch, anders als der frühere Sigillator, nicht mehr zu den höheren Mitarbeitern, sondern zu den Offizialen.

16.2. Hilfspersonal

Zur Paenitentiarie gehören außer dem Großpaenitentiar, den höheren Mitarbeitern und Offizialen auch das Hilfspersonal *(Il Personale ausiliario)*,[915] welches die Geschäftsordnung an letzter Stelle der personellen Struktur in Cap. IV, Art. 12 nennt.[916] Hierzu gehört der sogenannte *Usciere* bzw. *Commesso*.[917] Zum Hilfspersonal können auch Frauen gehören. Die Tätigkeit schließt verschiedene Aufgaben in sich ein, wie sogleich aufgezeigt wird. Da der *Usciere* bzw. *Commesso* neben dem Archivar der einzige Laie ist bzw. sein kann, unterliegt er nicht dem

913 Ebd.

914 Ebd., § 38.

915 Das Hilfspersonal gehört zu allen Dikasterien der Römischen Kurie (vgl. dazu *RGCR*, Art. 7, § 2).

916 Auch *L'Attività della Santa Sede* nennt zwar nicht die genaue Funktion, aber auch „uno del personale ausiliario“ (*L'Attività della Santa Sede 2015*, 769).

917 Auch der *Usciere* und *Commesso* sind italienische Begriffe, deren Übersetzung in diesem Kontext nicht eindeutig gegeben werden kann. In *Quae divinitus Nobis* hat das Hilfspersonal keine Entsprechung, doch der *Ordo Servandus* kannte *apparitores* und *ianitores*, die den Begriffen des *Usciere* und *Commesso* aufgrund der damit verbundenen Aufgaben und Tätigkeiten weitgehend entsprechen: „Apparitores seu ianitores debent aedes sibi commissas custodire, earum nitorem curare, epistolas et actorum fasciculos ad quos spectant, vel ad stationes tabellarías ferre, aliaque peragere quae a Moderatoribus commissa habeant in sui Officii commodum“ (Ordo Servandus, *Normae peculiares*, Cap. VI, 16°). Der *Commesso* entspräche dabei dem *apparitor* und kann mit Gerichtsbote übersetzt werden (vgl. Sleumer, Wörterbuch, 118), nach Mörsdorf jedoch auch mit „Gerichtsvollzieher“ und „Vollstreckungsbote“ (Mörsdorf, Rechtssprache, 307). Letztere Bedeutungen geben jedoch nicht den *Usciere* und *Commesso* im Sinne des *Regolamento 2009* wieder, wie in den Ausführungen gezeigt werden wird. Der *Usciere* entspricht dem *ianitor*, was Pförtner bedeuten würde (vgl. Sleumer, Wörterbuch, 398). Gerichtsbote und Pförtner erfassen sicherlich einen Teil der ihm übertragenen Aufgaben, aber nicht alle, wie aus den Normen des *Regolamento 2009* hervorgeht, sodass auch in diesem Fall allgemein vom Hilfspersonal gesprochen oder der *Usciere* und *Commesso* beibehalten wird.

Beichtgeheimnis, verpflichtet sich jedoch unter Eid „alla massima riservatezza", „data la delicatezza dei compiti della Penitenzieria Apostolica"[918].

Das Hilfspersonal ist zuständig für die Reinigung der Räumlichkeiten, einschließlich der Büros und einmal wöchentlich auch des Archivs, nach Weisung durch den Archivar. Jeden Morgen sieht es nach dem Rechten, damit bei Öffnung der Paenitentiarie und zu Arbeitsbeginn des Dikasteriums alles in Ordnung ist.[919]

Zu seinen Aufgaben gehört der ganze praktische Bereich des Postempfangs- und -versands für die Paenitentiarie: „A lui sono affidati il ritiro, la spedizione e il recapito del sacco della posta; la spedizione o il recapito a domicilio di lettere, plichi o altro"[920]. Darüber hinaus erledigt das Hilfspersonal die Versendung von Schreiben via Fax und die Erstellung von Kopien für alle anderen Mitarbeiter der Paenitentiarie, wann immer diese darum bitten. Weitere Aufgaben, die den reibungslosen Ablauf der Paenitentiarie betreffen, werden ihm von den Oberen aufgetragen.[921]

Für weitere Auskünfte zu den Tätigkeiten des Hilfspersonals verweist das *Regolamento 2009* in Art. 12, § 1 auf das *Mansionario generale della Curia Romana*[922]. Dieser Hinweis findet sich bei den anderen Ämtern der Paenitentiarie

---

918 *Regolamento 2009*, Art. 12, § 1: „L'Usciere o Commesso, data la delicatezza dei compiti della Penitenzieria Apostolica, al momento dell'assunzione in ufficio, si impegna, con giuramento, alla massima riservatezza".

919 Vgl. ebd., Art. 12, § 2: „Egli effettua la pulizia dei locali affidati alle Penitenzieria Apostolica, e ogni mattina provvede per tempo in modo che all'inizio del lavoro tutto sia in buon ordine: una volta la settimana fa le pulizie dell'Archivio, secondo le direttive dell'Archivista".

920 *Regolamento 2009*, Art. 12, § 3.

921 Vgl. ebd., Art. 12, § 3: „A lui sono affidati … di curare il *Fax* e la fotocopia di documenti a richiesta dei Superiori e degli Officiali e di assolvere ad altri incarichi per il buon funzionamento del Dicastero".

922 „Egli è tenuto a svolgere la sua attività, secondo le mansioni spettanti il proprio livello funzionale, di cui al *Mansionario generale della Curia Romana*" (ebd., Art. 12, § 1). Dabei handelt es sich um eine Aufstellung, die dem *Regolamento Generale della Curia Romana* angehängt ist und eine Übersicht über die Profile, schulischen und akademischen Voraussetzungen und die Aufgaben der an der Römischen Kurie tätigen Mitarbeiter gibt. Jeder Mitarbeiter ist einer hierarchischen Stufe zugeordnet, aus der die jeweiligen Informationen zum entsprechenden Mitarbeiter abgelesen werden können. Die Leiter der Dikasterien sind dabei nicht erfasst. Alle ihnen untergeordneten Mitarbeiter sind absteigend in zehn Stufen eingeteilt, von denen die Stufen 10 bis einschließlich 4 die Abstufungen und Unterabstufungen der Offiziale umfasst. Die Stufen 3 bis 1 umfassen das Hilfspersonal. Allgemein zu den Regelungen der Abstufungen s. *RGCR*, Art. 30, §§ 1–7.

nicht, obwohl letztlich auch sie nach entsprechenden hierarchischen Stufen eingeteilt sind, was auch aus dem *Prospetto di Tabella organica della Penitenzieria Apostolica* hervorgeht.[923] Aus diesem wird ersichtlich, dass der *Usciere* bzw. *Commesso* den Stufen I, II und III zugehört. Gemäß Stufe I verrichtet er Hilfstätigkeiten und Reinigungsarbeiten.[924] In Stufe II erscheint die Kategorie des *Usciere*, wonach er verantwortlich ist für die Überwachung der Eingangstür und die Reinigung der Räumlichkeiten,[925] was Art. 12, § 2 entspricht. In Stufe III erscheint neben anderen die Kategorie des *Commesso*, nach der er über die rechte Ordnung wacht und die Aufgaben verrichtet, die ihm aufgetragen werden.[926] Dies entspräche Art. 12, §§ 2 und 3. Der *Usciere* bzw. *Commesso* ist an der Paenitentiarie der einzige Mitarbeiter, der mehreren Stufen zugeordnet ist. Hierfür greift eine Regelung des Art. 30, § 3 des *Regolamento Generale della Curia Romana*, wonach bei Zuteilung eines Mitarbeiters in verschiedene Stufen die höchste Stufe maßgeblich ist, „sempreché quest'ultima abbia carattere di prevalenza"[927]. Generell sollte jedoch jeder Kurienmitarbeiter unabhängig von seiner Stufe bereit sein, gemäß der Weisungen seiner Oberen, vorübergehend auch andere Aufgaben zu erfüllen, die normalerweise nicht seiner Einteilung zugewiesen sind.[928]

Anhand des *Mansionario generale della Curia Romana* lassen sich auf dieselbe Weise leicht auch die Positionen der unterschiedlichen Grade der Offiziale der Paenitentiarie ablesen, wie sie im *Prospetto di Tabella organica della Penitenzieria Apostolica* aufgeführt sind.[929]

Das Hilfspersonal findet in *Quae divinitus Nobis* keine Erwähnung.

---

923 Hier abgedruckt auf S. 283.

924 „Ausiliare: Aiutante generico con funzioni di fattorino e di addetto alla pulizia" (*Mansionario generale della Curia Romana,* Appendice III del *Regolamento generale della Curia Romana*).

925 „Usciere: Sorveglia l'ingresso della sede di un Organismo. Ha l'obbligo di effettuare la pulizia dei locali affidati o nei quali svolge la sua attività" (*Mansionario generale della Curia Romana,* Appendice III del Regolamento generale della Curia Romana).

926 „Commesso: Svolge mansioni di custode e ha l'obbligo di effettuare la pulizia degli uffici e dei locali affidati o nei quali esplica la sua attività. Organizza i servizi che gli sono richiesti" (*Mansionario generale della Curia Romana*, Appendice III del *Regolamento Generale della Curia Romana*).

927 *RGCR*, Art. 30, § 3.

928 „Il personale deve essere disponibile a collaborare temporaneamente, secondo le disposizioni dei Superiori, anche a compiti non attinenti alle proprie funzioni e a supplire i colleghi assenti" (*RGCR*, Art. 30, § 5). Diese Regelung ist nicht unproblematisch, denn grundsätzlich sollten die Aufgaben klar definiert sein und nicht beliebig ergänzt oder verändert werden können.

929 Vgl. Anhang des *Regolamento 2009*, S. 23. Hier abgedruckt auf S. 283.

17. Amtspflichten aller Mitarbeiter und allgemeine Regelungen

Nach den Normen zur personellen Struktur der Paenitentiarie und den je spezifischen Aufgaben- und Zuständigkeitsbereichen schließt die *Parte Prima* des *Regolamento 2009* mit einigen für den gesamten Mitarbeiterstab geltenden Regeln und Pflichten.

Grundlegend für jede Arbeit an der Paenitentiarie ist gemäß Art. 13, § 1 ihre Erledigung mit Sorgfalt, Präzision, Verantwortungsbewusstsein und einem Geist der vollen Zusammenarbeit untereinander.[930] Diese Norm entspricht wörtlich der Regelung des Art. 31, § 1 des *Regolamento Generale della Curia Romana*. Wohl zur Vermeidung von Wiederholungen und aufgrund der Knappheit des *Regolamento 2009* werden nur einige weitere Amtspflichten explizit in den folgenden Paragrafen angeführt, für andere wird dagegen auf die Art. 31–40 des *RGCR* hingewiesen, welche nicht nur an der Paenitentiarie, sondern an allen Dikasterien der Römischen Kurie Verbindlichkeit besitzen.[931] Hierzu zählen beispielsweise eine religiöse und moralisch einwandfreie Lebensführung nach der Lehre der Kirche,[932] die Mitteilung über Änderungen des Lebensstandes oder eines neuen Wohnsitzes,[933] je nach Lebensstand und ggf. Institut, das Tragen priesterlicher Kleidung, der Ordenstracht oder bei Laien das Tragen angemessener und ordentlicher Kleidung,[934] das Nachgehen apostolischer Tätigkeiten außerhalb des Arbeitsbereichs,[935] die regelmäßige Fort- und Weiterbildung in den je eigenen Arbeitsbereichen.[936] Diese genannten Pflichten sind an sich keine Besonderheit,

---

930 Vgl. *Regolamento 2009*, Art. 13, § 1: „Il personale del Tribunale ha il dovere di svolgere il proprio lavoro con diligenza, esattezza, senso di responsabilità e spirito di piena collaborazione secondo quanto disposto dagli Art. 31–40 del *Regolamento Generale della Curia Romana*". Dies ist folgendermaßen begründet: „Coloro che lavorano nella Curia Romana, in quanto partecipano alla missione universale del Romano Pontefice, prestano un servizio ecclesiale, contrassegnato da carattere pastorale. Essi, insieme a quelli degli altri Organismi della Sede Apostolica, formano una comunità di lavoro che deve distinguersi per lo spirito che la anima" (*RGCR*, Art. 31, §§ 1–2).

931 Vgl. *Regolamento 2009*, Art. 13, § 1.

932 Vgl. *RGCR*, Art. 33.

933 Vgl. ebd., Art. 34.

934 Vgl. ebd., Art. 35.

935 Vgl. ebd., Art. 38.

936 Vgl. ebd., Art. 39.

weder für die Arbeit an der Paenitentiarie, noch in anderen Dikasterien der Kurie, sondern gelten letztlich für jedwede Tätigkeit im kirchlichen Dienst.

Das *RGCR* listet nicht nur allgemeine Pflichten, sondern in Art. 40 auch einige Verbote auf, wie etwa das unerlaubte Verlassen des Arbeitsplatzes während der Arbeitszeit, der Empfang von Gästen im eigenen Büro, die Vervielfältigung oder die Entwendung von Dokumenten des Dikasteriums, die Unterstützung und Mitgliedschaft von anti-kirchlichen Vereinigungen, Beteiligung an Demonstrationen, die der Lehre der Kirche widersprechen.[937] Diese von *RGCR* genannten Amtspflichten und Verbote finden sich nicht in *Quae divinitus Nobis*. Dagegen jedoch die folgende: Die Geschäftsordnung der Paenitentiarie verpflichtet die neuen höheren Mitarbeiter und Offiziale durch Art. 13, § 2 vor Amtsantritt und Arbeitsbeginn, im Rahmen der Signatur den Amtseid der Paenitentiarie zu leisten.[938] Über den Wortlaut der Eidesformel gibt das *Regolamento 2009* keine Auskunft. Denkbar wäre die Beibehaltung der von Benedikt XIV. statuierten Eidesformel gemäß *In Apostolicae*, § 22. Genauso wenig ist gesagt über die bei der Eidesleistung anderen anwesenden Mitarbeiter. Da der Eid jedoch während einer Sitzung der Signatur abgelegt wird, ist anzunehmen, dass neben dem Großpaenitentiar, der ihr vorsteht, in jedem Fall der Regens und die übrigen höheren Mitarbeiter sowie möglicherweise die *Aiutanti di Studio* und der jeweilige Aktuar anwesend sind, die sonst auch üblicherweise daran teilnehmen.

---

937 Vgl. ebd., Art. 40. Nachfolgend alle Verbote: „a) attendere, durante l'orario di lavoro, ad occupazioni estranee al proprio ufficio o servizio; b) allontanarsi dal proprio posto di lavoro senza permesso del Superiore competente; c) ricevere estranei nel proprio ufficio; d) asportare documenti originali, fotocopie, copie elettroniche o altro materiale d'archivio e di lavoro riguardante l'Ufficio e tenere fuori dall'ufficio note o appunti privati circa le questioni che si trattano nei Dicasteri; e) usare indebitamente i timbri e la carta intestata d'ufficio; f) usare materiale, software informatici, strumenti ed attrezzature di proprietà del Dicastero per scopi di natura privata; g) esercitare professioni, assumere o conservare impieghi o incarichi stabili, anche se privati, sia pure di carattere ecclesiastico, incompatibili con l'impegno d'ufficio o ad esso pregiudizievoli; h) percepire provvigioni o compensi in occasione dell'esecuzione di atti d'ufficio; i) perseguire direttamente o indirettamente interessi privati nello svolgimento dell'attività del proprio ufficio; l) aderire a istituzioni o associazioni i cui scopi non sono compatibili con la dottrina e la disciplina della Chiesa o comunque partecipare alla loro attività; m) svolgere attività o prendere parte a manifestazioni che non siano confacenti al carattere di dipendente della Santa Sede" (ebd.).

938 *Regolamento 2009*, Art. 13, § 2: „I nuovi Prelati e i nuovi Officiali emettono in Segnatura, prima di prendere possesso dell'ufficio, il giuramento proprio del Tribunale".

Etwas genauer und differenzierter waren hier die Regelungen von *Quae divinitus Nobis*, nach denen auch jeder der *Officiales Maiores*, i.e. der heutigen höheren Mitarbeiter *(Prelati)*, und der *Officiales Minores*, i.e. der heutigen Offiziale *(Officiali)*, zur Eidesleistung und sogar zur Ablegung des Glaubensbekenntnisses verpflichtet war.[939] Letzteres erwähnt das geltende Recht nicht mehr. Die *Officiales Maiores*, einschließlich des Regens, legten jeweils nach der Annahme ihrer Ernennung und vor Amtsübernahme das Glaubensbekenntnis und den Amtseid – „iusiurandum quoque a Benedicto XIV. in Constitutione ***In Apostolicae*** statutum"[940] – vor dem Großpaenitentiar im Beisein der anderen *Officiales Maiores* und der übrigen *Officiales* beider Abteilungen ab.[941] Ob dies im Rahmen der Signatur geschah, wird allerdings nicht erwähnt. Die *Officiales Minores* dagegen legten das Glaubensbekenntnis und den Amtseid im Rahmen der Signatur ab, vor dem Großpaenitentiar und in Anwesenheit des Regens und der anderen *Officiales Maiores*.[942] Die Ablegung des noch in *Quae divinitus Nobis* vorgesehenen Antimodernisteneides[943] entfiel durch die Abschaffung durch Paul VI. im Jahr 1967. Das *Regolamento 2009* bestätigte die bereits seit *In Apostolicae*[944] und von *Quae divinitus Nobis*[945] beibehaltene Norm der nicht nur zu Amtsantritt einmal abzulegenden Eidesleistung, sondern ihre jährliche Erneuerung bei der im jeweiligen Kalenderjahr ersten stattfindenden Signatur.[946]

---

939 Vgl. Pius XI., *Quae divinitus Nobis*, Cap. 2.

940 Pius XI., *Quae divinitus Nobis*, Cap. 2 (Hervorhebung im Original).

941 Vgl. ebd.

942 Vgl. ebd.

943 Vgl. ebd. i. V. m. Anm. 1. Zur Thematik des Antimodernisteneides sei hingewiesen auf Schmitz, Professio fidei, 353–429, der auch die dazugehörigen Quellen anführt. Einige davon seien hier angemerkt: Pius X., MP *Sacrorum Antistitum* vom 1. September 1910, Pius X. Enzyklika *Pascendi Dominici Gregis* vom 8. September 1907; Pius XI., AK *Deus scientiarum Dominus* vom 24. Mai 1931Pius XII., Enzyklika *Humani generis* vom 12. August 1950, Congregatio pro doctrina fidei, *Formula deinceps adhibenda* von 1967.

944 „Quod juramentum unusquisque, cum primum ad suum munus exercendum admittetur, in manibus Majoris Poenitentiarii praestare debebit; atque insuper omnes, singulis annis, in prima cujusque anni Signatura iterabunt" (Benedikt XIV., *In Apostolicae*, § 22).

945 „Impositum autem praeceptum iuramenti Sacrae Paenitentiariae proprii in prima cuiusque anni Signatura renovandi tam Maioribus quam Minoribus Officialibus ratum firmumque maneat" (Pius XI., *Quae divinitus Nobis*, Cap. 2).

946 Vgl. *Regolamento 2009*, Art. 13, § 2: „I nuovi Prelati e i nuovi Officiali emettono in Segnatura, prima di prendere possesso dell'ufficio, il giuramento proprio del Tribunale.

Mit der Eidesleistung verbunden ist die Pflicht zur Wahrung des Amtsgeheimnisses, und zwar „rigorosamente“[947], und zur Wahrung des Päpstlichen Geheimnisses, nach den geltenden Vorschriften.[948] Die Verschwiegenheit ist sehr umfassend und verbietet die Abgabe von Erklärungen oder Interviews zu Personen und Aktivitäten der Paenitentiarie. Darüber hinaus ist es im Besonderen verboten, ohne entsprechende vorangegangene Autorisierung durch den Oberen, mit anderen über die Inhalte oder Angelegenheiten der eigenen Zuständigkeit zu sprechen. Dies gilt für jede Person, einschließlich der Bischöfe, die die Paenitentiarie besuchen. Auch ihnen darf keinerlei Auskunft gegeben werden.[949]

Nachgewiesene Verstöße gegen die eben genannten Pflichten und Verbote gemäß Art. 13, §§ 2 – 4 werden nach den entsprechenden Regelungen des *RGCR* geahndet.[950] Diese finden sich in den Art. 70 – 85. Aus diesen ergeben sich folgende mögliche Sanktionen: Die Verletzung des Amtsgeheimnisses wird gemäß Art. 72 *RGCR* mit der Suspendierung bestraft, die jedoch nicht länger als fünfzehn Tage dauern darf (vgl. Art. 73, § 2). Die Verletzung des Päpstlichen Geheimnisses kann nach Art. 76, § 1 mit der Entlassung bestraft werden. Andere disziplinarrechtliche Maßnahmen sind je nach vorliegendem Fall zu beurteilen. *Quae divinitus Nobis* enthielt keine möglichen Sanktionen oder Strafdrohungen. Dagegen ahndete *In Apostolicae* Benedikts XIV. Verstöße gegen das Amtsgeheimnis schwer und drohte die sofortige Amtsenthebung und die Exkommunikation an, die nur der Papst nachlassen konnte,[951] sowie zusätzliche auf die

---

Lo stesso giuramento sarà rinnovato da tutti i Prelati ed Officiali nella prima Segnatura dell'anno“.

947 Ebd., Art 13, § 3.

948 Vgl. ebd.: „Tutti sono obbligati ad osservare rigorosamente il segreto d'ufficio e, con particolare cura, il segreto pontificio, a norma della legislazione vigente“.

949 Vgl. ebd., Art. 13, § 4: „Senza previa autorizzazione dei Superiori, nessuno può rilasciare dichiarazioni ed interviste che riguardino le persone, l'attività e gli orientamenti del Dicastero. In particolare, è vietato conferire, senza la dovuta autorizzazione, sulle materie di propria competenza con qualunque persona, compresi i Vescovi, in visita al Tribunale“.

950 Vgl. ebd., Art 13, § 5: „In caso di accertata violazione di quanto stabilito nei §§ 2–4, si procederà a norma del *Regolamento Generale della Curia Romana*“.

951 „Qui autem juramentum secretum violaverint, non levius punientur... Qui vero, contra alteram juramenti, parte, aliquid vel minimum a partibus, aut aliis, sive celerioris expeditionis, aut scribendo, aut recognoscendo, aut examinando, sive alio quocumque titulo, aut colore, acceperint, officio suo privati ipso facto censeantur, et excommunicationis sententia innodati, cujus nequeant absolutionem ab alio, quam a Romano Pontifice, extra mortis articulum, obtinere“ (Benedikt XIV., *In Apostolicae*, § 22).

Zukunft gerichtete Strafen, wie Inhabilitäten und die Infamie.[952] Diese Strafen sind schwerwiegend und härter als die Strafen, mit denen die direkte Verletzung des Beichtgeheimnisses geahndet wird. Daher ist fragwürdig, ob sie gerechtfertigt und verhältnismäßig sind.

Außer Normen zu Pflichten, Verboten und möglichen disziplinar-rechtlichen Maßnahmen gibt die Geschäftsordnung in Art. 14 Auskunft über Öffnungszeiten, Feiertage und die Ferienordnung. Die wöchentliche Arbeitszeit an der Paenitentiarie beträgt, wie für alle Dikasterien der Römischen Kurie, 36 Stunden.[953] Die täglichen Arbeitszeiten legt das Staatssekretariat fest.[954] Der Großpaenitentiar ist jedoch ermächtigt, bei Vorliegen entsprechender Gründe, die Arbeitszeit seiner Mitarbeiter flexibel zu ändern, jedoch unter Wahrung der 36 Stunden pro Woche.[955]

Im Krankheitsfall oder bei anderen unvorhergesehenen Gründen, die die Erfüllung der Arbeiten verhindern, müssen die Oberen schnellstmöglich darüber informiert werden.[956] Da das *Regolamento 2009* an dieser Stelle nicht auf das *RGCR* verweist, ist anzunehmen, dass der Zeitpunkt der Mitteilung nicht exakt in der normalerweise ersten Stunde des Dienstbeginns des ersten Tages der Abwesenheit erfolgen muss,[957] sondern nur möglichst zeitnah.

Für die Urlaubsregelung greifen die Normen des *RGCR*, sodass den Mitarbeitern der Paenitentiarie jährlich 26 Urlaubstage zustehen, die, wenn möglich, entweder am Stück oder mit einer Unterbrechung im Zeitraum von 1. Juni bis 30. September eines Jahres zu nehmen sind. Zu beachten gilt jedoch, dass die Präsenz einer ausreichenden Anzahl an Mitarbeitern zur Erledigung der Aufgaben gewährleistet ist, was eine vorherige Koordination der Urlaubszeiten

---

952 Vgl. Benedikt XIV., *In Apostolicae*, §§ 22f.

953 Vgl. *Regolamento 2009*, Art. 14, § 1 i. V. m. *RGCR*, Art. 45, § 1.

954 Vgl. *RGCR*, Art. 45, § 1.

955 Vgl. *Regolamento 2009*, Art. 14, § 1: „L'orario settimanale di servizio nel Dicastero è quello fissato per la Curia Romana. Il Cardinale Penitenziere Maggiore può concedere ai singoli Officiali per comprovate ragioni variazioni dell'orario di servizio, salvaguardando comunque le trentasei ore settimanali".

956 Vgl. ebd., Art. 14, § 2: „In caso di malattia o altro impedimento non prevedibile, l'assenza va comunicata ai Superiori quanto prima".

957 „§ 2. Nel caso di malattia o di altro impedimento imprevisto, il dipendente è tenuto ad informare, nel primo giorno di assenza entro la prima ora del suo orario di servizio, il proprio Superiore diretto, a comunicare il luogo della propria dimora se diverso da quello abituale e ad adempiere gli obblighi previsti nei successivi paragrafi" (*RGCR*, Art. 56, § 2).

unumgänglich macht.[958] Gerade der Dienst und der Anspruch der Paenitentiarie, der eine zeitnahe und möglichst sofortige Erledigung, vor allem der Angelegenheiten des *Forum internum sacramentale*, postuliert, sollte Verzögerungen vermeiden oder zumindest auf ein Minimum reduzieren. Urlaubstage, die nicht angetreten werden konnten, sind in das nächste Jahr übertragbar bis zum 31. März.[959] Mitarbeitern der Paenitentiarie aus anderen europäischen Ländern als Italien, stehen weitere drei Urlaubstage zu, sofern der Urlaub im Heimatland verbracht wird, aus außereuropäischen Ländern, sofern der Urlaub dort verbracht wird, fünf weitere Urlaubstage.[960]

Die früheren Regelungen in *Quae divinitus Nobis* enthalten keine Angaben zu den Öffnungszeiten und Regelungen im Krankheitsfall. Dafür sind knappe Informationen zur Urlaubsregelung gegeben, wonach eine genauere Bestimmung vorschrieb, dass der Substitut und der Sekretär der Abteilung für die Angelegenheiten des *Forum internum* nicht gleichzeitig abwesend sein durften. Dagegen genügte bei Abwesenheit des Substituten der Abteilung für die Ablässe die Anwesenheit des ältesten der anwesenden Offiziale.[961] Für beide Abteilungen galt zusätzlich „tam in hac quam in illa Sectione nonnisi ea negotia expediantur quae moram non admittunt quaeque administrationem ordinariam respiciunt". Dieser Zusatz findet sich im *Regolamento 2009* zwar nicht mehr, doch dürfte diese Praxis keine Änderung erfahren haben.

958 Vgl. *Regolamento 2009*, Art. 14, § 3: „Il personale del Dicastero usufruisce delle ferie annuali a norma degli Art. 51–52 del Regolamento Generale della Curia Romana, entro il periodo stabilito, in modo che resti assicurata una congrua presenza di Officiali secondo le esigenze del servizio".

959 Vgl. *RGCR*, Art. 52, § 2.

960 Vgl. ebd., Art. 52, § 3.

961 „Feriarum aestivarum tempore ita res ordinabuntur at e Tribunali Secretarius et Substitutus Sectionis una simul ne absint; qui idcirco se invicem ita excipient ut alter eorum in Officio de more maneat; pro Indulgentiis Substitutus absens sufficiatur ab Officiali seniore, qui adest" (Pius XI., *Quae divinitus Nobis*, Cap. 6 a).

18. Zusammenfassung

Die personelle Struktur der Paenitentiarie weist im Wesentlichen eine große Kontinuität im Vergleich mit *Quae divinitus Nobis* auf, wenn auch die Bezeichnungen teilweise Änderungen erfuhren. Waren es vorher der *Cardinalis Paenitentiarius Maior*, eventuell ein Pro-Paenitentiarius, der Regens und fünf weitere höhere Mitarbeiter bzw. die *Officiales Maiores* (Theologe, Kanonist, Datar, Corrector, Sigillator) und Offiziale bzw. die *Officiales Minores* (Secretarii, Substituti, Rescriptor, Tabularii), so gehören nach geltendem Recht zur Paenitentiarie der Kardinal-Großpaenitentiar[962], der Regens, fünf weitere höhere Mitarbeiter, bestehend aus dem Theologen, dem Kanonisten und drei weiteren Beratern, mehrere Offiziale, und zwar die *Aiutanti di Studio*,[963] die *Addetti di Segreteria* und der Archivar, und ebenso das Hilfspersonal. Ein möglicher Pro-Paenitentiar wird nicht mehr erwähnt. Die Parallelen der Rechtsordnungen werden deutlich. Der Archivar ist als eigenständiges Amt neu und aus den vormaligen *Officiales Maiores* ausgegliedert, ebenso wird das Hilfspersonal erstmals ausdrücklich erwähnt. Die Aufgaben und Zuständigkeitsbereiche der verschiedenen Personen sind differenzierter und übersichtlicher dargelegt als in *Quae divinitus Nobis* und erfuhren auch mehrere Erweiterungen. Entgegen mancher Annahme[964] sind nicht mehr alle Mitarbeiter der Paenitentiarie Priester oder Bischöfe – Archivar und Gerichtsbote können Laien und somit auch Frauen sein.

Insgesamt lässt sich nach der Darlegung und Nennung der hierarchischen Zusammensetzung der Paenitentiarie mit Miragoli schlussfolgern, dass die interne personelle Struktur sehr schlicht und übersichtlich ist[965] und je nach genauer Anzahl der Offiziale und des Hilfspersonals insgesamt ca. 13 Personen zählt.

---

962 S. dazu unter 14.

963 Bei Durchsicht des *Annuario Pontificio* der letzten Jahre fällt auf, dass bei der personellen Besetzung der Paenitentiarie ab dem Jahr 2016, entgegen den aus dem *Regolamento 2009* zu entnehmenden Angaben, nur noch ein *Aiutante di Studio* genannt wird, ohne nähere Bezeichnung des Zuständigkeitsbereichs. Eine Begründung war nicht herauszufinden. Möglicherweise liegt es an einer geringeren Zahl der Eingänge, die von einem *Aiutante di Studio* für beide Abteilungen übernommen werden können.

964 Wie beispielsweise Commentz, Apostolische Pönitentiarie, 10.

965 Vgl. Miragoli, Penitenzieria Apostolica, 261. Denn die *Paenitentiarii minores* der römischen Patriarchalbasiliken und bestimmter anderer Basiliken Italiens zählen nicht zu den unmittelbaren Mitarbeitern der Paenitentiarie (s. dazu unter 10).

Die Angaben über die spezifischen allgemeinen Pflichten für alle Mitarbeiter der Paenitentiarie haben, außer der Verpflichtung zur Eidesablegung und zur Wahrung des Amtsgeheimnisses, keine Entsprechung in *Quae divinitus Nobis*. Dasselbe gilt für die wöchentlichen Arbeitszeiten und Öffnungszeiten der Paenitentiarie sowie die Vorgehensweise im Krankheitsfall. Vielleicht ist dies der Tatsache geschuldet, dass die Regelungen der Art. 13 und 14 des *Regolamento 2009* sich ergänzend zu den eigenen Normen teilweise auf das *RGCR* stützen, was es analog zu *Quae divinitus Nobis* nicht gab.

IV. Verfahrensmodi der Paenitentiarie

Die Paenitentiarie kennt drei mögliche Verfahrensweisen, um die an sie herangetragenen Angelegenheiten gemäß ihrer Kompetenz zu bearbeiten: Den Kongress *(Congressus* bzw. *Congresso)*[966], die Signatur *(Signatura Paenitentiariae Apostolicae* bzw. *Segnatura della Penitenzieria Apostolica)* und die Audienz *(Audientia Summi Pontificis* bzw. *L'Udienza Pontificia)* des Großpaenitentiars beim Papst. In welcher der drei Modi eine Sache behandelt und entschieden wird, hängt gewöhnlich von ihrem Inhalt oder möglichen Begleitumständen ab.[967]

Vor der Darlegung der unterschiedlichen Verfahrensweisen sieht das *Regolamento 2009* einige allgemeine Regeln und Normen zur Sachverhaltsermittlung vor, die es zu beachten gilt, bevor die Angelegenheiten überhaupt an der Paenitentiarie in einer der Arbeitsmodi behandelt werden. Aus diesem Grund werden sie auch hier zunächst noch vorgeschaltet. Eine Entsprechung zu diesen allgemeinen Normen gibt es in *Quae divinitus Nobis* nicht.

---

966 Die in Klammern angegebenen Bezeichnungen nennen zuerst die lateinischen Bezeichnungen von *Quae divinitus Nobis*, anschließend die ihnen entsprechenden italienischen des *Regolamento 2009*).

967 Vgl. Miragoli, Penitenzieria Apostolica, 272.

19. Allgemeine Vorschriften

Alle einmal an die Paenitentiarie gerichteten Angelegenheiten, die das *Forum internum sacramentale* und *non sacramentale* betreffen, dürfen an niemand anderen ausgehändigt werden, auch nicht an ein anderes Dikasterium der Römischen Kurie. Eine Weitergabe ist nur erlaubt, wenn eine Sache offenkundig irrtümlich an die Paenitentiarie gelangte, für die sie keine Zuständigkeit besitzt.[968] Des Weiteren gilt in den Fällen des *Forum internum*, welche normalerweise über den Weg des Rekurses mit anonymen oder fiktiven Namen des Paenitenten bzw. des Bittstellers eingesandt werden, dass bei Nichtbeachtung dieser Praxis der zuständige Sekretär den Namen löscht, zuvor jedoch den Namen und die Adresse des Beichtvaters für die spätere Zusendung des Reskripts notiert.[969]

Die Angelegenheiten gelangen entweder persönlich oder auf dem Postweg an die Paenitentiarie. Vorgänge des *Forum internum*, die mittels elektronischer Mittel wie Fax oder E-Mail eingesandt werden, finden keine Akzeptanz aufgrund der möglichen Gefährdung des Beichtgeheimnisses.[970] Doch wie bereits zuvor erwähnt, ist der generelle Ausschluss anderer bzw. elektronischer Übermittlungsweisen nicht mehr ganz gerechtfertigt aufgrund inzwischen möglicher sicherer Datenübermittlung.[971] Für die Bittgesuche um Ablässe, die das *Forum externum* betreffen und nicht der Geheimhaltung unterliegen, wäre demnach eine Übermittlung auf elektronischem Wege nicht ausgeschlossen, auch da nichts Gegenteiliges geregelt ist.[972]

---

968 Vgl. *Regolamento 2009*, Art. 15, § 1: „Le pratiche riguardanti casi di coscienza, una volta acquisite al Tribunale, non possono essere consegnate ad altri, neppure a un Dicastero della Santa Sede. Potranno essere trasmesse ad altro Dicastero soltanto quelle giunte alla Penitenzieria Apostolica per manifesto errore".

969 Vgl. ebd., Art. 15, § 2: „Se in una pratica riguardante un caso di coscienza è stato fatto il nome dell'oratore, l'Addetto di Segreteria competente provvede a cancellarlo, conservando il nome e l'indirizzo del confessore per la risposta".

970 Vgl. ebd., Art. 16, § 1: „Le pratiche sono inviate alla Penitenzieria o per mezzo della posta normale, con le necessarie cautele, per i casi di coscienza, onde evitare la violazione del segreto, oppure sono portate di persona. La Penitenzieria non accetta, per l'invio dei casi di coscienza, l'uso del fax, o di altri mezzi elettronici, che non assicurano il segreto".

971 S. unter 8.2.1.

972 S. unter 12.

Sämtliche Eingänge empfängt und öffnet der Regens, in dessen Abwesenheit übernimmt dies einer der *Aiutanti di Studio*.[973] Die Dokumente, die die Abteilung für die Ablässe betreffen, empfängt ebenso zunächst der Regens, der sie anschließend dem *Aiutante di Studio delle Indulgenze* übergibt zur notwendigen Registrierung aller benötigten Daten sowie zur Bearbeitung des vorliegenden Antrags.[974] Die Fälle des *Forum internum* protokolliert zunächst einer der Sekretäre und übermittelt sie anschließend an den *Aiutante di Studio del Tribunale*, versehen mit den dazugehörigen Inhaltsangaben.[975]

Die eben genannten Abläufe, die die chronologischen Vorbereitungen auf die Behandlung der Fälle an der Paenitentiarie skizzieren, finden sich in früheren Regelungen und daher auch in *Quae divinitus Nobis* nicht.

---

973 Vgl. *Regolamento 2009*, Art. 16, § 2: „Le pratiche in arrivo alla Penitenzieria Apostolica sono ricevute ed aperte dal Reggente, o in sua assenza, da un Aiutante di Studio". Im Falle eines zulässigen E-Mailversandes könnte der Regens über die Zugangsberechtigung bzw. über den privaten Schlüssel zum Öffnen der verschlüsselten E-Mails verfügen. Gegebenenfalls muss er diesen bei Abwesenheit dem *Aiutante di Studio* mitteilen.

974 Vgl. ebd., Art. 16, § 3: „Parimenti le pratiche di Indulgenze portate a mano dagli interessati e presentate, vengono consegnate al Reggente il quale provvederà ad affidarle all'Aiutante di Studio delle Indulgenze, in vista della debita registrazione ed eventuale evasione della richiesta".

975 Vgl. ebd., Art. 16, § 4: „L'Addetto di Segreteria protocolla le pratiche del Tribunale e le consegna all'Aiutante di Studio, corredate, se è il caso, delle 'riassunzioni' relative ad esse".

20. Kongress, Signatur, Audienz

20.1. Kongress

Der Kongress ist die ordentliche Versammlungs- und Verfahrensweise der Paenitentiarie, in der alle Angelegenheiten beider Abteilungen der Paenitentiarie geprüft und bearbeitet werden. Der Kongress findet täglich statt,[976] um die eingegangen Fälle umgehend bearbeiten zu können: „Res secretae et urgentes, quae ad Paenitentiariam perveniunt pro foro conscientiae, postulant ut singulis diebus considerentur, examinentur et si fieri potest perficiantur; … Ex quo necessitas cotidiani Congressus orta est“[977]. Die Paenitentiarie versucht, dem Anspruch der sofortigen Bearbeitung und Lösung der eingehenden Rekurse und Bittgesuche gerecht zu werden. „Un lavoro celere e a diritto beneficio delle anime, soprattutto la discrezione o la massima riservatezza, a seconda dei casi. Tali peculiarità dipendono dalla sua natura e dai suoi compiti“[978]. Dieser Anspruch ist daher im *Regolamento 2009* grundgelegt und gibt noch stärker als *Quae divinitus Nobis* die Richtschnur vor: „La soluzione dei casi di coscienza deve essere data, per quanto possibile, entro le ventiquattro ore dall'arrivo della pratica“[979]. *Quae divinitus Nobis* sah den Kongress noch zweimal täglich vor, den ersten für die Angelegenheiten des *Forum internum*, den zweiten für die Angelegenheiten der Ablassabteilung.[980] Gründe der Reduzierung auf ein einmaliges Stattfinden pro Tag sind nicht bekannt, doch denkbar wären beispielsweise eine geringere Anzahl an Fällen, die keinen doppelten Kongress mehr erfordern, eine höhere Effizienz, da am Kongress dieselben Mitarbeiter teilnehmen und ohne Unterbrechung eine zügigere Bearbeitung erreicht werden kann.

Der Großpaenitentiar ist, „ut mos est“[981], beim Kongress nicht anwesend.[982] Der Kongress steht unter der Leitung des Regens und an ihm nehmen die *Aiutanti*

976 Vgl. ebd., Art. 17, § 1: „Sono oggetto di esame nel Congresso quotidiano tutte le pratiche“.

977 Pius XI., *Quae divinitus Nobis*, Cap. 6 a.

978 Miragoli, Penitenzieria Apostolica, 261.

979 *Regolamento 2009*, Art. 17, § 7.

980 Vgl. Pius XI., *Quae divinitus Nobis*, Cap. 6 a: „Regens singulis diebus duplicem Congressum habebit: alterum pro rebus fori interni, alterum pro Indulgentiarum petitionibus“.

981 Pius XI., *Quae divinitus Nobis*, Cap. 6 a.

982 Vgl. ebd.

di Studio und die *Addetti di Segreteria* teil.[983] Analog entspräche dies den Regelungen von *Quae divinitus Nobis* dahingehend, indem neben dem Regens jeweils das Personal der entsprechenden Abteilung teilnahm, also der Substitut und der Sekretär.[984]

Bei Abwesenheit des Regens übernimmt per Delegation einer der höheren Mitarbeiter oder einer der Offiziale die Leitung des Kongresses.[985] In Ausnahmefällen, wenn besondere Umstände es erfordern – zu denken wäre hier beispielsweise an Krankheit oder sonstiger begründeter Abwesenheit – und genauso während der Sommerferien, tritt der Kongress auch mit weniger Teilnehmern zusammen und entscheidet die vorgelegten Angelegenheiten. In diesem Fall fordert das *Regolamento 2009* lediglich die Anwesenheit des Regens oder, bei dessen Abwesenheit, des von ihm dazu rechtmäßig Delegierten, und mindestens eines Offizials.[986]

Quae divinitus Nobis forderte noch die Anwesenheit von mindestens drei Teilnehmern.[987] Vor Beginn des Kongresses werden zeitnah nach dem morgendlichen Eingang die Fälle von den Offizialen einzeln gesichtet und geprüft und jeweils sowohl eine summarische Übersicht zum Tatbestand erstellt als auch bereits ein Lösungsvorschlag erwogen.[988] Auf diese Weise werden alle Eingänge im Kongress zunächst referiert und anschließend diskutiert.

---

983 Vgl. *Regolamento 2009*, Art. 5, § 2 i. V. m. Art. 17, § 2: „Oltre al Reggente, partecipano al Congresso quotidiano, con diritto di voto, gli Aiutanti di Studio e gli Addetti di Segreteria" (Art. 17, § 2).

984 „Ipse Regens Congressibus huiusmodi praeerit, unaque semper intererit Secretarius. Congressum vero pro foro interno Substitutus huius Sectionis participet; Congressum autem pro materia Indulgentiarum Substitutus, qui ad hanc rem pertinet" (Pius XI., *Quae divinitus Nobis*, Cap. 6 a).

985 Vgl. *Regolamento 2009*, Art. 4, § 10.

986 Vgl. ebd., Art. 17, § 3: „In circostanze eccezionali, e durante le ferie estive, per quelle pratiche che non ammettono dilazione e non eccedono l'ordinaria competenza, in Congresso potrà essere tenuto da due soli membri, cioè dal Reggente, o da chi ne fa le veci, e da un altro Officiale".

987 „Oportet enim Congressus, quoad fieri possit, ex tribus Officialibus constet" (Pius XI., *Quae divinitus Nobis*, Cap. 6 a). Möglicherweise trug dies dem Grundsatz „Tres faciunt collegium" Rechnung.

988 Vgl. *Regolamento 2009*, Art. 16, § 5: „Le pratiche, prima che si discutano nel Congresso quotidiano, dovranno essere separatamente esaminate dai singoli componenti il [sic!] Congresso, i quali dovranno redigere per scritto una sintesi della fattispecie e una indicazione di soluzione".

Obwohl nicht durch die Geschäftsordnung erwähnt, dürften die Fälle je nach in der vom Bittsteller verfassten Sprache von dem Offizial gesichtet und vorbereitet werden, der dieser Sprache kundig ist. Die Rekurse oder Bittgesuche an die Paenitentiarie können zwar grundsätzlich in jeder Sprache der Welt verfasst werden, eine zügigere Bearbeitung und Beantwortung ist jedoch nur möglich, wenn sie in Lateinisch, Englisch, Italienisch, Spanisch, Französisch, Deutsch, Portugiesisch oder Polnisch verfasst sind,[989] da diese Sprachen von den unterschiedlichen Mitarbeitern der Paenitentiarie beherrscht werden.

Das *Regolamento 2009* setzt die Kenntnis der genaueren an die Paenitentiarie herangetragenen Materien voraus und erwähnt sie nicht weiter. Aus vorangegangenen Kapiteln dieser Arbeit ergeben sich jedoch die Konkretisierungen: Die zu besprechenden Fälle bestehen aus den Angelegenheiten des *Forum internum*, genauer aus den eingehenden Rekursen, die aufgrund einer dem Apostolischen Stuhl zur Lossprechung reservierten Zensur entweder vom Paenitenten oder von dessen Beichtvater an die Paenitentiarie gerichtet werden mit der Bitte um Befreiung von der Exkommunikation *latae sententiae* oder der Bestätigung der bereits durch den Beichtvater erfolgten Lossprechung im Dringlichkeitsfall gemäß c. 1357.[990] Genauso gehören auch die Anfragen und Bittgesuche um die verschiedenen Arten der anderen Gnadenerweise dazu und die Ablassgesuche.

Im Kongress wird jeder Fall vom jeweiligen Offizial, der die Übersichtsliste erstellte, vorgestellt und über die vorgeschlagene Lösung beraten und abgestimmt. Im Falle der Rekurse werden zudem angemessene Bußen unter Berücksichtigung der der Exkommunikation zugrundeliegenden Straftat bzw. der Straftaten erwogen und festgelegt, um dem Paenitenten bei der Wiedergutmachung und Genugtuung zu helfen. Die Entscheidungen des Kongresses und somit diejenigen unter der Verantwortung des Regens, heißen „Provvista". Diejenigen Angelegenheiten, über die zwar abgestimmt wird, jedoch nicht endgültig im Kongress entschieden werden können und über die Kompetenz des Regens hinausgehen, heißen „Proposta di Provvista", und müssen dem Großpaenitentiar für ein abschließendes Urteil vorgelegt werden.[991] „Provvista" scheint eine feststehende Bezeichnung zu sein, für die das *Regolamento* jedoch keine Definition enthält. Im Kontext könnten jedoch schlicht die Entscheide gemeint sein

989 Vgl. Commentz, Apostolische Pönitentiarie, 30.

990 S. dazu oben unter 8.2.2.

991 Vgl. *Regolamento 2009*, Art. 17, § 4: „La conclusione maturata nel Congresso in materia di competenza del Reggente si chiama «Provvista». Quella che eccede, invece, la competenza del Reggente si chiama «Proposta di Provvista», dovendo la Provvista finale essere data dal Cardinale Penitenziere, cui detta conclusione deve essere sottoposta".

und „Proposta di Provvista" die vorgeschlagenen Lösungen bzw. Entscheidungen. Die Provvista des Kongresses fordern ein einmütiges Votum aller anwesenden Offiziale und des Regens: „Le Provviste, adottate nei Congressi quotidiani, devono rappresentare il giudizio unanime dei partecipanti, il quale ne sono responsabili 'in solidum'"[992]. Bei Uneinigkeit des Votums wird die Provvista ausgesetzt und der Akt dem Großpaenitentiar unterbreitet, der, nach Abwägung der unterschiedlichen Voten des Kongresses, entweder eine sofortige Entscheidung in der vorgelegten Sache trifft oder sie in der nächsten Signatur zur vertieften Diskussion und Beratung stellt.[993] Da der Großpaenitentiar über jegliche Vollmacht verfügt, kann er darüber hinaus jedoch auch generell die Vorlage aller im Kongress getroffenen Entscheidungen fordern, um sie zu approbieren. Zudem ist er befugt, die Ausführung der Entscheidungen mittels schriftlicher Delegation seiner Vollmachten an den Regens bzw. an denjenigen, der ihn vertritt, zu beschleunigen.[994]

Die Verfahrensweise ist im Vergleich zu *Quae divinitus Nobis* größtenteils unverändert geblieben, enthielt jedoch etwas genauer als das *Regolamento 2009* die Vorgehensweise innerhalb des Kongresses. Die Vorbereitung auf den Kongress durch genaues Studium der eingegangenen Fälle, die dazugehörige Erstellung einer Übersichtsliste und der Vortrag „in Congressu coram Regente", sowie Entscheidung aller teilnehmenden Offiziale und des Regens *in solidum* entsprechen der aktuellen Praxis.[995] Dagegen findet sich in *Quae divinitus Nobis* kein Hinweis auf die Möglichkeit, nicht einmütig getroffene Entscheidungen

---

992 Ebd., Art. 17, § 5.

993 Vgl. ebd., Art. 17, § 6: „Qualora il parere non sia concorde, si sospende la Provvista e si deferisce la pratica al Cardinale Penitenziere, il quale, valutate le ragioni dei singoli, può formulare subito una decisione oppure rimandarla alla discussione in Segnatura".

994 Vgl. ebd., Art. 4, § 2: „Può chiedere che siano sottoposte alla sua approvazione tutte le pratiche trattate nel Congresso comprese quelle di competenza del Reggente. Per rendere più sollecita l'esecuzione delle stesse, può delegare, in forma scritta, le proprie facoltà al Reggente, o a chi ne fa le veci".

995 Vgl. Pius XI., *Quae divinitus Nobis*, Cap. 6 a: „Dein eas inter se aeque distribuant, legant, diligenter cognoscere studeant; atque earum etiam summarium faciant; mox eas ultro citroque secum communicent, ut et singuli relatores eas omnes exploratas habeant, et mutua consilia in rem conferre possint; postremo de iisdem accurate in Congressu coram Regente referant. Qui quidem, antequam rem plane decernat, quae ad normas redigenda erit, quas pro singulis Sectionibus tradidimus, vel a Nobis et Successoribus Nostris etiam tradentur, ipse per se singulas causas examinare debet, ut de plena veritate relationum sibi factarum certior fiat. Etenim ut Officiales relatores ita Officii Praeses in solidum de consiliis captis respondere debent".

unmittelbar dem Großpaenitentiar zur umgehenden Entscheidung vorlegen zu können.

Die Ergebnisse des Kongresses für die Angelegenheiten des *Forum internun* werden umgehend schriftlich ausgearbeitet und versandt, um „entro le ventiquattro ore dall'arrivo della pratica"[996] zu antworten. Wann immer der Großpaenitentiar jedoch einen Vorgang zur genaueren Untersuchung in die Signatur einbringen möchte, ist die Einhaltung dieser Frist nicht möglich. In diesem Fall antwortet die Paenitentiarie schriftlich mit vorläufigen geeigneten Anweisungen für die Zeit bis zum Eintreffen einer definitiven Antwort.[997]

20.2. Signatur

Die Signatur ist die Versammlung der sechs höheren Mitarbeiter, d.h. des Regens, des Theologen, des Kanonisten und der drei übrigen Berater[998] unter der Leitung und dem Vorsitz des Großpaenitentiars.[999] Die höheren Mitarbeiter stehen dem Großpaenitentiar beratend zur Seite. Bei dessen Abwesenheit übernimmt der Regens den Vorsitz.[1000] Im Unterschied zum Kongress ist die Signatur die außerordentliche Verfahrensweise der Paenitentiarie und tritt nicht täglich zusammen, sondern nur dann, wenn der Großpaenitentiar sie für erforderlich erachtet und einberufen möchte.[1001] Dies stimmt überein mit *Quae divinitus Nobis*.[1002] Weder das *Regolamento* noch *Quae divinitus Nobis* enthalten Angaben über die Häufigkeit

---

996 *Regolamento 2009*, Art. 17, § 7.

997 Vgl. ebd.: „La soluzione dei casi di coscienza deve essere data, per quanto è possibile, entro le ventiquattro ore dall'arrivo della pratica. Se ciò non è fattibile per i casi che esigono maggiore studio, la Penitenzieria si premura di rispondere con una lettera interlocutoria dando oppure istruzioni".

998 Vgl. ebd., Art. 3, § 1: „Alla Penitenzieria Apostolica è preposto il Cardinale Penitenziere Maggiore. Esso è coadiuvato dal Reggente e da cinque Prelati che costituiscono il Consiglio o Segnatura".

999 Vgl. ebd., Art. 4, § 3: „Convoca la Segnatura ..., ne presiede le adunanze".

1000 Vgl. ebd., Art. 5, § 2: „In assenza del Cardinale Penitenziere e per casi non differibili presiede la Segnatura, communicando successivamente al Cardinale le risoluzioni". Diese Regelung galt bereits in *Quae divinitus Nobis*, Cap. 6 b: „Sin autem Cardinalis Paenitentiarius Maior non adest, Regens Signaturae praeerit".

1001 Vgl. Pius XI., *Quae divinitus Nobis*, Cap. 6 b.

1002 Vgl. ebd.: „Coetus Officialium Maiorum, cui praestet Cardinalis Paenitentiarius Maior, nomen Signaturae Sacrae Paenitentiariae Apostolicae retineat. Cardinalis Paenitentiarius Maior coetum seu conventum convocat, quoties id opportunum ducit... Quando a Cardinali Paenitentiario Maiore dies Signaturae constitutus est."

der Signatur. Miragoli geht von einer zumindest monatlichen Einberufung aus,[1003] was denkbar wäre, aber nicht definitiv geregelt ist. Daher obliegt sie dem Ermessen des Großpaenitentiars, sodass sie öfter oder seltener stattfindet, je nach Notwendigkeit. Anders als in *In Apostolicae* Benedikts XIV.[1004] findet sich kein Hinweis mehr darauf, dass die Signatur immer an einem Dienstag zusammentritt, was aber dennoch kein Ausschlusskriterium darstellt. Die Einberufung erfolgt auf Anweisung des Großpaenitentiars durch den Regens, der sie den anderen höheren Mitarbeitern bekannt macht.[1005]

Die Signatur behandelt die schwierigeren und komplexeren Angelegenheiten beider Abteilungen der Paenitentiarie, folglich sowohl das *Forum internum* als auch die Ablässe betreffend, die ein vertieftes Studium und eine gründlichere Auseinandersetzung erforderlich machen. Soweit entspricht es auch der Formulierung in *Quae divinitus Nobis*.[1006] Das *Regolamento 2009* geht darüber hinaus, denn untersucht und geprüft werden nun auch mögliche neue Fragestellungen, die erstmals an die Paenitentiarie herangetragen werden. Außerdem muss vor Approbation allgemeiner Dekrete durch den Großpaenitentiar immer der Rat der Signatur gehört werden.[1007] Die Signatur erörtert die Rekurse und Eingänge, welche im Kongress nicht einmütig geklärt bzw. entschieden werden konnten und die der Großpaenitentiar gemäß Art. 17, § 6 der Signatur vorlegt. Unter diesen Aspekten betrachtet, steht die Signatur über dem Kongress. Dafür spricht auch, dass der Großpaenitentiar daran teilnimmt. Nach *Quae divinitus Nobis* gehörte zur Zuständigkeit der Signatur auch die Durchführung des Auswahlverfahrens für die Bewerber des Amtes der *Officiales* und die Prüfung der Kandidaten für das Amt der *Paenitentiarii minores* an den Patriarchalbasiliken Roms.

1003 Vgl. Miragoli, Penitenzieria Apostolica, 272.

1004 Vgl. Benedikt XIV., *In Apostolicae*, § 21.

1005 Gemäß *Quae divinitus Nobis* war die Reihenfolge der Mitteilung zur Einberufung der *Signatura* noch ausführlicher: Der Großpaenitentiar teilte dem Regens den Termin der nächsten Versammlung der *Signatura* mit, der Regens wiederum meldete dies dem Tabularier, der es dann an die übrigen *Officiales maiores* weitergab (vgl. Pius XI., *Quae divinitus Nobis*, Cap. 6 b). Die Zwischenmitteilung an den Tabularier ist aufgrund der Abschaffung dieser Funktion obsolet geworden.

1006 Vgl. Pius XI., *Quae divinitus Nobis*, Cap. 6 b: „Ad tractanda negotia graviora vel negotia, ad alterutram Sectionem pertinentia, quae quomodocumque ulteriore studio indigeant".

1007 Vgl. *Regolamento 2009*, Art. 18, § 1: „Sono trattati in Segnatura i casi che, o per la loro particolare difficoltà e complessità o per la loro novità, necessitano di uno studio approfondito. Sarà comunque sentita la Segnatura prima dell'approvazione dei Decreti Generali".

Diese Aufgaben finden sich im *Regolamento 2009* nicht mehr. Die Prüfung der Paenitentiare obliegt dem Regens, zusammen mit dem Theologen und dem Kanonisten,[1008] ihre Bevollmächtigung und Beauftragung dem Großpaenitentiar.[1009]

Vor dem Zusammentritt der Signatur legt der Großpaenitentiar die Tagesordnung fest[1010] und teilt, mit Hilfe des Regens, den höheren Mitarbeitern die in der anberaumten Signatur zu besprechenden Fälle zur Bearbeitung und zur Erstellung eines Votums zu.[1011] Hier ist eine analoge Handhabung zum Kongress festzustellen, in der die Offiziale täglich vor Zusammentritt die Eingänge nicht nur sichten und eine Zusammenfassung erstellen, sondern auch bereits einen Lösungsvorschlag erwägen. Die Ausarbeitung der Angelegenheiten der Signatur erfordert eine vertiefte und gründlichere Vorbereitung und beansprucht daher auch mehr Zeit. Zur Unterstützung und Hilfestellung der höheren Mitarbeiter stellt deshalb der jeweils zuständige *Aiutante di Studio* aus bereits abgeschlossenen Fällen frühere und besonders wichtige Voten zusammen, die den aktuellen und den höheren Mitarbeitern zur Vorbereitung auf die Signatur anvertrauten Vorgängen ähnlich sind. Vor Übergabe dieser Zusammenschau an die höheren Mitarbeiter erfolgt zunächst noch eine Überprüfung durch den Regens.[1012] Spätestens 15 Tage vor der anberaumten Signatur muss sie den höheren Mitarbeitern jedoch zugeleitet werden zur Gewährleistung einer ausreichenden Zeit zum Studium und zur Vorbereitung. Der Großpaenitentiar und alle höheren Mitarbeiter erhalten, um die Diskussion und Entscheidung während der Signatur zu ermöglichen, eine Kopie der Dokumente, welche diejenigen höheren Mitarbeiter erhielten, die mit der Vorbereitung eines oder mehrerer Fälle und zu deren Vorstellung des Sachverhalts und eines Lösungsvorschlags im Rahmen

---

1008 Vgl. ebd., Art. 5, § 5: „Presiede gli esami dei candidati all'ufficio di Penitenzieri Minori insieme al Teologo e al Canonista, che potranno essere sostituiti eventualmente da un altro Prelato".

1009 Vgl. ebd., Art. 4, § 5: „Nomina e concede le facoltà ai Penitenzieri Minori delle Basiliche Papali dell'Urbe".

1010 Vgl. ebd., Art. 4, § 3: „Convoca la Segnatura e determina le materie da trattare". Übereinstimmend auch *Quae divinitus Nobis*, Cap. 6 b: „Paenitentiarii Maioris est ordinem negotiorum quae tractanda sunt statuere".

1011 Vgl. ebd., Art. 18, § 2: „Il Cardinale Penitenziere, assistito del Reggente, assegna ai singoli Prelati le pratiche, sulle quali dovranno preparare un Voto scritto da discutersi in Segnatura".

1012 Vgl. ebd., Art. 18, § 3: „L'Aiutante di Studio competente correda dei precedenti e dei voti più importanti espressi in passato su argomenti analoghi le pratiche destinate allo studio dei Prelati. Il Reggente dovrà esaminare l'insieme delle pratiche prima che siano consegnate ai Prelati".

der Signatur beauftragt sind.[1013] Bis zur Signatur behalten die höheren Mitarbeiter die Dokumente, welche die Angelegenheiten des *Forum internum* betreffen, bei sich, bis sie sie nach erfolgter Diskussion in der Signatur den *Aiutanti di Studio* zurückgeben.[1014]

Die Sitzungen der Signatur folgen einem festgelegten Ablauf: Die betreffenden höheren Mitarbeiter stellen die ihnen zuvor zur Vorbereitung anvertrauten Fälle vor. Anschließend äußern alle anderen höheren Mitarbeiter ihre Ansicht[1015] gemäß der in Art. 6, § 2 festgelegten Reihenfolge[1016], wonach das Wort zuerst dem Theologen, dann dem Kanonisten und danach den drei übrigen Beratern, nach der Ordnung ihres Ernennungsdatums, zukommt. *Quae divinitus Nobis* sah auch den Vortrag der Stellungnahmen der höheren Mitarbeiter in einer bestimmten Ordnung vor, und zwar folgendermaßen: „Theologus, Datarius, Corrector, Sigillator, Canonista; ultimo demum loco Regens"[1017]. Die Reihenfolge ist fast unverändert geblieben, nur der Kanonist rückte von der vorletzten Stelle auf die zweite, hinter den Theologen und vor die drei anderen *Consiglieri*, die nicht mehr unterschieden werden in Datar, Corrector und Sigillator. Weshalb der Regens zuletzt spricht, wird nicht im *Regolamento 2009*, aber in *Quae divinitus Nobis* begründet, denn es ist der „Regens, qui cotidiano cum Officio commercio, maioris valoris rationes ad definitivum iudicium afferre poterit"[1018]. Dies dürfte trotz fehlender Erwähnung auch aktuell gelten.

1013 Wie viele der höheren Mitarbeiter innerhalb einer Signatur zu einem oder mehreren Fällen referieren, ist abhängig von der Anzahl der Fälle und der Zuweisung durch den Großpaenitentiar gemäß Art. 18, § 2. Demnach sind nicht alle höheren Mitarbeiter immer zugleich Relatoren. Mit der Intention einer zielführenden Diskussion innerhalb der Signatur sollen daher alle höheren Mitarbeiter und der Großpaenitentiar mittels der Kopien über die anstehenden Fälle informiert werden.

1014 Vgl. *Regolamento 2009*, Art. 18, § 4: „Dette pratiche saranno consegnate ai Prelati almeno quindici giorni prima della data fissata per la Segnatura. Copia dei documenti affidati ai Prelati Relatori sarà data al Cardinale Penitenziere e ad ognuno dei Prelati, in vista della discussione in Segnatura. I Prelati conserveranno presso di sé «ad tempus», con ogni cautela, le pratiche relative ai casi di Foro interno, restituendo l'intera documentazione agli Aiutanti di Studio dopo l'avvenuta discussione".

1015 Vgl. ebd., Art. 18, § 5: „Nella discussione dei casi in Segnatura, dopo l'esposizione del Relatore, gli altri Prelati esprimono il proprio pensiero in ordine di precedenza, a norma dell'art. 6 § 2".

1016 Vgl. ebd., Art. 6, § 2: „La precedenza compete al Teologo, poi al Canonista, quindi ai Consiglieri, secondo la data di nomina".

1017 Vgl. Pius XI., *Quae divinitus Nobis*, Cap. 6 b.

1018 Ebd.

Anschließend erfolgt in der Signatur eine Zusammenfassung der Stellungnahmen durch den Regens. Als letzter spricht der Großpaenitentiar, indem er zu den vorgetragenen Fällen eine definitive Entscheidung entweder sofort trifft oder, wenn ihm das noch nicht möglich erscheint, in einer der nächsten Versammlungen der Signatur. Bei bestimmten Fällen ist er zudem befugt, sich eine Entscheidung vorzubehalten, ohne sie den höheren Mitarbeitern in der Signatur mitzuteilen.[1019] In seiner Entscheidung ist er nicht gebunden und kann sie auch entgegen des Votums der höheren Mitarbeiter treffen.

Als nächstes trägt der Regens diejenigen Angelegenheiten vor, die an sich in der Signatur hätten bearbeitet werden müssen, aber aufgrund von Dringlichkeit bereits im Kongress behandelt oder von einem höheren Mitarbeiter mit Votum ‚extra Signaturam' entschieden wurden. Des Weiteren informiert der Regens die höheren Mitarbeiter über die Entscheidungen oder möglichen Direktiven des Papstes zu den Fällen, die zuvor in der Signatur untersucht und erörtert wurden.[1020] Anschließend erläutert er oder der *Aiutante di Studio*, der die Aufgaben des Aktuars wahrnimmt, diejenigen Fälle, zu denen der Großpaenitentiar die Ansichten der höheren Mitarbeiter erbittet, jedoch ohne ein schriftliches Votum zu fordern.[1021]

Der Aktuar fertigt den Entwurf des Protokolls an, das summarisch die Tatbestände der in der Signatur behandelten Fälle, die dazu geführten Diskussionen und die Stellungnahmen der höheren Mitarbeiter darlegt. Dieses Protokoll wird in der nachfolgenden Signatur zur Genehmigung vorgelegt und im Anschluss mit der Unterschrift des Großpaenitentiars in das dafür vorgesehene Register abgelegt.[1022]

1019 Vgl. *Regolamento 2009*, Art. 18, § 5: „Nella discussione dei casi in Segnatura, dopo l'esposizione del Relatore, gli altri Prelati esprimono il proprio pensiero in ordine di precedenza, a norma dell'art. 6 § 2. Il Reggente riassume i vari pareri. Da ultimo, il Cardinale Penitenziere può esprimere il giudizio definitivo seduta stante o in una successiva Segnatura. In casi particolari il Penitenziere Maggiore può riservare a sé la decisione senza comunicarne il contenuto alla Segnatura".

1020 Vgl. ebd., Art. 18, § 6: „Il Reggente riferisce i casi, che avrebbero dovuto essere materia di Segnatura, ma che, attesa l'urgenza, sono stati trattati dal Congresso o da un Prelato con Voto «extra Signaturam». Dà notizia inoltre delle decisioni del Santo Padre su casi già trattati in Segnatura e di eventuali sue direttive".

1021 Vgl. ebd., Art. 18, § 7: „Il Reggente, o l'Aiutante di Studio con compiti di Attuario, illustra poi i casi, sui quali il Cardinale Penitenziere desidera conoscere il parere dei Prelati, senza richiedere un Voto scritto".

1022 Vgl. ebd., Art. 18, § 8: „L'attuario stende la bozza del Verbale, nella quale riporta sinteticamente la fattispecie dei casi trattati, le discussioni e i pareri dei Prelati. Il

Die in der Signatur behandelten Positionen, sowohl mit Votum als auch ohne Votum, werden in speziellen Mappen geordnet, auf die eine Zusammenfassung geschrieben wird, was die Signatur dazu gesagt hatte und auf denen die Unterschrift des Großpaenitentiars steht.[1023]

Übereinstimmend mit *Quae divinitus Nobis* ist auch die folgende Regelung: Erfolgte nämlich die Leitung der Signatur durch den Regens, sind die dabei getroffenen Entscheidungen dem Großpaenitentiar zur Bestätigung und Unterschrift vorzulegen. Ist dies nicht möglich, ist dem Papst in der nächsten Audienz über sie zu berichten.[1024] Bei einer längeren Abwesenheit des Großpaenitentiars wäre dies beispielsweise denkbar.

In all den genannten Belangen und Fällen stehen dem Großpaenitentiar die höheren Mitarbeiter beratend zur Seite. An ihr Votum ist er jedoch nicht gebunden. Die letzte Entscheidung trifft er allein.[1025]

Im Vergleich mit *Quae divinitus Nobis* ist auch im Hinblick auf die Signatur eine weitgehende Beibehaltung der Verfahrensordnung festzustellen. Leitung, Vorsitz, Einberufung, Teilnehmer, Vorstellung der einzelnen Fälle mit anschließenden Stellungnahmen durch die höheren Mitarbeiter und Abstimmungsmodus sind beinahe identisch geblieben. Ergänzt und präzisiert wurden durch das *Regolamento 2009* die zusätzlichen Thematiken gemäß der §§ 6 und 7, die ebenso in der Signatur behandelt oder referiert werden. Auch die Anfertigung und Unterbreitung des Protokolls in der nachfolgenden Signatur erwähnt *Quae divinitus Nobis* nicht; genauso gibt es keinen Hinweis auf eine Aushändigung früherer Fälle an die höheren Mitarbeiter zur Vorbereitung auf die ihnen zur Vorstellung und Lösung anvertrauten Angelegenheiten in der Signatur, welche ihnen aufgrund von Analogie und Ähnlichkeit als Hilfestellung gegeben werden.

---

testo approvato nella successiva riunione della Segnatura sarà riportato nell'apposito Registro. Il Cardinale Penitenziere sottoscriverà i singoli verbali riportati nel detto Registro".

1023 Vgl. ebd., Art. 18, § 9: „Le posizioni trattate in Segnatura, sia con Voto che senza Voto, saranno sistemate in apposite copertine, sulle quali sarà trascritto in sintesi quanto disposto dalla Segnatura e apposta la firma del Cardinale Penitenziere".

1024 Vgl. ebd., Art. 18, § 10: „Le decisioni di una Segnatura, alla quale abbia presieduto il Reggente, saranno sottoposte all'approvazione e alla firma del Cardinale Penitenziere. Se ciò non fosse possibile, saranno riferite al Santo Padre nella prima Udienza dopo la Segnatura" und *Quae divinitus Nobis*, Cap. 6 b: „Sin autem Cardinalis Paenitentiarius Maior non adest, Regens Signaturae praeerit ...; sed decreta Signaturae, cui Regens praefuerit, approbationi et subscriptioni Paenitentiarii Maioris proponi debent. Quod si id fieri nequeat, afferantur ad Pontificem in prima Audientia quae post Signaturam habebitur".

1025 Vgl. Naz, Pénitencerie, Sp. 1332.

Nach den Stellungnahmen der höheren Mitarbeiter übernimmt nicht mehr der Großpaenitentiar,[1026] sondern der Regens die Zusammenfassung. Abgesehen davon fällt auf, dass dem Regens mehr Aufgaben zukommen und er faktisch, abgesehen von den Relationen der höheren Mitarbeiter, über alle sonstigen Materien referiert oder in die Vorbereitung involviert ist, wie die §§ 2, 3, 6 und 7 zeigen.

20.3. Audienz

Regelmäßig empfängt der Papst den Großpaenitentiar in Audienz. An ihr nehmen weder die höheren Mitarbeiter noch die Offiziale der Paenitentiarie teil. Die zeitlichen Abstände sind nicht mehr genau auf zwei Wochen determiniert,[1027] sondern sie finden nach Nykiel „di tanto in tanto" statt.[1028] Dabei trägt der Großpaenitentiar dem Papst aus beiden Abteilungen der Paenitentiarie alle Angelegenheiten vor, die bearbeitet, geprüft und behandelt wurden,[1029] alle Fälle, die dem Papst zur Entscheidung reserviert sind und somit die Kompetenzen des Großpaenitentiars übersteigen. Ferner werden sämtliche Angelegenheiten angesprochen, die der Großpaenitentiar für notwendig und wichtig erachtet, sie dem Papst zur Beurteilung oder Entscheidung vorzulegen oder ihn bloß darüber zu informieren. Zur Sprache kommen auch Fälle oder Fragestellungen, die in einer vorangegangenen Audienz thematisiert, aber möglicherweise zwischenzeitlich noch nicht abschließend beurteilt oder entschieden werden konnten. Wenn auch es weder von *Quae divinitus Nobis* noch vom *Regolamento 2009* explizit erwähnt wird, ist der Großpaenitentiar gemäß Commentz verpflichtet „den Heiligen Vater über alle Fälle von Reduktionen der Verpflichtungen zur Feier von heiligen Messen zu unterrichten"[1030]. Möglicherweise geschieht dies aufgrund einer Anweisung des Papstes. Die Audienz bietet dem Großpaenitentiar zudem die Gelegenheit, mögliche Zweifel oder Unsicherheiten anzusprechen und vom

---

1026 Vgl. Pius XI., *Quae divinitus Nobis*, Cap. 6 b: „Postquam a Cardinali Paenitentiario Maiore conclusio facta est, haec statim in causae positione ad eam pertinente a Regente inscribatur".

1027 Wie es *Quae divinitus Nobis*, Cap. 6 c noch festsetzte: „Cardinalis Paenitentiarius Maior bis in mense Audientiam Summi Pontificis habebit".

1028 Nykiel, Sacramento della misericordia, 36.

1029 „Le grand pénitencier doit être informé de toutes les questions posées à la Pénitencerie" (Naz, Pénitencerie, Sp. 1332).

1030 Commentz, Apostolische Pönitentiarie, 41.

Papst Weisungen und Ratschläge zu erhalten,[1031] „qui utpote Supremus conscientiarum Moderator, pro Apostolico quo fungitur Officio peculiari divina ope absque dubio donatur“[1032]. Die in der Audienz zu besprechenden Themen werden von den *Aiutanti di Studio* vorbereitet, in einem Dokument zusammengestellt[1033] und anschließend, vor der Übergabe an den Großpaenitentiar, vom Regens überprüft.[1034] Entsprechend übernahmen nach den Normen von *Quae divinitus Nobis* die Vorbereitungen der Sekretär für die Angelegenheiten des *Forum internum* und der Substitut für die Angelegenheiten für die Ablässe, unter der Aufsicht und Anleitung des Regens.[1035] Um dem Papst in der Audienz eine vollständige Darlegung der Angelegenheiten gewährleisten zu können, werden den erstellten Dokumenten die dafür notwendigen Akten beigefügt. Alles zusammen wird dem Großpaenitentiar vom Regens dann frühzeitig gezeigt und erläutert, um vorbereitet in die Audienz gehen zu können.[1036]

Nach der Audienz berichtet der Großpaenitentiar persönlich über die Äußerungen des Papstes zu den genannten Akten und unterschreibt sie. Die Richtlinien

---

1031 Vgl. *Regolamento 2009*, Art. 19, § 1: „Devono essere riferite in Udienza le pratiche riservate al Santo Padre e quelle che, trattate in una precedente Udienza, richiedono un nuovo provvedimento. Sono inoltre riferite in Udienza altre pratiche che il Cardinale Penitenziere ritiene opportuno sottoporre al Santo Padre, sia per informarlo, sia per riceverne direttive“. Die für die Audienz inhaltlich relevanten Themen stimmen mit *Quae divinitus Nobis*, Cap. 6 c überein, wenn auch sie dort etwas ausführlicher dargelegt werden als im *Regolamento 2009*: „Ad Audientiam afferenda erunt omnia negotia, quae in una alterave Sectione facultatem Paenitentiarii Maioris excedunt; omnia quae iam in priore Audientia a Pontifice praeoccupata sunt; quaecumque denique Paenitentiarius Maior (qui semper certior fieri debet de omnibus causarum positionibus, quae ad Officium perveniunt) opportunum iudicaverit, ut Summo Pontifici significentur idque tam ut Pontifex ea cognoscat quae magis conducere possunt ad Universalis Ecclesiae hac in re gubernationem, quam ut idem Paenitentiarius Maior in adhibendis amplissimis sanctissimisque Sacrae Paenitentiariae facultatibus, normas et regulas ab Eo accipiat“.

1032 Pius XI., *Quae divinitus Nobis*, Cap. 6 c.

1033 Vgl. *Regolamento 2009*, Art. 8 e und Art. 9 d.

1034 Vgl. ebd., Art. 19, § 2: „I Fogli di Udienza sono preparati dagli Aiutanti di Studio e riviste dal Reggente“.

1035 Vgl. Pius XI., *Quae divinitus Nobis*, Cap. 6 c: „Causarum positiones Audientiae Apostolicae reservatas, sub ductu et custodia Regentis parabit Secretarius, si res conscientiae, Indulgentiarum Substitutus, si Indulgentias respiciunt“.

1036 Vgl. *Regolamento 2009*, Art. 19, § 2: „Vi saranno allegati solo i documenti necessari per una completa esposizione delle pratiche e saranno presentati e illustrati per tempo dal Reggente al Cardinale Penitenziere“.

allgemeiner Art und jede Änderung der vom Papst gegebenen Umsetzungskriterien werden in das entsprechende Register übertragen. Anschließend informiert der Regens die höheren Mitarbeiter und Offiziale darüber.[1037]

Für die Zeiträume, in denen die Audienzen aufgrund von Abwesenheit des Papstes oder aus anderen Gründen[1038] nicht stattfinden, verfügt der Großpaenitentiar über die Vollmacht, die dringlicheren Fälle zu entscheiden, die er normalerweise dem Papst zur Lösung vorgelegt hätte. Dies gilt auch bei Angelegenheiten, die im *Forum externum* Rechtskraft erlangen, wie Heilungen oder Dispensen, und somit über die Vollmachten des Großpaenitentiars hinausgehen. In der nächsten Audienz ist der Großpaenitentiar verpflichtet, dem Papst über alle in der Zwischenzeit getroffenen Entscheidungen Rechenschaft zu geben.[1039] Diese Regelungen blieben seit *Quae divinitus Nobis* unverändert.[1040]

Im Falle der Vakanz des Amtes des Großpaenitentiars muss der Regens dem Papst in der Audienz alle Vorgänge darlegen, die seine ordentliche Vollmacht übersteigen. Im Falle, dass während der Vakanz des Amtes des Großpaenitentiars keine Audienzen stattfinden, geht die außerordentliche Vollmacht auf den Regens über, zumindest „in casi di grave ed urgente necessità", Vorsorge zu treffen und diese zu entscheiden und sie dann in der nächstmöglichen Audienz, solange die Vakanz andauert, dem Papst vorzulegen.[1041] Auch diese Vorgehensweise blieb

---

1037 Vgl. ebd., Art. 19, § 3: „Dopo l'Udienza il Cardinale Penitenziere riporta di proprio pugno su i detti Fogli la mente del Sommo Pontefice e la sottoscrive. Le direttive di carattere generale e l'eventuale modifica dei criteri di attuazione dati dal Sommo Pontefice, sono trascritti nell'apposito Registro. Di esse il Reggente informa i Prelati e gli Officiali".

1038 Dies wäre beispielsweise der Fall bei Maßnahmen gegen die Ausbreitung einer Pandemie.

1039 Vgl. *Regolamento 2009*, Art. 19, § 4: „Quando le Udienze sono sospese, il Cardinale Penitenziere può dare soluzione ai casi urgenti, anche se si tratta di provvedimenti, quali sanazioni o dispense, che valgono anche in Foro esterno ed eccedono quindi le sue facoltà, restandogli l'obbligo di riferirne nella prossima Udienza".

1040 Vgl. Pius XI., *Quae divinitus Nobis*, Cap. 6 c: „Volumus autem quo tempore Audientiae intermissae sunt, Cardinalem Paenitentiarium Maiorem casibus urgentioribus providere posse, etiam si agatur de sententiis, quae in foro quoque externo vim exserere suam postulent, cum a Nobis bonum animarum aliis omnibus rebus anteponatur; in proxima tamen Audientia de sententiis a se datis, prout opus erit, referet".

1041 Vgl. *Regolamento 2009*, Art. 19, § 5: „Vacante l'ufficio del Cardinale Penitenziere, il Reggente deve riferire in Udienza tutte le pratiche che eccedono le sue facoltà ordinarie. Nell'evenienza poi che le Udienze fossero sospese, egli, nei casi di grave ed urgente necessità, può provvedere anche alle suddette pratiche, riferendone poi nella prima possibile Udienza".

beinahe unverändert, bis auf ein kleines Detail. Im Vergleich nämlich mit der Sondervollmacht des Großpaenitentiars und des Regens im Ausnahmefall ist ein kleiner Unterschied erkennbar, hinsichtlich der Reichweite der Befugnis. Während der Großpaenitentiar in der Zeit, in der die Audienzen ausgesetzt sind, die dringlichen Fälle entscheiden darf,[1042] darf dies der Regens, bei Vakanz des Amtes des Großpaenitentiars, nur in den gravierenden und dringlichen.[1043] Die Vollmacht des Regens ist also etwas eingeschränkter durch den Zusatz „grave". Nach *Quae divinitus Nobis* war die Vollmacht des Regens noch eingeschränkter durch die Verwendung des Superlativs: „Regentem solummodo in casibus gravissimae et urgentissimae necessitatis providere posse"[1044]. Und auch der Großpaenitentiar hatte Vollmacht nicht für die dringlichen, sondern nur für die dringlicheren Fälle.[1045] Unklar bleiben jedoch mögliche objektive Richtlinien, die die Einordnung in ‚dringlicher' und ‚am dringlichsten' oder ‚gravierend' ermöglicht. Anders als *Quae divinitus Nobis* legte das *Regolamento 2009* nicht mehr nur dem Großpaenitentiar, sondern nun auch dem Regens die Verpflichtung auf, den Papst in der nächsten Audienz über die getroffenen Entscheidungen zu informieren.[1046]

Die letzte Bestimmung des *Regolamento 2009* ist rückgekoppelt an die Bestimmung von Art. 6 *Pastor Bonus*, nach der der Großpaenitentiar auch während einer Vakanz des Apostolischen Stuhls im Amt bleibt unter Beibehaltung seiner ordentlichen Vollmachten und Fortführung der Amtsgeschäfte. Zudem entscheidet er in dieser Zeit auch die dem Papst vorbehaltenen Fälle, mit der Verpflichtung, sie dem neu gewählten Papst in der ersten Audienz zu erläutern.[1047] Gegenüber *Quae divinitus Nobis* verfügt er nach geltender Regelung über größere Befugnis, da er vormals während einer Sedisvakanz die Angelegenheiten, die ihm normalerweise entzogen sind, nur entscheiden konnte „solum pro casibus gravis urgentisque necessitatis"[1048]. Diese Einschränkung wurde nicht aufrechterhalten.

1042 Vgl. ebd., Art. 19, § 4.

1043 Vgl. ebd., Art. 19, § 5.

1044 Pius XI., *Quae divinitus Nobis*, Cap. 6 c.

1045 Vgl. ebd.: „Volumus autem quo tempore Audientiae intermissae sunt, Cardinalem Paenitentiarium Maiorem casibus urgentioribus providere posse".

1046 Vgl. dazu ebd., Art. 19, § 5. In *Quae divinitus Nobis* findet sich die genannte Verpflichtung nicht.

1047 Vgl. ebd., Art. 19, § 6 (Hervorhebung im Original): „Durante la vacanza della Sede Apostolica, il Cardinale Penitenziere, che, a norma del articolo 6 della *Pastor Bonus* rimane in carica, decide anche i casi riservati al Sommo Pontefice nella prima Udienza che gli sarà concessa".

1048 Pius XI., *Quae divinitus Nobis*, Cap. 12.

21. Erstellung der Reskripte und Dekrete

Jeweils im Anschluss an den Kongress, die Signatur und die Audienz müssen die Antworten der Paenitentiarie verfasst und versandt werden. Bei den Angelegenheiten und Zuständigkeiten des *Forum internum sacramentale et non sacramentale*, die anhand *Pastor Bonus*, Art. 117–119 dargelegt wurden, geschieht dies zumeist in Form des Reskripts gemäß c. 59, da es sich hierbei immer um Gnadenakte handelt, auf die kein Rechtsanspruch besteht und welche jedoch das Tun der Paenitentiarie wesentlich konstituieren.[1049] Die Reskripte sind knapp gehalten und sollten möglichst nach festem Schema formuliert werden, sofern nicht aus schwerwiegendem Grund und nach Approbation durch den Großpaenitentiar anderes verfügt wird.[1050]

Das *Regolamento 2009* sieht für die Kompetenz der Unterschrift für die jeweiligen Antworten und Dokumente folgende Normen vor: Alle Angelegenheiten, die in die Zuständigkeit des Großpaenitentiars fallen, unterschreibt er mit seinem eigenen Namen. Hierzu gehören auch alle allgemeinen Dekrete, die von der Paenitentiarie approbiert und veröffentlicht werden, die Reskripte, die endgültig entschieden wurden, sowie alle Ablassdekrete: „Firma i documenti pubblici del Dicastero, i Rescritti e le Lettere di maggiore importanza sia per la materia che per il destinatario“[1051].

Die zu seiner Zuständigkeit gehörenden Angelegenheiten unterschreibt der Regens selbst in eigenem Namen,[1052] „nihil aliud addens“[1053] und zeichnet die öffentlichen Dokumente der Paenitentiarie sowie die Briefe und Reskripte gegen:[1054] „Controfirma i documenti pubblici del Dicastero, i Rescritti e le Lettere firmate dal Cardinale Penitenziere. Firma la corrispondenza ordinaria“[1055]. Vertritt der

---

1049 Vgl. Del Re, Curia Romana, 208.

1050 „A quibus formulis nemini discedere licebit, nisi gravibus de causis, singulis vicibus a Cardinali Paenitentiario Maiore approbatis“ (Pius XI., *Quae divinitus Nobis*, Cap. 7).

1051 *Regolamento 2009*, Art. 4, § 8.

1052 Vgl. Pius XI., *Quae divinitus Nobis*, Cap. 8: „In rebus autem, quae ad ordinariam potestatem Regentis pertinent, ipse Regens Rescripta subscribit, nihil aliud addens“.

1053 Ebd.

1054 Übereinstimmend mit *Quae divinitus Nobis*, Cap. 8: „Omnia acta Sacrae Paenitentiariae, quae in commentario «Acta Apostolicae Sedis» edentur, subscriptionem Cardinalis Paenitentiarii Maioris referre debent; eaque Regenti vel Officiali Maiori eius vicem gerenti subsignanda erunt“.

1055 *Regolamento 2009*, Art. 5, § 8.

Regens den Großpaenitentiar in dessen Abwesenheit, unterschreibt er auch die dem Großpaenitentiar vorbehaltenen Fälle, jedoch mit dem Zusatz „de mandato Eminentissimi", um zu verdeutlichen, in wessen Namen er unterschreibt. Übernimmt bei gleichzeitiger Abwesenheit des Großpaenitentiars und des Regens deren Vertretung einer der anderen fünf höheren Mitarbeiter oder der Offiziale, tragen die Reskripte ebenso den Zusatz „de mandato Eminentissimi".[1056] Hier ist eine Vereinheitlichung festzustellen. Denn während *Quae divinitus Nobis* bei Vertretung des Regens durch einen der anderen fünf höheren Mitarbeiter für die Reskripte, die in die Zuständigkeit des Regens fielen, den Zusatz „pro Regente" vorsah sowie zusätzlich die Angabe des vollständigen Namens und Grades,[1057] findet sich dies in der geltenden Geschäftsordnung der Paenitentiarie nicht mehr, genauso wie die Regelungen zur Bevollmächtigung zur Unterschrift und Gegenzeichnung durch die Sekretäre, die bevollmächtigt waren, gegenzuzeichnen, wenn der Regens oder ein anderer der *Officiales Maiores* unterschrieb.[1058]

Die Antworten der Paenitentiarie erfolgen, wenn sie das *Forum internum* betreffen, in Form des Reskripts. Handelt es sich bei den Bittgesuchen um eine Ablassgewährung, antwortet die Paenitentiarie mit entsprechendem Ablassdekret. Die Ausarbeitung erfolgt durch die *Addetti di Segreteria* und den entsprechenden *Aiutante di Studio* gemäß Art. 10 d und Art. 9 b. Nach Einholung der jeweils erforderlichen Unterschrift oder Unterschriften wird die Antwort durch das Hilfspersonal auf den Postweg gebracht und gemäß Art. 12, § 3 versandt.

Das *Regolamento* erwähnt es nicht explizit, doch alle Reskripte und Dekrete, welche die Apostolische Paenitentiarie verfasst, tragen das Siegel der Paenitentiarie, welches ein Bild der Jungfrau Maria, der Mutter der Barmherzigkeit zeigt.[1059]

1056 Vgl. ebd., Art. 4, § 10 (Hervorhebung im Original): „In caso di contemporanea assenza sua e del Reggente anche solo di un giorno, egli delegherà, con decreto, un Prelato o un Officiale a presiedere il Congresso e a firmarne «de mandato Eminentissimi» i provvedimenti".

1057 Vgl. Pius XI., *Quae divinitus Nobis*, Cap. 8: „Officialis vero Maior, qui Regentis vices gerit, Rescripta, quibus verba anteponenda sunt « de mandato Eminentissimi », signare debet proprio nomine, cognomine, qualitate, nihil aliud adiiciens; alia Rescripta, quae subscriptionem Regentis ferrent, signabit «pro Regente»".

1058 Vgl. ebd., Cap. 9: „Si Regens vel alius Officialis Maior subscribunt, altera subsignatio pertinet ad Secretarium vel ad Substitutos; ita tamen ut Secretarius omnia Rescripta subsignare possit utriusque Sectionis, Substituti vero tantum Rescripta Sectionis suae. Absentibus Substitutis, Officialis Minor Rescripta subsignet, qui hinc inde ius habet Congressum participandi, quemadmodum supra statuimus".

1059 Vgl. Naz, Pénitencerie, Sp. 1333.

22. Zusammenfassung

Das *Regolamento 2009* kennt drei Verfahrensweisen, um die an sie herangetragenen Angelegenheiten des *Forum internum* und *externum* zu bearbeiten und zu lösen: Der Kongress, die Signatur und die Papstaudienz. Sie haben jeweils grundsätzliche Entsprechung in *Quae divinitus Nobis* und bereits in *In Apostolicae* Benedikts XIV.

Im Kongress werden die gewöhnlichen und alltäglichen Fälle besprochen und bearbeitet. Er tritt täglich zusammen. An ihm nehmen teil der Regens, der die Leitung innehat, sowie die *Aiutanti di Studio* und die *Addetti di Segreteria*, unter besonderen Umständen auch nur der Regens und zwei der Offiziale. Vom Kongress nicht einmütig beschlossene Fälle werden dem Großpaenitentiar entweder zur sofortigen Lösung oder zur Besprechung in der Signatur vorgelegt. Die Signatur steht unter der Leitung und dem Vorsitz des Großpaenitentiars, der sie nach Notwendigkeit einberuft. An ihr nehmen teil der Regens und die anderen fünf höheren Mitarbeiter. Nach festgelegten Regeln werden die zu bearbeitenden Fälle referiert, Lösungen dargelegt und beraten. Die endgültige Entscheidung liegt beim Großpaenitentiar, und zwar entweder im Rahmen der Signatur oder auch außerhalb, immer jedoch nach Anhörung der höheren Mitarbeiter. Diese haben kein Stimmrecht, sondern nur beratende Funktion. In der Audienz des Großpaenitentiars beim Papst werden die Fälle vorgelegt, deren Entscheidung sich der Papst reserviert hat, die dem Großpaenitentiar wichtig erscheinen, den Papst darüber in Kenntnis zu setzen oder auch Fälle, für die der Großpaenitentiar um Weisung und Rat bittet. Gemäß der Maxime der Paenitentiarie müssen alle Vorgänge möglichst schnell bearbeitet und die jeweiligen Antworten versandt werden. Bei den alltäglichen Fällen des Kongresses sind dafür höchstens 24 Stunden vorgesehen. Bei den Fällen, die der Untersuchung und Entscheidung in der Signatur bedürfen, dauert es länger, je nach Datum der Einberufung und der dafür vorgesehenen Vorbereitungszeit. Das *Regolamento 2009* sieht für alle drei Verfahrensweisen Regelungen für eine Abwesenheit des jeweiligen Vorsitzenden bzw. auch bei Vakanz des Amtes des Großpaenitentiars oder bei Vakanz des Apostolischen Stuhls vor.

Die Verfahrensweisen blieben gegenüber *Quae divinitus Nobis* im Wesentlichen gleich, erfuhren jedoch im Hinblick auf die konkrete Aufgabenverteilung der jeweils beteiligten Mitarbeiter der Paenitentiarie in den drei Modi konkretere und präzisere Ausgestaltung, wie beispielsweise die Vorbereitung der höheren Mitarbeiter auf die Signatur mit zuvor ausgewählten analogen, früheren Fällen.

Eine Parallele ist in *Quae divinitus Nobis* nicht festzustellen. Teilweise sind kleinere Veränderungen in den Zuständigkeiten erfolgt, wie etwa die Vorbereitung der Dokumente für den Großpaenitentiar für die nächste Audienz durch die *Aiutanti di Studio* für beide Abteilungen und nicht mehr durch den vormaligen *Secretarius* für die Angelegenheiten des *Forum internum*. Gleiches gilt für die Zusammenfassung der vorgebrachten Stellungnahmen in der Signatur durch den Regens, was vorher Aufgabe des Großpaenitentiars war.

V. Abschließende Überlegungen

23. Zuständigkeit für die katholisch-orientalischen Kirchen

Um die Kompetenz der Apostolischen Paenitentiarie für die gesamte katholische Kirche darzulegen, erfolgt an dieser Stelle auch die Prüfung ihrer Zuständigkeit für die katholisch-orientalischen Kirchen. Grundsätzlich gelten die Art. 117–120 der Apostolischen Konstitution *Pastor Bonus* auch für die katholischen Ostkirchen. Aufschluss über die Präzisierung dieser Normen gibt analog zur lateinischen Kirche der CCEO. Demgemäß gibt es zwei Delikte, deren Lossprechung dem Apostolischen Stuhl vorbehalten ist: die direkte Verletzung des Beichtgeheimnisses (vgl. c. 1456 § 1 CCEO)[1060] und die Lossprechung eines Mitschuldigen von einer Sünde gegen die Keuschheit (vgl. c. 1457 CCEO)[1061]. Beide Straftaten werden mit der großen Exkommunikation geahndet, was der Zensur der Exkommunikation in c. 1331 CIC/1983 entspricht. Anders als das Strafrecht der lateinischen Kirche, kennen die orientalischen Kirchen jedoch keine Tatstrafen, „salvo iure Romani Pontificis vel Concilii Oecumenici aliter statuendi“ (c. 1408 CCEO). Dem Fehlen der *poenae latae sententiae* liegen ein unterschiedliches Strafrechtsverständnis und etwas anders gewichtete Strafintentionen zugrunde.[1062]

1060 „Confessarius, qui sacramentale sigillum directe violavit, excommunicatione maiore puniatur firmo can. 728, § 1, n. 1; si vero alio modo hoc sigillum fregit, congrua poena puniatur“ (c. 1456 § 1 CCEO).

1061 „Sacerdos, qui complicem in peccato contra castitatem absolvit, excommunicatione maiore puniatur firmo can. 728, § 1, n. 2“ (c. 1457 CCEO).

1062 Zur Darlegung des orientalischen Strafrechtsverständnisses und der Unterschiede zum CIC/1983 sei verwiesen auf Fürst, Penal Sanctions, 787–800; Coppola, Carattere della pena, 773–783; Green, Penal Law, 407–451 und Mattia, Normativa di diritto, 191–210. Der Schlüssel zum orientalischen Strafrechtsverständnis und seinen Intentionen liegt vor allem im einleitenden c. 1401 CCEO: „Cum omnem rationem init Deus, ut errantem ovem reducat, illi, qui ab Eo solvendi et ligandi potestatem acceperunt, morbo eorum, qui deliquerunt, convenientem medicinam afferant, eos arguant, obsecrent, increpent in omni patientia et doctrina, immo poenas imponant, ut vulneribus a delicto illatis medeatur ita, ut neque delinquentes ad desperationis praecipitia impellantur neque frena ad vitae dissolutionem et legis contemptum relaxentur“. Daraus geht deutlich hervor, dass Strafen ausschließlich die Besserung und die seelische Heilung des Delinquenten zum Ziel haben. Deshalb sind alle Strafen des CCEO medizinalen Charakters und verstehen sich als geeignete Mittel zur Behandlung der Krankheit und der Wunden, die die Straftat sowohl im Delinquenten als auch in der Kirche verursacht (vgl. Fürst, Penal Sanctions, 792). Deshalb werden auch Tatstrafen nicht als

Die inhaltliche Darlegung der reservierten Straftatbestände entspricht denjenigen des CIC/1983 in den c. 1378 § 1 und c. 1388, sodass auf die dort erfolgten Ausführungen verwiesen wird.[1063] Es sei nur auf zwei kleine terminologische Unterschiede hingewiesen. Bei der Umschreibung der direkten Verletzung der Unverletzlichkeit des Beichtsiegels gebraucht der CCEO eine mildere Formulierung als der CIC. Während „the 1983 code uses strong phrases, affirming that ‚nefas est' (‚it is absolutely forbidden')"[1064], "the CCEO uses somewhat different terminology"[1065]. Denn es ist nicht die Rede von 'Frevel', sondern von der vom Beichtvater geforderten Sorgfalt, aufgrund der Unverletzlichkeit des Beichtgeheimnisses nichts preiszugeben: „Sacramentale sigillum inviolabile est; quare caveat diligenter confessarius, ne verbo aut signo aut alio quovis modo et quavis de causa prodat aliquatenus paenitentem" (c. 733 § 1 CCEO). Bei der Umschreibung des Tatbestandes nach c. 977 CIC/1983 bzw. c. 1457 und c. 728 § 1 n. 2 CCEO formuliert der CIC den Tatbestand mit „peccatum contra sextum Decalogi", der CCEO mit „peccatum contra castitatem". In Bezug auf die Tatbestandserfüllung besteht jedoch kein Unterschied, doch die Wortwahl des CCEO umfasst von vornherein eine weitere Umschreibung der darunterfallenden Tatbestände, die der CIC etwas enger führt.[1066]

Dadurch, dass das orientalische Kirchenrecht keine Tatstrafen vorsieht, sind nicht sie reserviert, sondern die Lossprechung von den Sünden, wie aus c. 728 CCEO hervorgeht, der die direkte Verletzung des Beichtgeheimnisses und die Lossprechung eines Mitschuldigen von einer Sünde gegen die Keuschheit dem Apostolischen Stuhl vorbehält: „Sedi Apostolicae reservatur absolvere a

---

dafür geeignetes Mittel verstanden, diesen Zweck erfüllen zu können, da sie wesentlich keine Flexibilität haben können. Denn, wenn Strafen gleich einer Arznei für die Besserung des Delinquenten gebraucht werden sollen, bedarf es vor entsprechender Behandlung der genauen Kenntnis der Krankheit, wie es Fürst umschreibt: „Penalty as 'medicine' for the improvement of an offender necessarily demands the assessment and diagnosis of the illness" (Fürst, Penal sanctions, 792). Die lateinische Kirche verfolgt mit Kirchenstrafen zwar auch die Besserung des Täters, worauf besonders die Zensuren bzw. Medizinalstrafen abzielen, doch nicht ausschließlich. Auch der Sühnegedanke, der den orientalischen Kirchen fremd ist, gehört zur lateinischen Tradition. Der CIC nennt daher drei grundsätzliche Strafrechtsintentionen: die Besserung des Täters, die Genugtuung und Wiedergutmachung des durch das Delikt entstandenen Schadens und die Wiederherstellung der Gerechtigkeit (vgl. c. 1341 CIC/1983).

1063 S. dazu unter 8.1.4. und 8.1.5.

1064 Oliver, Competence of the CDF, 23.

1065 Ebd., 23, Anm. 21.

1066 Vgl. dazu die Anmerkungen unter 8.1.4.

sequentibus peccatis: 1° directae violationis sigilli sacramentalis; 2° absolutionis complicis in peccato contra castitatem".

Die Vorgehensweise des Beichtvaters gegenüber einem Paenitenten, der eines der beiden oder auch beide Delikte in der Beichte bekennt, entspricht derjenigen der lateinischen Kirche. In den vorliegenden zwei Fällen verfügt der Beichtvater nicht über die notwendige Vollmacht, den Paenitenten von der Sünde lossprechen zu können. Deshalb muss er einen Rekurs an die Apostolische Paenitentiarie richten, unter Darlegung des Falles, Schilderung der Umstände bei gleichzeitigem Verschweigen des Namens des Paenitenten und der Bitte um Gewährung der Lossprechung.[1067] Die Paenitentiarie wird die Angelegenheiten schnellstmöglich bearbeiten und das Reskript, sofern es nicht eine vertiefte Beschäftigung in der Signatur erfordert, zeitnah versenden, wie zuvor beschrieben und anhand des *Regolamento 2009* geregelt. Dieses enthält keine eigenen abweichenden Bestimmungen für die katholisch-orientalischen Kirchen, sodass von der Behandlung in denselben Verfahrensweisen der Paenitentiarie ausgegangen werden kann.

Der CCEO kennt anders als c. 1357 CIC/1983 keine Ausnahmevollmacht der Beichtväter, im Dringlichkeitsfall lossprechen zu dürfen. Dafür anerkennt c. 729 CCEO Umstände, die die Reservation der Lossprechung von der Sünde aufheben, z. B. wenn der Paenitent krank ist und das Haus nicht verlassen kann oder der Beichtvater nach kluger Abwägung zu dem Urteil kommt, dass er die Vollmacht von der zuständigen Autorität nicht erbitten kann ohne große Nachteile für den Paenitenten oder nicht ohne die Gefahr, das Beichtgeheimnis zu gefährden.[1068] Zudem legt der CCEO fest, dass die Absolution eines Mitschuldigen von einer Sünde gegen die Keuschheit ungültig ist, außer in Todesgefahr (vgl. c. 730 CCEO).[1069]

Commentz gibt noch einen Hinweis darauf, welches Recht anzuwenden ist, wenn ein Paenitent, der der lateinischen Kirche zugehört und sich aufgrund eines der sechs Delikte, deren Strafnachlass gemäß des CIC/1983 und den *Delicta graviora* dem Apostolischen Stuhl reserviert ist, sich die Tatstrafe der

---

1067 Vgl. Commentz, Penitenzieria Apostolica, 54f.

1068 „Quaevis reservatio absolutionis a peccato omni vi caret: 1° si confessionem peragit aegrotus, qui domo egredi non potest, vel sponsus matrimonii celebrandi causa; 2° si de prudenti iudicio confessarii absolvendi facultas ab auctoritate competenti peti non potest sine gravi paenitentis incommodo vel sine periculo violationis sigilli sacramentalis" (c. 729 nn. 1–2 CCEO).

1069 „Absolutio complicis in peccato contra castitatem invalida est praeterquam in periculo mortis" (c. 730 CCEO).

Exkommunikation zuzog und nun bei einem Beichtvater, der einer orientalischen Kirche zugehört, um die Lossprechung von der Zensur bittet. In diesem Fall gelten die Normen des CIC und der Beichtvater muss entweder einen regulären Rekurs an die Paenitentiarie richten mit den beschriebenen erforderlichen Angaben oder, sofern er dafür entsprechende Indikationen auf Seiten des Paenitenten sieht, gemäß der Möglichkeit auf Grundlage des c. 1357 CIC/1983 handeln und sofort die Lossprechung erteilen, unter Auflage der Rekurspflicht an die Paenitentiarie innerhalb eines Monats und einer geeigneten Buße.[1070] Im umgekehrten Fall, wenn der Paenitent einer orientalischen Kirche zugehört, der Beichtvater jedoch der lateinischen Kirche, wäre das Recht des CCEO zu beachten, das einen Rekurs an die Paenitentiarie fordert, ein Handeln im Dringlichkeitsfall aber ausschließt.[1071] In beiden Fällen muss der jeweilige Beichtvater die Vorschriften des CIC und des CCEO kennen.

Die Paenitentiarie besitzt ebenso wie für die lateinische Kirche auch für die orientalischen Kirchen nicht nur Zuständigkeit im Bereich der Reservationen des Apostolischen Stuhls, sondern auch für die anderen Angelegenheiten des *Forum internum* im Bereich der Dispensen, Heilungen, Gültigmachungen und anderen Gnadenerweisen sowie in der Beantwortung von Fragen den Gewissensbereich betreffend. Demnach gelten für den CCEO teilweise dieselben Regelungen wie für den CIC.[1072] Die Zuständigkeit der Paenitentiarie für die Paenitentiare und für das Ablasswesen betreffen nämlich die katholischen Ostkirchen nicht.

1070 Vgl. Commentz, Penitenzieria Apostolica, 57.
1071 Vgl. ebd., 56.
1072 Vgl. ebd., 58.

24. Ist die Paenitentiarie wirklich ein Gericht?

Nach Darlegung und Erläuterung der Aufgaben, Kompetenzen und Verfahrensweisen der Paenitentiarie möchte diese Arbeit ausgehend von den vorhergehenden Kapiteln abschließend noch einige kurze Überlegungen anfügen hinsichtlich der Frage, inwieweit die Apostolische Paenitentiarie ein Gericht im engen Sinne ist.

Die päpstlichen und kurialen Quellen zählen die Paenitentiarie durchwegs zu den drei Päpstlichen Gerichtshöfen *(Tribunalia)*, neben der *Rota Romana* und der *Signatura Apostolica*. So auch die Kurienkonstitutionen *Sapienti Consilio* Pius' X.,[1073] *Regimini Ecclesiae Universae* Pauls VI. und *Pastor Bonus* Johannes Pauls II. In *Sapienti Consilio* und *Pastor Bonus* wird die Paenitentiarie sogar als erstes der Gerichte genannt. Nur *REU*[1074] setzte sie an die dritte Stelle. Auch der *Ordo Servandus*[1075], der CIC/1917[1076] und *Quae divinitus Nobis* Pius' XI. bezeichnen die Paenitentiarie als Gericht. Und ebenso geht dies aus dem Titel der derzeit geltenden Geschäftsordnung der Paenitentiarie unzweifelhaft hervor: *Regolamento proprio del Tribunale della Penitenzieria Apostolica.*

Ungeachtet der bloßen Bezeichnung könnten folgende Hinweise für eine Qualifizierung der Paenitentiarie als Gerichtshof sprechen: sie verfügt über den ihr exklusiv zugewiesenen Jurisdiktionsbereich des *Forum internum*, in dem sie frei ist, alle ihr übertragenen Vollmachten auszuüben. Sie arbeitet nach unterschiedlichen Verfahrensweisen, die das *Regolamento 2009* ‚Procedura' nennt und in welchen Entscheidungen getroffen werden, die teilweise mit „giudizio"[1077] bzw. „giudizio definitivo"[1078] bezeichnet werden, einer Terminologie des Prozessrechts, wenn auch einer etwas mehrdeutigen.[1079] Zum Personal gehören Offiziale,

---

1073 Vgl. Pius X., *Sapienti Consilio*, II. 1.

1074 Vgl. Paul VI., *REU*, Art. 112.

1075 Vgl. *Ordo servandus*, Normae peculiares, Cap. VIII., Art. 1, 1°.

1076 Vgl. c. 258 § 1 CIC/1917.

1077 Vgl. *Regolamento 2009*, Art. 17, § 5. Dagegen steht in Art. 17, § 6 beispielsweise nur „decisione".

1078 Vgl. ebd., Art. 18, § 5.

1079 *Iudicium* wird normalerweise im Prozessrecht verwendet und ist der „ordentliche Fachausdruck für das gemeingerichtliche Verfahren", das aber auch „durch die Vielseitigkeit seiner Verwendung einen der unbestimmtesten prozessrechtlichen Fachausdrücke abgibt" (Mörsdorf, Rechtssprache, 289). Mörsdorf weist jedoch auch darauf hin, dass *iudicium* auch im Sinne von *arbitrium* gebraucht werden kann oder im Sinne von Beurteilung (vgl. ebd. 290).

darunter der *Aiutante di Studio del Tribunale*, die durch ihre Bezeichnung Bezüge zu einem gerichtlichen Kontext aufweisen. Im Sprachgebrauch des CIC/1917 und des CIC/1983 bezeichnet *Officialis* den Offizial (vgl. c. 1573 § 1 CIC/1917) bzw. den Gerichtsvikar (vgl. c. 1420 CIC/1938), der den Stellvertreter des Bischofs bei der Ausübung der richterlichen Gewalt meint. *Officialis* kann aber auch für „alle möglichen Beamten und Nichtbeamten"[1080] stehen und, wie anhand von *Quae divinitus Nobis* ersichtlich wurde, können damit auch die höheren Mitarbeiter bzw. die *Officiales Maiores* gemeint sein, die aber keine richterliche Gewalt haben. Der *Aiutante di Studio del Tribunale* hat keine Entsprechung im CIC/1983, doch die Beifügung „del Tribunale" deutet auf eine Gerichtstätigkeit hin. Möglicherweise kann er abgeleitet werden von den *officiales et adiutores*, was „die Beamten und Bediensteten des kirchlichen Gerichts, die nicht zugleich Richter sind"[1081], meint.

Welche Punkte sprechen gegen eine Qualifizierung der Paenitentiarie als Gerichtshof? Die Paenitentiarie arbeitet zwar in verschiedenen Verfahrensweisen, doch sind diese mit keinem Gerichtsverfahren vergleichbar. Es gibt keine Richter, denn wie bereits dargelegt und anhand des *Regolamento 2009* erwiesen, verfügen weder die höheren Mitarbeiter noch die Offiziale über richterliche Gewalt. Erstere haben ausschließlich beratende Funktion und ein Anhörungsrecht gegenüber dem Großpaenitentiar, letztere treffen zwar Entscheidungen kollektiv im Kongress, wobei es sich aber nicht um ein Urteil handelt, sondern um ein Votum. Des Weiteren fehlen unabdingbare Elemente eines Prozesses: Die Streitpunkte, gegnerische Parteien, Ladungen, Beweisführung durch Zeugen oder Dokumente, Einreden, Vernehmungen und Vernehmungsprotokolle. Des Weiteren gibt es Anwälte, Prozessbevollmächtigte oder Gutachter genauso wenig wie ein Richterkollegium, ein Urteil und Berufungsmöglichkeiten. Auch Termine und Fristen sind nicht vorgesehen, außer, dass alle Angelegenheiten möglichst schnell bzw. die alltäglichen Vorgänge innerhalb von 24 Stunden bearbeitet und die Antworten versandt werden. Selbst der *Processus brevior* beansprucht eine maximale Gesamtdauer von 30 Tagen. Neben der Schnelligkeit gibt es noch vier weitere Charakteristika der Paenitentiarie, die atypisch sind für ein Gericht: 1. Die Anonymität, mit der die Paenitentiarie ausschließlich arbeitet, 2. Statt Urteilen, Strafdekreten oder Verwaltungsbefehlen, wie es für ein Gericht üblich wäre, ergehen, abgesehen von den Ablassdekreten, Reskripte, die eine Gnade gewähren und auf die kein Rechtsanspruch besteht, 3. Die unmittelbare Vernichtung der Reskripte nach Erhalt und Mitteilung der

---

1080 Mörsdorf, Rechtssprache, 301.
1081 Ebd., 301f.

dadurch gewährten Gnaden. Es bleibt nur eine Protokollnummer, die aber auch keinen Hinweis auf die konkreten Personen zulässt, 4. Der Gewissensbereich ist kein Rechts- und auch kein Gerichtsbereich.

Anhand dieser Beobachtungen lässt sich deutlich feststellen, dass die Apostolische Paenitentiarie nicht die Kriterien eines Gerichts erfüllt. „Non si riscontrano nell'oggetto della competenza Penitenzieria apostolica e nella procedura in essa seguita gli elementi essenziali dei veri processi giudiziari. … Difficilmente, quindi, può considerarsi un vero tribunale“[1082]. Daher kann gesagt werden: „La Penitenciaría Apostólica no se trata de un tribunal que juzgue los derechos de causas contenciosas, sino que su función judicial se mueve en el ámbito del llamado fuero interno“[1083].

Im Jurisdiktionsbereich der Paenitentiarie liegt jedoch ein entscheidender Hinweis, weshalb sie trotz Fehlens typischer Merkmale den Gerichten zugeordnet und auch als Gerichtshof bezeichnet wird. Diese Zuordnung ist weniger im Kontext eines rein kanonisch-prozessrechtlichen Verständnisses zu sehen, sondern mehr im theologischen Sinn. Die Paenitentiarie agiert im *Forum internum*, und hier vor allem im Bereich der dem Apostolischen Stuhl zur Lossprechung reservierten Strafen, im *Forum internum sacramentale*. Gemäß c. 978 § 1 ist hierbei im Rahmen des Bußsakramentes eine gewisse richterliche Tätigkeit des Beichtvaters grundgelegt, der zugleich Richter und Arzt ist: „Meminerit sacerdos in audiendis confessionibus se iudicis pariter et medici personam sustinere ac divinae iustitiae simul et misericordiae ministrum a Deo constitutum esse, ut honori divino et animarum saluti consulat“. Es geht hier nicht um das richterliche Amt, wie es das Prozessrecht versteht „als ein Urteilen nach Rechtsvorschriften und folglich ein Verurteilen des sich anklagenden Sünders, sondern als Verwirklichung des obersten Hoheitsrechtes der Begnadigung“[1084]. Auch Johannes Paul II. griff in seinem Schreiben *Reconciliatio et paenitentia* vom 2. Dezember 1984[1085] die Norm des c. 978 auf und stellte klar:

> „Secunda persuasio respicit functionem Sacramenti Paenitentiae pro eo qui utitur illo. Est enim secundum antiquissimam translaticiam notionem genus quoddam actionis iuridicialis. At hanc apud tribunal fieri contingit misericordiae, magis quam strictae severaeque iustitiae, quod cum iudiciis humanis nisi analogice conferri non potest, quatenus illic peccata sua peccator suamque ipsam condicionem creaturae peccato subiectae patefacit… Utraque ratione, tribunalis misericordiae et loci sanationis spiritualis,

---

1082 Grocholewski, I tribunali apostolici, 458.

1083 Baura, El desarrollo normativo posterior, 10.

1084 Althaus, c. 978, in: MKCIC, Rn. 2.

1085 Johannes Paul II., *Reconciliatio et paenitentia*, vom 2. Dezember 1985.

> poscit Sacramentum cognitionem intimorum penetralium hominis ut quis eum iudicare valeat et absolvere, curare atque sanare“[1086].

Diesen Dienst der göttlichen Gerechtigkeit und Barmherzigkeit übt die Paenitentiarie in all ihren Aufgaben aus und die Reskripte, mit denen die Vorgänge im *Forum internum* beantwortet werden, verdeutlichen dies, da dadurch Gnaden gewährt werden.

Zusammenfassend ist daher zu sagen, dass aus diesem theologischen Blickwinkel heraus die in der Literatur verwendete Bezeichnung der Paenitentiarie als eines „Gnadenhofes für den inneren Bereich“[1087] oder eines „Gerichts der Barmherzigkeit Gottes“ zutreffend ist.[1088] Sie ist ein Gericht, wenn auch „un Tribunale ‚sui generis‘ “[1089] oder „un Tribunale tutto speciale“[1090]. Die Bezeichnung und die Einordnung der Paenitentiarie als ein Päpstliches Gericht wäre aus dieser Sicht gerechtfertigt. Formalrechtlich gesehen ist die Paenitentiarie jedoch eine Verwaltungsbehörde, die ihre Vollmacht als *potestas administrativa* und *exsecutiva* ausübt.[1091] Die Frage nach der Natur ihrer Akte ist jedoch nicht abschließend geklärt. Zweifellos übt sie im Bereich des *Forum internum sacramentale* ihre Vollmacht aufgrund der *potestas ordinis* aus.[1092] Bezüglich der anderen Akte im extra-sakramentalen Forum schlägt Pinto folgende Möglichkeit vor: „La soluzione potrebbe profilarsi duplice: o tali atti sono detti amministrativi impropriamente, giacché a produrli non è un Organo amministrativo; oppure si deve dire che essi provengono dalla potestà a iure della Chiesa, sacramento di salvezza“[1093].

1086 Johannes Paul II., *Reconciliatio et paenitentia*, Nr. 31, II., S. 258f.

1087 Mörsdorf, Lehrbuch I, 361.

1088 Z.B. bei Nykiel, Sacramento della misericordia, 28; Ravasi, I volti della penitenza, 18.

1089 Piacenza, Presentazione, 6.

1090 Miragoli, Penitenzieria Apostolica, 261.

1091 Auch Mörsdorf lässt keinen Zweifel an der Qualifizierung der Paenitentiarie: „Ihre Aufgabe besteht überwiegend in der Gewährung von Gnadenerweisen, so dass sie als Verwaltungsbehörde und nicht als Gericht anzusprechen ist“ (Mörsdorf, Lehrbuch I, 373).

1092 Vgl. Pinto, Diritto amministrativo canonico, 215.

1093 Ebd.

25. Zusammenfassung und Ergebnis

Die vorliegende Arbeit beschäftigt sich mit der Apostolischen Paenitentiarie als Teil des Gefüges der Dikasterien der Römischen Kurie. Anhand der vier großen Kurienreformen durch Sixtus V., Pius X., Paul VI. und Johannes Paul II. wurden deren Auswirkungen auf die Paenitentiarie im Hinblick auf die personelle und hierarchische Struktur, ihren Kompetenzbereich mit den einzelnen Aufgaben und ihre Verfahrensweisen dargelegt und untereinander verglichen. Abschließend erfolgte ein Blick auf die Zuständigkeit für die katholischen Ostkirchen sowie die Fragestellung bezüglich der Qualifikation der Paenitentiarie als eines Gerichtshofes.

Die Kurienreform Sixtus' V. im Jahr 1587 betraf vorrangig die Kongregationen und hatte für die Paenitentiarie keine Bedeutung.

Dagegen hatte die umfassende Reform der Römischen Kurie und des Kirchenrechts durch Pius X. weitreichende Auswirkungen auf die Paenitentiarie. Ihr Zuständigkeitsbereich wurde wieder ausnahmslos eingegrenzt auf das *Forum internum*. Die Aufgaben der Paenitentiarie sind in der Apostolischen Konstitution *Sapienti Consilio* summarisch aufgelistet und im CIC/1917 dann rechtlich konkretisiert. Die Verfahrensweisen sind im ergänzend zu *Sapienti Consilio* ergangenen *Ordo Servandus in Sacris Congregationibus Tribunalibus Officiis Romanae Curiae* enthalten, der wiederum auf die detaillierten Regelungen der Konstitution über die Paenitentiarie *In Apostolicae* Benedikts XIV. aus dem Jahr 1744 verweist.

Bei den Aufgaben der Paenitentiarie nimmt die Lossprechung von der dem Apostolischen Stuhl reservierten Zensuren *latae sententiae* viel Raum ein. Das Reservationssystem des CIC/1917 war komplex und umfangreich und teilte die vorbehaltenen Zensuren in *specialissimo modo, speciali modo* und *simpliciter modo* reservierte ein. Die *specialissimo modo* Reservierten waren dem Apostolischen Stuhl vorbehalten und somit der Paenitentiarie zur Bearbeitung anvertraut. Der CIC/1917 sah hierzu fünf Straftatbestände vor: Die Verunehrung der eucharistischen Gestalten in schlechter Absicht (c. 2320 CIC/1917), Lossprechung eines Mitschuldigen *in peccato turpi* (c. 2367 CIC/1917), direkte Verletzung des Beichtgeheimnisses (c. 2369 § 1 CIC/1917), Straftaten bei der Papstwahl (c. 2330 CIC/1917) und Angriff auf die Person des Papstes (c. 2343 CIC/1917). Neben Strafnachlass gewährte die Paenitentiarie im *Forum internum* auch andere Gnadenerweise und war zuständig für die Paenitentiare an den Patriarchalbasiliken, sowie für die Klärung von Fragen zum Gewissensbereich.

Benedikt XV. wies ihr die Kompetenz für das Ablasswesen zu, was der von Pius X. durchgeführten Begrenzung der Paenitentiarie rein auf das *Forum internum* erneut widersprach, da dies eine Funktion im *Forum externum* ist.

Entscheidend und bis heute maßgebliches Fundament für die interne Ordnung und Arbeitsweise der Paenitentiarie ist die Apostolische Konstitution *Quae divinitus Nobis* von Pius XI. aus dem Jahr 1935. Sie enthält ausführliche Angaben zur personellen Zusammensetzung der Paenitentiarie und den drei Verfahrensweisen des Kongresses, der Signatur und der Audienz.

Die Kurienreform Pauls VI. im Jahr 1967 war zwar eine umfassende Reform, doch für die Paenitentiarie ohne gravierende Auswirkungen. Personelle Struktur und Aufgaben blieben unverändert. Zu den Verfahrensweisen macht die Konstitution keine Angaben.

Für die Darlegung der Paenitentiarie nach der geltenden Rechtslage, worauf der Schwerpunkt dieser Arbeit liegt, sind die Apostolische Konstitution *Pastor Bonus* der letzten großen Kurienreform von Johannes Paul II. aus dem Jahr 1988, der CIC/1983 und das *Regolamento proprio del Tribunale della Penitenzieria Apostolica* aus dem Jahr 2009 entscheidend. Ergänzend kommen Normen des CCEO und des *Regolamento Generale della Curia Romana* hinzu. Die Aufgaben der Paenitentiarie sind in den Art. 117–120 *Pastor Bonus* summarisch enthalten und entsprechen weitgehend der Auflistung in *Sapienti Consilio*, dem CIC/1917 und *REU*. Demnach übt sie im *Forum internum sacramentale* und *non sacramentale* uneingeschränkt ihre Jurisdiktion aus und gewährt Absolutionen, Dispensen, Umwandlungen, Heilungen, Verzeihungen und andere Gnadenerweise. Zudem obliegt ihr die Zuständigkeit für das Ablasswesen.

Die wichtigste Aufgabe der Paenitentiarie besteht dabei im Bereich der Absolutionen im Strafnachlass von der dem Apostolischen Stuhl reservierten Zensur der Exkommunikation *latae sententiae* im *Forum internum*. Anders als der CIC/1917 kennt der CIC/1983 kein dreifach gestuftes Reservationssystem mehr, hält aber zu Recht auf Grund der Schwere einiger Delikte am Vorbehalt des Strafnachlasses zugunsten des Apostolischen Stuhls fest. Der CIC/1983 sieht dafür fünf Straftatbestände vor: Die Verunehrung der eucharistischen Gestalten in sakrilegischer Absicht (c. 1367 CIC/1983), die direkte Verletzung des Beichtgeheimnisses (c. 1388 CIC/1983), die Anwendung physischer Gewalt gegen die Person des Papstes (c. 1370 § 1 CIC/1983), die Lossprechung eines Mitschuldigen von einer Sünde gegen das sechste Gebot des Dekalogs (c. 1378 CIC/1983) und die Bischofsweihe ohne päpstlichen Auftrag (c. 1382 CIC/1983). Hinzu kam extra-kodikarisch im Jahr 2010 durch die *Normae de gravioribus delictis* der Straftatbestand der versuchten Weihe einer Frau. Daher sind es sechs Straftatbestände, die dem Apostolischen Stuhl und somit der Paenitentiarie vorbehalten sind. Im *Forum externum* wäre für dieselben Fälle die Kongregation für die Glaubenslehre das zuständige Dikasterium. Die Bitte um Strafnachlass im *Forum internum* erfolgt durch schriftlichen Rekurs an die Paenitentiarie, der entweder durch den Paenitenten selbst oder durch den Beichtvater erfolgen kann, wobei letztere Variante zu bevorzugen ist. Der Rekurs muss alle relevanten Angaben zu den Umständen der Tat beinhalten, der Name des Paenitenten wird dabei, zum Schutz des Beichtgeheimnisses, verschwiegen und durch fiktive Namen ersetzt. Ist es nicht möglich oder für den Paenitenten nicht zumutbar, den normalen Weg des Rekurses an die Paenitentiarie zu wählen, verfügt der Beichtvater über die Vollmacht sofort von der Strafe zu befreien, unter Auflage einer Buße und der Pflicht, sich innerhalb einer Monatsfrist an die Paenitentiarie zu wenden und um die Bestätigung des Strafnachlasses zu bitten. Bei Nichtbeachtung lebt die Strafe wieder auf. In Todesgefahr absolviert jeder Priester, selbst wenn er die Beichtfacultas nicht besitzt, jeden Paenitenten gültig und erlaubt auch von den reservierten Zensuren.

Die Antworten der Paenitentiarie erfolgen in Form des Reskripts, da sie eine Gnade enthalten. Um die Geheimhaltung zu wahren, wird das Reskript, nach Mitteilung an den Paenitenten, durch den Beichtvater vernichtet und einzig die Protokollnummer aufbewahrt. Auch bei den anderen Gnadenerweisen ist das Vorgehen ähnlich, nur dass es auch im *Forum internum non sacramentale* erfolgen kann. Zu diesen Gnadenerweisen zählen beispielsweise die Dispensen von geheimen Weiheirregularitäten, von geheimen Ehehindernissen, die Heilung in der Wurzel ungültig geschlossener Ehen oder ungültiger Ordensprofessen. Ferner die Aufhebung oder Umwandlung von Privatgelübden oder anderer durch Eid übernommener Verpflichtungen etc. Hier ist eine taxative Aufzählung nicht möglich, weshalb *Pastor Bonus* den Zusatz der anderen Gnadenerweise setzte, um die Formen nicht abschließend definieren zu müssen. Außer den eben genannten Gnaden obliegt der Paenitentiarie die Zuständigkeit für die Bestellung und Bevollmächtigung der Paenitentiare an den Patriarchalbasiliken Roms sowie an einigen anderen Basiliken Italiens, die im *Forum internum* dieselben Befugnisse besitzen wie die Paenitentiarie. Zudem gibt sie, wenn auch es keine ihr übertragene Zuständigkeit mehr ist, Antworten und Auskünfte zu Fragen des Gewissensbereichs.

Die Ablässe richten sich nach den Canones des CIC/1983, den Normen des *Enchiridion Indulgentiarum* und der Konstitution *Indulgentiarum doctrinam* Pauls VI. Es ist die einzige Kompetenz, die die Paenitentiarie im *Forum externum* ausübt. Ablassgesuche können von juristischen Personen gestellt werden und erhalten die Gewährung in Form eines Dekrets. Die Anlässe und Möglichkeiten sind vielfältig und die Ablässe selbst können zeitlich unbestimmt oder fest determiniert gewährt werden. Von Zeit zu Zeit, und in der Regel aufgrund aktueller Ereignisse oder kommender Anlässe, kommen neue Ablässe hinzu, was eine Flexibilität darstellt, den Bitten und Umständen gerecht werden und entsprechend reagieren zu können.

In Bezug auf die katholisch-orientalischen Kirchen besitzt die Paenitentiarie ebenfalls Zuständigkeit, jedoch in weniger Fällen. Die Ostkirchen kennen keine Tatstrafen, dafür reservierte Sünden, die mit der großen Exkommunikation bestraft werden. Zwei dieser Sünden sind dem Apostolischen Stuhl zur Lossprechung vorbehalten: Die direkte Verletzung des Beichtgeheimnisses und die Lossprechung eines Mitschuldigen an einer Sünde gegen die Keuschheit (vgl. c. 728 § 1 CCEO). Auch hier geschieht die Bitte um Strafnachlass in der dargelegten Weise mittels Rekurses durch den Beichtvater.

Die interne Struktur und die Arbeitsweisen der Paenitentiarie sind in ihrer Geschäftsordnung festgelegt. Derzeit ist dies das nicht veröffentlichte *Regolamento proprio del Tribunale della Penitenzieria Apostolica* aus dem Jahr 2009. Demnach setzt sich die Paenitentiarie personell zusammen aus dem Großpaenitentiar, dem Regens, weiteren fünf höheren Mitarbeitern, die aus dem Theologen, dem Kanonisten und drei weiteren Beratern bestehen, den Offizialen, deren Anzahl geringfügig variabel ist. Hinzu kommt das Hilfspersonal. Die Paenitentiare der Patriarchalbasiliken zählen nicht zum Personal der Paenitentiarie. Der Großpaenitentiar leitet die Paenitentiarie und vereinigt in sich alle Vollmachten des Dikasteriums. Der Regens ist ihm unmittelbar nachgeordnet und sorgt für den reibungslosen alltäglichen Arbeitsablauf und das Funktionieren der Paenitentiarie. Bei Abwesenheit vertritt er den Großpaenitentiar in allen Belangen, jedoch unter Rechenschaftspflicht.

Die Paenitentiarie arbeitet in drei Verfahrensweisen, die bereits seit Benedikt XIV. gängige Praxis sind: der Kongress, die Signatur und die Papstaudienz. Der Kongress ist die gewöhnliche und tägliche Arbeitsweise, in der alle Eingänge bearbeitet werden, sofern sie nicht einer vertieften Behandlung in der Signatur bedürfen und steht unter Leitung des Regens.

Die Signatur steht unter der Leitung und dem Vorsitz des Großpaenitentiars und tritt nur auf seine Einberufung zusammen. Zur Signatur gehören außer dem Großpaenitentiar die sechs höheren Mitarbeiter, einschließlich des Regens. Die höheren Mitarbeiter haben nur beratende Funktion. Die Signatur berät und löst nur die schwierigeren, komplexen oder neuartigen Fälle, die einer vertieften Auseinandersetzung bedürfen. Nach Darlegung der Ansichten der höheren Mitarbeiter entscheidet der Großpaenitentiar endgültig.

Die Audienz des Großpaenitentiars beim Papst erfolgt in regelmäßigen, aber nicht genau festgelegten Abständen und thematisiert alle Angelegenheiten, die noch nicht gelöst werden konnten, die sich der Papst vorbehält oder die der Großpaenitentiar für wichtig erachtet, dem Papst mitzuteilen. Zudem kann der Großpaenitentiar bei dieser Gelegenheit um Weisung und Direktiven bitten.

Nach dieser Zusammenfassung ist zu sagen, dass die Paenitentiarie, ungeachtet mancher Änderungen im Laufe der Zeit, im Wesentlichen in ihren Aufgaben und Zuständigkeiten durch alle Reformen hindurch eine große Konstanz aufweist. Die derzeitige Geschäftsordnung orientiert sich stark an *Quae divinitus Nobis* und baut darauf auf, besonders in Bezug auf die Verfahrensweisen, die im Wesen unverändert blieben und nur eine Ausfaltung und Präzisierung der verschiedenen Zuständigkeiten in den Arbeitsabläufen erfuhr. Dennoch geht das *Regolamento 2009* darüber hinaus, da es vor allem die Aufgaben der einzelnen Mitarbeiter der Paenitentiarie klar auflistet und prägnant benennt, wozu es in *Quae divinitus Nobis* kaum nachweisbare Entsprechungen gibt. Insgesamt verfügt es über eine bessere Aufteilung und klarere Systematik als *Quae divinitus Nobis*.

Zur Paenitentiarie ist allgemein festzuhalten, dass sie das einzige Dikasterium der Römischen Kurie ist mit absoluter und exklusiver Zuständigkeit für das *Forum internum* und daraus resultierender Autonomie von anderen Dikasterien in diesem Bereich. Ihre Aufgaben und auch die Arbeitsweisen sind sehr spezifisch. Die umgehende Bearbeitung der täglichen Eingänge beispielsweise und der Versand der Antworten innerhalb eines Tages sind zumindest der Anspruch, den die Paenitentiarie an sich stellt.

Hinzu kommt, zum Schutz des *Forum internum sacramentale*, die vollständige Wahrung der Anonymität und höchster Diskretion, mit der die Angelegenheiten bearbeitet werden. Dies ist in dem Maß mit keiner Verfahrensweise eines anderen Dikasteriums vergleichbar. Es mag einer Rechtssicherheit zunächst fragwürdig scheinen, doch ist zu bedenken, dass gerade die Verschwiegenheit notwendig für die Arbeit der Paenitentiarie ist, da diese zuerst dem Bußsakrament und dem damit verbundenen unverletzlichen Beichtgeheimnis geschuldet ist, denn gerade ihre Tätigkeit im *Forum internum sacramentale* kann gleichsam als eine Verlängerung der Beichte gesehen werden. Doch auch in den Fällen des *Forum internum non sacramentale* ermöglicht sie den Gläubigen, sich in geschütztem Rahmen mit ihren persönlichen und geheimen Anliegen an die Paenitentiarie zu wenden.

Innerhalb der gesetzten Schwerpunkte thematisiert die vorliegende Arbeit zudem einige weitere Aspekte, die entweder kurz angemerkt und hinterfragt oder genauer reflektiert wurden. Die Analyse der unterschiedlichen Schreibweisen der Paenitentiarie sowie des Großpaenitentiars in den lateinischen Quellen ergab, dass letztlich beide Varianten ihre Berechtigung haben. Die Prüfung des

Kardinals-Zusatzes beim Großpaenitentiar war dahingehend wichtig, ob es sich hierbei um ein zur Übernahme des Amtes konstitutives Charakteristikum handelt oder nicht. Es wurde resümiert, dass letzteres der Fall ist.

Eine andere und im Laufe der Arbeit wiederkehrende Frage befasste sich mit der Möglichkeit einer E-Mail-Kommunikation, da die Paenitentiarie nur den Versand auf dem Postweg verwendet und akzeptiert, wie aus dem *Regolamento* aus dem Jahr 2009 hervorgeht. Dass der Postweg nicht mehr *per se* der sicherste Weg ist, wurde dargelegt. Im Gegenzug wurde aufgezeigt, dass die Technik inzwischen sichere Verschlüsselungsmechanismen ermöglicht, die das Beichtgeheimnis mehr schützen könnten als der postalische Briefverkehr, bei dem die Wahrscheinlichkeit der Gefährdung und Verletzung des Beichtgeheimnisses deutlich größer ist als bei einer sicheren E-Mail-Kommunikation. Diese würde der Paenitentiarie zudem eine noch zügigere Bearbeitung der an sie herangetragenen Fälle ermöglichen, was besonders im Hinblick auf die Angelegenheiten des *Forum internum sacramentale* nicht unbedeutend wäre.

Die Arbeit wurde abgeschlossen mit Überlegungen zur Qualifikation der Paenitentiarie als ein Gericht. Es wurde festgestellt, dass sie nicht die Charakteristika eines Gerichts im prozessrechtlichen Sinne aufweist, sondern eine Verwaltungsbehörde ist. Aus theologischer Perspektive, vor allem im Kontext ihres Handelns im *Forum internum sacramentale*, kann sie jedoch aufgrund ihrer Tätigkeit als ‚Gnadengerichtshof' oder ‚Gericht der göttlichen Barmherzigkeit' bezeichnet werden.

Auch wenn, wie bemerkt wurde, die Zuständigkeiten der Paenitentiarie anderen Dikasterien übertragen werden könnten – was analog auch bei manch anderem Dikasterium möglich wäre –, ist sie im Gefüge der Römischen Kurie das Dikasterium, das sämtliche Befugnisse für das *Forum internum sacramentale* und *non sacramentale* in sich konzentriert. Diese Vollmachten übt sie im Dienst der Kirche seit Jahrhunderten fast ununterbrochen aus und unmittelbarer als die anderen Dikasterien steht sie im Dienst der Barmherzigkeit Gottes: „Si è voluto forse dare a ciò un significato particolare, ricordandoci che la nostra vita – terrena e tanto più eterna – non è segnata dalla giustizia, ma dalla misericordia di Dio"[1094].

1094 Grocholewski, I Tribunali, 397.

Quellen- und Literaturverzeichnis

I. Quellen

1. Päpstliche Dokumente

PIUS IV., Apostolische Konstitution *In Sublimi* vom 4. Mai 1562, in: Bullarium Romanum, Tomus VII, Parte IV, 193–195.

PIUS V., Apostolische Konstitution *Ut bonus Paterfamilias* vom 18. Mai 1569, in: Bullarium Romanum, Tomus VII, Parte V, 750–752.

PIUS V., Apostolische Konstitution *In omnibus rebus* vom 18. Mai 1569, in: Bullarium Romanum, Tomus VII, Parte V, 746–750.

PIUS V., Apostolische Konstitution *In earum rerum* vom 19. Mai 1569, in: Bullarium Romanum, Tomus VII, Parte V, 753–755.

SIXTUS V., Apostolische Konstitution *Immensa Aeterni Dei* vom 22. Januar 1587, in: Bullarium Romanum, Tomus VII, Parte VIII, 985–999.

BENEDIKT XIV., Apostolische Konstitution *Pastor Bonus* vom 13. April 1744, in: Benedicti Papae XIV. Bullarium, Tomus I/2, Venetiis 1778, 142–147.

BENEDIKT XIV., Apostolische Konstitution *In Apostolicae* vom 13. April 1744, in: Benedicti Papae XIV. Bullarium, Tomus I/2, Venetiis 1778, 147–152.

BENEDIKT XIV., Apostolische Konstitution *Gravissimum Ecclesiae* vom 26. November 1745, in: Benedicti Papae XIV. Bullarium, Tomus I/2, Venetiis 1778, 264–266.

PIUS X., Enzyklika *E supremi apostolatus* vom 4. Oktober 1903, in: ASS 36 (1904) 129–139.

PIUS X., Motu Proprio *Arduum sane munus* vom 19. März 1904, in: ASS 36 (1904) 549–551.

PIUS X., Enzyklika *Pascendi Dominici Gregis* vom 8. September 1907, in: AAS 40 (1907) 596–650.

PIUS X., Apostolische Konstitution *Sapienti Consilio* vom 29. Juni 1908, in: AAS 1 (1909) 7–19.

PIUS X., *Lex propria Sacrae Romanae Rotae et Signaturae Apostolicae* vom 29. Juni 1908, in: AAS I (1909) 20–35.

PIUS X., *Ordo Servandus in Sacris Congregationibus Tribunalibus Officiis Romanae Curiae, I. Normae communes* vom 29. Juni 1908 in: AAS 1 (1909) 36–58.

PIUS X., *Ordo Servandus in Sacris Congregationibus Tribunalibus Officiis Romanae Curiae, II. Normae peculiares* vom 29. September 1908, in: AAS 1 (1909) 59–108.

PIUS X., Motu Proprio *Sacrorum Antistitum* vom 1. September 1910, in: AAS 2 (1910) 655–680.

BENEDIKT XV., Motu Proprio *Alloquentes proxime* vom 25. März 1917, in: AAS 9 I (1909) 167.

BENEDIKT XV., Apostolische Konstitution *Providentissima Mater Ecclesiae* vom 27. Mai 1917, in: AAS 9 II (1917) 5–8.

BENEDIKT XV., *Codex Iuris Canonici* von 1917, in: AAS 9 II (1917) 11–521.

PIUS XI., Apostolische Konstitution *Deus scientiarum Dominus* vom 24. Mai 1931, in: AAS 23 (1931) 241–262.

PIUS XI., Apostolische Konstitution *Quod divina* vom 3. Mai 1933, in: AAS 25 (1933) 229–232.

PIUS XI., Apostolische Konstitution *Iam annus* vom 13. Juni 1933, in: AAS 25 (1933) 325–328.

PIUS XI., Apostolische Konstitution *Quae divinitus Nobis* vom 25. März 1935, in: AAS 27 (1935) 97–113.

PIUS XII., Enzyklika *Humani generis* vom 12. August 1950, in: AAS 42 (1950) 561–578.

JOHANNES XXIII., Ansprache *Ad Emos Patres Cardinales in Urbe praesentes habita* vom 25. Januar 1959, in: AAS 51 (1959) 65–69.

PAUL VI., Dekret *Christus Dominus* vom 28. Oktober 1965, in: AAS 58 (1966) 673–696.

PAUL VI., Motu Proprio *Integrae servandae* vom 7. Dezember 1965, in: AAS 57 (1965) 952–955.

PAUL VI., Apostolische Konstitution *Indulgentiarum doctrina* vom 1. Januar 1967, in: AAS 59 (1967) 5–24.

PAUL VI., Motu Proprio *Catholicam Christi Ecclesiam* vom 6. Januar 1967, in: AAS 59 (1967) 5–28.

PAUL VI., Apostolische Konstitution *Regimini Ecclesiae Universae* vom 15. August 1967, in: AAS 59 (1967) 885–928.

JOHANNES PAUL II., Apostolische Konstitution *Sacrae disciplinae leges* vom 25. Januar 1983, in: AAS 75 II (1983) VI–XIV.

JOHANNES PAUL II., *Codex Iuris Canonici* von 1983, in: AAS 75 II (1983) 1–317.

JOHANNES PAUL II., Apostolische Konstitution *Pastor Bonus* vom 28. Juni 1988, in: AAS 80 (1988) 841–934.

JOHANNES PAUL II., *Codex Canonum Ecclesiarum Orientalium* von 1990, in: AAS 82 (1990) 1061–1363.

JOHANNES PAUL II., *Normae Romanae Rotae Tribunalis* vom 7. Februar 1994, in: AAS 86 (1994) 508–540.

JOHANNES PAUL II., Apostolisches Schreiben *Ordinatio Sacerdotalis* vom 22. Mai 1994, in: AAS 86 (1994) 545–548.

JOHANNES PAUL II., *Regolamento Generale della Curia Romana* vom 15. April 1999, in: AAS 91 (1999) 630–699.

JOHANNES PAUL II., Enzyklika *Ecclesia de Eucharistia* vom 17. April 2003, in: AAS 95 (2003) 433–475.

2. Heiliger Stuhl

Annuario Pontificio 2015, 2016, 2017, 2018, 2019.

L'attività della Santa Sede 2015.

3. Römische Kurie

Congregatio pro doctrina fidei, *Formula deinceps adhibenda in casibus in quibus iure praescribitur Professio Fidei, loco formulae Tridentinae et iuramenti antimodernistici*, in: AAS 59 (1967) 1058 [kurz: Congregatio pro doctrina fidei, Formula deinceps adhibenda].

Congregatio pro doctrina fidei, *Declaratio circa quaestionem admissionis mulierum ad sacerdotium ministeriale* vom 15. Oktober 1976, in: AAS 69 (1977) 98–116.

Congregatio pro doctrina fidei, *Responsum ad dubium circa doctrinam in Epistula Apostolica 'Ordinatio Sacerdotalis' traditam*, in: AAS 86 (1995) 1114.

Congregatio pro doctrina fidei, *Monitum* vom 10. Juli 2002, in: ORdt 32 (2002) Nr. 29, 1).

Congregatio pro doctrina fidei, *Dekret zur Feststellung der Exkommunikation* vom 5. August 2002, in: ORdt 32 (2002) Nr. 32/33, 1.

Congregatio pro doctrina fidei, *Normae de gravioribus delictis Congregatione pro Doctrina Fidei reservatis* vom 21. Mai 2010, in: AAS 102 (2010) 419–430.

Penitenzieria Apostolica, Dekret *Novum Enchiridion Indulgentiarum editur* vom 29. Juni 1968, in: AAS 60 (1968) 413f.

Penitenzieria Apostolica, *Normae de indulgentiis*, in: AAS 60 (1968) 414–419.

Penitenzieria Apostolica, Instruktion *Suprema Ecclesia bona* vom 15. Juli 1984, in: Ochoa, Leges VI, Sp. 8874–8876.

Penitenzieria Apostolica, Dekret *Mirabili nexu Dei* vom 21. November 2007, mit dem anlässlich des 150. Jahrestages der Erscheinungen in Lourdes ein vollkommener Ablass gewährt wird, in: AAS 99 [2007] 1073–1075.

Penitenzieria Apostolica, *Regolamento proprio del Tribunale della Penitenzieria Apostolica* vom 8. Dezember 2009, Città del Vaticano 2009 (nicht veröffentlicht).

Pontificium consilium de legum textibus interpretandis, *Authentische Interpretation auf vorgelegten Zweifel* vom 4. Juli 1999, in: AAS 91 (1999) 918.

Pontificium consilium de legum textibus interpretandis, Nota *Tutela della Sanctissima Eucaristia, esplicativa dell'interpretazione autentica* vom 9. Juli 1999, in: Communicationes 31 (1999) 38–41.

Pontificium consilium de legum textibus interpretandis, *Declaratio de recte applicando can. 1382 CIC,* in: Communicationes 43 (2011) 30–33.

II. Sekundärliteratur

ALTHAUS, Rüdiger, in: LÜDICKE, Klaus (Hrsg.), Münsterischer Kommentar zum Codex Iuris Canonici (Stand 43. Erg.-Lfg. Codex, Januar 2008), Essen seit 1985 ff, Kommentar zu c. 978 [kurz: Althaus, c. 978].

DERS., in: LÜDICKE, Klaus (Hrsg.), Münsterischer Kommentar zum Codex Iuris Canonici (Stand 40. Erg.-Lfg. Codex, Februar 2006), Essen seit 1985 ff, Kommentar zu c. 1040 [kurz: Althaus, c. 1040].

ARRIETA, Juan Ignacio, Die Communio-Ekklesiologie in der kirchlichen Gesetzgebung Johannes Pauls II., in: MÜLLER, Ludger/GEROSA, Libero (Hrsgg.), Johannes Paul II. – Gesetzgeber der Kirche, Paderborn 2017, 49–70.

DERS., Principios informadores de la Constitución "Pastor Bonus", in: IusCan 30 (1990) 59–81 [kurz: Arrieta, Principios informadores].

DERS., Irregolarità e impedimenti per la ricezione o per l'esercizio dei sacri ordini, in: SODI, Manlio/ Nykiel, Krzysztof/ Reali, Nicola (Hrsg.), Peccato Misericordia Riconciliazione. Dizionario Teologico-Pastorale, Città del Vaticano 2016, 216–222 [kurz: Arrieta, Irregolarità e impedimenti].

ASTORRI, Romeo, La canonistica di fronte al CIC 17, in: CATTANEO, Arturo (Hrsg.), L'eredità giuridica di San Pio X, Venezia 2006, 173–183.

AYMANS, Winfried / **MÖRSDORF**, Klaus, Kanonisches Recht. Lehrbuch aufgrund des Codex Iuris Canonici, Band II. Verfassungsrecht Vereinigungsrecht, Paderborn u.a. 1997 [kurz: Aymans-Mörsdorf, KanR II].

DERS., Kanonisches Recht. Lehrbuch aufgrund des Codex Iuris Canonici, Band III. Verkündigungsdienst Heiligungsdienst, Paderborn u.a. 2007 [kurz: Aymans-Mörsdorf, KanR III].

AYMANS, Winfried / **MÖRSDORF**, Klaus / **MÜLLER**, Ludger, Kanonisches Recht. Lehrbuch aufgrund des Codex Iuris Canonici, Band IV.

Vermögensrecht Sanktionsrecht und Prozessrecht, Paderborn u.a. 2013 [kurz: Aymans-Mörsdorf-Müller, KanR IV].

BAURA, Eduardo, El desarrollo normativo posterior a la Constitución Apostólica Pastor Bonus de los tribunales de la Curia Romana, in: Ius Canonicum 58 (2018) 9–36 [kurz: Baura, El desarrollo normativo posterior].

BERTONE, Tarcisio, Benedetto XIV e la riforma della Sacra Penitenzieria Apostolica, in: SODI, Manlio / ICKX, Johan (Hrsgg.), La Penitenzieria Apostolica e il Sacramento della penitenza. Percorsi storici - giuridici - teologici e prospettive pastorali (Monumenta Studia Instrumenta Liturgica 55), Città del Vaticano 2009, 149–162.

BORRAS, Alphonse, Les sanctions dans l'Église. Commentaire du Livre VI du Code de Droit Canonique, Paris 1990 [kurz : Borras, Sanctions dans l'Église].

BORROMEO, Agostino, Il Concilio di Trento e la Riforma posttridentina della Penitenzieria Apostolica (1562–1572), in: SODI, Manlio / ICKX, Johan (Hrsgg.), La Penitenzieria Apostolica e il Sacramento della penitenza. Percorsi storici - giuridici - teologici e prospettive pastorali (Monumenta Studia Instrumenta Liturgica 55), Città del Vaticano 2009, 111–134 [kurz: Borromeo, Concilio di Trento].

BOTTA, Raffaele, La norma penale nel diritto della Chiesa, Bologna 2001 [kurz: Botta, La norma penale].

BUSSO, Ariel, Die Gültigkeit der Priesterweihe und das Priestertum der Frau, in: AfkKR 181 (2012) 204–214 [kurz: Busso, Gültigkeit der Priesterweihe].

CABERLETTI, Giordano, Dispensa dagli impedimenti matrimoniali, in: SODI, Manlio/ Nykiel, Krzysztof / Reali, Nicola (Hrsgg.), Peccato Misericordia Riconciliazione. Dizionario Teologico-Pastorale, Città del Vaticano 2016, 143–151.

CALABRESE, Antonio, Diritto penale canonico, Città del Vaticano ^{3}2006.

CAPPELLO, Felix, Tractatus Canonico-Moralis. De Censuris iuxta Codicem Iuris Canonici, Roma 1950 [kurz : Cappello, De Censuris].

CHENAUX, Philippe, Paul VI. Le souverain éclairé, Paris 2015.

CITO, Davide, Il delitto di asportazione o conservazione a scopo sacrilego delle Specie consacrate o della loro profanazione (can. 1367 CIC e 1442 CCEO), in: PAPALE, Claudio (Hrsg.), I delitti contro il Sacramento dell'Eucaristia riservati alla Congregazione per la Dottrina della Fede (Quaderni di Ius Missionale 10), Roma 2017, 27–38 [kurz: Cito, Il delitto di asportazione].

COMMENTZ, Carlos Encina, Wann und wie man sich an die Apostolische Pönitentiarie wendet, Città del Vaticano 2012 [kurz: Commentz, Apostolische Pönitentiarie].

DERS., Quando e come ricorrere alla Penitenzieria Apostolica, (Seconda edizione riveduta e ampliata), Città del Vaticano 2015 [kurz: Commentz, Penitenzieria Apostolica].

COPPOLA, Raffaele, Carattere della pena nel «Codex Iuris Canonici» e nel «Codex Canonum Ecclesiarum Orientalium», in: Ius in vita et in missione ecclesiae. Acta Symposii Internationalis Iuris Canonici occurrente X anniversario promulgationis Codicis Iuris Canonici diebus 19–24 Aprilis 1993 in Civitate Vaticana celebrati, Città del Vaticano 1994, 773–783 [kurz: Coppola, Carattere della pena].

CUSCHIERI, Andrew, The Sacrament of Reconciliation. A Theological and Canonical Treatise, Lanham u.a. 1992.

DAL CORSO, Pierpaolo, I delicta graviora contro l'Augustissimo Sacrificio e il Sacramento dell'Eucaristia, Venezia 2013 [kurz: Dal Corso, I delicta graviora contro l'Augustissimo Sacrificio].

D'AURIA, Andrea / **PAPALE**, Claudio (Hrsg.), I delitti riservati alla Congregazione per la Dottrina della Fede (Quaderni di Ius Missionale 3), Roma 2014.

D'AURIA, Angelo, Il matrimonio nel diritto della chiesa. Commento ai cannoni 1055–1165 del Codice di diritto canonico, Città del Vaticano 2007 [kurz: D'Auria, Matrimonio nel diritto].

DE ANGELIS, Seraphinus, De Indulgentiis. Tractatus quoad earum natruam et usum (Editio Altera), Città del Vaticano 1947 [kurz : De Angelis, De Indulgentiis].

DE PAOLIS, Velasio, Delitti contro il sesto comandamento, in: Periodica 82 (1993) 293–316.

DEL RE, Nicolo, La Curia Romana. Lineamenti storico-giuridici, Città del Vaticano 1998 [kurz: Del Re, Curia Romana].

DEL VAL, Merry, Pius X. Erinnerungen und Eindrücke, Stuttgart 2013.

DELLA ROCCA, Fernando, Istituzioni di diritto penale canonico, Torino 1961.

DEZZUTO, Carlo, Delicta reservata contro la fede e contro i sacramenti, in: D'AURIA, Andrea / PAPALE, Claudio (Hrsg.), I delitti riservati alla Congregazione per la Dottrina della Fede (Quaderni di Ius Missionale 3), Roma 2014, 47–77 [kurz: Dezzuto, Delicta reservata contro la fede].

DHAS, Varuvel, Il delitto di assoluzione del complice, in: PAPALE, Claudio (Hrsg.), I delitti contro il Sacramento della penitenza riservati alla Congregazione per la dottrina della fede (Quaderni di Ius Missionale 7), Città del Vaticano 2016, 103–120 [kurz: Dhas, Delitto di assoluzione].

EICHENSEER, Caelestis, Collectanea usui linguae Latinae dicata (Biblioteca Latina, Tomus III), Saarbrücken 1999.

ERNESTI, Jörg, Paul VI. Der vergessene Papst, Freiburg u.a. 2012.

FABRITZ, Peter, Sanatio in radice. Historie eines Rechtsinstituts und seine Beziehung zum sakramentalen Eheverständnis der katholischen Kirche (AIC 49), Frankfurt am Main u.a., 2010 [kurz: Fabritz, Sanatio in radice].

FANTAPPIÈ, Carlo, Pio X e il "Codex iuris canonici", in: CATTANEO, Arturo (Hrsg.), L'eredità giuridica di San Pio X, Venezia 2006, 155–171.

DERS., Un dicastero per il foro interno: La Riforma della Curia Romana di San Pio X, in: SODI, Manlio / ICKX, Johan (Hrsgg.), La Penitenzieria Apostolica e il Sacramento della penitenza. Percorsi storici - giuridici - teologici e prospettive pastorali (Monumenta Studia Instrumenta Liturgica 55), Città del Vaticano 2009, 171–193 [kurz: Fantappiè, Un dicastero per il foro interno].

DERS., Storia del diritto canonico e delle istituzioni della Chiesa, Bologna 2011 [kurz: Fantappiè, Storia del diritto canonico].

FERRERES, Juan Bautista, La Curia Romana según la novisima disciplina decretada por Pio X. Comentario canónico è histórico sobre la Const. Sapienti Consilio, Madrid 1911.

FERRETTO, Giuseppe, La Riforma del B. Pio X., in: Romana Curia a beato Pio X Sapienti Consilio reformata (Redazione della Rivista Apollinaris del Pontificio Istituto Utriusque Iuris), Romae 1951, 35–84.

FISCHER-WOLLPERT, Rudolf, Lexikon der Päpste. Mit Namen und Fakten zur Papstgeschichte, Wiesbaden 2003 [kurz: Fischer-Wollpert, Lexikon der Päpste].

FORNECK, Torsten-Christian, Der Ablass. Seine rechtliche Entwicklung vom CIC/1917 bis zur Gegenwart (Beihefte zum Münsterischen Kommentar 72), Essen 2016 [kurz: Forneck, Der Ablass].

FOSSIER, Arnaud, Tra Burocrazia papale e casi particolari uno studio delle suppliche della Penitenzieria Apostolica al tempo del Concilio di Pisa (1410–1411), in: NYKIEL, Krzysztof / TARABORRELLI, Ugo (Hrsgg.), L'archivio della Penitenzieria Apostolica. Stato attuale e prospettive future. Atti della Giornata di studio, Roma, Palazzo della Cancelleria, 22 novembre 2016, Roma 2017, 39–55 [kurz: Fossier, Tra Burocrazia papale e casi particolari].

FÜRST, Carl Gerold, Penal sanctions in the church, in: Nedungatt, George (Hrsg.), A Guide to the Eastern Code. A Commentary on the Code of Canons of the Eastern Churches, Rome 2002, 787–800 [kurz: Fürst, Penal sanctions].

GELMI, Josef, Art. Risorgimento, in: $LThK^3$ 8, Sonderausgabe 2009 (Durchgesehene Ausgabe der 3. Auflage 1993–2001), Freiburg im Breisgau, 1199f.

GERINGER, Karl-Theodor, Codex Iuris Canonici, in: $LThK^3$ 2, Sonderausgabe 2009 (Durchgesehene Ausgabe der 3. Auflage 1993–2001), Freiburg im Breisgau, 1243–1245.

GERVAIS, Jean-Marie, Indulgenza, in: SODI, Manlio/ Nykiel, Krzysztof/ Reali, Nicola (Hrsgg.), Peccato Misericordia Riconciliazione. Dizionario Teologico-Pastorale, Città del Vaticano 2016, 202–210.

GIROTTI, Gianfranco, Penitenzieria Apostolica, in: PINTO, Pio (Hrsg.), Commento alla Pastor Bonus e alle Norme sussidiarie della Curia Romana, Città del Vaticano, 2003, 168–172.

GÖLLER, Emil, Die Päpstliche Pönitentiarie/1,1, Die päpstliche Pönitentiarie bis Eugen IV., Teil 1, Darstellung, Rom 1907.

DERS., Die Päpstliche Pönitentiarie/1,2, Die päpstliche Pönitentiarie bis Eugen IV., Teil 2, Quellen, Rom 1907.

DERS., Die Päpstliche Pönitentiarie/2,1: Die päpstliche Pönitentiarie von Eugen IV. bis Pius V., Teil 1, Darstellung, Rom 1911.

DERS., Die Päpstliche Pönitentiarie/2,2: Die päpstliche Pönitentiarie von Eugen IV. bis Pius V., Teil 2, Quellen, Rom 1911.

GOYNECHE, Servus, De SS. Congregationum, tribunalium et officiorum constitutione etc., in: Romana Curia a beato Pio X Sapienti Consilio reformata (Redazione della Rivista Apollinaris del Pontificio Istituto Utriusque Iuris), Romae 1951, 123–139 [kurz: Goyneche, De SS. Congregationum].

GREEN, Thomas, Penal Law in the Code of Canon Law and in the Code of Canons of the Eastern Churches: Some Comparative Reflections, in: Studia Canonica, 28/1, Ottawa 1994, 407–451 [kurz: Green, Penal Law].

GROCHOLEWSKI, Zenon, I tribunali apostolici, in: Thériault, Michel/ Thorn, Jean (Hrsgg.), Le nouveau code de droit canonique, Actes du Ve Congrès international de droit canonique, organisé par l'Université d'Ottawa du 19 au 25 aout 1984, Ottawa 1986, 457–479.

DERS., I tribunali, in: Bonnet, Piero/ Gullo, Carlo (Hrsgg.), La Curia Romana nella Cost. Ap. "Pastor Bonus", Città del Vaticano 1990, 395–418.

GROSSI, Paolo, Valore e limiti della codificazione del diritto (con qualque annotazione sulla scelta codicistica del legislatore canonico), in: CATTANEO, Arturo (Hrsg.), L'eredità giuridica di San Pio X, Venezia 2006, 141–154 [kurz: Grossi, Valore e limiti].

HEIM, Manfred, Von Ablass bis Zölibat. Kleines Lexikon der Kirchengeschichte, München 2008 [kurz: Heim, Lexikon der Kirchengeschichte].

HEIMERL, Hans / **PREE**, Helmut, Kirchenrecht. Allgemeine Normen und Eherecht, Wien u.a. 1983 [kurz: Heimerl/Pree, Kirchenrecht].

HÈLDER, Miranda Alexandre, A figura do penitenciário no desenvolvimento histórico-canonico do sacramento da penitência (Tesi Gregoriana Serie Diritto Canonico 94), Roma 2013 [kurz: Hèlder, A figura do penitenciário].

HENSELER, Rudolf, Der Ablass, in: HAERING, Stefan/REES, Wilhelm/ SCHMITZ, Heribert (Hrsgg.), HdbKathKR³, Regensburg 2015, 1206–1211.

HERGHELEGIU, Monica-Elena, Reservatio Papalis. A study on the Application of a Legal Prescription according to the 1983 Code of Canon Law (TKS Band 8), Münster 2008 [kurz: Herghelegiu, Reservatio Papalis]

HILLING, Nikolaus, Die Reformen des Papstes Pius' X. auf dem Gebiete der kirchenrechtlichen Gesetzgebung, Bonn 1909 [kurz: Hilling, Die Reformen des Papstes Pius' X.].

DERS., Procedure at the Roman Curia. A concise and practical handbook, (Second and enlarged Edition) New York 1909 [kurz: Hilling, Procedure].

DERS., Die römische Kurie. Ein kurzes Handbuch für die Kenntnis der gegenwärtigen Verfassung und ein kanonistischer Führer für den praktischen Verkehr mit den obersten päpstlichen Behörden in Rom, Paderborn 1906 [kurz: Hilling, Die römische Kurie].

ICKX, Johan, „Ipsa vero officii maioris poenitentiarii institutio non reperitur?" La nascita di un tribunale della coscienza, in: SODI, Manlio / ICKX, Johan (Hrsgg.), La Penitenzieria Apostolica e il Sacramento della penitenza. Percorsi storici – giuridici – teologici e prospettive pastorali (Monumenta Studia Instrumenta Liturgica 55), Città del Vaticano 2009, 19–50 [kurz: Ickx, La nascita di un tribunale].

JOMBART, Émile, Art. „Indulgences", in: NAZ, Raoul (Hrsg.), Dictionnaire de Droit Canonique, Tome V, Paris 1953, Sp. 1331–1352.

JORDAN, Karl, Die Entstehung der Römischen Kurie. Ein Versuch, mit Nachtrag, Darmstadt 1962.

KILLERMANN, Stefan, Die Rota Romana. Wesen und Wirken des päpstlichen Gerichtshofes im Wandel der Zeit (AIC 46), Frankfurt am Main ²2011 [kurz: Killermann, Die Rota Romana].

KÖSTLER, Rudolf, Wörterbuch zum Codex Iuris Canonici, München 1927 [kurz: Köstler, Wörterbuch].

LARRAONA, Arcadius/**GOYENECHE**, Servus, De SS. Congregationum, Tribunalium et Officiorum constitutione et interna ordinatione post Const. „Sapienti Consilio", in: Romana Curia a beato Pio X Sapienti Consilio reformata (Redazione della Rivista Apollinaris del Pontificio Istituto Utriusque Iuris), Romae 1951, 85–140.

LÜDECKE, Norbert, Die rechtliche Ehefähigkeit und die Ehehindernisse, in: HAERING, Stefan / REES, Wilhelm / SCHMITZ, Heribert (Hrsgg.), HdbKathKR³, Regensburg 2015, 1282–1314 [kurz: Lüdecke, Rechtliche Ehefähigkeit].

LÜDICKE, Klaus, in: LÜDICKE, Klaus (Hrsg.), Münsterischer Kommentar zum Codex Iuris Canonici (Stand 49. Erg.-Lfg. Codex, Dezember 2013), Essen seit 1985 ff, Kommentar zu c. 1078 [kurz: Lüdicke, in: MKCIC, c. 1078].

DERS., in: LÜDICKE, Klaus (Hrsg.), Münsterischer Kommentar zum Codex Iuris Canonici (Stand 49. Erg.-Lfg. Codex, Dezember 2013), Essen seit 1985 ff, Kommentar zu c. 1082 [kurz: Lüdicke, in: MKCIC, c. 1082].

DERS., in: LÜDICKE, Klaus (Hrsg.), Münsterischer Kommentar zum Codex Iuris Canonici (Stand: 22. Erg.-Lfg. Codex, November 1993) Essen seit 1985 ff, Kommentar zu den cc. 1156–1165 [kurz: Lüdicke, in: MKCIC, cc. 1156–1165].

DERS., in: LÜDICKE, Klaus (Hrsg.), Münsterischer Kommentar zum Codex Iuris Canonici (Stand 22. Erg.-Lfg. Codex, November 1993), Essen seit 1985 ff, Kommentar zu c. 1354 [kurz: Lüdicke, in: MKCIC, c. 1354].

DERS., in: LÜDICKE, Klaus (Hrsg.), Münsterischer Kommentar zum Codex Iuris Canonici (Stand 22. Erg.-Lfg. Codex, November 1993), Essen seit 1985 ff, Kommentar zu c. 1357 [kurz: Lüdicke, in: MKCIC, c. 1357].

DERS., in: LÜDICKE, Klaus (Hrsg.), Münsterischer Kommentar zum Codex Iuris Canonici (Stand 22. Erg.-Lfg. Codex, November 1993), Essen seit 1985 ff, Kommentar zu c. 1358 [kurz: Lüdicke, in: MKCIC, c. 1358].

DERS., in: LÜDICKE, Klaus (Hrsg.), Münsterischer Kommentar zum Codex Iuris Canonici (Stand 35. Erg.-Lfg. Codex, November 2001), Essen seit 1985 ff, Kommentar zu c. 1367 [kurz: Lüdicke, in: MKCIC, c. 1367].

DERS., in: LÜDICKE, Klaus (Hrsg.), Münsterischer Kommentar zum Codex Iuris Canonici (Stand 22. Erg.-Lfg. Codex, November 1993), Essen seit 1985 ff, Kommentar zu c. 1370 [kurz: Lüdicke, in: MKCIC, c. 1370].

DERS., in: LÜDICKE, Klaus (Hrsg.), Münsterischer Kommentar zum Codex Iuris Canonici (Stand 48. Erg.-Lfg. Codex, November 2012), Essen seit 1985 ff, Kommentar zu c. 1378 [kurz: Lüdicke, in: MKCIC, c. 1378].

DERS., in: LÜDICKE, Klaus (Hrsg.), Münsterischer Kommentar zum Codex Iuris Canonici (Stand 22. Erg.-Lfg. Codex, November 1993), Essen seit 1985 ff, Kommentar zu c. 1382 [kurz: Lüdicke, in: MKCIC, c. 1382].

DERS., in: LÜDICKE, Klaus (Hrsg.), Münsterischer Kommentar zum Codex Iuris Canonici (Stand 35. Erg.-Lfg. Codex, November 2001), Essen seit 1985 ff, Kommentar zu c. 1388 [kurz: Lüdicke, in: MKCIC, c. 1388].

DERS., Dispens, in: in: LThK[3] 3, Sonderausgabe 2009 (Durchgesehene Ausgabe der 3. Auflage 1993–2001), Freiburg im Breisgau, 265f.

LUNO, Angel, Benedetto XIV e la riforma della Penitenzieria Apostolica, in: SODI, Manlio / ICKX, Johan (Hrsgg.), La Penitenzieria Apostolica e il Sacramento della penitenza. Percorsi storici – giuridici – teologici e prospettive pastorali (Monumenta Studia Instrumenta Liturgica 55), Città del Vaticano 2009, 163–168.

MANFREDI, Antonio, La Penitenzieria Apostolica nel Quattrocento attraverso i Cardinali Penitenzieri e le Bolle dei Giubilei, in: SODI, Manlio/ ICKX, Johan (Hrsgg.), La Penitenzieria Apostolica e il Sacramento della penitenza. Percorsi storici - giuridici - teologici e prospettive pastorali (Monumenta Studia Instrumenta Liturgica 55), Città del Vaticano 2009, 63–87 [kurz: Manfredi, Penitenzieria Apostolica].

MANZANARES, Julio, La reforma de la Curia Romana por Pablo VI, Brescia 1987.

MATTIA, Giuseppe, La Normativa di diritto penale nel «Codex Iuris Canonici» e nel «Codex Canonum Ecclesiarum orientalium», in: Bharanikulangara, Kuriakose (Hg.), Il Diritto Canonico Orientale nell' ordinamento ecclesiale, Città del Vaticano 1995, 191–210 [kurz: Mattia, Normativa di diritto].

MAZZETTI, Antonius, Manuale Iuris Poenalis Canonici (Editio I), Romae 1910 [kurz: Mazzetti, Manuale Iuris Poenalis].

METZ, René, La nouvelle codification du droit de l'Église (1959–1983), in : Revue de Droit Canonique 33 (1983), 110–168.

MEYER, Andreas, Quellen zur Geschichte der päpstlichen Pönitentiarie aus Luccheser Imbreviaturen des 13. Jahrhunderts, in: Meyer, Andreas (Hrsg.), Päpste, Pilger, Pönitentiarie: Festschrift für Ludwig Schmugge, Tübingen 2004, 317–351 [kurz: Meyer, Quellen zur Geschichte].

MICHIELS, Gommarus, De Delictis et poenis. Commentarius Libri V Codicis Juris Canonici, Volumen Terium. De Poenis in Specie, Paris et al. 1961.

MIGLIAVACCA, Andrea, Le indulgenze, in: Quaderni di Diritto Ecclesiale 11 (1998), 159–177.

MIRAGOLI, Egidio, La Penitenzieria Apostolica: Un organismo a servizio dei confessori e dei penitenti, in: MIRAGOLI, Egidio (Hrsg.), Il Sacramento della Penitenza. Il ministero del confessore: indicazioni canoniche e pastorale, Milano 2015, 261–273 [kurz: Miragoli, Penitenzieria Apostolica].

MÖRSDORF, Klaus, Die Rechtssprache des Codex Iuris Canonici, Paderborn 1967 [kurz: Mörsdorf, Rechtssprache].

DERS., Lehrbuch des Kirchenrechts auf Grund des Codex Iuris Canonici, I. Bd., Einleitung, Allgemeiner Teil und Personenrecht, München u.a. [11]1979 [kurz: Mörsdorf, Lehrbuch I].

DERS., Lehrbuch des Kirchenrechts auf Grund des Codex Iuris Canonici, III. Bd., Prozess- und Strafrecht, München u.a. [11]1979 [kurz: Mörsdorf, Lehrbuch III].

MÜLLER, Gerhard Ludwig, Katholische Dogmatik. Für Studium und Praxis der Theologie, Freiburg i. Br., 2007 (2. Auflage der Sonderausgabe).

DERS., Art. Ablaß, in: LThK³ 1, Sonderausgabe 2006 (Durchgesehene Ausgabe der 3. Auflage 1993–2001), Freiburg im Breisgau, 51–55.

MÜLLER, Ludger, Die Grundlagen des kirchlichen Rechts nach der Lehre Johannes Pauls II., in: MÜLLER, Ludger / GEROSA, Libero (Hrsgg.), Johannes Paul II. – Gesetzgeber der Kirche, Paderborn 2017, 27–38.

NAZ, Raoul, Art. „Pénitencerie", in: NAZ, Raoul (Hrsg.), Dictionnaire de Droit Canonique, Tome VI, Paris 1957, 1327–1334.

NYKIEL, Krzysztof, Il foro interno e le materie di competenza della Penitenzieria Apostolica, in: PAPALE, Claudio (Hrsg.), I delitti contro il Sacramento della penitenza riservati alla Congregazione per la dottrina della fede (Quaderni di Ius Missionale 7), Città del Vaticano 2016, 33–56 [kurz: Nykiel, Foro interno de le materie di competenza].

DERS., Il Sacramento della misericordia. Accogliere con l'amore di Dio, Città del Vaticano 2019 [kurz: Nykiel, Sacramento della misericordia].

OHLY, Christoph, Kirchenrechtliche Chronik, in: AfkKR 171 (2002) 582–601.

OJETTI, Benedetto, De Romana Curia. Commentarium in Constitutionem Apostolicam "Sapienti Consilio" seu de Curiae Piana Reformatione, Romae 1910.

OLIVER, Robert, The Competence of the CDF for Delict of the Violation of the Sacramental Seal, in: PAPALE, Claudio (Hrsg.), I delitti contro il Sacramento della penitenza riservati alla Congregazione per la dottrina della fede (Quaderni di Ius Missionale 7), Città del Vaticano 2016, 19–32 [kurz: Oliver, The Competence of the CDF].

PERATHONER, Anton, Kirchliches Gerichtswesen und kirchliches Strafrecht nach dem neuen Codex juris canonici, Brixen 1919 [kurz: Perathoner, Kirchliches Gerichtswesen].

PIACENZA, Mauro, Presentazione, in: Penitenzieria Apostolica (Hrsg.), La festa del perdono con Papa Francesco. Sussidio per la Confessione e le Indulgenze, Città del Vaticano 2017, 5–8.

PIGHIN, Bruno Fabio, Le ordinazioni episcopali senza mandato pontificio e le loro conseguenze canoniche, in: Ius Ecclesiae 14 (2012), 401- 420.

DERS., Diritto penale canonico, Nuova edizione riveduta e ampliata, Venezia 2014.

DERS., Diritto sacramentale, Venezia 2016.

PINTO, Pio, Diritto amministrativo canonico. La Chiesa: mistero e istituzione, Bologna 2006.

POTZ, Richard, Der Codex Canonum Ecclesiarum Orientalium, in: HAERING, Stefan/REES, Wilhelm/SCHMITZ, Heribert (Hrsgg.), HdbKathKR[3], Regensburg 2015, 101–116 [kurz: Potz, Codex Canonum].

PREE, Helmut, Imputabilitas. Erwägungen zum Schuldbegriff des kanonischen Strafrechts, in: Lenzenwenger, Josef/ Luf, Gerhard u.a. (Hrsgg.), Festschrift für Bruno Primetshofer zum 60. Geburtstag, 226–243 [kurz: Pree, Imputabilitas].

PULTE, Matthias, Vaticanum II und Strafrechtsreform – Was war und was die Väter wollten, in: PULTE, Matthias (Hrsg.), Tendenzen der kirchlichen Strafrechtsentwicklung (KStKR 25), Paderborn u.a. 2017, 167–183.

RAVASI, Gianfranco, I volti della penitenza, in: SODI, Manlio / ICKX, Johan (Hrsgg.), La Penitenzieria Apostolica e il Sacramento della penitenza. Percorsi storici – giuridici – teologici e prospettive pastorali (Monumenta Studia Instrumenta Liturgica 55), Città del Vaticano 2009, 17–18.

REES, Wilhelm, Die Strafgewalt der Kirche. Das geltende kirchliche Strafrecht – dargestellt auf der Grundlage seiner Entwicklungsgeschichte, Berlin 1993 [kurz: Rees, Strafgewalt der Kirche].

REGATILLO, Eduardo, Las indulgencias, Santander 1947.

ROBERTI, Franciscus, De Curia Romana ante pianam reformationem, in: Romana Curia a beato Pio X Sapienti Consilio reformata (Redazione della Rivista Apollinaris del Pontificio Istituto Utriusque Iuris), Romae 1951, 13–34 [kurz: Roberti, De Curia Romana].

ROSSANO, Stefano, La Costituzione apostolica Pastor Bonus. Evoluzione storico-giuridica e possibili prospettive future, Arricia (RM) Roma 2014 [kurz: Rossano, Costituzione apostolica].

SARACO, Alessandro, La Penitenzieria Apostolica. Storia di un Tribunale di misericordia e di pietà, Città del Vaticano 2011 [kurz: Saraco, Penitenzieria Apostolica].

SCHAUF, Heribert, Einführung in das kirchliche Strafrecht, Aachen 1952.

SCHMITZ, Heribert, „Professio fidei" und „Iusiurandum fidelitatis". Glaubensbekenntnis und Treueid – Wiederbelebung des Antimodernisteneides?, in: AfkKR 157 (1988) 353–429 [kurz: Schmitz, Professio fidei].

DERS., Römische Kurie, in: HAERING, Stefan / REES, Wilhelm / SCHMITZ, Heribert (Hrsgg.), HdbKathKR[3], Regensburg 2015, 494–528.

DERS., Codex Iuris Canonici, in: HAERING, Stefan / REES, Wilhelm / SCHMITZ, Heribert (Hrsgg.), HdbKathKR[3], Regensburg 2015, 70–100.

SCHULZ, Winfried, Die Zuständigkeitsordnung des Motu Proprio „Pastor Bonus" vom 28. Juni 1988. Anmerkungen zur Kurienreform Johannes Paul II., in: ÖAKR 38 (1989) 62–72 [kurz: Schulz, Die Zuständigkeitsordnung].

SCIACCA, Prefazione, in: Rossano, Stefano (Hrsg.), La Costituzione apostolica Pastor Bonus. Evoluzione storico-giuridica e possibili prospettive future, Arricia (RM) Roma 2014, 11f.

SEBOTT, Reinhold, Das kirchliche Strafrecht. Kommentar zu den Kanones 1311 – 1399 des Codex Iuris Canonici, Frankfurt am Main 1992.

SLEUMER, Albert, Kirchenlateinisches Wörterbuch, Hildesheim u.a. 2015 (6. Nachdruck der Ausgabe Limburg a. d. Lahn 1926) [kurz: Sleumer, Wörterbuch].

SODI, Manlio / **ICKX**, Johan (Hrsgg.), Penitenza e Penitenzieria nel „secolo" del Concilio di Trento – prassi e dottrine in un mondo più largo (1517–1614), Città del Vaticano 2016.

DERS., La Penitenzieria Apostolica e il sacramento della penitenza. Percorsi storici, giuridici, teologici e prospettive pastorali (Monumenta Studia Instrumenta Liturgica 55), Città del Vaticano 2009.

DERS., Penitenza e Penitenzieria al tempo del Giansenismo (Secoli XVII-XVIII). Culture-Teologie-Prassi, Città del Vaticano 2019.

SICCARDI, Cristina, San Pio X. Vita del Papa che ha ordinato e riformato la Chiesa, Milano 2014 [kurz: Siccardi, San Pio X].

SIMIER, Jules, La Curie Romaine. Notes historiques et canoniques d'après la constitution «Sapienti Consilio» et les autres documents pontificaux, Paris 1909 [kurz: Simier, Curie Romaine].

STADALNIKAS, Casimir, Reservation of Censures. A commentary with historical notes on the nature of the reservation of censures (Canon Law Studies 208), Washington 1944.

STAFFORD, James, Prefazione, in: SODI, Manlio / ICKX, Johan (Hrsgg.), La Penitenzieria Apostolica e il Sacramento della penitenza. Percorsi storici – giuridici – teologici e prospettive pastorali (Monumenta Studia Instrumenta Liturgica 55), Città del Vaticano 2009, 1–7.

STICKLER, Alfons, Le Riforme della Curia nella storia della chiesa, in: Bonnet, Piero / Gullo, Carlo (Hrsgg.), La CURIA ROMANA nella Cost. Ap. „Pastor Bonus", Città del Vaticano 1990, 1–15 [kurz: Stickler, Riforme della Curia].

DERS., Riforma della Curia. Aspetto Storico, in: La Curia Romana. Aspetti ecclesiologici, pastorali istituzionali per una lettura della "Pastor Bonus". Testo e Commenti (Quaderni de „L'Osservatore Romano" – Collana diretta da Mario Agnes, Nr. 10), Città del Vaticano 1989, 97–102 [kurz: Stickler, Riforma della Curia].

STUTZ, Ulrich, Zur Neuordnung der Sacra Paenitentiaria Apostolica, in: Sitzungsberichte der Preußischen Akademie der Wissenschaften, Philosophisch-historische Klasse, Berlin 1935, 291–319 [kurz: Stutz, Neuordnung der Sacra Paenitentiaria].

AMBURINI, Filippo, Sacrée Pénitencerie apostolique et les pénitenciers mineurs pontificaux, in: Studia Canonica 31 (1997), 449–459 [kurz: Tamburini, Sacrée Pénitencerie apostolique].

TRAZZI, Claudio, Il magistero giuridico nel pontificato di papa Sarto (1903–1914), Roma 2008 [kurz: Trazzi, Il magistero giuridico].

TUOHEY, John, The Correct Interpretation of Canon 1395. The Use of the Sixth Commandment in the Moral Tradition from Trent to the Present Day, in: The Jurist 55 (1995), 592–631.

URRU, Angelo Giuseppe, Punire per salvare. Il sistema penale nella chiesa (Collana Euntes 14), Roma 2001 [kurz: Urru, Punire per salvare].

WEIß, Andreas, Der Ablass – ein Testfall der Ökumene, in: BREITSCHING, Konrad / REES, Wilhelm (Hrsgg.), Recht – Bürge der Freiheit (Festschrift für Johannes Mühlsteiger), Berlin 2006, 845–876.

WOESTMAN, William, Ecclesiastical Sanctions and the penal process. A commentary on the Code of Canon Law, Ottawa [2]2003 [kurz: Woestman, Ecclesiastical Sanctions].

III. Internetquellen

Die im Archiv der Paenitentiarie einsehbaren Dokumente (zuletzt eingesehen am 12. 5. 2020):

http://www.penitenzieria.va/content/penitenzieriaapostolica/it/archivio-storico/patrimonio.html

Termine und Programm des von der Paenitentiarie veranstalteten „Corso sul Foro interno“ (zuletzt eingesehen am 4. 3. 2020):

http://www.penitenzieria.va/content/penitenzieriaapostolica/it/profilo/eventi/2019.html

Archiv der Paenitentiarie (zuletzt eingesehen am 12. 5. 2020):

http://www.penitenzieria.va/content/penitenzieriaapostolica/it/archivio-storico.html

Staatliches Gesetz zum Bruch des Beichtgeheimnisses (zuletzt eingesehen am 12. 5. 2020):

https://de.catholicnewsagency.com/story/neues-gesetz-soll-australische-priester-zwingen-das-beichtgeheimnis-zu-verletzen-3283

Zu den Verschlüsselungsmechanismen des Public-Key-Verfahrens (zuletzt eingesehen am 18. 5. 2020):

http://www.inf.fu-berlin.de/lehre/SS04/SySi/folien/KryptografieTeil2.pdf

Anhang

Regolamento proprio del Tribunale della Penitenzieria Apostolica

Città del Vaticano
8 dicembre 2009

Regolamento proprio della Penitenzieria Apostolica

Parte Prima

Competenza e struttura del Tribunale

Titolo I

Competenza del Tribunale

Art. 1

La competenza della Penitenzieria Apostolica, primo dei Tribunali della Curia Romana, è stabilita dagli articoli 117–120 della Costituzione Apostolica *Pastor Bonus.*

Art. 2

La Penitenzieria Apostolica per svolgere le funzioni di sua competenza nel Foro interno ha tutte le facoltà necessarie, ad eccezione di quelle che il Sommo Pontefice abbia dichiarato al Cardinale Penitenziere di voler riservare a se stesso. L'eventuale efficacia di questi atti nel Foro esterno è regolata dal can. 130 del CIC.[1095]

Titolo II

Struttura del Tribunale

Art. 3

§ 1. Alla Penitenzieria Apostolica è proposto il Cardinale Penitenziere Maggiore. Esso è coadiuvato dal Reggente e da cinque Prelati che costituiscono il Consiglio o Segnatura.

§ 3. Nella Penitenzieria prestano la loro opera gli Officiali e il personale ausiliario, secondo il numero e le qualifiche stabilita nella Tabella Organica approvato dal Sommo Pontefice.[1096]

1095 Cfr. Rescritto ex Audientia SS.mi del 16 giugno 2005: "La Penitenzieria Apostolica per realizzare le funzioni che tiene assegnate nel Foro Interno, possiede tutte le facoltà necessarie, con la sola eccezione di quelle che il Sommo Pontefice abbia dichiarato espressamente al Cardinale Penitenziere di voler riservare a Sé. Può, di conseguenza, compiere, nell'ambito del Foro Interno, tutti gli atti di competenza dei restanti Dicasteri della Curia Romana. L'eventuale efficacia di questi atti nel Foro Esterno è tuttavia sottoposta alla legislazione comune della Chiesa, conforme al can. 130 del CIC".

1096 Cfr. Art. 9 § 1 RGCR.

§ 4. Il Dicastero è articolato secondo le materie di competenza per il Foro interno e per la disciplina e la concessione delle Indulgenze.

§ 5. La Penitenzieria Apostolica, per la custodia dei suoi documenti, dispone dell'Archivio corrente, dell'Archivio di deposito e dell'Archivio Storico. Per consuetudine immemorabile, tuttora vigente, la custodia dell'Archivio Storico è di propria ed esclusiva competenza, fermo restando il prescritto dell'Art. 4 §7. La Penitenzieria non è tenuta a versare i documenti, alla scadenza di un determinato numero di anni, all'Archivio Segreto Vaticano, in conformità agli Art. 11, 1 e 14, 1 del Motu Proprio *La cura vigilantissima*, del 21 marzo 2005.

§ 6. Il Dicastero ha un Protocollo generale ed un altro proprio per le Indulgenze.

Titolo III
Il Cardinale Penitenziere Maggiore

Art. 4

§ 1. Il Cardinale Penitenziere Maggiore assomma tutte le facoltà della Penitenzieria che, nei casi di cui all'art. 18 § 1, può esercitare solo dopo aver consultato i suoi collaboratori riuniti in Segnatura della Penitenzieria. Qualora il giudizio del Cardinale sia difforme da quello della Segnatura, ciò viene verbalizzato. Nel caso in cui egli creda opportuno rinviare la decisione, ne darà comunicazione in una successiva Segnatura.

§ 2. Può chiedere che siano sottoposte alla sua approvazione tutte le pratiche trattate nel Congresso comprese quelle di competenza del Reggente. Per rendere più sollecita l'esecuzione delle stesse, può delegare, in forma scritta, le proprie facoltà al Reggente, o a chi ne fa le veci.

§ 3. Convoca la Segnatura e determina le materie da trattare, ne presiede le adunanze e rende esecutive le risoluzioni. Presiede inoltre gli incontri mensili di aggiornamento dei Penitenzieri Minori, di cui all'art. 6 § 5.

§ 4. Sottopone al Santo Padre in Udienza le pratiche che esigono la Sua specifica approvazione, e lo infirma circa quelle di indole generale o di speciale importanza.

§ 5. Nomina e concede la facoltà ai Penitenzieri Minori della Basiliche Papali dell'Urbe. Esercita nei loro confronti i controlli di competenza d'intesa con il Reggente.

§ 6. Concede le necessarie facoltà ai Confessori proposti come supplenti dei Penitenzieri Minori.

§ 7. Autorizza, secondo le norme stabilite in Segnatura e approvate dal Santo Padre, la consultazione dell'Archivio Storico e l'eventuale pubblicazione del risultato delle ricerche effettuate, sentito il parere della Commissione costituita a questo scopo.

§ 8. Firma i documenti pubblici del Dicastero, i Rescritti e le Lettere di maggiore importanza sia per la materia che per il destinatario.

§ 9. Non cessa dall'incarico durante la Sede Vacante.[1097]

§ 10. In caso di contemporanea assenza sua e del Reggente anche solo di un giorno, egli delegherà, con decreto, un Prelato o un Officiale a presiedere il Congresso e a firmare «de mandato Eminentissimi» i provvedimenti.

Titolo IV
Attribuzioni del personale

Capo I: Il Reggente

Art. 5

§ 1. Il Reggente dirige il lavoro ordinario della Penitenzieria Apostolica sotto l'autorità del Cardinale Penitenziere Maggiore, esercitando le necessarie facoltà proprie e quelle che gli vengono delegate dal Cardinale. Ha la responsabilità del buon andamento dell'Ufficio, segue lo svolgimento delle pratiche, propone al Penitenziere Maggiore quelle da sottomettere all'esame della Segnatura e controlla l'esecuzione delle decisioni prese nelle singole istanze. Riferisce al Cardinale circa le pratiche che pervengono al Dicastero.

§ 2. Presiede il Congresso quotidiano e adotta le conclusioni. In assenza del Cardinale Penitenziere e per casi non differibili presiede la Segnatura, comunicando successivamente al Cardinale le risoluzioni. In mancanza del Cardinale, riferisce in Udienza al Santo Padre le pratiche che esigono la Sua approvazione.

§ 3. Vacante l'ufficio di Penitenziere Maggiore, il Reggente mantiene tutte le sue facoltà.

§ 4. Alle dipendenze del Penitenziere Maggiore, il Reggente esercita la direzione del Dicastero.

1097 Cfr. Cost. ap. Pastor Bonus, art. 6 e Cost. ap. Universi Dominici Gregis, n. 14.

§ 5. Presiede gli esami dei candidati all'ufficio di Penitenzieri Minori insieme al Teologo e al Canonista, che potranno essere sostituiti eventualmente da un altro Prelato. L'Aiutante di Studio, di cui al successivo art. 8, funge da Attuario. Il Reggente e i Prelati esaminano il candidato su argomenti di Teologia Morale e di Diritto Canonico, valutando l'idoneità personale per l'ufficio.

§ 6. Secondo le indicazioni del Cardinale Penitenziere e con la collaborazione degli Aiutanti di Studio, comunica ai Rappresentanti Pontifici le Istruzioni proprie hotel dicastero; cura i rapporti con i Collegi dei Penitenzieri Minori e con le rispettive Curie Generalizie, come indicato all'art. 4 § 5, con il Cardinale Penitenziere, vigila sui Collegi dei Penitenzieri Minori e sui loro singoli membri; programma gli incontri mensili di aggiornamento per gli stessi Penitenzieri e organizza d'intesa con i Prelati, specialmente con il Teologo, il Corso annuale sul Foro interno e altre eventuali attività del Dicastero, come incontri con i Vescovi in visita «ad limina» e con gruppi di studiosi di Diritto Canonico.

§ 7. Secondo le direttive del Cardinale Penitenziere e sentito l'Archivista e la Commissione istituita a questo scopo, concedere agli studiosi che lo richiedono il permesso di consultare l'Archivio Storico e di pubblicare il risultato delle loro ricerche come indicato all'art. 11, § 7.

§ 8. Controfirma i documenti pubblici del Dicastero, i Rescritti e le Lettere firmate dal Cardinale Penitenziere. Firma la corrispondenza ordinaria.

§ 9. Cura le pratiche del personale della Penitenzieria Apostolica e quelle relative ai Padri Penitenzieri Minori. Istruisce le pratiche concernenti i nuovi Officiali e quelle dei nuovi Penitenzieri Minori, occupandosi anche dell'archiviazione dei documenti.

§ 10. Può essere incaricato dal Cardinale Penitenziere a firmare alcuni Rescritti, a norma dell'art. 4 § 2.

§ 11. Il Reggente non cessa nel periodo di Sede Apostolica Vacante.

Capo II: I Prelati

Art. 6

§ 1. I Prelati della Penitenzieria sono il Teologo, che per consuetudine è sempre stato un membro della Compagnia di Gesù, il Canonista, tre Consiglieri; essi partecipano della potestà di giurisdizione nel Foro interno. La loro nomina avviene a norma dell'art. 12 § 2 del Regolamento Generale della Curia Romana.

§ 2. La precedenza compete al Teologo, poi al Canonista, quindi ai Consiglieri, secondo la data di nomina.
§ 3. Costituiscono con il Reggente il Consiglio del Cardinale Penitenziere, chiamato «Segnatura» della Penitenzieria Apostolica.[1098]
§ 4. Possono essere richiesti dal Cardinale Penitenziere o dal Reggente di prestare la loro opera anche fuori della Segnatura, mediante semplice consultazione o, se necessario, la stesura di un voto.
§ 5. Sotto la presidenza del Penitenziere Maggiore, partecipano agli incontri mensili d'aggiornamento dei Penitenzieri Minori.
§ 6. Possono essere delegati a presiedere il Congresso e a firmare i relativi provvedimenti a norma dell'art. 4 § 10.
§ 7. Intervengono come Relatori al Corso annuale sul Foro interno, e ad altre eventuali iniziative del Dicastero.
§ 8. I Prelati non cessano nel periodo di Sede Apostolica Vacante.

Capo III: Gli Officiali

Art. 7

I profili professionali ed il numero degli Officiali della Penitenzieria Apostolica sono definiti dalla Tabella organica vigente tempo per tempo. Compiti specifici sono affidati all'Aiutante di Studio del Tribunale[1099] e all'Aiutante di Studio per le Indulgenze,[1100] agli Addetti di Segreteria[1101] e all'Officiale addetto all'Archivio.[1102]

Fatta eccezione per quest'ultimo – il quale, comunque, dovrà essere fornito di provate doti morali – tutti gli Officiali, di per sé, devono essere sacerdoti, in possesso di un titolo in scienze ecclesiastiche. Oltre ai compiti specifici loro assegnati, essi sono tenuti a conoscere bene le usuali procedure del Dicastero.

Art. 8
L'Aiutante di Studio del Tribunale

L'Aiutante di Studio del Tribunale è tenuto a:

a) Preparare i sommari delle pratiche di Foro interno da discutere nel Congresso quotidiano, al quale partecipa;

1098 Cfr. art. 3 § 1.
1099 Cfr. art. 8.
1100 Cfr. art. 9.
1101 Cfr. art. 10.
1102 Cfr. art. 11.

b) Redigere i Rescritti e la corrispondenza del Tribunale, seguendo le indicazioni del Reggente;
c) Fungere da Attuario nella Segnatura per le materie del Tribunale;
d) Corredare le pratiche destinate ai Prelati sia per le Segnature e sia quando il Penitenziere Maggiore chiede un voto *extra Signaturam*;
e) Preparare le relazioni delle pratiche del Tribunale da riferire in Udienza;
f) Stendere le Istruzioni del Dicastero per i Rappresentanti Pontifici;
g) Mantenere, secondo le direttive del Reggente, le relazioni usuali con i Collegi dei Padri Penitenzieri e le rispettive Curie Generalizie e con i singoli Padri Penitenzieri; istruire le pratiche dei candidati all'ufficio di Penitenziere; fungere da Attuario ai loro esami; tenerli informati sugli incontri mensili di aggiornamento; fare da tramite tra loro e i Dicasteri della Santa Sede;
h) stendere, alle fine d'ogni anno, la sintesi dell'attività svolta dal Tribunale nel corso dell'anno.
i) Attendere alle altre attività che i Superiori possono affidargli.

Art. 9
L'Aiutante di Studio per le Indulgenze

L'Aiutante di Studio per le Indulgenze è incaricato:

a) Di registrare le suppliche e la corrispondenza in questa materia. Nel libro del Protocollo annota, oltre ai dati consueti, anche l'importo dell'eventuale oblazione libera. A lui è affidato il registro dei Voti sulle Indulgenze, nonché il registro alfabetico degli Enti (Diocesi, Parrocchie, Famiglie Religiose, Santuari, ecc.) che hanno richiesto e ottenuto concessioni o proposto quesiti in questa materia. Deve, inoltre, annotare le concessioni di indole universale che la Segnatura crede di dover inserire nelle future edizioni dell'*Enchiridion indulgentiarium*.
b) Di redigere, secondo le direttive del Reggente, dei Decreti e dei Rescritti di Indulgenze e della corrispondenza relativa ad essi;
c) Di partecipare al Congresso e di fungere da Attuario durante la Segnatura quando in essa si tratta di Indulgenze e anche per le altre materie quando è assente l'Aiutante del Tribunale;
d) Di redigere le relazioni delle pratiche di Indulgenze, che devono essere riferite in Udienza;
e) Di elaborare una sintesi, alla fine dell'anno, dell'attività della Penitenzieria in materia di Indulgenze;
f) Di custodire e curare l'Archivio corrente e di deposito delle Indulgenze;
g) Di svolgere altre attività che i Superiori possono affidargli.

Art. 10

Gli Addetti di Segreteria

Gli Addetti di Segreteria sono incaricati:

a) Di tenere il protocollo;
b) Di registrare le pratiche, per le quali è stato steso un Voto, nell'apposito Registro, detto «dei Voti», annotandovi sinteticamente la soluzione data;
c) Di elaborare gli indici informativi delle pratiche del Tribunale, che consegneranno all'Aiutante di Studio, perché questi prepari per tempo le relazioni da presentare in Udienza;
d) Di collaborare con l'Aiutante di Studio del Tribunale alla redazione dei Rescritti e dei documenti riguardanti il Foro interno.
e) Di custodire e curare l'Archivio corrente;
f) Di curare l'amministrazione ordinaria e il servizio di provveditoria del Dicastero, nonché l'inventario degli arredi e degli oggetti d'arte pertinenti alla Santa Sede presenti in ufficio;
g) Di svolgere altre attività che i Superiori intendano loro affidare.

Art. 11

L'Officiale addetto all'Archivio

Sono compiti dell'Officiale addetto all'Archivio:

a) La custodia e la cura dell'Archivio di deposito, dell'Archivio storico del Tribunale, e dell'Archivio storico delle Indulgenze;
b) La collocazione nell'Archivio di deposito, secondo le norme in uso presso la Santa Sede, di tutte le pratiche di Foro interno che hanno richiesto un «Voto», e di tutte le altre pratiche riguardanti il Personale, i Penitenzieri, l'attività dell'Ufficio e la sua amministrazione, dei Fogli d'Udienza, delle decisioni del Santo Padre, dei libri dei Verbali e dei vari Registri. Le pratiche di Foro interno – salvo quelle che rivestono una particolare importanza e che abbiano richiesto uno studio approfondito o un Voto – che sono considerate archivisticamente concluse, dopo un periodo di circa venti anni dal loro inizio, dovranno essere distrutte, salvo quelle che, a giudizio del Reggente, siano da conservare. Tuttavia, per quelle destinate alla distruzione, si dovrà conservare una breve nota riassuntiva;
c) La ordinata tenuta delle «posizioni» del Personale non più in servizio e di tutti i Padri Penitenzieri Minori;

d) Le ricerche dirette e limitate ai soli documenti di Foro esterno affidati alla sua responsabilità, per studiosi autorizzati dal Cardinale Penitenziere o dal Reggente. I risultati delle ricerche eventualmente destinati alla pubblicazione devono essere sottoposti al Reggente per la revisione da parte della Commissione per l'Archivio storico.
e) La cura e l'aggiornamento della Biblioteca.

Capo IV: Il Personale Ausiliario

Art. 12

§ 1. L'Usciere o Commesso, data la delicatezza dei compiti della Penitenzieria Apostolica, al momento dell'assunzione in ufficio, si impegna, con giuramento, alla massima riservatezza. Egli è tenuto a svolgere la sua attività, secondo le mansioni spettanti il proprio livello funzionale, di cui al *Mansionario generale della Curia Romana.*

§ 2. Egli effettua la pulizia dei locali affidati alla Penitenzieria Apostolica, e ogni mattina provvede per tempo in modo che all'inizio del lavoro tutto sia in buon ordine: una volta la settimana fa le pulizie dell'Archivio, secondo le direttive dell'Archivista.

§ 3. A lui sono affidati il ritiro, la spedizione e il recapito del sacco della posta; la spedizione o il recapito a domicilio di lettere, plichi o altro, di curare il Fax e la fotocopia di documenti a richiesta dei Superiori e degli Officiali e di assolvere ad altri incarichi per il buon funzionamento del Dicastero.

Titolo V
Doveri del Personale

Art. 13

§ 1. Il personale del Tribunale ha il dovere di svolgere il proprio lavoro con diligenza, esattezza, senso di responsabilità e spirito di piena collaborazione, secondo quanto disposto dagli Art. 31–40 del *Regolamento Generale della Curia Romana.*[1103]

§ 2. I nuovi Prelati e i nuovi Officiali emettono in Segnatura, prima di prendere possesso dell'ufficio, il giuramento proprio del Tribunale. Lo stesso

1103 Cfr. Parte I, Titolo X.

giuramento sarà rinnovato da tutti i Prelati ed Officiali nella prima Segnatura dell'anno.

§ 3. Tutti sono obbligati ad osservare rigorosamente il segreto d'ufficio e, con particolare cura, il segreto pontificio, a norma della legislazione vigente.

§ 4. Senza previa autorizzazione dei Superiori, nessuno può rilasciare dichiarazioni ed interviste che riguardino le persone, l'attività e gli orientamenti del Dicastero. In particolare, è vietato conferire, senza la dovuta autorizzazione, sulle materie di propria competenza con qualunque persona, compresi i Vescovi, in visita al Tribunale.

§ 5. In caso di accertata violazione di quanto stabilito nei §§ 2–4, si procederà a norma del *Regolamento Generale della Curia Romana*.

Titolo VI
Orario di servizio, festività e ferie

Art. 14

§ 1. L'orario settimanale di servizio nel Dicastero è quello fissato per la Curia Romana. Il Cardinale Penitenziere Maggiore può concedere ai singoli Officiali per comprovate ragioni variazioni dell'orario di servizio, salvaguardando comunque le trentasei ore settimanali.

§ 2. In caso di malattia o altro impedimento non prevedibile, l'assenza va comunicata ai Superiori quanto prima.

§ 3. Il personale del Dicastero usufruisce delle ferie annuali a norma degli Art. 51–52 del Regolamento Generale della Curia Romana, entro il periodo stabilito, in modo che resti assicurata una congrua presenza di Officiali secondo le esigenze del servizio.

Parte Seconda
Procedura

Titolo I
Norme generali

Art. 15

§ 1. Le pratiche riguardanti casi di coscienza, una volta acquisite al Tribunale, non possono essere consegnate ad altri, neppure a un Dicastero della Santa Sede. Potranno essere trasmesse ad altro Dicastero soltanto quelle giunte alla Penitenzieria Apostolica per manifesto errore.

§ 2. Se in una pratica riguardante un caso di coscienza è stato fatto il nome dell'oratore, l'Addetto di Segreteria competente provvede a cancellarlo, conservando il nome e l'indirizzo del confessore per la risposta.

Titolo II
Istruttoria delle pratiche

Art. 16

§ 1. Le pratiche sono inviate alla Penitenziaria o per mezzo della posta normale, con le necessarie cautele, per i casi di coscienza, onde evitare la violazione del segreto, oppure sono portate di persona. La Penitenzieria non accetta, per l'invio dei casi di coscienza, l'uso del fax, o di altri mezzi elettronici, che non assicurano il segreto.

§ 2. Le pratiche in arrivo alla Penitenzieria Apostolica sono ricevute ed aperte dal Reggente, o in sua assenza, da un Aiutante di Studio.

§ 3. Parimenti le pratiche di Indulgenze portate a mano dagli interessati e presentate, vengono consegnate al Reggente il quale provvederà ad affidarle all'Aiutante di Studio delle Indulgenze, in vista della debita registrazione ed eventuale evasione della richiesta.

§ 4. L'Addetto di Segreteria protocolla le pratiche del Tribunale e le consegna all'Aiutante di Studio, corredate, se è il caso, delle «riassunzioni» relative ad esse.

§ 5. Le pratiche, prima che si discutano nel Congresso quotidiano, dovranno essere separatamente esaminate dai singoli componenti il [sic!] Congresso e quali dovranno redigere per scritto una sintesi della fattispecie e una indicazione di soluzione.

Titolo III
Il Congresso quotidiano

Art. 17

§ 1. Sono oggetto di esame del Congresso quotidiano tutte le pratiche.

§ 2. Oltre al Reggente, partecipano al Congresso quotidiano, con diritto di voto, gli Aiutanti di Studio e gli Addetti di Segreteria, i quali dovranno studiare previamente la documentazione.

§ 3. In circostanze eccezionali, e durante le ferie estive, per quelle pratiche che non ammettono dilazione e non eccedono l'ordinaria competenza, il

Congresso potrà essere tenuto da due soli membri, cioè dal Reggente, o da chi ne fa le veci, e da un altro Officiale.

§ 4. La conclusione maturata nel Congresso in materia di competenza del Reggente si chiama «Provvista». Quella che eccede, invece, la competenza del Reggente si chiama «Proposta di Provvista», dovendo la Provvista finale essere data dal Cardinale Penitenziere, cui detta conclusione deve essere sottoposta.

§ 5. Le Provviste, adottate nei Congressi quotidiani, devono rappresentare il giudizio unanime dei partecipanti, i quali ne sono responsabili «in solidum».

§ 6. Qualora il parere non sia concorde, si sospende la Provvista e si deferisce la pratica al Cardinale Penitenziere, il quale, valutate le ragioni dei singoli, può formulare subito una decisione oppure rimandarla alla discussione in Segnatura.

§ 7. La soluzione dei casi di coscienza deve essere data, per quanto è possibile, entro le ventiquattro ore dall'arrivo della pratica. Se ciò non è fattibile per i casi che esigono maggiore studio, la Penitenzieria si premura di rispondere con una lettera interlocutoria dando opportune istruzioni.

Titolo IV
La Segnatura

Art. 18

§ 1. Sono trattati in Segnatura i casi che, o per la loro particolare difficoltà e complessità o per la loro novità, necessitano di uno studio approfondito. Sarà comunque sentita la Segnatura prima dell'approvazione dei Decreti Generali.

§ 2. Il Cardinale Penitenziere, assistito del Reggente, assegna ai singoli Prelati le pratiche, sulle quali dovranno preparare un Voto scritto da discutersi in Segnatura.

§ 3. L'Aiutante di Studio competente correda dei precedenti e dei voti più importanti espressi ini passato su argomenti analoghi le pratiche destinate allo studio dei Prelati. Il Reggente dovrà esaminare l'insieme delle pratiche prima che siano consegnate ai Prelati.

§ 4. Dette pratiche saranno consegnate ai Prelati almeno quindici giorni prima della data fissata per la Segnatura. Copia dei documenti affidati ai Prelati Relatori sarà data al Cardinale Penitenziere e ad ognuno dei Prelati, in vista della discussione in Segnatura. I Prelati conserveranno presso di sé «ad tempus», con ogni cautela, le pratiche relative ai casi di Foro interno, restituendo l'intera documentazione agli Aiutanti di Studio dopo l'avvenuta discussione.

§ 5. Nella discussione dei casi in Segnatura, dopo l'esposizione del Relatore, gli altri Prelati esprimono il proprio pensiero in ordine di precedenza, a norma dell'art. 6 § 2. Il Reggente riassume i vari pareri. Da ultimo, il Cardinale Penitenziere può esprimere il giudizio definitivo seduta stante o in una successiva Segnatura. In casi particolari il Penitenziere Maggiore può riservare a sé la decisione senza comunicarne il contenuto alla Segnatura.

§ 6. Il Reggente riferisce i casi, che avrebbero dovuto essere materia di Segnatura, ma che, attesa l'urgenza, sono stati trattati dal Congresso o da un Prelato con Voto «extra Signaturam». Dà notizia inoltre delle decisioni del Santo Padre su casi già trattati in Segnatura e di eventuali sue direttive.

§ 7. Il Reggente, o l'Aiutante di Studio con compiti di Attuario, illustra poi i casi, sui quali il Cardinale Penitenziere desidera conoscere il parere dei Prelati, senza richiedere un Voto scritto.

§ 8. L'attuario stende la bozza del Verbale, nella quale riporta sinteticamente la fattispecie dei casi trattati, le discussioni e i pareri dei Prelati. Il testo approvato nella successiva riunione della Segnatura sarà riportato nell'apposito Registro. Il Cardinale Penitenziere sottoscriverà i singoli verbali riportati nel detto Registro.

§ 9. Le posizioni trattate in Segnatura, sia von Voto che senza Voto, saranno sistemate in apposite copertine, sulle quali sarà trascritto in sintesi quanto disposto dalla Segnatura e apposta la firma del Cardinale Penitenziere.

§ 10. Le decisioni di una Segnatura, alla quale abbia presieduto il Reggente, saranno sottoposte all'approvazione e alla firma del Cardinale Penitenziere. Se ciò non fosse possibile, saranno riferite al Santo Padre nella prima Udienza dopo la Segnatura.

Titolo V
L'Udienza Pontificia

Art. 19

§ 1. Devono essere riferite in Udienza le pratiche riservate al Santo Padre e quelle che, trattate in una precedente Udienza, richiedono un nuovo provvedimento. Sono inoltre riferite in Udienza altre pratiche che il Cardinale Penitenziere ritiene opportuno sottoporre al Santo Padre, sia per informarlo, sia per riceverne direttive.

§ 2. I Fogli di Udienza sono preparati dagli Aiutanti di Studio e riviste dal Reggente; vi saranno allegati solo i documenti necessari per una completa esposizione delle pratiche e saranno presentati e illustrati per tempo dal Reggente al Cardinale Penitenziere.

§ 3. Dopo l'Udienza il Cardinale Penitenziere riporta di proprio pugno su i detti Fogli la mente del Sommo Pontefice e la sottoscrive. Le direttive di carattere generale e l'eventuale modifica dei criteri di attuazione dati dal Sommo Pontefice, sono trascritti nell'apposito Registro. Di esse il Reggente informa i Prelati e gli Officiali.

§ 4. Quando le Udienze sono sospese, il Cardinale Penitenziere può dare soluzione ai casi urgenti, anche se si tratta di provvedimenti, quali sanazioni o dispense, che valgono anche in Foro esterno ed eccedono quindi le sue facoltà, restandogli l'obbligo di riferirne nella prossima Udienza.

§ 5. Vacante l'ufficio del Cardinale Penitenziere, il Reggente deve riferire in Udienza tutte le pratiche che eccedono le sue facoltà ordinarie. Nell'evenienza poi che le Udienze fossero sospese, egli, nei casi di grave ed urgente necessità, può provvedere anche alle suddette pratiche, riferendone poi nella prima possibile Udienza.

§ 6. Durante la vacanza della Sede Apostolica, il Cardinale Penitenziere, che, a norma del articolo 6 della *Pastor Bonus* rimane in carica,[1104] decide anche i casi riservati al Sommo Pontefice nella prima Udienza che gli sarà concessa.

1104 Cfr. art. 6, Cost. ap. *Pastor Bonus* e n. 14, Cost. ap. *Universi Dominici Gregis*.

Prospetto di tabella organica della Penitenzieria Apostolica

(proposta approvata dalla Commissione Tabelle Organiche nella seduta del 22 novembre 2007)

Numero	Livello	Qualifica
1	S 2	Reggente
2	IX	Aiutante di Studio
1	VIII	Addetto di Segreteria di 1ª classe
1	VII	Addetto di Segreteria di 2ª classe
1	VI	Addetto Tecnico di 2ª classe
1	V	Applicato di 1ª classe
1	III/II/I	Subalterno
8	**totale posti**	

Adnotationes in Ius Canonicum

Herausgegeben von Elmar Güthoff und Karl-Heinz Selge

Band 1 Anton Morhard: Die gerichtliche Berufung im kanonischen Recht. Eine Analyse des klassischen remedium iuris. 1995.

Band 2 Elmar Güthoff (Hrsg.): Der Schutz des geistigen Eigentums in den Schriften von Winfried Schulz. Festgabe für Theodor Schmitz zur Vollendung des 80. Lebensjahres. 1997.

Band 3 Richard Puza/Andreas Weiß (Hrsg.): Iustitia in caritate. Festgabe für Ernst Rößler zum 25jährigen Dienstjubiläum als Offizial der Diözese Rottenburg-Stuttgart. 1997.

Band 4 Ernst Freiherr von Castell: Alkoholismus in der Rechtsprechung der Rota Romana. 1997.

Band 5 Burghard Pimmer-Jüsten: Facultas vel licentia imponendi tributa sacerdotibus. Partikularrechtliche Untersuchung zu den diözesanen "Pflichtabgaben" der Kleriker. 1997.

Band 6 Jürgen Olschewski: Das Recht auf Sakramentenempfang. Zur Entwicklung eines Fundamentalrechtes der Gläubigen vom Konzil von Trient bis zur Gegenwart. 1998.

Band 7 Martin Grichting: Die Umschreibung der Diözesen. Die Kriterien des II. Vatikanischen Konzils für die kirchliche Zirkumskriptionspraxis. 1998.

Band 8 Cesare Mirabelli/Giorgio Feliciani/Carl Gerold Fürst/Helmuth Pree (Hrsg.): Winfried Schulz in memoriam. Schriften aus Kanonistik und Staatskirchenrecht. 1999.

Band 9 Christoph Kühn: Die Rechtsbeziehungen des Heiligen Stuhls zum Europarat. 1999.

Band 10 Peter Stockmann: Außerordentliche Gemeindeleitung. Historischer Befund – Dogmatische Grundlegung – Kirchenrechtliche Analyse – Offene Positionen. 1999.

Band 11 Jürgen Cleve: Inkompatibilität und Kumulationsverbot. Eine Untersuchung zu c. 152 CIC/1983. 1999.

Band 12 Karl-Heinz Selge: Ehe als Lebensbund. Die Unauflöslichkeit der Ehe als Herausforderung für den Dialog zwischen katholischer und evangelisch-lutherischer Theologie. 1999.

Band 13 Elmar Güthoff / Karl-Heinz Selge (Hrsg.): Der Staat der Vatikanstadt, der Heilige Stuhl und die Römische Kurie in den Schriften von Winfried Schulz. Città del Vaticano, Santa Sede e Curia Romana negli Scritti di Winfried Schulz. Franz X. Walter zur Vollendung des 70. Lebensjahres. 1999.

Band 14 Hermann Kahler: Absentia consensus. Der fehlende Mindestwille zur Ehe als Ehenichtigkeitsgrund. 1999.

Band 15 Nikolaus Schöch: Die kirchenrechtliche Interpretation der Grundprinzipien der christlichen Anthropologie als Voraussetzung für die eheprozessrechtliche Beurteilung der psychischen Ehekonsensunfähigkeit. Eine kanonistische Studie unter besonderer Berücksichtigung der päpstlichen Allokutionen und der Judikatur der Römischen Rota. 1999.

Band 16 Michael Landau: Amtsenthebung und Versetzung von Pfarrern. Eine Untersuchung des geltenden Rechts unter besonderer Berücksichtigung der Rechtsprechung der Zweiten Sektion des Höchsten Gerichts der Apostolischen Signatur. 1999.

Band 17 Paul Weibel: Das Selbstbestimmungsrecht der römisch-katholischen Kirche. Eine staatskirchenrechtliche Studie am Beispiel des Kantons Schwyz. 2003.

Band 18 Stefan Korta: Der katholische Kirchenvertrag Sachsen. 2001.

Band 19 Jürgen Wätjer: Das katholische Domkapitel zu Hamburg von den Anfängen bis zur Reformation und seine Wiedererrichtung 1996. Eine kanonistische Untersuchung. 2001.

Band 20 Bernd Matecki: Der Traktat *In primis hominibus*. Eine theologie- und kirchenrechtsgeschichtliche Untersuchung zu einem Ehetext der Schule von Laon aus dem 12. Jahrhundert. Anhang: Edition des Traktates *In primis hominibus*. 2001.

Band 21 Stefan Gatzhammer: Der Souveränitätsanspruch des Apostolischen Stuhles in päpstlichen Lehraussagen und in der Kanonistik von 1846 bis 1978. 2001.

Band 22 Andreas Franitza: Das Domkapitel zu Hildesheim in der Zeit zwischen Preußenkonkordat (1929) und Niedersachsenkonkordat (1965) und seine Statuten von 1984. 2001.

Band 23 Péter Erdö: Die Quellen des Kirchenrechts. Eine geschichtliche Einführung. 2002.

Band 24 Rüdiger Althaus / Rosel Oehmen-Vieregge / Jürgen Olschewski (Hrsg.): Aktuelle Beiträge zum Kirchenrecht. Festgabe für Heinrich J. F. Reinhardt zum 60. Geburtstag. 2002.

Band 25 Hartmut Zapp / Andreas Weiß / Stefan Korta (Hrsg.): Ius Canonicum in Oriente et Occidente. Festschrift für Carl Gerold Fürst zum 70. Geburtstag. 2003.

Band 26 Johnson Michael Kallidukil: The Canonical Significance of the Synod of Bishops of 1994 on Consecrated Life. From the *Lineamenta* to the *Vita consecrata*. 2003.

Band 27 Hubert Schiepek: Der Sonntag und kirchlich gebotene Feiertage nach kirchlichem und weltlichem Recht. Eine rechtshistorische Untersuchung. 2003. 2.,durchgesehene Auflage 2009.

Band 28 Andreas Weiß / Stefan Ihli (Hrsg.): Flexibilitas Iuris Canonici. Festschrift für Richard Puza zum 60. Geburtstag. 2003.

Band 29 Benita von Beyme: Die Baulast für das Freiburger Münster. 2003.

Band 30 Nikolaus Schöch: Festlegung, Änderung und Konformität von Klagegründen im kanonischen Eheprozess. 2003.

Band 31 Andreas Weiß / Stefan Ihli (Hrsg.): Kulturgutschutz und Kirche, Bibel und Kirchenrecht. Symposion und Festakt anlässlich des 60. Geburtstags von Professor Dr. Richard Puza. 2004.

Band 32 Stefan Lunze: The Protection of Religious Personnel in Armed Conflict. 2004.

Band 33 Christian Kröber: Zur Bedeutung der urheberrechtlichen Vergütungspflicht von kultischer Kirchenmusik in Deutschland. 2004.

Band 34 Szabolcs Anzelm Szuromi: Anselm of Lucca as a Canonist. 2006.

Band 35 Robert Oswald: Streikrecht im kirchlichen Dienst und in anderen karitativen Einrichtungen. 2005.

Band 36 Heribert Schmitz: Die Liturgie-Instruktion *Redemptionis Sacramentum* von 2004. Kirchenrechtliche Anmerkungen zum Erlaß der Kongregation für den Gottesdienst und die Sakramentenordnung vom 25. März 2004. 2005.

Band 37 Krzysztof Górski: Das personenbezogene Eheverständnis und relatives Erfüllungsunvermögen. 2006.

Band 38 Salus animarum suprema lex. Festschrift für Offizial Max Hopfner zum 70. Geburtstag. Herausgegeben von Ulrich Kaiser, Ronny Raith und Peter Stockmann. 2006.

Band 39 Bernd Eicholt: Geltung und Durchbrechung des Grundsatzes „Nullum crimen nulla poena sine lege" im kanonischen Recht, insbesondere in c. 1399 CIC/1983. 2006.

Band 40 Georg May: Die Auseinandersetzungen zwischen den Mainzer Erzbischöfen und dem Heiligen Stuhl um die Dispensbefugnis im 18. Jahrhundert. 2007.

Band 41 Wolfgang F. Rothe: Die Statuten der Kollegiatkapitel im deutschen Sprachraum. Rechtslage und Rechtspraxis. 2007.

Band 42 Markus Müller: *Officium divinum*. Studien zur kodikarisch-rechtlichen Ordnung des kirchlichen Stundengebetes in der lateinischen Kirche. 2007.

Band 43 Dagmar Schaaf: Der kirchliche Strafanspruch. Die Begründung der kirchlichen Strafgewalt vom Ius Publicum Ecclesiasticum bis zum CIC/1983. 2007.

Band 44 Burkhard Josef Berkmann: Die Ehen von/mit Nichtkatholiken vor der lateinischen Kirche. Das neue Ehe-Kollisionsrecht in *Dignitas Connubii*. 2008.

Band 45 Klaus Kottmann: Die Freimaurer und die katholische Kirche. Vom geschichtlichen Überblick zur geltenden Rechtslage. 2009.

Band 46 Stefan Killermann: Die Rota Romana. Wesen und Wirken des päpstlichen Gerichtshofes im Wandel der Zeit. 2., überarbeitete Auflage. 2011.

Band 47 Ansgar Grochtmann: Justitiabilität der Gewissensfreiheit. Rechtsvergleichende Anaylse zur kirchlichen Strafverhängung und zum Schutz des *forum internum* im Völkerrecht. 2009.

Band 48 Sabine Heidl: Psychische Störungen und ihre Begutachtung im Ehenichtigkeitsprozess. 2009.

Band 49 Peter Fabritz: *Sanatio in radice*. Historie eines Rechtsinstituts und seine Beziehung zum sakramentalen Eheverständnis der katholischen Kirche. 2010.

Band 50 Elmar Güthoff / Stefan Korta / Andreas Weiß (Hrsg.): *Clarissimo Professori Doctori Carolo Giraldo Fürst*. In memoriam Carl Gerold Fürst. 2013.

Band 51 Franz Hasenhütl: Die Domkapitel in Österreich nach dem CIC/1983. Statutenreform und aktuelle Rechtsgestalt. 2013.

Band 52 Vitus Kapfelsperger: Eheverfahren und Eheprozesse in Staat und Kirche. Eine rechtsvergleichende Betrachtung. 2015.

Band 53 Marc Johannes Kalisch: Die Zuständigkeit zur Ordnung der Liturgie. Der Weg vom Zentralismus zur Einbeziehung der Verantwortung der Autoritäten unterhalb des Heiligen Stuhles. 2017.

Band 54 Matthias Nowotny: „Dritter" Weg und KAGH. 2018.

Band 55 Sabine Konrad: Die Konkordatsehe in Spanien. 2018.

Band 56 Elmar Güthoff: Zenon Kardinal Grocholewski – Bibliographie und Biographie. 2018.

Band 57 Melanie-Katharina Kraus: Richterkollegium, Ehebandverteidiger und II. Instanz in Ehenichtigkeitsverfahren. Entstehung und Entwicklung. 2020.

Band 58 Stefan Lippert: Untersuchung der Berufungspraxis in Eheverfahren. Kirchliche Gerichte in Deutschland nach dem Inkrafttreten des Motu Proprio „Mitis Iudex Dominus Iesus". 2020.

Band 59 Andrea Michl: Die Apostolische Paenitentiarie. 2020.

www.peterlang.com

www.ingramcontent.com/pod-product-compliance
Ingram Content Group UK Ltd.
Pitfield, Milton Keynes, MK11 3LW, UK
UKHW022102051026
15623UKWH00003B/634

9 783631 833681